读客®文化

华与华
品牌五年计划

科学规划这五年,跟着华与华做出永续经营的超级品牌!

华杉 著

图书在版编目（CIP）数据

华与华品牌五年计划 / 华杉著. -- 南京：江苏凤凰文艺出版社，2023.4（2023.9重印）
ISBN 978-7-5594-7255-7

Ⅰ.①华… Ⅱ.①华… Ⅲ.①企业管理－品牌战略－研究 Ⅳ.①F272.3

中国版本图书馆CIP数据核字(2022)第213392号

华与华品牌五年计划

华杉 著

责任编辑	丁小卉
特约编辑	刘昀琪
封面设计	吴 琪
责任印制	刘 巍
出版发行	江苏凤凰文艺出版社
	南京市中央路165号，邮编：210009
网 址	http://www.jswenyi.com
印 刷	河北中科印刷科技发展有限公司
开 本	710毫米×1000毫米 1/16
印 张	37
字 数	602千字
版 次	2023年4月第1版
印 次	2023年9月第2次印刷
标准书号	ISBN 978-7-5594-7255-7
定 价	199.00元

江苏凤凰文艺版图书凡印刷、装订错误，可向出版社调换，联系电话：010-87681002。

自　序

	第1年	第2~3年	第4~5年
重心	**超级符号 持续改善**	**营销日历管理**	**社会企业 公民品牌**
产品	模块1：超级符号及品牌三角形 模块2：元媒体开发及品牌接触点管理 模块3：持续改善 模块4：年度传播策略及广告创意	模块5：营销日历 模块6：内部路演及营销教练 模块7：企业战略洞察	模块8：产品结构及新产品开发 模块9：公关及公益战略
目的	1. 打造超级符号与品牌谚语，传达品牌核心价值，建立品牌资产 2. 开发元媒体系统，降低传播成本，加速购买决策，提升销售效率 3. 通过持续改善，提升流量转化，获得用户增长和销售额增加	1. 建立营销日历，对内、对外形成品牌生物钟，积累出固定的营销节拍，实现生产力和品牌文化领先 2. 通过内部路演及营销教练，打通战略设计到落地执行，降低内部沟通成本 3. 重新规划企业战略蓝图，绘制企业战略路线图	1. 成为行业首席知识官，成为社会公器，为品牌积德，为企业定心 2. 提出新产品开发可行性方案，提升产品开发成功率 3. 梳理产品结构，每一支产品的角色任务和推出次序，提升企业资源配置和营销投资的效率

华与华品牌五年计划，是华与华公司为客户进行品牌创建和管理的方法论。

华与华品牌五年计划分为三个阶段：

第1年：超级符号，持续改善。

第2～3年：营销日历管理。

第4～5年：社会企业，公民品牌。

具体哪一年做哪些事，并没有严格的次序界限，但行动大概是按照这个节奏。

第1年

完成一次超级符号的革命，播下一粒持续改善的种子。超级符号革命，在华与华案例史上就很多了。可以说，很多企业的品牌，都可以划分为华与华前和华与华后，华与华前是在盲人摸象中前进，华与华后就是庖丁解牛，很清楚自己每一个动作都在做什么。

持续改善，是我们的增值服务、管理辅导服务。和客户分享我们从丰田汽车学来的持续改善的文化，会首先应用于企业销售现场和顾客旅程的改善，再深入企业运营管理的方方面面。

第2～3年

营销日历和品牌生物钟，就是给品牌形成固定的营销节拍和主题，重复积累。把营销活动也做成品牌资产，形成营销日历。在内部，是形成所有员工一年的工作节拍，自动重复，精益求精；在外部，则是在顾客脑海里形成消费生物钟，到时间就自动来。

第4～5年

公关及公益战略。华与华把企业社会责任、公关和公益都纳入品牌管理，并视之为企业战略的上层建筑。能够理解这一点的人很少，以至于需要用"公民品牌"这样一个词来引发企业家的重视。这也是本书的重点内容。

要实现品牌五年计划，我们有9大模块工作，分别为：

（1）超级符号及品牌三角形

围绕华与华品牌三角两翼模型设计企业符号系统、话语体系和产品结构，其中符号系统中最主要的是超级符号，话语体系中最主要的是品牌谚语。

（2）元媒体开发及品牌接触点管理

主要包括品牌元媒体开发系统设计。

（3）持续改善

为企业做销售现场的持续改善和顾客旅程的持续改善，并建立一线销售人员自发的持续改善文化。

（4）年度传播策略及广告创意

为企业提供平面广告、视频广告创意和传播策略，管理年度营销传播活动。

（5）营销日历

为企业规划和固化年度营销日历主题。

（6）内部路演及营销教练

帮助企业进行全国重点市场巡回培训，落实执行。没有创意，策略等于零；没有手艺，创意等于零；没有执行，一切归零。

（7）企业战略洞察

围绕华与华企业战略菱形模型进行企业战略规划和打造企业年度战略重心会。

（8）产品结构及新产品开发

围绕华与华围棋模型规划产品战略及进行新产品开发创意。

（9）公关及公益战略

围绕华与华价值之轮模型帮助企业实现社会公民的价值。对企业而言，不仅要拥有顾客黏性，更要有社会黏性，才能更加根深叶茂，基业长青。从经营的伦理而言，其更是实现企业的最终目的：推动社会进步和人的成长。

本书既是华与华方法的品牌理论，也是华与华"品牌五年计划"的产品说明书，可以帮助企业理解品牌，为品牌管理提供指南，也可以为广告公司、营销咨询公司提供经营攻略，同时，亦可以作为大专院校相关专业的辅助教材。

华杉

2021年8月19日

于上海

目 录

第一章　什么是品牌　001
　　一　品牌的目的　005
　　二　品牌资产原理　013
　　三　超级符号原理　031

第二章　第1年　超级符号　持续改善　055
　　一　"尽善尽美"品牌建设质量标准　059
　　二　模块1：超级符号及品牌三角形　065
　　三　模块2：元媒体开发及品牌接触点管理　119
　　四　模块3：持续改善　145
　　五　模块4：年度传播策略及广告创意　166

第三章　第2～3年　营销日历管理　173
　　一　模块5：营销日历　177
　　二　模块6：内部路演及营销教练　182
　　三　模块7：企业战略洞察　194

第四章 第4~5年 社会企业 公民品牌 227

  一 模块8：产品结构及新产品开发   231

  二 模块9：公关及公益战略   240

第五章 四大"五年品牌管理"实例   259

  一 厨邦酱油   265

  二 奇安信   345

  三 西贝莜面村   387

  四 莆田餐厅   456

第六章 华杉及华杉的弟500万品牌管理大赛演讲实录   525

  一 老板别跑！定心华与华，成就百年品牌

    ——华与华20周年华杉演讲实录   529

  二 超级符号与生活

    ——华与华20周年"华杉的弟"演讲实录   549

附录一 华与华首届500万品牌管理大赛现场回顾   561

附录二 从超级符号到品牌管理，华与华让企业少走弯路   568

附录三 华与华文库新书发布   572

附录四 华与华产业私募基金管理有限公司正式开业   574

附录五 华与华10亿产能咨询大厂投产仪式——华杉讲话实录   577

第一章

什么是品牌

本章目录

一　品牌的目的　　　　　　　　　　　　　　　　005
　　1. 品牌的11个目的　　　　　　　　　　　　　005
　　2. 品牌的定义　　　　　　　　　　　　　　　010

二　品牌资产原理　　　　　　　　　　　　　　　013
　　1. 品牌资产及品牌资产观　　　　　　　　　　013
　　2. 品牌资产就是品牌言说　　　　　　　　　　016
　　3. 品牌资产操作实务　　　　　　　　　　　　022
　　4. "拔苗助长"与品牌资产流失　　　　　　　024
　　5. 一生只玩一个梗与品牌资产积累　　　　　　025

三　超级符号原理　　　　　　　　　　　　　　　031
　　1. 超级符号思想源流及纲要　　　　　　　　　031
　　　　1.1 超级符号前传：华与华定位坐标系　　 031
　　　　1.2 超级符号的定义　　　　　　　　　　 037
　　　　1.3 超级符号的美学哲学　　　　　　　　 043
　　2. 文化母体思想源流及纲要　　　　　　　　　044
　　　　2.1 文化母体思想的提出　　　　　　　　 044
　　　　2.2 狭义的母体　　　　　　　　　　　　 047
　　　　2.3 广义的母体　　　　　　　　　　　　 050

一

品牌的目的

1. 品牌的11个目的

"什么是品牌？"几年前，我曾经在公司内部会议上问大家这个问题，结果呢，回答的几个人，答案都不一样。我说，坏了！我们是品牌咨询公司，客户花钱请我们做品牌，但是，我们自己每个人对品牌的定义回答都不一样，那还怎么给客户做品牌呢？

我们给客户做品牌，那么什么是"做品牌"？经常会有客户说"我们现在要开始做品牌"，或者有客户问"企业在什么阶段应该开始做品牌"。

你会发现，所有这些问题都是混乱的。为什么呢？因为语言本身就是混乱的，词语的定义本身也是混乱的。维特根斯坦说："词语的游戏规则在语言游戏中建立，也在语言游戏中修改。在我们交流的时候，我经常觉得，要把词语从我们的交流中抽离出去，送去清洗，清洗干净之后，再送回到我们的交流当中。"我们在公司开会的时候，每天都在讨论战略、营销、品牌等词，但是，每个人对这些词的理解又不一样，所以我们的会议不仅无效，甚至总是把我们引向错误的决策。

这是个语言哲学问题：我们语言相通，但是词语不通。语言是人类的第一技术，但是这个技术一直不成熟，也永远不可能成熟，就像我们的思想一样。

我们对答案的孜孜以求，往往是没找对问题。当我们找对问题，答案就在问题背面。我称之为问题即答案。反过来，错误的问题必然带来错误的答案。

那么，正确的问题是什么呢？回到我们的第一原则——始终服务于最终目的，也就是说，任何事情，要从最终目的出发来思考。正确的问题是：品牌的目的是什么？

这个问题，我问过很多学员，大家各抒己见，总结下来，得出品牌有以下9个目的：

（1）让人买我们的商品。

（2）买的人很多。

（3）一次买更多。

（4）重复购买。

（5）重复买的频次更高。

（6）愿意多花一点钱买。

（7）不仅自己买，还推荐别人买。

（8）不管我卖什么，他都买。

（9）一直买，终生买。

在大家说完这9条之后，我又补充了2条：

（10）临终前留下遗嘱，嘱咐儿女们接着买。

（11）品牌偶尔出了点差错，消费者也能原谅，照买不误。

在提这个问题的时候，我要大家唱《最浪漫的事》那首歌。边唱边想品牌的美事，然后我们把它实现。也有人提出要享受品牌的乐趣、个性等，我说不要，那不是"最终目的"，最终目的是要他买。比如有人说要"品牌年轻化"，这其实不是最终目的。要实现品牌年轻化，是基于一个假设判断：你的品牌老化了，要年轻化他才会买。但是，"品牌老化"并不一定是他不买的原因，而年轻化更绝对不足以构成他购买的理由。更何况，如果连"品牌"都定义不了，对"品牌老化""品牌年轻化"就更无法定义，所以这个问题根本就不存在。

当列出以上品牌11个目的之后，我们发现问题就简单了，就是致良知：良知良能，生而知之，不学而能。下面将一条一条展开阐述。

第一条，要让人买我们的商品，那至少得让他知道我。所以品牌最重要的就是让人知道我的名字。仅此一条，你就不用考虑所谓泰国的"神广告"了，因为你从来记不住是什么商品的广告，只记得故事情节。相反，像"恒源祥，羊羊羊"和"铂爵旅拍"之类的广告之所以能成功，就是因为它们最大限度地让人记住了它的名字。

要让人买，得让他知道你的名字，认识你的样子，有购买你的理由，要买的时候能找得到你。这4点，就是我们的绝杀技。把握这4点，你就能胜过全国99%的小伙伴。

第二条，要买的人很多，就要知道的人很多，而且重复刺激，反复提醒，所以知名度最重要，广告不能停。比如华与华自己的广告，从2008年开始投放以来就没有停过一天，而且一年比一年投得多，广告画面也没有换过，没有任何回报指标，就是一年比一年投得多。这就是华与华"吃药三原则"：药不能停，药不能换，药量不能减。有人问：为什么不要效果，广告没效果为什么还要投呢？回答是：你怎么知道没效果？如果销售不好就怪广告吗？广告只管投，这是基本原则。只问耕耘，不问收获，也适用于投广告。

▲ 华与华的广告投放

第三条，要让人一次买更多，这就要想办法。比如华与华在给莆田餐厅做哆头蛏节时，专门设置了一张蛏子菜单，上面有八道用蛏子做的菜。一般人的点菜习惯是一种食材只会点一道菜，比如要是已经点了一条鱼，再点一道别的鱼，同伴就会提醒你,已经有鱼了。但是,我们在这个蛏子菜单上加了一个标题——"8种吃法,一次点俩",结果94%的顾客都点了两道蛏子做的菜。这在华与华方法里叫"三个购买":购买理由、购买指令、购买指南。

▲ 蛏子菜单

第四条,要人重复购买,就得培养他的消费习惯,给他再来购买的理由。

第五条,要重复买的频次更高,就要记忆更深刻,刺激更频繁,来的理由更多。

第六条,愿意多花一点钱买,就要人认同你、信任你、喜欢你,还有点愿意"打赏"你。这一条非常重要,没有这一条,就没有盈利。生意的最高境界,就是四个字:货真价实。货真,是品牌让消费者相信你真;价实,是既没有宰客,也没有卖不出价,一切都是最好的安排,良性循环。

第七条,不仅自己买,还推荐别人买。这是重点,更是华与华方法的超级重点。因为华与华说,不做传播做播传,关键是要把消费者转换为传播者。

第八条,不管我卖什么,他都买。这一条是最多人纠结,也是最多人犯错误的地方，所以他们盲目地去做所谓细分定位品牌。所有多品牌都是万不得已，实在是用不了一个品牌，否则能投资一个品牌干成的事，为什么要分散投资呢？葵花集团当年有12种儿童药，所以企业专门做了一个儿童药的品牌叫"葵花康宝"，但是我们给葵花做的第一件事，就是不要"葵花康宝"这个品牌，而是只用"葵花"一个品牌。这是我做的很重要的决定。按理说儿童药应该单独设立品牌，因为有前面的经验。修正和神威，这两个企业当年实力都非常强，修正有个儿童药品牌叫"修修爱"，神威有一个儿童药品牌叫"神苗"，结果都没有做起来。其实要想再做几个新品牌是很难的。别说现在，就是在当时我们还基本能承受这个广告费用的时候都很难。为什么呢？假定我用了"葵花康宝"这个品牌，用5000万去做它，做不起来，花一个亿去做，也不一定能做出来，而同时葵花药业就少了一个亿的投资。"葵花康宝"这头没做起来，葵花药业又受损失，这个对企业本身非常不利。华与华曾经为很多企业处理过这类问题，比如推动新东方取消了"优能中学"和"泡泡幼儿"品牌，全部统一为"新东方中小学全科教育"；建议洽洽发展坚果等其他品类时继续使用洽洽品牌；建议公牛发展其他电工产品时一律使用公牛品牌。

第九条，一直买，终生买。培养终生顾客，计算顾客终生价值，这个是品牌的最高成就。

第十条，临终前留下遗嘱，嘱咐儿女们接着买。这条是我加的，别人能不能做到我不知道，但华与华能做到。华与华的经营理念有一条："成就一个家族，辅佐两代企业家。"华与华关注二代传承。

第十一条，品牌偶尔出了点差错，消费者也能原谅，照买不误。这是品牌最重要的功能之一。华与华方法讲品牌三大原理中的社会监督原理，就专门讲了这个问题。品牌是为出事而生的，品牌是企业为了赢得消费者信任而建立的一种重复博弈机制，游戏规则就是当品牌犯错的时候，消费者可以惩罚品牌。当品牌接受惩罚时，则品牌生效，消费者原谅品牌后，继续信任品牌。

以上11条，可以说就是在谈品牌的正事了。离开最终目的，谈的都不是正事。把目的搞清楚了，始终抓紧不放手，我们再来定义什么是品牌、怎么做品牌。

2. 品牌的定义

什么是品牌？此时无须引用任何专业解释，直接去找权威的《现代汉语词典》，那部制定词语使用规则的基本法。《现代汉语词典》对"品牌"一词的定义是：产品的牌子，特指著名产品的牌子。

为什么要查词典？这是华与华在学术上的"一滴水主义"，也是致良知。一滴水主义，就是所有的学问都是半瓶水响叮当。咱们也不能说自己是满瓶，所以就干脆把那半瓶水都倒掉，只留下唯精唯一、绝对正确的那一滴，从这一滴开始致良知，靠常识推进。

"专业"是一个副作用很大的东西，所有学科的发展都是一个专业化的过程，越来越专业，越来越专门，却也越来越细碎，离整体越来越远，离最终目的越来越偏。罗素说："人生而无知，但是并不愚蠢，人是因为受了教育才变得愚蠢。"教育产生的伪知识覆盖了它的真知识，所以需要不断地清扫、整理、整顿、清洁、素养，做知识的5S管理。

回到品牌的定义：品牌就是产品的牌子，特指著名产品的牌子。这就是人们使用"品牌"这个词的两种语境。"产品的牌子"5个字，包含了2点内容：产品和牌子。牌子又包含两个信息：名字和符号。这样，我们就得到品牌三大基本问题：

品牌第一问题：名字。

品牌第二问题：产品。

品牌第三问题：符号。

先谈品牌的第一个问题，名字。"无名天地之始，有名万物之母"，没有词，就没有物，品牌首先得有一个名字。命名，就是品牌的第一个工作。《超级符号就是超级创意》和《华与华方法》这两本书，都用了大量篇幅讨论命名就是召唤，命名就是成本，命名就是资产。所以，首先要取一个好名字。

这就回答了"什么时候开始做品牌"这个伪问题。取名字的时候，就是开始"做品牌"的时候。我看到多数人讨论的"做品牌"，都是做一些奇奇怪怪的事情，做一些和经营无关的废动作，甚至是反动作。因为知道这些动作没有用，他们又发展出"品牌广告""效果广告"等伪概念，这都是"专业让人愚蠢"，或者用英国哲学家罗素的话说："人生而无知，但是并不愚蠢，人是因为受了教育才变得愚蠢。"每个人都天生会做生意，也会做品牌，不过"专业只是学多了，就不会了"。所以，我总是告诉他们，没有一件单独的事情叫作"做品牌"，一切都是企业经营工作的一部分，始终服务于最终目的——销售。

品牌第二问题，产品。这是重大战略问题！品牌，也就是一个名字，这个名字涵盖哪些产品呢？所谓"单品牌战略"还是"多品牌战略"，这个问题在这里就出现了。产品背后的概念，是产品结构。产品结构，就是指有很多产品，每一个产品都涉及命名问题。所以，产品结构搭配的，就是命名体系，比如奔驰的S系、E系、C系，宝马的3系、5系、7系、X系。这都是我们需要处理的问题。清晰的产品结构和命名体系，能给消费者形成准确预期，成为购买指南，也就服务于品牌的最终目的——让人买。

每个产品不仅有命名，还有描述，也就是向顾客描述这个产品。命名体系加上描述，就构成品牌的话语体系。

品牌第三问题，符号。名字本身是一个语言符号，而从视觉来说，品牌有一个形象，哪怕只是文字，也有一个标准字体，这是视觉符号。有的品牌，比如田七牙膏，把"拍照喊田七"打造成品牌的听觉符号。除了视觉和听觉，在五感中，还有嗅觉、触觉、味觉可供运用。语言符号加上五感符号，就是品牌符号的六个路径。这也是《超级符号就是超级创意》和《华与华方法》这两本书里讨论的问题。

品牌有符号，每个产品本身也是一个符号。品牌和产品的所有符号加起来，就构成品牌的符号系统。

前面说到品牌命名，又说到品牌话语体系，命名本身是话语体系的一部分。所以，我们把品牌三大基本问题重新组织、升级，就得到一个成熟品牌的架构，称为华与华方法之"品牌三角形"——产品结构、话语体系、符号系统。当画出这个三角形时，我们可以做出两条宣告：

（1）有关品牌的一切，都在这个华与华方法品牌三角形之内。

（2）华与华方法品牌三角形之外的一切，都和品牌无关。

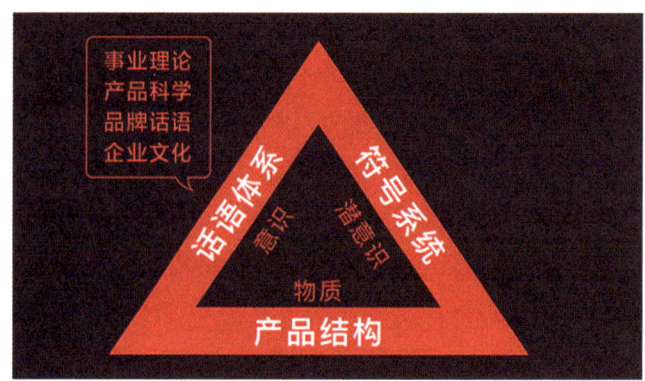

▲ 品牌三角形

上面这两句话我是效仿康德的,这就是学问的质量标准——完全穷尽。接下来,我按照康德定的哲学质量标准展开华与华的品牌学说:追求的一切概念都有清晰的定义,一切推理都不允许有大胆的跳跃,而力求用合规律的原则、严格的证明,勾画出研究领域的整个范围、结构划分和全部无遗漏的内容,并对未知部分立下清晰的界标。

二

品牌资产原理

1. 品牌资产及品牌资产观

品牌资产是一个被广泛使用的概念,有各种相似的定义,但是操作性不强。华与华方法的一切理论基于两条原则,一是知行合一,二是始终服务于最终目的。这样才能学以致用,可直接操作,操作就能解决问题。所以,本书给了品牌资产一个简单的定义——

品牌资产,指能给企业带来效益的消费者品牌认知,包括词语、符号、话语,和可供谈说的故事。

其中效益是关键词,因为没有效益,就不是资产,而是不良资产,甚至是负资产。我们做一切事都是为了获得效益,研究品牌资产,当然也是为了获得效益。那么,品牌资产的效益是什么效益呢?是两个效益——

(1)买我产品。

(2)传我美名。

前面讲了品牌的11个目的,它们可以分为两类,一类是购买我们的产品,另一类是影响带动他人购买。所以这里我把它们归纳为两个效益。

品牌资产是能给企业带来效益的消费者品牌认知,那么,"消费者品牌认知"又是什么呢?就是消费者所知道的,能让他买我产品和传我美名的部分。比如,消费者得知道我的名字吧,所以品牌名就是品牌资产。还有,消费者得知道我的品牌标识吧,那品牌标识是不是品牌资产呢?不一定!比如海底捞,在华与华设计海底捞标识之前,它的标识没有发挥带来效益的作用,它也不向那标识要效益，原来的标识就没有形成品牌资产。华与华在设计的时候，正值海底捞起步国际化，"Hi"的设计，就建立了全球性的品牌资产。再比如西贝莜面村，"I LOVE 莜"的设计，就创造了新的品牌资产，帮助消费者认识品牌，买我产品，传我美名。

▲ 品牌新旧 logo

品牌名字一定是资产，因为无名则无物。但是，标识就不一定了。事实上，中国大多数企业的标识，都是负资产。因为无目的、抽象无物的空洞设计，没有传达有用的信息，不能帮助消费者买我产品，传我美名。

有人说，有总比没有强吧？不！有，还不如没有。因为它在版面上占地方，如果没有它，可以把品牌名字字体放得更大。字体放大了，看到的人就更多，就能帮助更多人买我产品，传我美名。

由此我们可以看到，抓住"效益"这个抓手去看品牌资产，有多么重要。如果不考虑效益，品牌名与品牌标识当然都是品牌资产，只是品牌标识可能并没有发挥出资产效益。

这样的例子很多。比如蜜雪冰城，在雪王的设计出现之前，它的标识是抽象而无效益的；有了雪王，就发挥出巨大的效益，而且还能不断衍生——在包装上、在门店里、在哔哩哔哩的视频上，从而形成巨大的品牌资产包。

第一章 什么是品牌

华与华前　　　　　　　华与华后

▲ 新旧logo

同样是华与华的客户，绝味鸭脖就拒绝设计标识，招牌上没有图形，只有字标。因为客户觉得如果招牌上再加一个logo，占去一块地方，"绝味鸭脖"四个字的字体就得缩小，得不偿失，所以他坚决不要，连华与华设计的也不要。我虽然觉得华与华的设计是给他加分而不是减分，跟他以前看到的那些标识不是一回事，认为他的结论不对，但是，我也认同他的思维方式。在这一点上我们是一致的。

再说品牌口号，口号当然是品牌资产，但是，又有几个品牌的口号能形成资产呢？汉庭酒店之前的口号是"人在旅途，家在汉庭"，这个口号不能说不好，但是它的效益肯定不高。"爱干净，住汉庭"就产生了效益，成为巨大的品牌资产。

产品的包装是品牌资产，我们从洽洽坚果、轩妈蛋黄酥的前后包装设计对比，可以看出有资产和没资产的设计区别。

产品是品牌资产，因为顾客往往是知道你的产品，才来买你的产品，也才会向亲友推荐你的产品。以餐厅为例，很多顾客是奔着招牌菜来的，这些招牌菜，就是品牌资产。西贝莜面村的牛大骨、面筋、烤羊排，就是它的品牌资产。

每个顾客选择的理由通常是不一样的。有的顾客中午午休时间出来吃饭，又要赶回去上班，他知道西贝"25分钟上齐一桌菜"，时间上有保障，他就和同事说："吃西贝吧！25分钟上齐一桌菜。"那么，"25分钟上齐一桌菜"就是西贝的品牌资产。

促销活动也是品牌资产。还是以西贝为例，每年情人节举行"亲嘴打折节"，就形成了品牌资产。如何让促销活动发挥最大化的品牌资产价值，是本书在"营销日历"部分要重点讲解的内容。

员工是品牌资产，典型的如电视台的主持人。还有迪士尼的员工，迪士尼把员工定位为一个角色，让每个人尽情地表演，去营造欢乐的气氛。华与华是咨询公司，我们的员工更是品牌资产，当顾客买我产品、传我美名的时候，他会谈论我们某某同事的某某表现，这就是品牌资产。

所以，品牌资产可以是品牌的一切，品牌三角形的三条边——产品结构、话语体系、符号系统，只要能给我们带来效益的，都是品牌资产。反过来看，品牌资产也是我们看待品牌问题的一个重要角度，把一切都资产化，不能形成资产的我们都不要。这就是华与华品牌资产观。

品牌资产，是能给企业带来效益的消费者品牌认知，包括词语、符号、话语，和可供谈说的故事。品牌认知必须是具体的，是可言说的。用一句话强调就是：

说不出来的，就不是品牌资产。

你可以说品牌资产包括品牌核心价值、品牌联想等，甚至再提出诸如"品牌精粹"之类让外行人感觉厉害的词。但是，我们在具体为一个品牌规划品牌资产的时候，必须一事一议，为每个品牌规划具体的品牌资产话语。

品牌资产观，就是品牌的科学发展观，就是一切从形成资产、增值资产去看问题。只做能有积累的事，不做只火一把的事。因为无论是人生的一切，还是企业的一切，都是积累得来的。

品牌资产套现和品牌资产计算，在《华与华方法》一书中都已讲过，不在本书中赘述。

康德说，哲学家的使命，不是创造新知识，而是堵塞一切错误的源头。华与华文库的所有书，都是在为大家堵塞错误源头，回到良知良能。华与华的学说，就是品牌的良知之学。

2. 品牌资产就是品牌言说

做品牌，并不是一个品牌问题，而是一个经营问题，是一个做人做事的哲学问题。华与华方法说如何打造品牌，关键在7条：

（1）始终保持出品质量稳定。

（2）始终坚持自己的品牌主张。

（3）始终按自己的价值观行事，至诚不息，无条件，没有选择性。

（4）将自身及自己的一切视为媒体，完成全面媒体化的超级符号系统设计。

（5）投入广告，并且将每一次广告都视为对品牌的长期投资。

（6）摒弃一切短期行为，始终以是否形成资产、保护资产、增值资产为标准。

（7）出了问题马上认错认赔。

品牌形象，来自你的行为，而不是你如何包装。在你的行为之后，就是消费者的口碑。消费者的口碑，就是品牌资产。现在到了互联网时代，消费者评价可以记录在案，成为品牌最重要的资产。

既然是消费者的口碑，就是言说，就是消费者的原话，而不是你的总结概括，更不能让消费者去替你总结概括。而总结概括，是现有品牌调研、品牌策划，乃至品牌教学的通病。MBA的《战略品牌管理教材》提出创建强势品牌的4个基本问题：

（1）这是什么品牌？（品牌识别）

（2）这个品牌的产品有什么用途？（品牌含义）

（3）我对这个品牌产品的印象如何？（品牌响应）

（4）你和我的关系如何？我们之间有多少联系？（品牌关系）

我深感不能这样提问题，因为这4个问题不是基本问题。这样问问题，什么也得不到。学生这样学做品牌，什么也学不到。而品牌含义、品牌响应、品牌关系这样的概念，不仅无用，实足为添乱。

以西贝为例，你不能去问消费者："你对西贝的印象如何？"他会回答："还行。"你什么也得不到。你也不能问："你觉得你和西贝关系如何？你们之间有多少联系？"他更是会胡乱组织应付。

调研应该问什么问题呢？要问：提到西贝，你会想到什么？你去西贝吃过饭吗？为什么去？如果是朋友拉着或推荐去的，他当时怎么说？在西贝吃饭，印象最深的是什么？哪道菜你觉得最好吃？你记得当时的服务员吗？他跟你说了什么？你向朋友推荐过西贝吗？你怎么跟他说的……这些问题才是真问题，才是真正有用的问题。我们只问直接回忆陈述就有答案的问题，而不要让受访者思考、归纳和总结。甚至你写报告也不要归纳和总结，罗列出来的事实才是有价值的。

记住：不要去问消费者的观点，只要他直接回忆陈述！

为什么你不能问他观点？因为他没有观点，而且他说出来的并不是他的观点。当一个人回答你的问题时，他不是为你回答问题，他是在为自己回答问题：

他在做自己的"印象管理",管理他在你以及其他人心目中的印象。比如,他说一个东西不好看、Low(低级),那并不是他的观点,也不影响他的消费行为,而是他希望你认为他是一个品位高雅的人。正如人们在网上漫骂和蔑视成功的名人,那并不代表他们的观点,而是崇拜的另一种表现。

最高的调研方法,是警察审案。还有什么调研比案件调查更高级的呢?警察怎么审讯嫌疑人呢?就是不问观点,只问回忆,让嫌犯回忆事发经过,和当时在场每个人说的话、做的动作。

我反复强调这一点,是因为盲目总结概括,盲目制造概念,是从学界到业界的通病。

品牌资产,就是品牌言说。Brand Equity is Brand Speaking.

此时不用说品牌资产包括品牌知名度、美誉度、忠诚度、品牌溢价能力等,那说了等于没说,没有用,而要说具体的。

品牌资产包括品牌名字、标识、产品、包装、店面、广告、促销活动、公关活动、社会活动等,和品牌有关的一切当中,能被消费者言说,从而给品牌带来购买和传播效益的部分。

言说的形式,是华与华方法品牌资产学说的关键;不可言说,就不可传播。这基于口语在传播中至高无上的地位,而不是书面语。更不能总结概括,只做口语罗列。

比如厨邦酱油的品牌资产,首先当然是名字,厨邦酱油,无名则无物。其次,就是绿格子包装。最后,是"晒足180天"的广告语。这样,我们就可以表述厨邦酱油的三大品牌资产:

(1)厨邦酱油。

(2)绿格子包装。

(3)"晒足180天"的广告语。

▲ 厨邦酱油的三大品牌资产

我们再尝试罗列一下西贝的品牌资产：

（1）西贝莜面村。

（2）I LOVE 莜。

（3）闭着眼睛点，道道都好吃。

（4）牛大骨、面筋、烤羊排……

（5）25分钟上齐一桌好菜。

（6）红格子桌布。

（7）每年情人节举行"亲嘴打折节"。

（8）家有宝贝，就吃西贝。有专业儿童餐和儿童餐具。

（9）每年春天有香椿莜面。

（10）每年秋天举行那达慕草原美食节。

▲ 西贝的品牌资产

这些言说的话语，就是能给企业带来"买我产品，传我美名"效益的品牌资产。

再比如华与华的品牌资产：

（1）华与华。

（2）创始人是兄弟俩。

（3）飞机上和机场有广告。

（4）超级符号。

（5）厨邦酱油、西贝、蜜雪冰城、爱干净住汉庭等案例和作品。

（6）《超级符号就是超级创意》《华杉讲透〈孙子兵法〉》等著作。

（7）华与华百万创意大奖赛。

（8）在得到App上有三门课程："华杉讲透《孙子兵法》""跟华杉学品牌营销""跟华杉学儒家思想"。

▲ 华与华的品牌资产

总之，品牌资产就是品牌言说，只做口语表述的罗列，不做归纳总结概括，因为我们所罗列的每一条，都是顾客购买我们产品的原因，和他传播我们美名的材料。有些东西是主要的，但是，每个顾客购买我们的原因，或者向别人推荐我们的理由，可能都不一样。有人到西贝是为了吃牛大骨；4月份想来是为了吃香椿；有人是为了带孩子；有人是中午时间紧，觉得这里上菜快。而"I LOVE 莜"发挥的作用，是帮助人识别、记忆、传播，并营造一种愉悦的情绪。

在品牌传播中，我们提供、宣传一个主要的主题。比如华与华的广告，永远是"华与华"三个大字、兄弟俩一张大合影，和"超级符号就是超级创意"的口号。但还有很多很多是体现在我们身上，落实在我们的行动中，时时刻刻在释放信号的。比如梦百合董事长倪张根选择华与华的理由，是西贝董事长贾国龙跟他说："华与华这个公司很正。"他就为这一个"正"字，始终不离不弃地和我们合作。

"华与华这个公司很正！"这也是华与华的品牌资产。

3. 品牌资产操作实务

我们定义了品牌资产——能给企业带来效益的消费者品牌认知，又规定了品牌资产构建的质量标准——品牌言说，即罗列消费者原话。那么，具体怎么操作呢？分为：

（1）品牌资产盘点。

（2）品牌资产排序。

（3）品牌资产创建。

（4）制定品牌资产目标。

（5）坚持品牌资产观。

（6）品牌资产套现。

（7）品牌资产计算。

品牌资产盘点，就是盘一盘现在有些什么。在上一小节，我们已经对厨邦酱油、西贝莜面村和华与华做了品牌资产盘点的示范。

品牌资产排序，是对重要程度进行排序，主要界定你大规模投入宣传的是哪些，分别传播或自动释放信号的是哪些。比如在华与华的品牌资产里，前三大资产是华与华、兄弟合影、"超级符号就是超级创意"的口号，就是大规模传播的，其他是分别传播和自动释放信号的。

创建品牌资产，是华与华对所有新客户第一年做的主要工作。在之前的书籍中都有大量案例，本书后面也会有，在这一节就不做单独说明了。总之，华与华的客户，品牌发展阶段基本都可以分为"华与华前"和"华与华后"两大阶段，"华与华前"是零零散散，"华与华后"就是一个高效的品牌资产积累和运营系统。

本小节要强调的是制定品牌资产目标，这是企业每一年都要做的工作，也就是将企业战略目标和营销传播目标，转化为品牌资产目标。

就以华与华为例，现在给华与华带来"买我产品，传我美名"的品牌资产，主要是我们的成功案例和超级符号理论。比如，由于西贝莜面村的成功，很多餐饮客户找华与华，这是案例带来的。而更多客户则是奔着华与华的"超级符号"来的，他们要一个超级符号。

超级符号这一品牌资产，是华与华提出的理论，是我们从2008年开始投入广告，到2013年出版《超级符号就是超级创意》，再有大量的成功案例实践积累得来的。超级符号不仅是华与华的知识产权和品牌资产，也是中国市场第一个原创的品牌传播理论。

但是，如果客户是奔着超级符号来的，那么他可能买到超级符号就走了。虽然华与华说符号不仅是视觉标识，语言才是最大的符号系统，超级符号是营销传播的一切，但是，这对于客户来说，理解门槛太高了。而且，品牌资产最重要的是"第一印象资产"，他来的时候是怎么想的，你之后要改变它的成本很高。

华与华的经营理念是"悦近来远，终身服务"，希望每个客户在这里终身合作，并且都实现在前面"品牌的目的"里讲的第十个目的——留下遗嘱，嘱咐儿女们接着买。但是，我总结和华与华持续合作以及不持续合作的客户的区别，还是由老板的性格决定。

如果老板的性格是一年有一件事情他满意，他就愿意继续付钱的，就继续合作。

如果老板的性格是一年有一件事情他不满意，他就不愿意继续付钱的，就终止合作。

虽然第二种客户也有吃回头草的，就像员工离职又"二进宫"一样，毕竟他离开这段时间，双方都损失了。

那么，我怎么能留住客户呢？

先问客户为什么不留下：因为他不知道为什么留下，他不知道留下比离开好。顾客不买我们的东西，无非就是因为不知道，他不知道我们的存在，不知道我们有他需要的产品，不知道我们的产品有多好。

那么我们就要让他知道！

所以，制定品牌资产目标，就是要设计一个我需要他知道的东西，让他为这个东西而来，并且向别人介绍这个东西。

我设计的这个东西，就是"华与华品牌五年计划"。如果客户是为五年计划而来，而不只是为超级符号而来，我的发展速度就能至少提高一倍。

"华与华品牌五年计划"是一个理论体系，是一个新产品开发——其实是重新定义我们的老产品，也是我们新的品牌资产目标。

4. "拔苗助长"与品牌资产流失

在品牌资产问题上，最大的敌人是企业的拔苗助长，造成品牌资产流失。现在先讲一段《孟子》。

孟子曰：必有事焉，而勿正，心勿忘，勿助长也。无若宋人然：宋人有闵其苗之不长而揠之者，芒芒然归，谓其人曰："今日病矣！予助苗长矣！"其子趋而往视之，苗则槁矣。天下之不助苗长者寡矣。以为无益而舍之者，不耘苗者也；助之长者，揠苗者也，非徒无益，而又害之。

"必有事焉"，事，就是用功。正，是预期其效，老是在问结果。"必有事焉，而勿正"，就是日日事事不断地积累，不要预期结果。

"心勿忘，勿助长也"，就是"勿忘勿助"，时时刻刻都不要忘了自己要做什么，只管照既定方针去做。但是，切不可躁进求速、拔苗助长。不要学那拔苗助长的宋人。他担心禾苗不长，就去一棵棵地拔苗，拔得腰酸背痛，十分疲倦地回家对家人说："今天累坏了！我帮助禾苗生长了。"他的儿子赶紧去看了看，禾苗都枯槁了。

"天下之不助苗长者寡矣",说的是天下不拔苗助长的人太少了。这种拔苗助长的行为,非但没有益处,还会害了它。

前面讲如何建立品牌,第一条是始终保持产品质量稳定,这是个生产问题,不是品牌问题;这里讲如何建立品牌资产,第一条是勿忘勿助,不要拔苗助长,这是个哲学问题,也不是品牌问题。所以,功夫都在诗外,毛病都是心病。

我曾经吐槽"爱干净,住汉庭"差点被改成"净下来,去生活"。事实上,华与华的很多经典作品,都经历了拔苗助长的过程,有些我保护下来了,有些没有保护下来,有的还在斗争当中。

固安工业园区著名的广告语"我爱北京天安门正南50公里",也几经波折。在经历艰苦卓绝的斗争,这句广告语终于成为品牌资产,原以为不可撼动之后,因为大兴机场的建立和它被认可的价值,又被动议改成"我爱首都新机场正南10公里"。殊不知,"我爱北京天安门",这是文化母体,这是品牌资产,改成"我爱首都新机场正南10公里"就没有任何意义了。

企业的拔苗助长是习惯性的,每年都至少要拔一次,不拔一次,就焦虑,觉得自己没干活。在服务华与华的老客户葵花药业时,产生了我们的著名案例:葵花牌小儿肺热咳喘口服液。我经常说,如果我2007年拍摄的第一条广告片从来没有换过,一直只播那一个版本,年销售额能增加1亿。但是,过去15年,我们至少拍过10条广告片,现在我们还在为2021年的新广告片争论不休,我要求回到2007年原版,一个字也不能改,客户的意见呢,"万水千山总是情,就改一句行不行?"

不拔苗助长,就是一个方案只要成功了,就一个字、一个镜头都不要改。除非我确信改了能发大财,不然绝不会为"这样可能更好"就修改,因为任何修改都是品牌资产确定性的损失,我不能为不确定的收益付出确定性的损失。

5. 一生只玩一个梗与品牌资产积累

除了不拔苗助长,还有一条:绝不追热点!每有社会热点,各企业的市场部、广告公司,就一哄而起蹭热点,蹭得巧、蹭得妙的,就得到大家的赞赏,沾沾自喜。我从不让华与华的人去干这些事,得不偿失。要热点,一定是自己热。要自己热,那是可遇不可求,只问耕耘,不问收获,一生只玩一个梗,让它自己热。

一生只玩一个梗,也是华与华的品牌资产观。我就以自己为例,现身说法。

华与华的梗,就是兄弟梗。我们的名字,来源于华与华兄弟,这就是我们的"品牌资产梗"。2008年,开始在航机杂志上投广告时,就是兄弟俩的合影,之后就没有变过。有朋友说应该上艺术照,或者变成漫画、版画或剪影效果,那是他们不懂,我就要"老干妈"效果,因为这是最真实的承诺。也有人说,过了那么多年,要不要重新拍一张?当然不要,这张照片就是公司形象,而且它会越来越值钱,因为我已经投了近2个亿在这张照片上,等我不在的时候,累计投了几十亿,利滚利变成了几百亿,怎么能换?永远不换!

2013年,我们出版了《超级符号就是超级创意》,封面是同一张照片。之后,所有华与华方法丛书,都是兄弟照片。中间例外过一次,《华与华百万大奖赛案例集》第一版问世的时候,用了获奖者、设计师刘伟的形象做封面,后来发现违反了自己的品牌资产原理,第二版就改回来了。

▲ 华与华文库封面图

2019年,《超级符号就是超级创意》第三版问世的时候,华楠突发奇想,埋了一个梗在封面后勒口的作者简介上。他写的作者简介是这样的:

第一章 什么是品牌

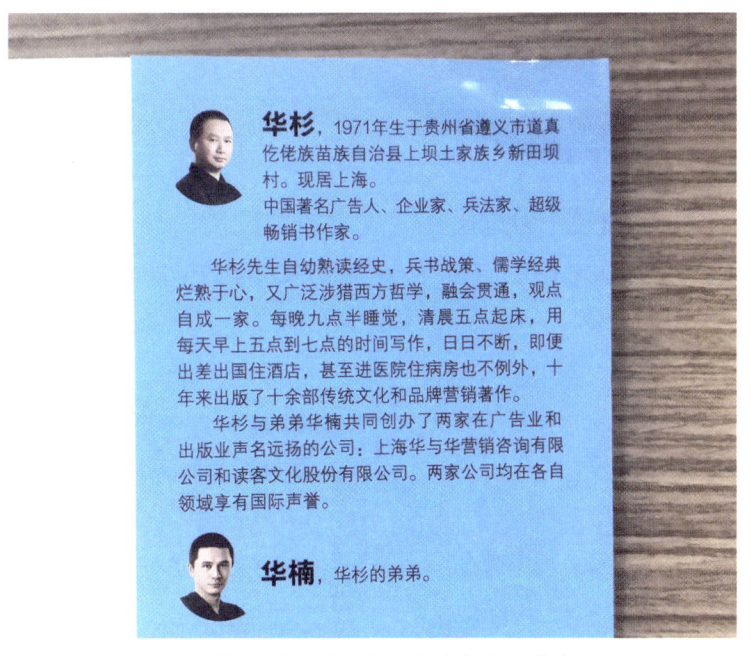

▲《超级符号就是超级创意》作者简介

华杉，1971年生于贵州省遵义市道真仡佬族苗族自治县上坝土家族乡新田坝村。现居上海。中国著名广告人、企业家、兵法家、超级畅销书作家。华杉先生自幼熟读经史，兵书战策、儒学经典烂熟于心，又广泛涉猎西方哲学，融会贯通，观点自成一家。每晚九点半睡觉，清晨五点起床，用每天早上五点到七点的时间写作，日日不断，即便出差出国住酒店，甚至进医院住病房也不例外，十年来出版了十余部传统文化和品牌营销著作。

华杉与弟弟华楠共同创办了两家在广告业和出版业声名远扬的公司：上海华与华营销咨询有限公司和读客文化股份有限公司。两家公司均在各自领域享有国际声誉。

华楠，华杉的弟弟。

在两年后的2021年，我们因为这个简介上了新浪微博热搜，有网友拍了一张照片上传，说这样对弟弟公平吗？并配了一张对苏东坡兄弟简介的图片，对苏轼介绍了一大堆，然后是：

　　苏辙：苏轼的弟弟。

　　华楠很得意，他说："我等这一天，已经两年了。"
　　2021年，读客文化上市。我把华与华所有在机场的广告画面换成了"兄弟，你先上！"继续兄弟梗。

▲ 华与华广告画面

　　在读客上市答谢晚宴上，我发表了《一定要生二胎》的"获奖感言"，继续我们的兄弟梗：

　　大家晚上好！首先，非常感谢各位，最重要的是感谢我弟弟和读客团队，让我有了这样的荣耀时刻。谢谢大家！
　　在这个时候，我最想念和最想感谢的，还是我的爸爸。我父亲还在世的时候，我们父子三个最快乐的时刻，就是年底一起"数钱"的时候。这就是我爸给我们兄弟俩报告华与华一年经营的账本。每次数完钱,我爸把账本合上,都会满意地说一句:"主要是智慧。"

他的意思就是说,我和我弟挣钱,主要是靠智慧挣来的。那时候能挣两千万,也算不少了。我记得有一次华楠就说:"以后啊,一年要挣一个亿。"然后我爸就开玩笑讽刺他说:"一个亿?我看你要挣一个痛苦的回忆。"

在今天这个日子里,家祭无忘告乃翁,我还要对我爸爸说:"昨天华楠挣了126个美好的回忆。"(读客文化上市首日,市值上涨19倍,达到126亿。)

说完爸爸就得说妈妈。我妈今天也没有来,因为她在新疆玩"嗨"了,我们喊她来敲钟,她很潇洒地说:"你们自己去敲吧。"

对于我们兄弟来说,兄弟能一直和睦,那一定是父母教育得好。我们一直说文化母体,对于我们家来说,我们的文化母体,就是儒家的孝悌精神,父慈子孝,兄弟和睦友爱。

我们兄弟俩是一左一右住在隔壁两个小区,我们也经常一左一右夹着我妈去散步。小区其他老人就特别羡慕:"我就一个儿子,回家都不跟我说话,你两个儿子还天天陪着你散步。"我妈就说:"唉,我太难了。我都七老八十了,还在带娃!"这就是我妈的"凡尔赛"。

有一天,我妈就想考我们俩一个题,说:"来,请用一句话夸夸你妈。"我抢答:"妈真会生!"然后华楠接着脱口而出:"越生越好!"

现在,我觉得我也算是人生赢家了。我说人生要连赢三场,我现在已经赢了第二场。第一场呢,是小时候赢了拼爹,父母的教育让我们有智慧、有品格。中场呢,我又赢了拼弟,现在我弟让我成了有身家的人。第三场呢,是拼儿,我觉得对我来说也没什么问题。

作为人生赢家,我想给各位,特别是年轻人,一个特别特别重要的人生忠告和人生经验,就是一定要生二胎!如果当年我妈没生二胎,我今天就不会有这样的时刻,谢谢大家!

2020年,《华与华方法》出版,总经理肖征写了序言,标题是"兄弟当如华与华"。

▲ 华杉、华楠兄弟幼年合影

兄弟，就是我们的超级符号，就是我们的品牌文化，就是我们的品牌资产。我们时刻都在给这一资产添砖加瓦。维护这一品牌资产的，不是我们的策划，不是我们的创意，而是我们的行为，能同患难，也能共富贵。这，又不是品牌问题，而是家族问题了。

所以说，绝大多数的品牌问题都不是品牌问题。人的形象是由他的行为带来的，而不是包装出来的。人的毛病，又是很在意自己的形象，却不在意自己的行为。同理，品牌管理，主要是企业管理工作。至于品牌，你越少动作越好！

▲ 读客文化上市时华杉、华楠兄弟合影

三

超级符号原理

1. 超级符号思想源流及纲要

1.1 超级符号前传：华与华定位坐标系

华与华是超级符号思想的发源地。要说这套方法的源头，可以追溯到1998年我进入广告业的处女作——喜悦洋参。那时候我和周焰联合创办了力创广告。力创广告的成立，初衷是在周焰之前的力创企业形象设计公司业务和客源的基础上，开发新的广告服务。那时候中国的广告中心在广州，深圳是平面设计中心。力创设计是周焰于1992年创办的，是中国第一代的CI设计公司，那时候的代表作有嘉陵摩托、扬子电器、古井贡酒等。

进入广告业，我手里提了"两把刷子"，是我1997年春节期间在家里做好的。第一把"刷子"是一句话——"所有的事都是一件事"。企业战略、品牌、包装、广告、公关、营销……所有的事都是一件事，在一个系统、一个团队内，一次做对，一次做完。当然，就是要客户全部交给我做。这奠定华与华方法的基础理论和基本纲领，也支撑华与华发展成为"广告公司+产品开发公司+战略咨询公司"。

第二把"刷子"是"定位坐标系"，是我春节期间在珠海家里画的。那时候，已经有"乐百氏纯净水，27层进化""红桃K，补血快"等经典案例，我们已经知道USP，即独特的销售主张，就是要有一个定位。

怎么找到这个定位呢？我设计了一个三维坐标系，X轴是产品，从产品属性、原料、生产工艺、功能、包装等摸排可能的定位。比如乐百氏纯净水就是从生产工艺出发，红桃K是从功能出发，它们都是从产品出发。

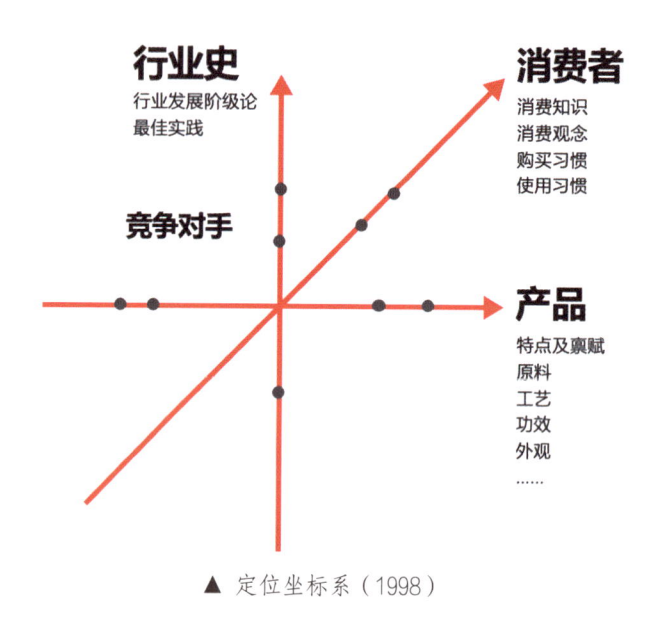

▲ 定位坐标系（1998）

Y轴是行业竞争史，就是在本行业历史上所有公司使用过的策略，特别是曾经成功但因自己没坚持而丢掉的，那直接捡起来就用。行业竞争史的梳理特别有用，因为你可以看到这个领域所有人出过的所有招。如果我们把这个研究范围再扩大到国外，那就能获得更大的资源库。那时候有一些剪报公司，比如，我可以指定购买几个竞争对手过去三年所有投放过的报纸广告，他就能收集复印卖给我。还有一些卖电视广告资料的公司，可以指定购买竞争对手过去几年的电视广告资料，甚至指定购买国外同行业的所有广告资料。这两类公司曾经给我很大的帮助，但后来这些公司都没了。所以我觉得现在虽然有搜索引擎，但是获取资料还没那时候方便，因为那时候有专业的广告信息公司，他们有渠道，有积累。

可能出于个人习惯，我非常重视历史研究，一直到现在，行业寻宝和企业寻宝都是华与华开始一个项目时最重要的工作。我们相信，成功的策略大多数情况下都在企业的垃圾堆里。因为我们无法说服客户坚持成功策略的各种经历太惨痛了，我们知道其他所有企业大概率也会把他们的金子丢掉。如果企业垃圾堆里没有，行业垃圾堆里肯定有。找别人丢掉的金子，得来全不费工夫，何乐而不为呢？就像现在东鹏特饮的"累了、困了，喝东鹏特饮"，就是红牛丢掉的"困了、累了，喝红牛"。

Z轴是消费者，主要是消费者的消费知识、消费观念、消费习惯等，从消费者视角看品牌。比如房地产，那时候消费者连总平面图都不会看，你就不要跟他讲物业管理了。而后来时机成熟，万科最先搞物业管理，就一路成就了宇宙第一房企。

这三个轴都摸排完毕后，标出竞争对手的定位，然后思考评估自己的定位。

那时候台湾意识形态广告公司火得很，我把意识形态广告公司老板郑松茂请来指导，并给他讲解了我的坐标系。他说："你这也不像一个坐标。"我一看，可能因为我是理工科出身，习惯于搞坐标、模型，但这坐标确实很不数学，不过不影响我使用。

总的说来，这是一个先做加法再做减法，先摸排再聚焦的过程。

我到力创广告之后，开发了第一个广告客户——喜悦洋参。

通过调研，我们很快确定了定位——100%纯正美国西洋参，来自威斯康星州花旗参农业总会。

再找资料，我们很快得到了创意启发。花旗参的历史，是当时一个法国传教士看见中国人很喜欢吃人参，他想欧洲没有人参，美国同纬度不知道有没有，于是就拿了人参图样，到北美委托一个印第安酋长帮忙找，结果找到了。从此西洋参开始在北美种植，出口中国。

于是就有了喜悦洋参的故事。包装设计，就用了酋长的形象，加上"100%纯正美国西洋参"和威斯康星州花旗参农业总会的标识。

▲ 喜悦洋参

然后——所有的事都是一件事——从平面到电视广告到促销活动，全部用的是印第安酋长的形象。我们的品牌文化，也变成了印第安文化。

▲ 喜悦洋参平面广告+终端陈列

这个案例获得了很大成功。我从中总结出两点。第一，是品牌形象。集中使用一个形象（那时候还没有用"符号"这个词），然后从包装到广告到促销——所有的事都是一件事——一切围绕这个形象展开，一切集中于投资这个形象，形成系统。这成为我们一以贯之、运用到之后20多年所有案例的原则。

第二，是品牌文化。到底什么是品牌文化？所谓文化，"是人类在社会历史发展过程中形成的一切物质财富和精神财富的总和，有时特指精神财富"。那么，品牌文化，就是在人类文化宝库中寻找相关的东西，嫁接人类文化，以获取这一财富。喜悦洋参嫁接印第安文化，就获得了整个印第安文化的符号系统，这品牌一下子就无中生有，青云直上了。这一招，也一以贯之，用到现在，后来发展成了华与华方法的文化母体理论，和文化母体四部曲的方法论。

那时候我们特别崇拜4A公司，总之咱们是幼儿园，人家是博士生，可能还是博士生导师。我们也不知道他们在做什么、怎么做的，但是就想尽一切办法和途径去学习。我请了一位广州某4A公司的创意总监做顾问，他看了我们的案例，给我提了一个大胆的设想——把喜悦洋参定位为"印第安洋参"。这个想法很让我受教育，原来可以这么干！但是我没敢采纳，因为我感觉走远了。

再说回品牌形象，20世纪90年代末，品牌形象是一个很不得了的词。"当太阳升起的时候，太阳神口服液""润迅传呼，一呼天下应"，还有后来的"鹤舞白沙，我心飞翔""山高人为峰，红塔集团"……这些广告当时都火得不得了，我们也羡慕得不行。

接着有两件事。

第一件是红桃K。

民营企业成功之后，有钱了，都要去找4A。感觉我们本土公司做好一个企业，也是为4A做嫁衣裳，给他们送客户，因为客户找我们的唯一理由是我们比4A便宜。包括前面说的喜悦洋参，第一年成功后就投入了4A的怀抱，而且还不是4A，是从4A离职的人开的公司，因为人家免费做方案来提案。那时候我才知道原来他们会不收钱，只是第一次来见面，就已经做了巨大的投入，做好全套方案来直接提案。我一直认为收了钱才能干活，这是天经地义，还好这一条我坚持下来了。因为我做任何事都是一以贯之。喜悦洋参短暂离开了我，然后又回来了，回来是因为做一个牦牛壮骨粉的包装设计，怎么做也做不到位，老板说"连力创的一根毛都赶不上"。我们重新设计之后，销量是他们的设计的40倍。原因很简单，就是他们没有符号思维。那家"类4A"公司的包装设计没有资料，大概就是雪山草地牦牛群那样的图画。

▲ 牦牛壮骨粉的包装设计

说回红桃K，"红桃K，补血快！"成功之后有钱了，找了4A，双方都很兴奋，后来还写了案例文章，发表在台湾的《广告杂志》上。那杂志当时是我们的"圣经"，每一期每一篇我们都仔仔细细地读。他们做的红桃K的创意，是中国古代四大美女，拍摄了戈壁滩上四座沙丘，轮廓是四大美女，她们因为贫血而变成这样，所以要喝红桃K。

这个创意不成功。

我仔细读了那篇文章，但是读不懂，也没受震撼；就是不明白，也不觉得厉害。我不知道他们在做什么，为什么要这么做，但是也不敢否定，只是搁置在一边，继续做自己的。

第二件是南海岸鳗钙。我的客户很欣赏我，但是只给我一个新项目做。我想要接他们的鳗钙，他们不放心，交给了一家4A公司。广告花了很多钱，是一个动物园，狮子、老虎张开大嘴，你看看它们的牙，河马张开大嘴，你再看看它的牙，它们都要吃鳗钙。

这个创意不成功。

后来客户跟我说："我们原来的广告，就是很粗糙的一个二维动画，一个小孩说，妈妈，长牙牙！长牙牙！补鳗钙！"我们就成功了。现在花这么多钱，狮子、老虎、河马全上反而失败了。

我开始思考，但那时候我还没有想到"购买理由"这一层。我只是在想什么是品牌形象。品牌形象，得有一个具体的形象，以这个形象为核心，所有的事都是一件事，利用一切传播工具，最后这个形象就代表这个品牌。他们这些形象广告，其实都没有形象啊！我就像《皇帝的新装》里那个小男孩，发现他们什么都没有！

那个年代4A的案例，我唯独佩服一个：人头马！"人生要讲享受，花钱要讲派头，人头马一开，好事自然来！"

后来，这句口号被改为"人头马一开，人生更精彩！"这让我明白了一个道理——是金子，总是要被丢掉的。

所以，翻找垃圾箱一直是华与华最重要的创作方法。

经过在广告业的最初几年，我渐渐开始怀疑，可能我本人，也可能还有我兄弟，才是这个行业真正的英雄！社会科学与自然科学不同，很多知识无法传承，每一代人都需要重新学习，才能知行合一。奥格威、李奥贝纳等一代宗师逝去了，他们的思想并没有在他们自己的公司传下来，而是和他们一起消逝了。我们是新一代，要重开山门。我手里这"两把刷子"，就是未来的"两弹一星"。

两弹，是超级符号和品牌谚语。一星，是"所有的事都是一件事"。

1.2 超级符号的定义

在2013年出版的《超级符号就是超级创意》一书里，华楠正式发布了超级符号的定义：

超级符号是人人都看得懂的符号，并且是人人都按照它的指引行事的符号，人们甚至不会思考它为什么存在，只要一看见这符号，就会听它的话！它可以轻易地改变消费者的品牌偏好，也可以在短时间内发动大规模购买，还可以让一个新品牌在一夜之间成为亿万消费者的老朋友。

这里的符号人人都看得懂，并且会按它的指引行事，我称之为超级符号的三大功能：指称明确、信息压缩和行动指令。

指称明确，是一看就知道在说什么；信息压缩，是浓缩巨大的信息量；行动指令，是行动意志力最强，对人的行为影响力最强，并且影响的人最多。

比如"我爱北京天安门正南50公里，固安工业园区"，指称非常明确，天安门正南50公里，就是固安；信息压缩，浓缩了巨大的信息量，投资者需要的大部分信息都在里面了；行动指令，因为使人愉悦，能激起让人去看一看的欲望。

华楠定义中的后三句，轻易改变消费者的品牌偏好，短时间内发动大规模购买，让一个新品牌在一夜之间成为亿万消费者的老朋友，这是什么原理呢？

我们回到"华与华方法"品牌三大原理的品牌第一原理——社会监督原理。品牌是一种消费者的风险保护机制，方便社会和消费者监督品牌。为什么消费者选择知名品牌？因为他觉得知名品牌为社会大众所监督，其犯错成本高，不太会骗我。除了相信名人不会公开乱来之外，我们通常还相信谁呢？相信熟人，即熟悉的人。有些地方品牌，地方人民信任它，因为对它熟悉。所以，购买是因为信任，知名是通向信任的途径，熟悉也是通向信任的途径。要让一个品牌成为知名品牌，需要巨大的广告投资和时间；而要创造熟悉感，则只需要一个设计，这就是超级符号的"轻易"、"短时间"和"一夜之间发挥作用"的原理。

比如厨邦酱油，本来是广东等华南地区的一个地方品牌，原来的包装形象，对于全国消费者来说是陌生的；但在使用绿格子餐桌布包装设计后，原来不熟悉的，一眼就熟悉了，并因此产生偏好，甚至刺激食欲，愿意购买。这就是超级符号的作用机理。

▲ 厨邦酱油的新旧包装设计

后来，华楠又补充了他对超级符号的定义：超级符号就是通过精心选择的传统符号，并依据购买理由进行改造，使其成为可以传播购买理由，并能注册的符号。

这个定义的三层含义分别是：

（1）超级符号源自传统符号，其目的是占据传统符号的价值、意义、品类感、消费者偏好。

（2）依据购买理由（或品牌形象的需要）进行改造，使其能高效传播购买理由或品牌形象。

（3）可以注册。超级符号是私有财产，是品牌资产，能注册最好，不能注册就要将其在消费者心目中打造成具有排他性的品牌资产。

比如蜜雪冰城，原来的品牌标识是一个抽象的符号，不可描述，也没有商业价值。华与华通过改造雪人的形象，加上王冠和权杖，且权杖的头用一个冰激凌的形象，就成为一个品牌注册商标，也创造了熟悉、偏好和购买欲，而且是国际化的，全球消费者都买单的。

华与华前　　　　　　　　　　华与华后

▲ 蜜雪冰城的新旧品牌标识

蜜雪冰城超级符号设计提案的时候，出现一个有意思的情况，就是遭到人们普遍反对。大家都说原来的形象"上档次"，这个形象"太Low"。我开玩笑地说，其实也是认真严肃地说："这是一种心理疾患，也是一个哲学问题。"

为什么说是一种心理疾患呢？因为这个Low不Low的问题根本不存在。雪人是全世界人民都喜闻乐见的。但人的潜意识总是想"脱离群众"，成为"与众不同的人"，成为"人上人"，他就不想使用人民群众都喜欢的东西。什么叫"高档"？你看不懂，我就高档了。这就是哲学问题，维特根斯坦说："我们从小所受的教育告诉我们，我们不能欣赏我们能够理解的事物。"一个东西，一旦自己看懂了，就觉得不应该表现出自己对它的欣赏。人们所谓的"审美"，并不是真的在审美，而是在进行对自己的"印象管理"，管理自己在别人心目中的印象。所以，审美的共识只有一个，就是皇帝的新装——皇帝明明什么都没穿，但是每个人都说皇帝的新装美。为什么呢？因为他担心自己要是说他不美，就会被看作愚蠢。其实他说那新装美，正是暴露了自己的愚蠢。

人的意识、潜意识、表达和行为，是四个完全不相干的东西。超级符号，是运用人类潜意识的艺术，一个消费者走在街头，看见蜜雪冰城的门店，他不会有意识地去评判它的美丑，他的潜意识已经让他喜爱，而且愿意购买。但是，当他作为一个管理者坐在会议室里看一个设计方案的时候，他的意识是在思考："我应该表示赞同还是反对？我应该发表什么样的看法，让他们觉得我是一个有观点、负责任的人？"所以，他的任何思考和表达，都和专业意见无关，而是在做自己在领导和同事心目中的印象管理。

有人说：我真不是从专业意见来看的，而就是从一个普通消费者的角度来思考的。作为消费者，我不喜欢这个设计。

我说：这不可能，你无法站在普通消费者的角度，你也不知道自己在说什么。

这又是哲学问题，华与华称之为"沟通不可能怪圈"。人的意识、潜意识、表达和行为，全不相干，怎么也搭不上。在会议中，一个人表面上是在表达他的观点，实际上是他的潜意识在表现自己，管理心理学上叫"印象管理"，他在进行别人对他自己的印象管理，根本就不是在就事论事表达观点。所以，当他真正执行消费行为的时候，完全与其表达的观点无关。

有一次做一个汽车客户的提案，一个小伙子发言说："华与华的设计颠覆了我所有的专业常识，但是，我还是赞同华与华的方案，我认为华与华的方法是有效的。不过，我顺便补充一下，我是一个'90后'，从'90后'消费者的角度，我不喜欢这个标识设计。如果我去买车，是我们原来的那个标识，我会买；如果是现在这个标识，我不会买。当然，我只代表'90后'，我们的客户也不一定是'90后'。所以，我还是支持这个方案，只是顺便说一点个人看法。"

他的结论是支持，大家就录下他的一票，请下一位发言表态。但是，我不会放过他，因为这是一个哲学问题。

我说："不对，首先，你不能代表'90后'，就像你不能因为自己是亚洲人，就代表全亚洲，你也不能因为自己是'90后'，就代表'90后'。甚至，你也不能代表你自己。你发表的意见，并不能代表你的看法。为什么呢？我们都买过车。我们去买车的时候，车标并不是我们的决策依据，我们不会因为喜欢某个车标而买某车，也不会因为不喜欢某个车标而不买某车，车标没那么重要。我们设计一个车标，目的是降低我们作为一个新品牌被识别、记忆和传播的成本。在这个案例上，我们并不是靠车标去卖车。所以，你把这个问题夸大了。你夸大这个问题，是你的潜意识里觉得这里只有你一个'90后'，你的话我们无法反驳，你就发表一点独家说法罢了。"

我不惜笔墨讲述这些道理和故事，是因为影响我们做出正确判断和决策的最大障碍，都不是品牌营销的专业问题，而是管理心理学问题。如果不能做好管理者的心理咨询，就没法做品牌咨询。人说出的话，往往并不代表他的看法，人们往往并不知道自己在想什么、说什么，更不知道自己在做什么。

蜜雪冰城的雪王设计最终是老板"乾纲独断"，通过了。一年之后，董事长张红超说："现在想想都后怕！如果一年前否定了华与华的方案，今天的一切都不会发生。"

回到超级符号定义的话题。华楠的两次定义主要聚焦在视觉符号上，可以说是狭义的超级符号定义，而且第二次定义比第一次定义更狭义，因为第二次锁定的是注册商标。不过，在实际操作中，我们也有不能注册的情况，比如厨邦的绿格子超级符号无法注册，我们也没有修改得私有化以完成注册，而是靠系统性的使用以获得其价值。就像阿迪达斯的三条杠，欧盟取消了它的三条杠注册商标，但它仍是阿迪达斯的超级符号。不过，尽可能实现商标注册是我们的指导原则。

图形符号是超级符号的主要形式，但远远不是唯一形式。所谓五感品牌，视觉、听觉、嗅觉、味觉、触觉都可以建立符号识别。国际知名品牌英特尔的听觉符号"灯，等灯等灯"，在华与华的案例里，克咳胶囊的"Keke——"唱音，田七牙膏的拍照喊"田七"，都是成功的品牌听觉符号。

除了五感之外，语言本身是符号，而且是最大的符号系统，所以，语言编码本身也是超级符号。在华与华的客户里，有两只猫，一只是"四只猫咖啡"，一只是"七猫免费小说"。这两个品牌命名，都符合华楠所说的通过改造传统文化符号，加以私有化，以实现商标注册的理论。"猫"是传统文化符号，加上"四只"或"七"是为了将之私有化，至于是四只、两只、三只，还是八只、九只，都没有关系，它们都能达到同样的效果，只是看语感，以及看哪个能注册下来。

除了狭义的超级符号定义，还有广义的超级符号定义，就是应用于一切传播的编码方法。为什么这样说呢？因为一切传播都是符号的编码和解码，都是刺激信号和行为反射。有一个发送者完成编码，形成刺激信号，通过媒介，发送给接收者。接收者接收到编码信号，进行解码、理解，并做出行为反射。就像我现在写这些东西，就是我在用语言符号进行编码，通过书这个媒介，发送给读者，读者进行解码、理解，之后有行为反射——运用到自己的工作中。

2021年出版的《华与华超级符号案例集2》一书收录了我在2020年华与华百万创意大奖赛现场的年度演讲，其中讲到超级符号传播的四个原理。

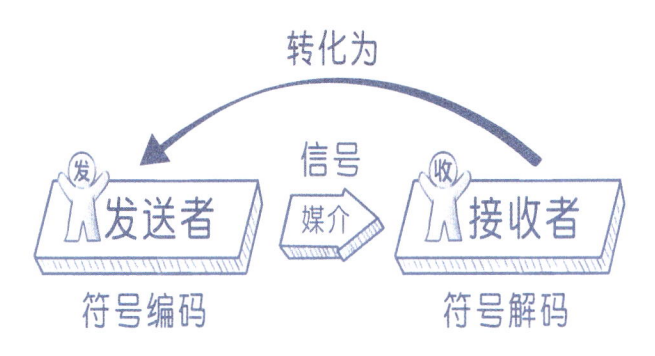

▲ 超级符号传播的编码方法

第一，利用接收者的潜意识，让编码在接收者脑海里完成。也就是说，发送者发送的并不是最终编码，而是一个"观念爬虫"，挖掘接收者脑海里的数据，完成最终编码。利用接收者的潜意识完成编码，就减轻了我们发送"运载火箭"的负荷，提高了效率，还放大了效应。比如"我爱北京天安门正南50公里，固安工业园区",就在接收者脑海里抓取了"我爱北京天安门"这首歌曲的记忆和情绪,完成熟悉、偏好、购买欲的跃迁;"爱干净,住汉庭"也抓取了童年妈妈教导要"爱干净"的记忆,让消费者即刻转换进入"听话模式";"新东方,老师好"则抓取了从小的课堂记忆。这些全都运用了潜意识的艺术。

第二,媒介并非只是传送媒介,它本身也是编码的一部分,有时甚至是最重要的一部分。所以说有时候在哪儿投广告比投什么广告更重要。

第三,对接收者的行为反射,我们并不满足于他的购买行为,而首先是即刻把他转化为发送者,替我们传播。"累了、困了,喝东鹏特饮"是大家都会传播的话,而"你的能量,超乎你想象"则不会。

第四,信号必须足够简单,信号能量必须足够强,而且必须持续不断,并长时间重复,最好是永远重复。

理解这4个基本问题,就能理解华与华那些看似平淡无奇的创意为什么总能大获成功。这是从心理学、生理学、符号学、语言哲学、修辞学、传播学、媒介环境学积累了三千年的"人类总智慧"中得来的。

广义的超级符号定义,将超级符号作为一种符号编码方法,应用于品牌命名、品牌形象设计、包装设计、平面广告、音频广告、视频广告,以及一切传播形式。华楠最后把超级符号称为一种信念——没有什么传播问题是超级符号解决不了的。

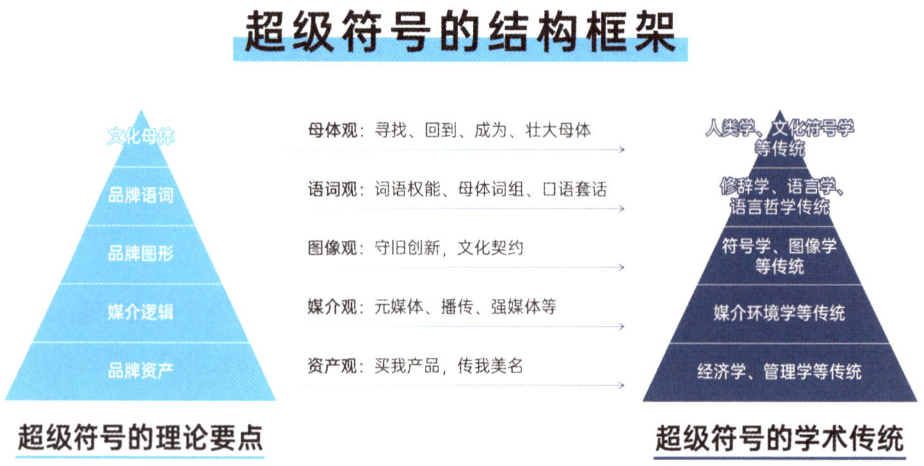

超级符号的结构框架

超级符号的理论要点		超级符号的学术传统
文化母体	母体观:寻找、回到、成为、壮大母体	人类学、文化符号学等传统
品牌语词	语词观:词语权能、母体词组、口语套话	修辞学、语言学、语言哲学传统
品牌图形	图像观:守旧创新,文化契约	符号学、图像学等传统
媒介逻辑	媒介观:元媒体、播传、强媒体等	媒介环境学等传统
品牌资产	资产观:买我产品,传我美名	经济学、管理学等传统

1.3 超级符号的美学哲学

超级符号是颠覆VIS（企业视觉识别系统）思维的设计思想，也可以说是对设计思想和设计美学的"拨乱反正"，主要是罗素所说"教育使人愚蠢"，和我所说"专业使人迷失"之乱。从标识设计上，我们看到超级符号设计聚焦于解决问题，始终服务于最终目的，而不是无序发挥。这就是美学的根本。

亚里士多德说："研究的首要主题，最主要的知识，是对目的的认识；而目的是每一种事物的善，一般说来，是整个自然中的至善。"黑格尔说："目的就是美、善，是'第一性的东西'。所有的东西都是以某一种方式安排好的，按照普遍的规律、思想、理性行事，才是最优越的，因为每一个事物的原理就是它的本性。"服务于目的的设计，是美的极致，也是止于至善的，已是尽善尽美，再画蛇添足，或者与根本和目的无关，就不仅不是美，而且是错误。华与华有一本专著《设计的目的》，专门讨论过这一问题。

目的就是至美和至善，这是整个古希腊哲学的思想。在亚里士多德之前，苏格拉底也总是讲至善和目的。他认为，那个普遍者就是目的（善），它的普遍者（那个共同的善）也是同样的善。事物的本性必须依照概念去认识，则概念就是那自立的、独立的对事物的看法。概念就是事物自在自为的本质。它实现它自己，它变化，但却在这种与他物错综缠结中保持它自己。它控制着各种自然原因之间的关系，这个概念就是目的。事物是有用的，是为了一个目的而存在的。但这个规定却不是事物自身所有的，而是外在于事物的。

本书的讨论从"品牌的目的"开始，就是我们的目的哲学。我们可以说，止于至善，就是服务于外在的、世界的最终目的，而不是自己一厢情愿的目的。我们看到很多品牌标识设计、产品包装设计（后面会谈到）等，设计者的问题，就是他对什么是标识、什么是包装根本没概念。如果不知道标识的目的是什么，包装的目的是什么，他的设计就是错误的。由于从来没有思考过这样的认识，他的一切设计作品，他的整个职业生涯，都是错误的。他能够生存，是因为他的客户可能也不懂。当市场出现真人、真心、真本事、真设计时，就像一道光射进了黑暗，黑暗无法存在了，于是，他就要奋力遮挡这道光，拒绝接受，也拒绝了自己的进步。

目的的哲学，在苏格拉底之前，是阿那克萨戈拉，他说："目的是一个自为的固定规定，然后这规定又为活动性的规定所设定，再向前活动以实现目的，给予目的以实际存在。但这实际存在是为目的所统治的，而目的又在这实际中保持着自己。这就是说，目的是真实的东西，是一个事物的灵魂。"

目的的规定，设定了一系列的活动性的规定，这就是一切科学方法的定义。这一哲学引申到我们的经营当中，即社会的目的就是企业的灵魂，统治着企业的一切活动，企业即社会实现其目的而规定的活动。我们必须始终服务于最终目的，把目的哲学贯彻到我们的一切行为中。而把握目的哲学的方法，则是"事先定义成果物"，成果物定义，就是目的的抓手。详细参见《华与华方法》。

黑格尔说过：经验的东西，在它的综合里面被把握时，就是思辨的概念。在自然的理念里面，主要有两个规定：一是目的的概念；二是必然性的概念。

整个华与华方法，就是在企业战略和营销传播领域把握这两个概念——目的的概念和必然性的概念。如果你的目的是解决问题，并且有能力把握事物自身自在自为的目的，那么，你的对策就必然解决问题。就像华楠在讲他的文化母体四部曲时说"当母体运行，购买必然发生"，就是目的和必然的概念。反过来，如果你的目的是表现自己，又对问题没有认识，是对事物自身的目的没有了解，那你就只能"自嗨"。

2. 文化母体思想源流及纲要

2.1 文化母体思想的提出

◎ 2.1.1 发展过程

文化母体思想的发展，在华与华也经历了一个过程：先是从品牌文化，发展到"品牌寄生"；后来华楠提出"品牌寄主"，再提出文化母体和文化母体四部曲的方法论；后来，他又把文化和母体分开，只提"母体"，不提"文化"，提出母体行为和母体行为执行人的概念。之后，我们还发展了社会母体、知识母体等方法论概念，也讨论了"母体歧视"的误区。接下来，我就把这个思想发展过程和概念做一个说明。

品牌文化，是我1998年在做喜悦洋参案例的时候体悟到《现代汉语词典》对文化的定义："文化是人类在社会历史发展过程中所创造的物质财富和精神财富的总和，特指精神财富。"所谓世界物质文化遗产和非物质文化遗产，也就是这样的划分。而品牌文化，就是嫁接一块人类文化，为我所用。比如喜悦洋参定位为"100%纯正美国西洋参"，使用印第安酋长作为"喜悦酋长"的品牌形象，就获得了整个印第安文化符号系统，品牌就无中生有、光彩夺目了。

后来的田七牙膏案例，"拍照大声喊田七"，是将品牌植入消费者的生活，拍照的时候不喊"茄子"，喊"田七"。这时候我们提出"品牌寄生"，寄生于生活场景。华楠认为应给每一个品牌找到"品牌寄主"。

▲ 田七牙膏品牌形象

从"寄主"到"母体"，这个思想的大跨越，是受到电影《黑客帝国》启发的。母体，即电影中的"The Matrix"。在2019年出版的《超级符号原理》中，华楠认为宇宙星辰是母体，人类生活是一个巨大的文化母体，从出生到死亡，母体为人安排好了一切行为和道具符号——从奶嘴到骨灰盒，不管你有没有意识到，或者愿不愿意，母体的剧本已经写好，为你准备好了脚本到道具，让你出演这场戏。

母体的戏剧，永不停息，真实日常，循环往复，无所不包，并且以仪式和符号的形式出现。母体有自己约定俗成的时间、仪式、道具，特点是不可抗拒、必然发生，发生的形式是集体无意识、自发卷入，一切母体意识都在潜意识当中进行。我们的每一个行为，都是在执行母体的要求，人类社会为我们的每一个行为都准备好了母体所需的场景和道具。

◎ **2.1.2 文化母体四部曲**

在《超级符号原理》一书里，华楠提出文化母体四部曲：

寻找母体 → 回到母体 → 成为母体 → 壮大母体。

第一步，**寻找母体**：找到一个母体行为或风俗。
第二步，**回到母体**：使用母体符号。
第三步，**成为母体**：成为原母体的新母体。
第四步，**壮大母体**：活进文化母体，成为人类风俗。

▲ 文化母体四部曲

2014年，微信以新年红包打通移动支付，这是文化母体四部曲的标准案例。不过，这不是华与华的案例。正如军事理论家克劳塞维茨所说："天才不需要理论，但是理论家需要天才，因为理论家要把天才的做法总结成理论。"我们就用文化母体四部曲的理论来总结微信红包的案例。

第一部，**寻找母体**。中国人在新年等节日时会给长辈送红包，会给小孩发红包，长辈也会给晚辈发红包。这是一个母体行为。微信找到了这个母体。

第二部，**回到母体**。使用母体符号，也就是设计了微信里的红包图标。前面说了，母体的戏剧真实日常、循环往复，有自己约定俗成的时间、仪式、道具，特点是不可抗拒、必然发生，发生的形式是集体无意识、自发卷入。现在，剧本、时间、仪式、道具都有了，全国人民以集体潜意识自发卷入，微信一举逆袭支付宝，成为移动支付老大。

第三部，**成为母体**。微信红包取代了物理的红包信封，成为红包的新母体。

第四部，**壮大母体**。红包文化被微信弘扬壮大了，现在不是过年过节才发红包，而是已经发展到"没有什么问题是红包不能解决的"地步，如果有问题，就发两个红包。所以，有喜事就在微信群发红包，开会迟到也要发红包。

文化母体四部曲，后两部非常重要。因为到了这一步，品牌就会成为人类的风俗，活进文化母体，活进历史和未来了。就像伏尔泰写世界史，他的书名就是《风俗论》，在华与华方法，我们也称之为"品牌风俗论"——让品牌成为一方人民的，甚至全世界的、人类的风俗、习俗、民俗。

华与华还没有一个"微信红包"这个级别的文化母体四部曲案例。这需要各种机缘巧合，以及长期的努力和积累。现在，我寄希望于蜜雪冰城，把雪人和爱情发扬光大，让雪王代表爱情。这在历史上也有案例，就是可口可乐和圣诞老人。在可口可乐之前，圣诞老人并没有统一的形象，也并不穿红色衣服。1937年，可口可乐的初心是为了冬天的淡季营销，请插画家绘制了现在大家熟悉的圣诞老人形象，没想到这一举完成了之后几十年寻找母体、回到母体、成为母体、壮大母体的四部曲。可口可乐不仅壮大了圣诞老人的文化，甚至在全球壮大了圣诞节。

▲ 可口可乐圣诞老人形象

我希望蜜雪冰城雪王手里的冰激凌权杖，能够成为全球年轻人的爱情权杖。

2.2 狭义的母体

◎ 2.2.1 母体执行人

2021年，在和浙江传媒学院的老师们一起讨论《超级符号理论与实例》教材的时候，大家对"文化""母体""文化母体"三个词的定义和相互之间的边界提出疑问。因为如果使用"文化"这个词，就有很多文化人有很多话要说。华楠认为应该使用"母体"一词，他强调的是母体行为的必然发生和执行，并将"造出了一台母体设备"用于创意工业化生产。而我是舍不得拿掉"文化"一词的，因为我对《现代汉语词典》的解释感到满意，并且还觉得很好用。而对于"母体",我也还有将之扩充放大的想法,这就涉及我所说的"广义的母体"。就像超级符号,我和华楠花开两朵,各表一枝——狭义的超级符号和广义的超级符号。

我的底层哲学是儒家,讲究理一分殊,一理万殊,天下万事,无非此理,具众理而应万事,如有一理成立,此理必在其他地方也成立,所谓举一反三,闻一知十,而且一以贯之。这就是母体理论在企业战略领域的应用。

华楠提出了运用母体的营销方法论:人是母体的执行人。个体是母体的执行人,商家是母体道具的生产营销执行人,消费者是母体道具的购买体验执行人。符号则用来揭示产品,揭示道具的价值,加快道具和道具购买者之间信息沟通的速度和效率。

华楠接着回应了十六年前提出的品牌寄生概念:让产品在文化母体中充当一个道具。这就是我们说的品牌寄生。我们要思考的是,我们销售的商品要寄生在什么样的母体身上,我们的品牌又可以寄生在哪个必然发生的母体上。品牌寄生的意思是,母体一旦循环至此,购买必将发生,品牌就会闪光。那么如何实现品牌寄生呢?就是通过改造并占领特定文化母体中的词语、符号和仪式。

针对读客文化的主要业务作业——图书书名命名和封面设计,华楠设计了"一台图书封面策划母体机",要求准确描述母体的五要素,必须是单数,必须真实日常:

(1)一个真实的人名。

(2)一个真实的场景。

(3)一个特定的状态。

(4)一个母体词组。

(5)一个可以按下快门的瞬间。

读客文化每一本图书的策划,都必须通过开"母体会"找到母体。找到的标准,就是完成以上五要素,把五要素写成一句话。

我们用一个案例来解释上述的五要素。2019年初,读客文化重新出版《局外人》。新版《局外人》一上市就夺得当当、京东、Kindle新书榜第一,引发了业界不小的震动。《局外人》在书中展现了个体在人群中格格不入的精神困境,在年轻读者中引起共鸣,由出版方发起的"格格不入"话题在豆瓣网上得到200万网友围观浏览。这部篇幅不长但内核深刻的世界级经典的爆红,将加缪再一次推向大众视野。

《局外人》成功的背后是对母体五要素的深度理解。首先，我们需要用一个真实的人名来描述，一个人名可以快速地让人们进入熟悉的人格化沟通的场景之中；然后需要对这一个人所处的场景及其特定状态进行描述；继而对特定状态进一步思考，找到母体词组，这个词组可以唤醒人身上循环往复的某种状态；最后用一个独特且尖锐的词语，一击即中。上述的诸多要素可以具体描绘为"一个可以按下快门的瞬间"。《局外人》可以概述为"王小芳在火锅店和同事聚餐，同事有说有笑，王小芳在一旁格格不入"。

《局外人》直指当代人的困境——社会有许多规则需要遵守，如果不遵守这些规则，就会被主流排斥，与身边的人格格不入。相对于"孤独"这样的词语，"格格不入"更具冲击力，戳中了相当一部分不了解自己的状态却又实实在在处于"格格不入"之中的读者。"感到格格不入"是母体性的超级词组，一方面它具有超级词组的独特和尖锐等词语维度的力量，另一方面，它强调唤醒人身上循环往复的格格不入的状态，传达了"给予读者慰藉"的购买价值，此外，还运用了超级句式"如果……一定要……"，以及"一定要读"的购买指令。"超级词组+购买价值+超级句式+购买指令"，构成了《局外人》的购买理由，即"如果你在人群中感到格格不入，一定要读《局外人》"。

▲ 读客版《局外人》

◎ 2.2.2 母体词组

前面我们增加了一个新的概念：母体词组。母体词组，也可以称为"母体成语"，是人类文化的预制件、固定组合、标准组合。超级符号和文化母体是一个思想，都是使用固定的预制件来进行编织，而绝不原创。我们的原创，是通过改造最真实日常的预制件、标准件来原创的。

比如蜜雪冰城的雪王形象，是蜜雪冰城的注册商标，是独一无二的，没有别的雪人和它一模一样。但是，不一样的部分只有10%，另外90%都和其他雪人一模一样。而不一样的这10%分别是皇冠、权杖和权杖头上的冰激凌，它们又分别同其他皇冠、权杖和冰激凌一模一样。我们尽量使用跟所有人一模一样的元素，以确保我们要传达的信息能得到所有人的迅速理解。我们只是在组合上创造差异和独占。

在图形上，是母体元素、超级符号；在语词上，就是母体词组。

再比如，"爱干净，住汉庭"能成功，是因为"爱干净"是母体词组、母体行为；如果改成"更干净"，就不是母体词组、不是母体行为。

"好老师在新东方"，好老师在哪儿不是母体词组，改成"新东方，老师好！"，因为"老师好"是母体词组，而且是我们从小上课的一个超级母体行为，所以它能够成功。

蜜雪冰城的"洗脑神曲"获得了巨大成功，全网分享600亿次，也就是说平均每个中国人看了40多次。为什么会如此？我们来做一个文本分析："你爱我，我爱你，蜜雪冰城甜蜜蜜"，其中，"你爱我""我爱你""甜蜜蜜"都是母体词组。"我爱你"是母体词组，有文化原力，而"我十分爱你"和"我十二万分地爱你"就不是母体词组，没有原力。因此，一定要使用固定组合，也就是预制件。"你爱我""我爱你""甜蜜蜜"，三个母体词组加一个品牌名，三匹马拉一辆车，那辆车的名字"蜜雪冰城"里还有一个"蜜"字，跟"甜蜜蜜"形成叠音和韵律。这就是它成功的秘密。

2.3 广义的母体

◎ 2.3.1 母体事业

从营销传播来讲，文化母体是传播的土壤，所谓"商业动机不是被掩饰，而是被放大后与时代的宏大叙事相结合"。比如"爱干净，住汉庭"，结合了从小受妈妈教育"爱干净"的宏大叙事；"新东方，老师好"，"老师好"是宏大叙事；"我爱北京天安门正南50公里"，更是爱国主义的宏大叙事。

从企业战略来讲，社会是企业成长的土壤，而企业是社会的公器，为社会解决问题。一个企业战略，必对应一个社会问题，企业的事业，就是社会的事业。社会效益，就是经济效益，因为买单的是组成社会的消费者。企业战略不是企业的战略，而是企业为解决某一社会问题，为社会制定的战略。所以，在企业的事业之上，必有一个母体事业，就是社会的事业、人类的事业。企业在经营获利的同时，必须为社会、人类的母体事业做贡献。这就涉及华与华品牌五年计划中所说的"企业社会责任，品牌公民、公关及公益战略，品牌积德"。

比如，奇安信的事业是网络安全，它的母体事业，就是保护中国网络安全。举办北京网络安全大会，就是奇安信的社会责任和公关战略、公益战略。

小葵花的事业是儿童药，它的母体事业，就是保护中国儿童用药安全。举办中国儿童用药安全大会，支持和资助一切儿童健康事业，就是小葵花的使命。

华与华的使命是让企业少走弯路，整理中国历史智慧的知识体系和经营哲学、人生哲学，形成"华与华文库"，以及支持和资助高校学术研究及出版。这些都是华与华的母体事业。

莆田餐厅的事业理论是"三分靠厨师，七分靠食材"，定位是"掌握好食材、原味福建菜"。那么，保护和发展福建好食材，向全球推广福建美食文化，就是莆田餐厅的母体事业。

◎ **2.3.2 母体歧视**

有一句话，叫作"儿不嫌母丑"。一般来说，有这样一句话，就反证有这样的问题存在——儿子嫌母丑——这就是母体歧视。这是非常普遍的问题，也是人们在品牌上无意识间犯得最多的错误。

比如，中国很多县市、乡镇在宣传自己的时候，都不愿意说出自己所属的省份，而要冠以"中国某某"，以显得自己高端上档次。品牌宣传也有这样的遗憾。我在北京机场高速看见茅台酒的广告——中国茅台，香飘世界。作为一个贵州人，我非常遗憾！为什么要叫"中国茅台"呢？中国不可无贵州，贵州不可无茅台，茅台以贵州为自豪，贵州以茅台为骄傲，才是我们的母体意识。"贵州茅台，香飘世界"，岂不是更好？

我在自己专著的作者简介里，不遗余力地写明："华杉，出生于贵州省遵义市道真仡佬族苗族自治县上坝土家族乡新田坝村"，这是我的母体意识和母体正义。

我对莆田餐厅的老板方志忠先生说："你的母体一定是福建，不是中国。你的母体事业是福建好食材，不是中国好食材。如果浙江有一种好食材，可以用于我们莆田餐厅的菜品，我们要思考的是，能否把这种食材引进福建培育，也成为福建好食材。"这是我们的母体聚焦。

任何事业都是乡土的，要留住我们品牌的乡愁。

母体歧视最极端的表现，是母语歧视。看见中文他就觉得"Low"，一定要用英文，甚至用韩文、泰文等其他外语也觉得"有档次"，只要是中文就"Low"。国内某一线城市连锁购物中心，邀请足力健老人鞋入驻开店，但是有个条件，购物中心内不允许出现中文招牌，只能上英文招牌ZULIZ。足力健认为，"足力健老人鞋"就是品牌，如果上ZULIZ，购物中心要的"档次"有了，但客户就没有了。对方被说服了，破格允许足力健上中文招牌，但是不允许上"老人鞋"，只能上"足力健"，因为老人鞋太Low！这一条购物中心坚决不退让，足力健也只好妥协。

把足力健招牌改为"足力健老人鞋"，而且六个字字体字号一样，是华与华为足力健做的最重要的品牌战略。但是在这家购物中心却被拿掉了。拿掉当然也能卖，因为现在足力健"老人鞋"的知名度已经比较高。但是，假设我们的事业第一天开始就只打"足力健"，而不是"足力健老人鞋"，可能我们就没那么成功。

而成功之后，品牌犯错误也搞不死自己，这就是为什么一旦成功了，品牌就会乱来，就会离自己的母体越来越远。

这件事背后到底是什么原因呢？就是一种莫名其妙的歧视。有人可能认为，既然大家都有这样的歧视，为什么不避开呢？

非也！这是完全不同的心理场域，是企业主自己的心理，跟消费者一点关系都没有。消费者根本不思考这些问题。比如足力健老人鞋，毫无疑问，招牌打"足力健老人鞋"会卖得更多，打"ZULIZ"卖不出去。但是商场经理认为上了中文就拉低商场档次。这只是他的假设，他在说话做事的时候，思考的不是最终目的——销售，而是在进行别人对他的"印象管理"。

老人要买老人鞋，看见"足力健老人鞋"招牌就会进店。足力健的消费者，上至领导高管，下至贩夫走卒，什么人都有。如果看见"ZULIZ"呢，他就会视而不见。

所有这些问题，都是心理学问题，和品牌营销完全无关。所以，我在为客户进行品牌咨询服务的时候，时常感到最需要的是首先对客户进行心理咨询。不缩小心理阴影面积，就无法正确地认识问题，和做出正确的决策。

华与华给客户的咨询意见，有时我也是有权变妥协的，我的意见不见得会全部坚持。对足力健，他们跟购物中心妥协，招牌只上"足力健"，不加"老人鞋"，我就没有再多说什么，他有他的业绩压力，他有他的生态，我不能都让他跟我想的一样。如果我是足力健，你不让我写上"老人鞋"，我就不开了。今年谈不拢，明年再说。

我自己遇到过类似的事情。2015年我在国内某一线机场投放灯箱广告，机场方面对我非常不满意，觉得我的广告拉低了机场的档次。为什么呢？我们占着最好的位置，周围都是国际时尚大牌的名模广告，但我们的广告是两个贵州小青年揣着手站在中间，显得格格不入。第二年要续约的时候，机场就坚决要求我修改广告画面。我完全理解，但是我不接受！我是来打广告的，不是来帮机场做装饰的。你可以觉得我弟弟长得不够帅，但是我们家的广告就必须带着他啊！机场看我不妥协，就建议我换个位置，不要占中间。我好不容易才抢到这个位置，当然不同意。在中间就是中流砥柱，在边边就是边缘小品牌，地位不一样，我不同意。

最终谈判破裂，我被拒之门外。

2019年，我又回去了，还是占了最好最大的位置。这一次，没有任何人觉得我拉低了机场的档次，相反，我是一道美丽的风景线。为什么？因为我的市场地位不一样了。再过几年，哪个机场没有华与华的广告，就证明它还不是一线机场，华与华没相中它。

我经常跟客户讲我自己的这个故事。当他们觉得自己的品牌不够强，或者商场对他开店提出各种修改要求的时候，就要记起这个故事。品牌强不强，根本就不是品牌问题，不是品牌策略问题，也不是品牌调性问题，是时间问题。时间长了，你的事业做大了，你的品牌就强了。看你自己的态度，你愿意坚持自己，就能自强。你跟着他改来改去，可能就把自己的品牌改没了。

第二章

第1年　超级符号　持续改善

第1年：超级符号 持续改善

模块1: 超级符号及品牌三角形	模块2: 元媒体开发及品牌接触点管理	模块3: 持续改善	模块4: 年度传播策略及广告创意
最佳实践：鲜啤30公里	最佳实践：爱干净 住汉庭	最佳实践：绝味鸭脖	最佳实践：蜜雪冰城

模块1：超级符号及品牌三角形
- 超级符号
- 品牌谚语
- 品牌纹样
- 品牌标识
- 品牌角色
- 品牌三角形
- 符号系统
- 产品结构及命名体系
- 话语体系
- 事业理论/产品科学/企业文化

模块2：元媒体开发及品牌接触点管理
- 包装设计
- 招牌设计
- 超级门店设计
- 终端生动化
- 自媒体工程
- 服装系统/办公系统/生产现场/礼品系统
- 销售道具设计
- 菜单/展台/促销台/端架/产品系列架
- 电商页面设计
- 超级门店落地监理
- 设计打样落地监理
- 第三方公司执行监理

模块3：持续改善
- 门店改善
- 终端改善
- 顾客旅程改善
- 产品改善
- 销售道具改善
- 改善标准化执行手册
- 改善落地监理

模块4：年度传播策略及广告创意
- 主视觉设计
- 广告片创意
- 品牌歌曲创意
- 企业宣传片创意
- 电商视频广告创意
- 产品/代言人平面拍摄监理
- 广告片拍摄监理
- 媒介代理机构方案及执行监理

模块1: 超级符号及品牌三角形 | 模块2: 元媒体开发及品牌接触点管理 | 模块3: 持续改善 | 模块4: 年度传播策略及广告创意

本章目录

一　"尽善尽美"品牌建设质量标准　　059

二　模块1：超级符号及品牌三角形　　065
　　1. 品牌三角两翼模型　　065
　　2. 超级符号　　069
　　　　2.1　品牌标识　　070
　　　　2.2　品牌角色　　077
　　　　2.3　品牌纹样　　083
　　3. 品牌谚语　　089
　　　　3.1　心理防线　　090
　　　　3.2　质量标准　　092
　　　　3.3　情绪与天才　　094
　　4. 画出你的品牌三角形　　097
　　　　4.1　潭酒的品牌三角形　　097
　　　　4.2　鲜啤30公里的品牌三角形　　101
　　　　4.3　华与华的品牌三角形　　108

三　模块2：元媒体开发及品牌接触点管理　　119
　　1. 元媒体理论　　119
　　　　1.1　元媒体理论和流量循环模型　　119
　　　　1.2　复合流量结构与流量大生长、流量大循环　　124

2. 元媒体开发 128
    2.1 快消品元媒体开发 128
    2.2 门店元媒体 135
3. 品牌接触点管理 143

四 模块3：持续改善 145
1. 持续改善的源起 145
2. 三现主义与松浦九条 149
3. 持续改善案例 154
    3.1 销售现场持续改善 154
    3.2 为客户导入持续改善 163

五 模块4：年度传播策略及广告创意 166
1. 年度传播策略 166
2. 广告创意最佳实践——蜜雪冰城"醒脑神曲" 169

一

"尽善尽美"品牌建设质量标准

人们常说要"做品牌",怎么样才算是一个品牌呢?一般来说,成功了,知名了,人们就说它是一个品牌,它的产品就是"名牌产品"。但是,这些"名牌"企业对自己的品牌建设,仍然满怀疑惑,心神不定。这是因为人们没有一个品牌建设的质量标准。到底怎样做,才是一个完善的品牌建设呢?

华与华提出了"尽善尽美"品牌建设质量标准。如果只是成功、知名,那只是"尽美",还未能"尽善";要尽善,就要体系完备,能量充足,止于至善,福祚绵长。

这个尽善尽美的品牌建设质量标准,就是华与华品牌三角两翼模型。

体系完备,就是品牌三角形体系完备,产品结构完备、话语体系完备、符号系统完备。

能量充足,是扎根文化母体,打造超级符号,母体能量源源不绝,超级符号能量充足。母体能源,符号能量,强劲有力,永不枯竭。

止于至善,就是一以贯之,别折腾。

福祚绵长,是企业战略扎根于社会价值,品牌文化成为民间风俗,社会与品牌母子连心,水乳交融。经营的事业融入人类的宏大叙事,与人类社会同寿。

体系完备

我自以为华与华的品牌算是体系基本完备的:我们的产品结构——咨询、出版、课程、百万大奖赛;话语体系——事业理论、产品科学、品牌话语、企业文化,华与华方法体系完备;符号系统——兄弟当如华与华,一以贯之。

▲ 华与华方法体系

莆田餐厅算是体系基本完备：以"三分靠厨师，七分靠食材"为事业理论和产品科学以及莆田食材节为话语体系，形成应季食材的主题产品体系，还有"N种吃法，一次点俩"的话语体系引导顾客消费，和莆田蓝水波纹的符号系统贯彻始终。

莆田餐厅品牌三角模型总图

▲ 莆田餐厅的完备体系

小葵花儿童药算是体系基本完备：以"儿童要吃儿童药"的事业理论，从非处方药、处方药、儿童保健品到儿童个人护理用品的产品结构，"小葵花妈妈课堂"的话语体系，小葵花的超级符号系统，成为中国儿童药第一品牌。

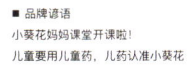

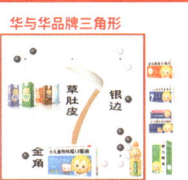

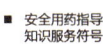

▲ 小葵花的完备体系

足力健老人鞋算是体系基本完备：以"老人要穿老人鞋"的事业理论和产品科学，"专业老人鞋，认准足力健"的话语体系，形成从爸爸鞋、妈妈鞋、老人保暖鞋、老人羊毛鞋、老人健步鞋、老人旅游鞋、老人防滑拖鞋等完整产品结构。

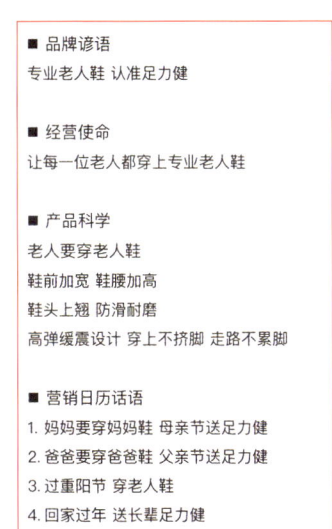

▲ 足力健老人鞋的完备体系

061

能量充足

蜜雪冰城的雪王能量充足：充足的能量来源于文化母体，母体就是能源；没有母体，就没有能源。自以为设计得再巧妙，再雅致，都只能自己玩，毕竟孤胆英雄无法翻起大风浪。雪王扎根全球文化母体，就能舞动全世界。创意无限，是靠文化母体，才能得到永不枯竭的源泉之水。

▲ 蜜雪冰城能量充足的雪王

小葵花儿童药的小葵花，也是能量充足，原因还是在于文化母体。

▲ 能量充足的小葵花

盼盼食品的PP熊猫能量相当充足：将中国的国宝熊猫，结合PanPan品牌名，两个黑眼圈不是O，而是P，创造了独一无二的超级符号。

▲ 能量充足的盼盼熊猫

止于至善

这条最难，因为大部分企业的心都不定，总是在"忧、惑、惧"中乱动作、瞎折腾。解决这个问题，正是华与华的使命——让企业少走弯路。

福祚绵长

我很慎重地选择了"福祚绵长"这个词。我们对一个事业、一个企业、一个品牌的期待是什么呢？有的人会关注赛道的宽度，赛道够宽，规模才大。但是华与华方法是保守的，我们假定干一行爱一行，在哪行就做哪行，不东张西望，而是接受天命安排。我们的方法，基于选定赛道之后，而不是之前。而且我们通常不鼓励企业换赛道。

那么，第二个期待，就是在所在领域成为第一，遥遥领先的第一，最好是比第二到第十加起来还厉害。华与华也有这个想法，但是，这只是一个设想，一个预期，而不是目标。我们的目标，是不败兵法，要永不出局，能基业长青。长青到能永续传承，就是福祚绵长。孟子说："君子之泽，五世而斩。"只能传五代，其实是很遗憾的。我们看看自己能传几代呢？能一直活下去，总有辉煌的时候，也有艰难的时期，但是，如果一直屹立不倒，这才是最重要的。

任正非有一句话："什么叫成功？像日本企业那样，经历了九死一生还活着，那才叫成功。我们只能算是成长！"我觉得，我们可能连成长都不算，只能算增长。靠什么增长呢？靠改革开放，中国经济增长，就跟着增长了。一旦经济增长没那么快，靠运气赚来的钱，就凭本事亏掉了。

要福祚绵长，还是看母体，企业有没有融入社会的事业，品牌有没有融入生活的文化。日本最长寿的千年企业——金刚组，它创立于公元578年，那时候中国还在南北朝。彼年圣德太子为了修建四天王寺，从百济（今朝鲜）邀请了专业木匠——金刚重光，由此创立了最初的金刚组，一直传承到现在。他是专业建寺庙的，这就是融入人类的宏大叙事了。

看我们今天的品牌能否福祚绵长，我认为每一个品牌都有机会。对于我来说，我觉得很容易，为什么呢？我的信心来源于三个方面：

第一，对于任何一个事业，真正懂得怎么干的人是凤毛麟角，大多数都是稀里糊涂，乌龙对乌龙，跟着混，这是他们的生存基础，但主要是客户也不懂。

第二，对于任何一项工作，真正认真负责地去干的人是凤毛麟角，大多数都或多或少、有意无意地偷工减料，能省则省，能混则混。

第三，对于任何一个领域，真正能心无旁骛、坚持不懈的人是凤毛麟角，大多数都是猴子掰苞米，这山望着那山高，干啥啥不行，半途而废第一名。

不信？我们就看看最普遍的生活经验：你能不能找到一家让你满意的装修公司？你认为自己又比那家装修公司强多少呢？

品牌建设的质量标准，也是做人的质量标准，都是最简单的人生道理。

二

模块1：超级符号及品牌三角形

1. 品牌三角两翼模型

产品结构、话语体系、符号系统，这三条边构成一个三角形，就是华与华品牌三角形。规划一个品牌，或者给一个品牌做顶层设计，完整的系统就是品牌三角形。

品牌三角形，就是构建和管理品牌的"三个一"工程：

一个产品结构，一套话语体系，一套符号系统。产品结构是三角形的底边，话语体系和符号系统分别是三角形的左边和右边。

产品结构是品牌的物质属性；话语体系是意识形态；符号系统，正如华与华超级符号方法所言，是运用人类集体潜意识的方法。所以，品牌三角形的三条边，分别代表物质、意识和潜意识。物质决定意识，同时意识对物质有能动作用，而品牌传播是利用潜意识的艺术，这就是华与华方法的品牌哲学。

产品，无论是物理形态的产品还是服务产品，都是品牌的本原；话语体系，是其文本传达；符号系统，则是感官信号。品牌三角形，也是产品、功能和情感的三角形。

在左边，即话语体系，加出一只翅膀，统领整个品牌话语体系的口号，华与华称之为"品牌谚语"；在右边，即符号系统，加出一只翅膀，统领整个品牌符号系统，华与华称之为"超级符号"。这样，我们就得到华与华方法的品牌三角两翼模型。本书将介绍很多品牌案例，我们会在每一个案例中反复印证，让读者对华与华品牌三角两翼模型知行合一。

产品结构就是企业战略路线图，涉及三大课题：产品结构、每一支产品扮演的战略角色和承担的战略任务、推出的战略次序。华与华方法按"华与华围棋模型"推进产品战略。这部分内容在《华与华方法》一书中有详细阐述，本书不再重复，但是在案例中会有体现。

华与华品牌战略三角两翼

三角形：产品角色/任务、推出的战略次序、产品结构

三角形：品牌谚语、符号系统、话语体系、产品结构
两翼文字：事业理论、产品科学、品牌话语、企业文化；超级符号

▲ 产品结构

符号系统，也就是华与华超级符号方法，在《超级符号就是超级创意》一书中提出，本书会再做总结提升。

话语体系是本书需要说明的一个重点。我们可以说一个品牌就是一套话语体系；也可以说一个公司、一个组织，就是一套话语体系；还可以说一个国家就是一套话语体系；甚至可以说一个文明就是一套话语体系。

当然，整个世界就是一套话语体系。

整个世界，就是一个物质结构、话语体系和符号系统。万物同理，企业的品牌，人类的文明和整个宇宙，都可以装进这个三角形。

话语体系是一个语言哲学问题，一切基于语言表述。在华与华品牌三角形中，我们与现有品牌理论不同的地方，是将企业的事业理论、产品科学、品牌话语、企业文化，全都并入品牌话语体系，并入品牌管理。因为在互联网时代，特别是移动互联网时代，万物互联，企业和消费者的距离越来越近，近到"地球村"的程度。媒介环境学把互联网称为人类的返祖现象，是重返部落时代，在一个村子里、部落里。这不再是大众传播时代，你包装出一个"形象"，别人远远地顶礼膜拜，而是"同村眼里无伟人"，你的一举一动，都没有隐私；你的家长里短，都有吃瓜群众；你的"私下谈话"不复存在，每一句话都是"全村都知道"，一出事就"全村都完了"。所以，品牌传播已没有内外之分，必须一以贯之，一竿子插到底。同时，这也带来前所未有的机会，你的事业理论和企业文化可以由内而外，由近及远，影响"全村人"。当现在觉得投广告很难的时候，我们又获取了不投广告也能大量传播的方法。

在华与华品牌三角形的符号系统上，我们有大量的案例积累，在产品结构上也有突出的经典案例。但是，在品牌话语体系上，除了华与华自己体系完备，还很少有客户能完全理解这一思想，并贯彻在企业里。这是一整套哲学。在本书中，读者将看到我们的部分成功实践。

华与华的品牌理论——华与华品牌三角形，即产品结构、话语体系、符号系统，事实上扩大了品牌的权能，把企业战略、企业社会责任、企业文化、公关、公益等，都纳入品牌管理。所以，华与华品牌三角形的"话语体系"不仅是品牌话语，而且包括了事业理论、产品科学和企业文化。你还可以把这个体系扩大、提升，比如经营哲学，都纳入品牌管理的范畴。

▲ 华与华品牌三角形

企业战略就是企业社会责任。在《华与华方法》一书中，我讲解了华与华企业战略方法——企业社会责任、经营使命、企业战略三位一体，企业战略不是企业的战略，而是企业为解决某一社会问题，承担某一社会责任，而为社会制定的战略。企业战略体现为两套系统。

一套是产品和服务的系统。这一套产品和服务，也就是企业的产品结构，构成对某一特定社会问题的解决方案。用这一套产品和服务，把这个社会问题给解决了。而为什么是这套产品和服务，也就是为什么这个产品结构能够成为完整的解决方案呢？这背后是企业的事业理论。在这套事业理论的指导下，我设计了这套产品结构，从而为社会解决问题。

另一套是经营活动的系统，一套独特的经营活动，也就是一套独特的成本结构，实现总成本领先。这是另一个话题，不在本书中讨论。

回到社会问题，比如，华与华要解决的社会问题，即企业总是走弯路。让企业少走弯路，就是华与华的经营使命，也是华与华的社会责任。怎样才能让企业少走弯路呢？这需要一整套的产品和服务。华与华的咨询产品和服务，包括本书的主题——华与华品牌五年计划，就是这个问题的解决方案。

光是请华与华咨询也不行啊！有的人给了钱，他也不听你的话，给他方案他不要，宁愿把钱白花了，他也不要你的方案。因为他认为你的方案不对，不好！为什么他认为不对、不好呢？可能因为智慧不够，或者勇气不够，他无法做出正确判断和决策。为什么做不出判断决策？因为他有心病。心病又是什么呢？主要是做不到"仁者不忧、知者不惑、勇者不惧"，他有忧、惑、惧，有贪、嗔、痴。不能临大事，决大疑，定大计。那么，这需要一套底层的哲学。这套底层的哲学对于华与华方法来说，就是儒家思想和孙子兵法，就是中国智慧。那么，我的解决方案和产品结构中，就增加了"华杉讲透"系列文库，包括《华杉讲透〈孙子兵法〉》《华杉讲透论语》《华杉讲透孟子》《华杉讲透大学中庸》《华杉讲透王阳明传习录》等。从兵法、儒学到心学，这是一服"心药"，是华与华的品牌资产，同时服务于华与华的企业战略和经营使命。

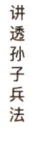

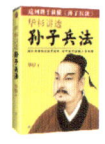

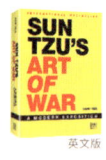

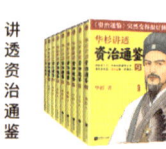

▲ "华杉讲透"系列文库

华与华的事业理论，是集中、西、日之正道。

中，是底层哲学，是孔孟王道和阳明心学，十六字哲学——态度端正，体系完备，不走弯路，全靠积累。这四条，每一条都很难，但是对于华与华来说是本能和常识。

中，也是战略底层逻辑，是孙子兵法，就是不败兵法。兵法首先不是战法，而是不战之法；不是战胜之法，而是不败之法。这背后的哲学是一种谦卑，结果都是命运和运气的安排。我的一切战略目标，只是立于不败之地，一生不败，至于能胜多大，留给命运和运气，上不封顶。绝不谋求利益最大化，绝不夺取最大胜利，因为那样会大开风险敞口，结果可能下不保底，万劫不复。

西，是企业管理和品牌营销科学，就是《华与华方法》所论的企业九大原理和超级符号的传播方法。

日，就是凡事彻底、持续改善的企业文化，是华与华从2015年开始请日本咨询公司导入丰田生产方式。

重要的是要让客户掌握或者至少认同我们的理论，像我们一样思考。

有的人听话，依从性高。有的人不听话，依从性差。比如，医生给他开了方子，他要医生说服他为什么要用这个方子。医生怎么说服他呢？医生必须把自己从本科到博士的课程全部给他教会，他才能理解和同意这个方子。

所以，把事业理论简单化、口诀化、口号化，让人囫囵吞枣吃下去，这也算是一个方便法门。

2. 超级符号

华与华为客户服务第一年的最重要工作，就是超级符号和品牌谚语，也就是一个符号，一句口号。

前面说过，超级符号分两层含义：狭义的超级符号，指品牌符号；广义的超级符号，是指一切营销传播的编码方法，使用超级符号进行编码。狭义的品牌符号可分为六类：语言符号、视觉符号、听觉符号、触觉符号、味觉符号、嗅觉符号。我们主要使用视觉和听觉，这是一个感官的距离问题，五个感官距离不一样，由近到远依次是味觉、触觉、嗅觉、视觉、听觉。味觉是负距离；触觉是零距离；嗅觉是中距离；视觉和听觉是远距离。所以，传播沟通主要通过视觉和听觉。视觉和听觉的重要性，表面上看视觉更重要，但实际上是听觉更重要。这主要有三个原因：一是视觉需要无遮挡和眼球聚焦，而听觉可以做到"隔墙有耳"；二是语言哲学问题，口语和语音居于首要地位；三是播传问题，播出可以以视觉或听觉形式，传诵则只能通过听觉。所以，华与华认为传播是一种听觉现象，一切必须可以转换为听觉符号。视觉符号，也必须是可以用语言转换为听觉描述，这呼应了我们前面所讲的品牌资产就是品牌言说。听觉才能传诵，听觉才能成为品牌资产。

视觉符号分为三类：品牌标识、品牌角色、品牌纹样。品牌标识就是logo。品牌角色，就是通常说的吉祥物，只是"吉祥物"这个词，把其价值说低了，好像可有可无，或者锦上添花，华与华所说的品牌角色，是指它已经超越了logo，而成为品牌的代表符号和品牌资产，比如小葵花儿童药的葵花娃娃。现在人们喜欢说品牌超级IP，比较接近华与华所说的品牌角色。品牌纹样，是指纹样超越了logo，比如厨邦酱油的绿格子符号，就超越了厨邦的logo，而成为品牌的超级符号。品牌纹样在华与华被称为"战略花边"，当时我主要是针对VIS体系所指的"辅助图形"，我们不是装饰性的辅助，而是品牌战略的核心资产。

2.1 品牌标识

超级符号的设计体系，是取代VIS的新思想、新体系。VIS是Visual Identity System（视觉识别系统）的缩写，着眼点在Identity，身份识别，追求独一无二。而超级符号所追求的，不仅是识别，更是促使行动，把消费者卷入我们要卷入的行动，不仅是购买，还要替我们传播。这是两种完全不同的思想，完全不同的目的，所以也会带来完全不同的结果。

如果你仔细看华与华的案例，就会发现，在华与华前后，品牌形象分为两个明显不同的阶段。在华与华前，是模糊的；而在华与华后，是清晰的。在华与华前，是不可描述或众说纷纭的；在华与华后，是众口如一的。VIS追求识别，却往往模糊了识别；超级符号追求行动反射，则同时实现了识别、记忆、购买和传播的全部目的。

首先，以华莱士在华与华前后的品牌标识设计为例。

▲ 华莱士新旧品牌标识

华莱士原来的品牌标识，是一个典型的无用设计，甚至是起副作用的设计，标识抽象、不可描述，还提高了品牌的识别和记忆成本。华与华的超级符号设计，则是将Wallace的首字母W中植入一个雄鸡的头，形成"W鸡"。这就是一个可言说的设计，一目了然。

第二个例子，海底捞。

▲ 海底捞火锅新旧品牌标识

海底捞的标识设计，也是从抽象改为具象，从一个不可描述的图形，到一个海底捞品牌名缩写Hi，将小写字母i，做成一个小辣椒的形状。当时做这个设计，主要是针对海底捞的全球化，外国人无法念haidilao，所以我用一个短名字"Hi"，再用小辣椒表明产品属性。

第三个例子，益佰制药。

旧的符号　　　　　　　　　新的超级符号

▲ 益佰制药新旧品牌标识

原来的标识，是创始人自己创作的，寓意是99%的努力加1%的幸运，"99+1=100"。但是除了自己能看懂，别人看不懂。华与华的设计是在数字100中放入一个胶囊，因为胶囊代表制药业，完美！

第四个例子，老娘舅。

旧的符号　　　　　　　　　新的超级符号

▲ 老娘舅的新旧品牌标识

老娘舅快餐，把"舅"字放进一只碗里，饭碗代表餐饮，这就是舅舅喊你回家吃饭，独一无二，一目了然，过目不忘。

第五个例子，七猫免费小说。

旧的符号　　　　　　　新的超级符号

▲ 七猫免费小说的新旧品牌标识

七猫创始人韩红昌先生是华与华的铁粉，"七猫免费小说"这一名字就是他按华与华方法取的，logo设计是一只猫。但原先的logo只有一只猫，而不是七猫。七猫，就是把一个阿拉伯数字"7"设计成一只猫。这和益佰制药标识设计完全一样。

在华与华，我们把品牌标识设计方法称为"看图说话"，就是看见图就能说出话，而且每个人说的都一样，这就达到最大传播效率。关于七猫的logo有个故事：一位消费者在社交媒体上发帖说，抱着两岁的宝宝坐地铁，经过七猫广告灯箱，宝宝说："妈妈看！七猫！"妈妈一惊，以为孩子识字了，结果自己再一看，是孩子看着那logo，喊出了七猫，并不是他认识"七猫"两个字。

这就是华与华方法——文化契约最大化。我们沟通，基于共同的文化契约，就是我们都认识、熟悉、了解的东西，这契约扩大到不识字的宝宝都认识，沟通面就达到最大化了。相反，所有抽象设计，都没有文化契约，也就没有沟通。

第六个例子，四只猫咖啡。

▲ 四只猫咖啡的新旧品牌标识

云南咖啡好，认准四只猫。四只猫的标识设计就必须有四只猫。它又是云南独有的猫，那就是瓦猫。所以，四只瓦猫，就是四只猫咖啡的超级符号。

第七个例子，新潮传媒。

▲ 新潮传媒的新旧品牌标识

新潮传媒是做电梯媒体的，和分众一样，那么就将一个电梯的公共标识改造为新潮标识。要么改造传统符号，要么改造公共符号，总之是只用大家最熟悉的东西，这是"文化契约原理"。

第八个例子，鲜丰水果。

▲ 鲜丰水果的新旧品牌标识

代表水果的符号是苹果，香蕉只能代表香蕉，苹果则可以代表所有水果。在苹果里放进馋嘴好吃的表情符号，就是鲜丰水果标识。

第九个例子，西贝莜面村。

▲ 西贝莜面村的新旧品牌标识

这是大家最熟悉的华与华作品之一。为解决"莜"字不认识的问题，用了"I LOVE 莜"的设计，这是华与华方法，即运用品牌名字与生俱来的戏剧性。七猫、四只猫、海底捞、益佰、西贝莜面村用的都是这个原理。

第十个例子，SKG颈椎按摩仪。

旧的符号　　　　　　新的超级符号

▲ SKG颈椎按摩仪的新旧品牌标识

将字母"S"设计成一个天鹅头和天鹅颈，就大功告成了。天鹅脖子用了，马脖子也可以用。

第十一个例子，珂尔男装。

旧的符号　　　　　　新的超级符号

▲ 珂尔男装的新旧品牌标识

男装，选用国际象棋的马做形象，然后将马脖子上的鬃毛设计成服装师量身材用的皮尺，这叫"尺马"，独一无二又一目了然，一见如故的超级符号就诞生了。

以下是华与华设计的其他一些超级符号标识。

华与华超级符号案例（部分）

2.2 品牌角色

华与华有一个非常强大的插画部，我常对插画部的同事说："你们要有一个信念，不需要文案，也不需要设计，我画一张插画就能把东西卖出去！"没有任何部门是辅助部门，每一个部门都是核心部门。对品牌形象，我最愿意用的就是角色形象，因为这样可以不用请代言人啊！可以100年都投资在自己的角色上，更不用担心他有什么负面新闻。

1998年，我在个人处女作喜悦洋参中就尝到了品牌角色的甜头，所以，我会更把品牌角色作为华与华创作的法宝。

最成功的案例是蜜雪冰城，雪王的故事才刚刚开始，我几乎可以确定它会成为21世纪全球最成功的品牌角色之一。

在雪王之前，葵花药业儿童药的葵花娃娃形象，已经成为中国最知名的品牌角色之一。葵花娃娃的成功，在于它的可爱和它有"原型"。超级符号基于文化原型，而葵花娃娃的原型就是人们在孩子100天或周岁给他（她）拍摄纪念相册时，总会有一张用葵花来围绕孩子脸庞的照片，这就是文化契约，就是心领神会的接纳。

盼盼食品的PP熊猫眼，是华与华在2021年最出色的品牌角色设计作品。这个作品也是用熟悉的符号叠加的方法，将粗壮的两个字母"P"用来做熊猫盼盼的眼睛，这也是利用品牌名字与生俱来的戏剧性，盼盼就是PanPan。盼盼的英文标识，将两个字母"P"做成一对眼睛，在广告片中，也让消费者贴上PP熊猫眼。这也是我对未来寄予极大期望的作品。

▲ 盼盼食品的PP熊猫眼

老娘舅的品牌标识是一只碗，而老娘舅品牌角色的设计灵感来源于一套日式便当餐具，我们将这套餐具做成了实物。

▲ 老娘舅的品牌角色

阿遇烤五花，我们未能免俗，卖猪肉的，就设计一只开心的猪，卖牛肉的，就设计一头快乐的牛，好像人家很愿意给我们吃似的。一只快乐的小猪，这样的形象太多了，怎么能让它独特呢？还是华与华方法，设计一只开心的猪，再叠加另一个熟悉的符号，就是给这头小黑猪戴上一副"窗帘墨镜"，阿遇小黑猪就诞生了。

▲ 阿遇烤五花的品牌角色

读客文化的品牌角色是看书的熊猫。看书的熊猫，代表的是卖书，其独特之处是戴上一条代表读客的黑白格的领带。但是，这还不够独特，把领带夸张地拉大，盖过书垂下来，甚至干脆把一只耳朵给它咬掉一口，解释为书单狗（读客旗下微信公众号"书单来了"的品牌角色）跟它打架咬的。残耳熊猫，绝对独特。当然，书单狗要被报复，于是书单狗的耳朵也要包扎起来。这样，制造了话题，制造了品牌言说，制造了"消费者口语报道"，也就有了品牌资产。读客三宝，还有一个影单猫（读客旗下微信公众号"影单来了"的品牌角色）。影单猫的独特之处是它的两只眼睛一只绿色一只蓝色。

▲ 读客三活宝的品牌角色

我们看到，在品牌角色的创作中，以符号叠加是一个方法，把某一个局部进行特殊处理也是一种套路。读客熊猫君和书单狗的耳朵，让我想起看过的一本儿童小说，书中主人公叫"断耳兔"，兔子耳朵那么长，其中一只断掉一截，就比熊猫和狗耳朵断一截更醒目。

迪士尼的形象小飞象，把大象的耳朵变大，大过象的身体，能当翅膀飞，用的也是一样的套路。再看奥格威著名的独眼龙衬衫广告，男主角戴上一个海盗一样的黑眼罩，不也是一样吗？

幸运咖的品牌角色，我们选择了扑克牌老K的形象，再给他戴上一副墨镜。哎呀！帅呆了！

全球文化母体　　　私有化　　　K爷

▲ 幸运咖的品牌角色

筷手小厨的品牌角色也值得一说。之前企业请了4A公司设计标识，非常抽象的两笔，大意是下面一笔是锅，上面一笔是锅铲，这就是最普遍的那种没有用甚至起副作用的标识设计，设计者完全不知道他在做什么，也不知道为什么要做。华与华使用的是"看图说话"法，就是要"看话画图"。我们设计了一个骑在筷子上飞翔的小厨师角色，"筷手做菜，快过外卖"。原型是哈利·波特的魁地奇飞天扫帚，哈利·波特的飞天扫帚当然也有原型，那就是巫师骑扫帚的传说。《哈利·波特》里所有的角色和情节都不是原创的，即都有原型。这就是"N级编码理论"，所有故事都有原型，一级一级的编码。超级符号的设计，就是我们添加的又一级编码。《超级符号理论与实例》教材中有关于这方面理论的深入介绍。

旧的符号　　　　　　　　　　　　新的超级符号

▲ 筷手小厨的品牌角色

上面这些角色形象，都是比较卡通化的。根据不同品牌调性的需要，我们也有其他技法，这就是华与华需要一个超级强大的插画部的原因。

如水坚果的松鼠公爵，采用了版画的技法，突出的是"如水坚果，坚果贵族"。

▲ 如水坚果的品牌角色

宜品纯羊奶的羊奶公主，则是欧洲宫廷油画，体现它的高贵。

▲ 宜品纯羊奶的品牌角色

081

轩妈蛋黄酥，采用油画技法，原型是创始人本人的形象，虽然没有真人好看，但是也非常有亲和力，让人信赖。

▲ 轩妈蛋黄酥的品牌角色

采用了品牌角色设计，品牌标识通常用字标就可以了，比如如水、宜品、轩妈都是这种情况。不过，如果二者能够结合，就更好了。盼盼食品的英文标识PanPan，采用了和品牌角色一样的PP熊猫眼设计，但中文标识还是保留了原样。

▲ 盼盼食品的品牌标识

华与华为贵州省道真县设计的城市品牌标识，实现了品牌标识和品牌角色的统一。文化原型是道真城市文化遗产——傩戏角色"歪嘴秦童"。道真傩戏世界闻名，其特点是面具的眼睛可以活动，这是全世界其他地方傩戏少有的。华与华设计以"歪嘴秦童"为品牌角色，同时把道真的"道"字上面两个点设计成傩戏面具的眼睛。

▲ 道真县城市品牌标识

2.3 品牌纹样

  标识设计是为品牌目的服务的，品牌角色的设计，并不是浅薄的吉祥物思维，而同样是能为品牌实现战略目的的。华与华的每一个动作，都是战略动作；每一个作品，都是品牌的战略武器。下面要谈到超级符号的品牌纹样设计，这是和品牌标识、品牌角色同等分量的大规模品牌战略武器。

  超级符号的品牌纹样设计，首先从美学上定义，是"抽象美的第一名"。黑格尔在他的《美学》中首先讲的就是抽象的美，在抽象的美里，又把"平衡对称，整齐一律"列为第一。这和华与华的设计方法一致。通常我们尽量使用具象的设计，而避免使用抽象的设计。因为抽象的形象不易理解、记忆和描述。而一旦使用抽象的设计，基本上就是平衡对称、整齐一律的格子和条纹。这是有美学理论支撑的。

  黑格尔说："自然美的抽象形式一方面是得到定性的，因而也是有局限性的形式，另一方面它包含一种统一和抽象的自己对自己的关系。但是说得更精确一点，他按照它的这种定性和统一，去调节外在的复杂的事物，可是这种定性和统一并不是本身固有的内在性和起生气灌注作用的对象，而是外在的定性和从外因来的统一。这种形式就是人们说的整齐一律，平衡对称，符合规律与和谐。

  "就它本身来说，整齐一律一般是外表的一致性，说得更明确一点，是同一形状的重复，这种重复对于对象的形式就成为起赋予定性作用的统一。

  "平衡对称是和整齐一律相关联的。形式不能永远停留在上述那种最外在的抽象性，即定性的一致性里。一致性与不一致性相结合，差异闯进这种单纯的同一里来破坏它，于是产生一种平衡对称。平衡对称并不只是重复一种抽象的形式，而是结合到同样性质的另一种形式，这种形式单就他本身来看还是一致的，但是和原来的形式相比起来却不一致。由于这种结合，就必然有了一种新的、得到更多定性的、更复杂的一致性和统一性。例如在一座房子的一边横列着大小相同、距离相同的三个窗子，然后在下面又并排横列着三个或四个比第一排稍高而距离稍大或较小的窗子，最后又是一排大小和距离都和第一排一致的窗子，这样看起来就是一种平衡对称的安排。"

整齐一律和平衡对称，是抽象美的最基本的形态。在华与华的超级符号设计实践中，我们广泛地运用整齐一律和平衡对称，再加上"四方连续"，这就构成品牌纹样的设计。最普遍的运用，是格子和条纹。

典型的案例，就是厨邦酱油的绿格子设计，整齐一律，四方连续。绿格子首先源自它的文化母体——餐桌布的绿格子，所以，当绿格子作用于人的视觉，整齐一律形成一种视觉的强制性，让人非看到不可！而当绿格子作用于人的神经系统，又在潜意识里能刺激人的食欲，这是它成功的原因，即哲学原因、生理学原因、人类学原因和神经营销学原因共同作用的结果。

▲ 厨邦酱油的绿格子设计

格子或条纹因为可以大面积地使用，布满商品的全身，可以比标识发挥更强有力的识别、记忆、谈说和影响行为反射的作用，简单地说，就是"撕成碎片我也认识你"！如果把厨邦酱油的瓶贴和另一个品牌酱油的瓶贴撕成碎片，随意拿到一片，你也能识别厨邦，另一品牌则无法识别。我也曾用好莱坞超级英雄形象的创作来举例，蜘蛛侠的形象，撕成碎片你也认识，而超人的形象，就必须看到完整的形象——内裤外穿。

在设计江小白包装的时候，华与华将瓶盖设计成蓝白格，这样设计的初衷是，不仅是在货架上跳出来，还要在垃圾堆里跳出来。假如一个人在街边大排档喝了一瓶江小白，瓶盖扔在地上，被路人甲踩扁了，你仍然能识别那是江小白的瓶盖。

▲ 江小白的蓝白格瓶盖设计

在设计莆田餐厅超级符号的时候，因为是福建小海鲜，华与华使用了锯齿状水波纹的符号，整齐一律，四方连续。设计初稿完成后，我请刘永清帮忙修改。他给我改成中国山水画写意的水波纹。我不要挠痒痒的写意，要的是原力觉醒，重拳出击。我建议他修改条纹的粗细和间距，看看什么比例最美。

▲ 莆田餐厅的超级符号设计

什么比例最美？这是个问题！我继续在美学的文献中学习，还是黑格尔《美学》中的柱式建筑之美：

"如果柱子的高度比直径大不到4倍，柱子就会矮胖局促，反之，如果大过10倍，就过于细弱。柱身应该光滑，不能雕花，不过上下不能一样粗，从下中部到上部要逐渐变细。柱身可以有竖槽纹，这样柱子显得粗些，槽纹下部浅，上部深。最早的柱子高度仅为下部直径的6倍，甚至只有4倍，显出笨重严肃的男人气概，晚期达到7倍、7.5倍。柱与柱之间的距离，从较古的纪念坊来看，是柱的直径的2倍，少数达到1.5倍……"

这样的经验对我们非常有用，比如华与华设计的立高食品超级符号，采用了蓝条纹的品牌超级符号设计。这个设计的应用非常复杂，因为它有产品包装，有建筑环境，有服装，有旗帜，还有展会。条纹的粗细，应该说每一个物料都要单独设计，或者说要有一个计算公式。可是在实际运用中，都是靠执行设计师的眼光来把握。这个设计是成功的，但是如果在美学上有更精细的把握，它还可以更成功。美是有市场力量的。

第二章　第1年　超级符号　持续改善

▲ 立高食品超级符号

雨润食品的波点设计，也是整齐一律，这也涉及波点大小和间距的问题。但波点和格子的运用比条纹简单。这一次，我们搜集研究了市面上我们认为最美的各种波点设计，计算了它们的大小和比例数据，制定了雨润的波点设计规则。

▲ 雨润食品的波点设计

华与华的品牌纹样设计案例有很多。

087

▲ 华与华的品牌纹样设计案例

在这些品牌纹样的设计中，整齐一律、平衡对称、四方连续，使用的都是几何图案。比如在莆田餐厅的设计中，不用中国画的写意水波纹，而是用锯齿状的水波纹，就是因为我坚持要用几何图案。这是心理学。

荣格在《心理类型》中说："美学乃是应用心理学，不仅处理事物的审美属性，而且处理审美态度的心理问题。审美愉悦是客体化的自我愉悦，只有那种能移人之情的形式才是美的。它们的美仅仅在于，我的观念能在其中自由地游戏。移情冲动的前提是人与外在世界之间的愉悦和泛神论的信仰关系。而抽象冲动则是外在世界现象所引起的人的巨大不安的产物。那些神秘的几何图案所具有的魔力远大于其审美的价值。这些抽象的有规律的形式不仅是最高级的形式，也是人们面对大千世界的喧嚣混乱，所唯一能从中找到的宁静的形式。西方人以移情的态度为世界灌注生气。但从东方人那里，客体从一开始就已充溢着生气，并且凌驾于他之上，因此东方人必须退入到抽象的世界中。抽象作用可以说是与神秘参与的远处状态相抗衡的一种功能。"

读起来有点晦涩，总结起来就是一句话：神秘的几何图案所具有的魔力远大于其审美的价值。而它为什么会有神秘的魔力呢？因为几何纹样是最原始的美，深入人类几十万年的潜意识,整齐一律、平衡对称、四方连续,其审美历史远远在文字出现之前,也在绘画出现之前。莆田餐厅使用的锯齿状水波纹,可以在全世界所有博物馆5000年之前的陶器上找到;平衡对称的图案,也出现在今天非洲部落的建筑装饰上。至于绘画,原始人的绘画,在掌握透视之前,他们只会平衡对称,他们画一头大象,只会画成摊开的象皮的模样,象鼻子在正中间冲天而立,四肢与象鼻成直角两头摊开。毕加索正是观察到这一点,把他的人像,一半用侧脸,一半用正面,创造了全新的艺术。所以他说他的绘画,只是对原始人艺术的拙劣模仿,又说他花费了一生,学习像儿童那样画画。

对超级符号设计,最后再讲两点。

其一,品牌设计之美,绝对不要追逐流行。它要有一个时代的特色,且主要是有一种持久的典型,因为我们需要的是能使用100年,甚至千秋万代的设计,可以说跟设计国旗、国徽一样。追逐流行,是设计师最容易犯的毛病,甚至还有人每年发布标识设计趋势,实在是害人不浅。华与华的设计,都是"看似平淡无奇,但都大获成功",平淡无奇——华楠说应该叫"平淡有奇"——正是它大获成功的原因。

其二,尽量使用纯色,不要随意加15%黑,或者迷恋那些说不出是什么颜色的独特颜色。因为首先执行太难,不同材质,不同人做出来颜色都不一样,没法管理;其次,也是美学哲学问题,黑格尔在《美学》中提出:"材料在形状、颜色、声音等方面的抽象的纯粹,成为美的本质的东西。天空的纯蓝、空气的透明、平静如镜的湖泊都使人愉快。人的口音如果很纯,也有无限动人的力量。北欧各国语言的母音往往被子音影响而变得不够响亮,而意大利语言却保持了这种纯粹性,所以最宜于歌唱。颜色也是一样,要尽量用未经混合的纯粹的颜色。"

3. 品牌谚语

按理说,是先有产品,再有品牌。但却是先有话语,才有产品。这当然也是哲学问题,所有问题都是哲学问题。

什么叫话语体系呢?世界就是一个话语体系,没有话语体系,就没有世界。国家就是一个话语体系,没有话语体系,就没有国家。品牌当然也是一个话语体系，没有话语体系，就没有品牌。词语破碎处，无物可存在。建立和维护话语体系，是品牌永恒的工作。一套话语，就是一整套思想和事业。

词语就是召唤，让一物显现。词语不仅说事，而且做事，词语就是行动，新词语就带来新行动。

世界是如何创造出来的？是语言创造的，是说话说出来的。《圣经：创世纪》里："神说：'要有光，于是就有了光。'"上帝也是用语言，用说话来创造世界的。黑格尔说："行动的逻各斯，就是语言，这就是世界的效果和创造。语言总是被看成上帝的显现，语言是没有形体的，作为声音，它是有时间性的，并且是消逝的，所以它的存在是非物质的。上帝一说话就创造了，并不在语言与创造之间放进任何东西。所创造出来的东西和语言一样，仍旧是思想性的东西。"

品牌的话语体系，就是品牌的创世纪。品牌三角形，是思想的三角形。话语背后是思想，品牌的产品和营销活动，如黑格尔所言，和话语一样，仍旧是思想性的内容。如果没有思想，你的营销策划，就只有欲望；而为利欲所牵引，你就没有方向，随时转向，从而没有积累，没有品牌资产。

3.1 心理防线

品牌谚语就是品牌口号，因为我们的理念是让品牌成为风俗，口号成为谚语。什么是谚语呢？谚语是文化遗产，是文化母体，是古老的经验和长者的忠告。作为传播的符码（符号编码），谚语还有一个最大的特点，是受众对它没有心理防线。比如，"饭后百步走，活到九十九"，有人质疑吗？

超级符号方法，是指绕过受众心理防线的方法，利用人的潜意识，编码本身是在受众的脑海里，用其自己的材料完成的，他怎么会有心理防线呢？

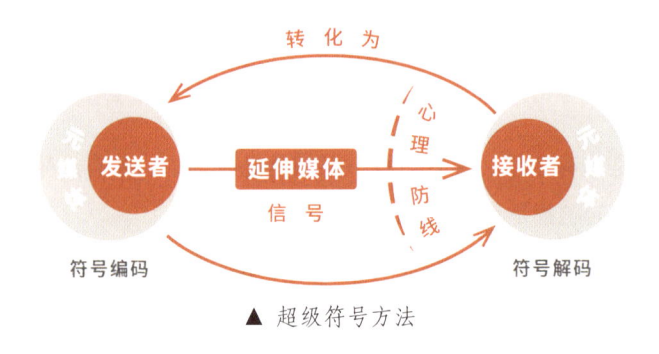

▲ 超级符号方法

心理防线问题，是传播的重大课题，只是人们没有从理论上、哲学上去认识它。比如，奥格威说："粗糙的新闻图片比精美的摄影图片更有销售力。"他没说为什么。其实就是心理防线问题。新闻图片没有经过加工，人们就不防备它；图修得很精美，人们就会觉得这是个广告创意，防线"噌"地一下就竖起来了。华与华兄弟俩的广告能有效，也是因为它是真人照片，类似新闻图片，没有心理防线；如果换成漫画，或者做艺术化处理，就是品牌广告，心理防线就起来了。

除了图片，文案也有心理防线。奥格威批评广告的文学病，要说人话，不要文绉绉的，也是心理防线问题。如果说人话，大家就没有心理防线；如果文绉绉地说书面语，防线"噌"地一下又竖起来了。

人们要装扮成高高在上的样子，说文绉绉的话，是自己的虚荣心在作怪，担心自己被别人看低了。这是社会心理学问题，不是营销心理学问题。我们在处理营销传播问题的时候，时刻要注意区分社会心理学和营销心理学。人们的错误，往往就是用社会心理学来处理营销心理学问题。这是因为他既不懂社会心理学，也不懂营销心理学。他根本不知道自己在干什么，只是我们从学术的眼光来"博学、审问、明辨"，辨识出他是在被社会心理学操控着没头没脑地处理营销心理学问题罢了。

举个例子，蜜雪冰城Low不Low？它被认为Low，是因为它便宜，又多在下沉市场，以至于它刚刚火起来的时候，流传一句笑话："你不嫌我Low，我也不嫌你穷。"但是，当"你爱我，我爱你，蜜雪冰城甜蜜蜜"的歌声唱响全球，陆家嘴等高势能地段门店也门庭若市的时候，蜜雪冰城是不是就不Low了？一个最成功的品牌，它怎么会Low呢？蜜雪冰城便宜吗？它还没有可口可乐便宜；蜜雪冰城在下沉市场吗？它还远远没有可口可乐下沉得深。事实上，蜜雪冰城的创始人正是对标可口可乐，做一个最亲民的全球冰激凌奶茶品牌；不是国民品牌，是地球人品牌。当它成功之后，万众景仰，档次就上去了。

文案中说人话，并非没文化，恰恰相反，是最高级的修辞。亚里士多德创立修辞学，认为修辞是说服人相信任何东西并促使人行动的语言艺术。而修辞的关键，在于4条：

（1）普通的道理。

（2）简单的字词。

（3）特殊的句式及押韵。

（4）使人愉悦。

亚里士多德认为：修辞是天才的活计，但也可以通过专业的训练学会。前一条是真话，很多著名的广告口号都是初中没毕业的老板自己想的，"专业人士"永远也想不出来，这就是天才，这本来就不需要学，生而知之，不学而能，是良知良能。后一句是亚里士多德的招生广告，因为他就是教人修辞学的。那么，能不能学会呢？当然能！只要你是天才，就能学会！

3.2 质量标准

华与华在过去20年最好的口号是哪一条？我认为是"爱干净，住汉庭"，华楠认为应该是"田七"。

在华与华的案例史里，我们通常把田七写成"拍照喊田七"。这口号首发是在2003年华与华为田七拍摄的电视广告，发动全国人民在合影拍照时不喊"茄子"喊"田七"，甚至风行一时。

我认为理想的口号，应该有以下9条标准。

（1）包含行动，并能促使行动。

这是首要的，目的哲学，消费者的行动反射是我们的最终目的，那就直接要求行动，比如"爱干净，住汉庭"。所以，尽量使用祈使句。有的人搞"定位"，而定位的描述往往是一个名词，然后他们就直接拿这个名词词组去做口号，这就错了，因为名词促使行动的效果很差。比如王老吉，也没有用"预防上火的饮料"做口号，而是用"怕上火，喝王老吉"。这是典型的祈使句，直接促使行动。也可以说，它并不存在，也不需要一个"预防上火的饮料"的"定位"，它也并不是"预防上火的饮料"，它就是"怕上火，喝王老吉"，其他都是事后多余的解读。

（2）包含品牌名。

包含品牌名，才能独立发挥作用。比如"爱干净，住汉庭"，这一标语自己就能解决全部问题。华楠说"田七"最好，因为把自己名字喊出来，就结束战斗了。华与华还有一句著名的口号"我爱北京天安门正南50公里，固安工业园区"，因为口号里不包含"固安"，这是美中不足，但是因为前半句太美，我们也就接受了。

（3）陈述事实，且事实有感染力。

比如"一个北京城，四个孔雀城"，虽然不是祈使句，没有直接促使行动，但是，一个、四个，北京城、孔雀城的修辞手法，创造了很好的鼓动效果。"晒足180天，厨邦酱油美味鲜"，同样是一句陈述句。

（4）押韵。

押韵很重要，因为押韵能创造愉悦感。华楠认为语感有时比内容重要，就是因为语感就是阅读快感，就是愉悦感，愉悦就会放下心理防线。"爱干净，住汉庭"，赢在押韵；如果是"爱干净，住如家"，就损失了90%的战力。

（5）愉悦感。

押韵是获得愉悦感的最主要手段，但获得愉悦感还有很多方法，赞美消费者是其中之一，比如"胃痛？光荣！肯定是忙工作忙出来的！美罗牌胃痛宁片。"这是让人愉悦的。"敢标真年份，内行喝潭酒！"也让人愉悦。

（6）下断言。

口号必须斩钉截铁，掷地有声，不容置疑，那就是下断言。"云南咖啡好，认准四只猫！"前一句不容置疑，并成为后一句的证据，同样不容置疑。"要想身体好，多往道真跑！"既愉悦，也不容置疑。"没有好蛋黄，轩妈不开工！"一锤定音，这不仅是断言体，更是"誓言体"，力度更大。

（7）尽量简短，3×2为最佳。

"爱干净，住汉庭"，再好不过。"好燕麦，吃西麦""老百姓，开雷丁"，也是3×2的祈使句。"新东方，老师好""好面包，味多美"，3×2，是下断言。

4×2也不错，如"家有宝贝，就吃西贝""我爱傣妹，傣妹爱我""我穿我的，KK少年""做足100，益佰制药""爱就是好，爱好文具""筷手做菜，快过外卖""蓝瓶时代，选择三精"。

5×2也可以，如"吃面找五爷，拌面是一绝"，以及西贝莜面村的"闭着眼睛点，道道都好吃"。这些都是5×2的祈使句，但是口号里没有包含品牌名，这是美中不足。

6×2不常见，但我们也有，如"告别传统养车，天猫智慧养车"。

7×2就有点长了，"晒足180天，厨邦酱油美味鲜！"虽然也很成功，但是人们只是记住前半句，而且记住了厨邦酱油，后面"美味鲜"几个字能记住的人就不多了。不过这也没关系，只要他能记住关键信息，都是成功。"妇科炎症别担心，金鸡胶囊照顾您"，这是我很满意的一句7×2口号，特别是我还写了一首《别担心》的歌，特别有女性药品的慰疗风格，可惜企业本身做得不是很大，知名度不高。

除了7×2，还有3×2+7，和7×2语感相当，也不错。比如"压力小，睡得好，梦百合0压床垫""你爱我，我爱你，蜜雪冰城甜蜜蜜"。华与华作品中还有一个特例，"七猫免费小说，免费看书100年"，因为品牌名就是6个字，类似7×2的效果。7×2是极限，再长就不行了。

（8）注意运用一些特殊的句式或字词。

比如"认准""就""新一代"之类，永远都好用。"专业老人鞋，认准足力健""认准这匹马，好茶喝八马""感冒发烧咽喉炎，认准三精双黄连""我现在就要绝味鸭脖"。

"掌握"也是好词，如格力"掌握核心科技"，感觉非常好，于是我模仿了两次，一次是"洽洽坚果，掌握关键保鲜技术"，一次是"掌握好食材，原味福建菜，莆田餐厅"。模仿不是问题，根据社会学理论《模仿律》，一切社会行为都是人与人之间的相互模仿，关键在于两条，一是你所说的是不是你的本质，是你确实做到的；二是能组织起围绕这一口号的整个经营活动和传播系统，那才是功力所在。

（9）能被别人乐意引用。

被引用，才能有播传。这就跟会议发言一样，在一个会议中，如果你的发言，能够被之后发言的人不断引用，这就形成播传了。我更愿意用江南春的三句话来说明这一点，我称之为"江南春三问"：顾客认不认？员工用不用？对手恨不恨？如果顾客不认，那是你策略不对；如果员工不用，是你的话对销售没用，或者不说人话，他说不出口；前两条对了，对手基本就恨了，好话被你占了。

3.3 情绪与天才

口号的选择标准，完全是修辞学标准，和策略定位可能有关系，也可能没关系。它的成功，也是修辞学的成功，不是策略定位的成功。比如"爱干净，住汉庭"，如果改成"干净酒店专家"，就没有用。"新东方，老师好！"原来是

"好老师在新东方"，用了十几年也没人注意，改成"新东方，老师好！"一天就打响了。

以"怕上火，喝王老吉"为例，这不是定位的成功，定位是"预防上火的饮料"，如果口号用"预防上火，喝王老吉"就肯定卖不出去。消费者有没有预防上火的需求呢？你说"预防上火"，他就没有需求；你说"怕上火"，他就有需求了。全部赢在一个"怕"字，就像"爱干净，住汉庭"赢在一个"爱"字。

所以，口号是修辞学的艺术，正如亚里士多德所言，"是天才的活计"，这就是为什么很多企业也搞了一个"定位"，还砸了好多个小目标打广告，最后一场豪赌，输得精光，什么心智也没占领，那是因为没有修辞学。真正发挥作用的是修辞。

设计也是一样，虽然说策略指导设计，但是，如果设计效果不到位，我们就随时会放弃策略，选择到位的设计。以厨邦酱油为例，我们先确定了策略，晒足180天，然后策略指导设计，要用太阳的元素来做包装，中间一个大太阳，阳光四射，但这太像日本海军旗，这是禁忌。没有比这更好的设计了，怎么办？这时候，有设计师拿来一个绿格子的设计。这时"到位的设计"出现了，我马上就拍板！策略诚可贵，创意价更高，如果不到位，二者皆可抛！

什么叫到位？就是感觉到位，在美学上到位，无论是语言修辞之美，还是设计艺术之美，是真正地、直接地打动人，让人有反应的美；不是让别人认为我有文化，认为我有美感的自欺欺人之美。这种美的到位，就是能让人有感觉，能触动情绪，刺激行为反射。

一切都是情绪。最好的路径，就是直接诉诸情绪。"爱干净，住汉庭""I LOVE 莜，西贝莜面村""爱就是好，爱好文具""新东方，老师好"，这些都是美好的情绪。"妇科炎症别担心，金鸡胶囊照顾您"，是温暖的情绪；"敢标真年份，内行喝潭酒"，是豪迈的情绪；"我爱北京天安门正南50公里，固安工业园区"，更是宏大的家国深情。

还有一个问题，在一些已经充分竞争了几十年的领域，比如牙膏、饮料、食品、日用品等，两代人甚至三代人最聪明的脑袋已经把所有的"卖点"开发完了，市场处于严重的"卖点过剩"状态，这时候再抓耳挠腮想出来的"差异化定位"，往往是为差异化而差异化的牵强附会。这时候，直接诉诸符号和情绪的解决，就是天才的活计。

这也是一个哲学问题。理智和情绪，情绪才是底层。非理性是情绪的结果，理性也是情绪的结果。好与坏，善与恶，都是以情绪为标准的。休谟在《人性论》中说：人类心灵的主要动力或推动原则就是快乐和痛苦。道德上的区别完全依靠于某些特殊的苦乐感，只要考察或反省起来的时候给予我们快乐，就是善；让我们不快，就是恶。比如，爱与施舍让接受者快乐，就是善；偷盗让承受者痛苦，就是恶。休谟又说：道德并非由理性得来。心灵除了它的知觉以外，永远没有任何东西存在。道德准则刺激情感，产生或制止行为，理性在此是完全无力的，因此道德规则并不是理性的结论。任何行为或情绪在一般观察之下就给人以某种快乐和不快，就是道德邪正的来源。

人们相信什么东西，这不是理性，而是情绪。或者说，如果在情绪上没有到位，就不能形成认识；如果没有情绪的参与，就不能形成决策；如果不能注入情绪的能量，就不能达成行动。购买商品是情绪，发动战争也是情绪，都不是理性。所谓理性，也不过是指能考虑到自己事后的情绪。休谟说：信念只是某种感觉和情绪，心灵可以支配他的全部观念，并且可以随意分离、结合、混合和变化它们。当我们相信任何事实，只是我们想象它时的感觉和纯粹幻念不同。当我们不相信，意思是那个事实的论证产生不了那种感觉。只要感觉到位，最狂妄的想象也可以与最确定的真理处于同等地位。除了那种感觉和情绪，没有任何东西可以把两者区别开来。

情绪到位，感觉到位，才有效果。所以，理性在这里没有地位，更别说当一个人智慧不够的时候，他的理性也没有质量。一些决策都要依靠天才的感觉。只有天才才知道什么时候到位了。有时候老板做出一个决策，你问他为什么，他说不知道，就是感觉到位了。这就是天才。而这种天才的练成，一半是天赋，一半是经验，只有经历过足够多的事，或者再读过足够多的书，才能练成这种天才。如果你还不是这种天才，不能创造出到位的东西，至少你能识别"没到位"，知道自己还没到位，就需要继续探索。

本节最后，我们来回顾一下华与华20年来所做的一些代表性的品牌谚语。

（1）田七牙膏，拍照大声喊田七。

（2）蓝瓶时代，选择三精，蓝瓶的！

（3）胃痛，光荣！肯定是忙工作忙出来的，美罗牌胃痛宁片。

（4）做足100，益佰制药。

（5）我爱北京天安门正南50公里，固安工业园区。

（6）小葵花妈妈课堂开课啦，小葵花牌儿童药。

（7）晒足180天，厨邦酱油美味鲜！

（8）爱干净，住汉庭。

（9）新东方，老师好！

（10）掌握关键保鲜技术，洽洽每日坚果。

（11）你爱我，我爱你，蜜雪冰城甜蜜蜜。

（12）老百姓，开雷丁。

（13）我爱傣妹，傣妹爱我。

（14）爱就是好，爱好文具。

（15）压力小，睡得好，梦百合0压床垫。

（16）筷手做菜，快过外卖！

4. 画出你的品牌三角形

所有的品牌工作，就是产品结构、话语体系、符号系统这三件事。没有任何一件关于品牌的工作，不在这三件事之内；而在这三件事之外，也没有任何事情与品牌有关，这就是"完全穷尽"。

绘制品牌三角形，是品牌一生的工作，因为品牌不断在丰富，在发展。在华与华品牌五年计划的第一年，我们会为客户画出基本的品牌三角形，之后每一年的所有工作，都不断地从品牌三角形出发，再回到品牌三角形。

4.1 潭酒的品牌三角形

先举一个例子：潭酒。

2019年，因酱酒热，大量资本进入这个赛道，人人都想分一杯羹。潭酒是赤水河畔，茅台对岸，1964年就建厂的老牌酱酒厂，而且是全国最大的基酒基地。因为做基酒，B2B比较多，行业内名气人，但是在消费端，这一品牌反而比较弱。

这时候，就需要思想，需要话语体系。

酱酒热，其实就是酱酒的话语体系战胜了其他清香、浓香等各种香型的话语体系，消费者现在认酱酒，而且很多地方开始"只喝酱香"。酱香型白酒的话语体系，主要是其工艺和长期储存的年份，"越陈越香"。于是，15年陈、30年陈、50年陈，就成为它的产品结构。这就是华与华方法说的品牌三角形：产品结构、话语体系、符号系统。

问题在这里，机会也在这里。2019年，有消费者起诉白酒企业，50年陈并不是存放了50年的酒，而是用存放50年的基酒与其他各年份的酒勾兑而成。它只是"有50年的风味"，不是说那瓶酒已经存放了50年。这跟红酒不一样，1982年的拉菲就一定100%是1982年的酒，即使不是1982年装瓶，至少也是1982年装进橡木桶里去的，不存在勾兑一些新年份的酒进去。

但白酒不是这样的，消费者以前不知道。现在知道了，白酒企业就说："我们的标准就是这样的，白酒的产品本质就是这样的。"那么也就这样了。

◎ 4.1.1 话语体系

潭酒是后来者，不是50年陈酿概念误导的既得利益者，它当然就可以利用这个机会了。于是，我们提出了"敢标真年份，内行喝潭酒"的品牌谚语。这句话很有力量，力量在于一个"敢"字。"敢"的修辞力量和"掌握"一样，都暗含"别人不"的潜台词，而且这一信息是强势的。另一个力量来源于"内行"这个词，我是内行，也教消费者成为内行，也赞美消费者是内行。

我讲过营销的两种价值观：一种是利用信息不对称，没有真相，消费者也不需要真相，只要占领他的心智，让他跟着走；另一种是致力于信息对称，致力于消费者扫盲和真知教育，如果消费者都成了内行，行业专家懂的事情，消费者都懂，那么消费者就会选择真相，选择我。

毫无疑问，第二种价值观是华与华的价值观。企业是经营知识的机构，这是人间正道。

潭酒就要走第二条道路，因为这条道路走起来虽然不容易，但是越走越宽。而且特别简单，就是办实事，说实话，难度在第三条——还要卖出实价。

这也是华与华方法的价值观——经营的最高境界，就是四个字——货真价实。货真，是不骗人，不贪心，不夸大。价实，是不宰客，但同时也能卖出该要的价。我说多少钱，就是多少钱。能用上我的产品和服务，那是您的福气；能以这个价钱买到，也是您的福气。您如果不认我，我也不认识您。

敢标真年份，怎么标？那就仔仔细细地标！每一瓶酒，瓶身上、盒子上，都标明三个方面的内容：

（1）基酒的年份与比例。

（2）基酒的7轮次组合。

（3）不同年份老酒的比例。

以其中一款酒"紫潭"为例，它的配比是：18年老酒占比1%，15年老酒占比9%，10年老酒占比10%，基酒酒龄为6年，占比80%。这80%的基酒，轮次配比是：1轮占比1%，2轮占比4%，3轮占比20%，4轮占比20%，5轮占比25%，6轮占比20%，7轮占比10%。

敢不敢标？敢标！内不内行？谁看谁内行！

这是白酒行业首次详细在包装上向消费者标注，后来的市场效果表明，消费者买单了。

◎ **4.1.2 符号系统**

我写下这些标注，估计读者也看晕了，怎么让人一目了然呢？我们就来到品牌三角形的另一条边——符号系统。华与华的设计师们设计了"潭酒龙标"，作为真年份标注规范，如下图。这样，所有消费者就可以读懂潭酒龙标，秒变酱酒内行！

▲ 潭酒龙标

这个"潭酒龙标"后来有多家白酒品牌抄袭，我想未来它会成为白酒年份标注的标准。

◎ 4.1.3 产品结构

话语体系有了，符号系统有了，品牌三角形的底边——产品结构，当然也就有了。首先，分为混调真年份酱酒和单一真年份酱酒，混调酒再分出红潭、紫潭、红得发紫、紫气东来、银潭等不同档次和价格带，区别的标准，当然是老酒比例。

▲ 潭酒真年份家族

没有理论的军队，就是愚蠢的军队；没有理论的品牌，就是愚蠢的品牌。现在，潭酒有了自己的理论，在华与华方法的话语体系里被称为"事业理论和产品科学"。一切都有了依据，所有的行动也就有了思想和创意的源泉，并且能成体系，能积累资产。

潭酒既然是真年份理论，就有了"真年份调酒节"。我们甚至还搞了一个欢乐的涨价节，每年元旦涨价，因为年份又增加了一年。歌中唱道："年年都有今日，岁岁都有今朝，涨价啦！"这是全国人民喜迎潭酒涨价！

下图是潭酒的品牌三角形。关于产品结构、事业理论、营销日历等内容，后面的章节还会详细讨论。

▲ 潭酒的品牌三角形

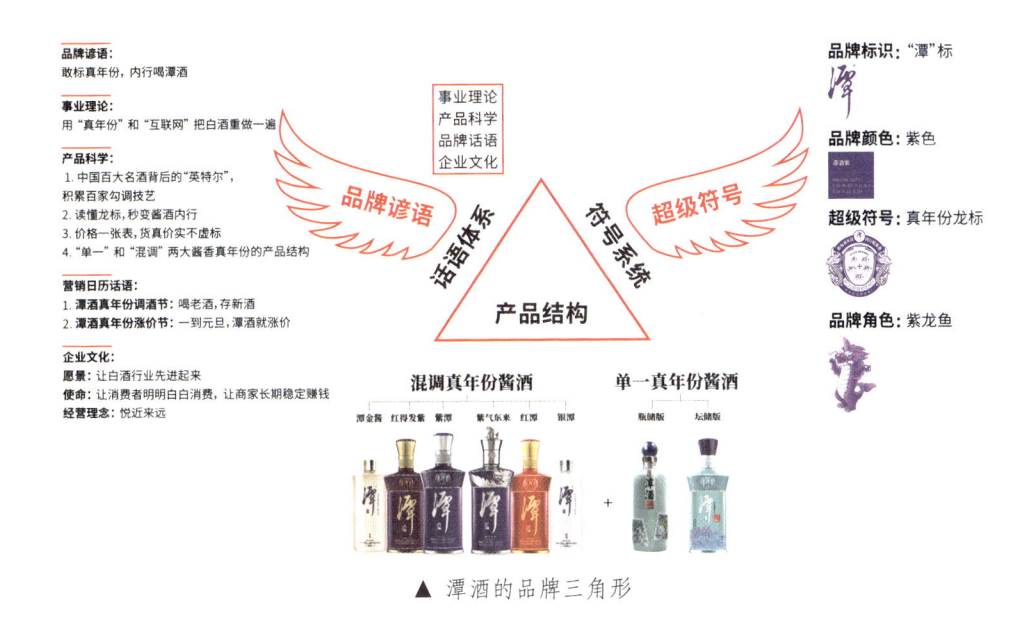

潭酒成功了。在酱酒热当中，有很多新进入者。吸引他们进入的，是利益，是欲望，但是他们没有思想，只是在找各种"定位"的姿势。潭酒提出了一整套的思想，而这思想，正是这行业和产品的本质。所以潭酒不仅能站稳脚跟，而且能悦近来远，修身、齐家、治国、平天下。

品牌三角形，是思想的三角形。

4.2 鲜啤30公里的品牌三角形

潭酒是老品牌，重新规划的品牌三角形。接下来，再讲一个华与华品牌三角形理论案例。这是一个全新的品牌，从品牌命名开始，建立品牌三角形的案例——鲜啤30公里。

乐惠国际是2017年在上交所挂牌上市的（SH603076），是全球前三的啤酒设备制造商，提供啤酒装备制造及整厂交钥匙工程服务。客户涵盖了喜力、百威、青岛、雪花、嘉士伯、麒麟、朝日等世界著名品牌。

20世纪90年代，中国啤酒行业刚刚起步时，酿出来的啤酒麦香浓郁、口感醇厚。后来，随着竞争加剧，不断打价格战，为了降低成本，啤酒行业添加大米、玉米等廉价辅料；为了让消费者喝得多，将麦芽浓度越做越低，啤酒被稀释得越

101

来越淡，劣币驱逐良币，"工业水啤"泛滥。啤酒越来越难喝，啤酒爱好者们不得不花高价喝进口啤酒。进口啤酒因漂洋过海，保质期长，又被戏称为"罐头啤酒"。

正所谓物极必反，啤酒行业行至于此，就必然走向精酿时代。于是精酿啤酒遍地开花，小众品牌层出不穷。对照美国市场，精酿啤酒占到啤酒市场25%的份额，乐惠就看中了这个赛道。基于国内首屈一指的建厂能力，乐惠的战略是，通过密集建设小型精酿啤酒厂，实现啤酒的本地生产、本地供应。乐惠将自己的精酿啤酒业务命名为"精酿谷"，且因在上海佘山设有酒厂，同时注册了"佘山"品牌。

◎ 4.2.1 话语体系

找到华与华后，摆在项目组面前的第一道难题就是名字。"佘山"这个品牌能注册下来，是一个惊喜，但实际上没有什么用，这是因为我们未来可能在全国建设一千家精酿啤酒厂，让每个城市都喝到本地生产的鲜啤，那"佘山"只能是上海佘山酒厂的，在黄山就得叫"黄山"，到贵州省道真县就得叫"云峰山"，到河北省固安县就得叫"天安门正南50公里"，我们不可能在每个城市都投资建立一个品牌，而一定要全国统一的一个品牌。产品是最大的媒体，我们如果在上海使用"佘山"品牌，等于就放弃了在上海投资积累全国品牌资产。所以，"佘山"品牌很好，但是没有用，即便是在上海也不能用。

统一品牌，我们也有一个选择，就是"精酿谷"。但是，这个商标表面上似乎"占据了精酿啤酒定位"，而实际上它并没有修辞学意义上的情绪感染力，到不了位。如果之前已经用了，我们也就沿用。但既然一切还没开始，我们就要重新创意，建立完美的话语体系。

华与华把品牌命名为"鲜啤30公里"，因为乐惠的资源禀赋，积累了国内首屈一指的建厂能力，通过密集建设酒厂，实现本地范围新鲜酿造、酒厂直送，建立最大的竞争壁垒。而我们的事业理论，是"让每一个县城，都有一座自己的精酿啤酒厂"，并将其作为乐惠啤酒业务的企业战略。

我们没有选择"精酿"，而是选用"鲜啤"一词，这是确定了品类。让消费者为之买单的，更重要的是品种价值。用什么表达新鲜？可以是时间，可以是距离。之前进入精酿鲜啤赛道的品牌，通常都是以时间为号召。但是，时间是容易被模仿并超越的，距离则要靠硬实力建立壁垒。于是我们提出了"千城千厂"的愿景，目标在酒厂30公里范围内让消费者喝到刚出厂的新鲜啤酒。

鲜啤是一个词，30公里是一个词，看似简单的两个词，如果像魔方一样拼在一起，就会拥有魔力。这就是"语词魔方"的力量，鲜啤30公里，就此诞生。

如今，乐惠的啤酒业务在上海佘山、宁波大目湾酒厂已投产；长沙、沈阳、镇江句容酒厂即将投产；杭州、成都、昆明、西安、武汉、厦门酒厂也在筹建中。真正用建厂硬实力践行这套事业理论。

鲜啤30公里的产品科学，首先要做精酿，坚持只用水、麦芽、啤酒花、酵母酿造；更重要的是要坚持做鲜啤，遵循国家"鲜啤"标准，坚持不经过巴氏杀菌或瞬时高温杀菌，保留啤酒里的鲜活酵母，新鲜酿造，冷链直送，不惜成本让大家喝上新鲜好啤酒。所以，我们提出核心的一句产品科学："内有活酵母，才敢叫鲜啤。"

品牌话语要能够操纵表述，进而形成看法，最终影响行动，必须是掷地有声的超级断言，才能收到刺激反射的行动指令。我们要选择立场鲜明、逻辑强势的词语让消费者像我们希望的那样去思考、去行动。

根据"鲜啤"战略和"鲜啤30公里"的品牌命名，我们创意了"酒厂越近越新鲜，30公里硬指标"这句品牌谚语，成为鲜啤30公里的品牌契约。

由此，鲜啤30公里形成一套完备的话语体系。

◎ **4.2.2 产品结构**

这一话语体系的物理落实，就是产品结构。产品结构的设计，着眼于对问题的完整解决。鲜啤30公里的目标是生产真正的鲜啤酒，以最新鲜的方式，在最新鲜的时候，交到顾客手上。围绕这一目标，规划了五大解决方案。

（1）桶装鲜啤，实现餐饮终端啤酒升级。

"餐+酒"的模式越来越受到餐饮老板的青睐，留下顾客、提升体验、增加客单，实现增加营收。鲜啤30公里，通过供应20升PET桶，同时提供扎啤机、售酒机等打酒设备方案，实现鲜啤现打现喝。如今，鲜啤30公里已进驻蜀大侠、丰茂烤串、不二君等餐饮连锁。

▲ 桶装鲜啤

（2）罐装鲜啤，让顾客随时随地享受新鲜。

罐装鲜啤，开发1升大黄罐装，2～3个人喝刚刚好；500毫升装，采用国内少有的全铝罐，适合一个人畅饮；还有330毫升装，适合初次品尝以及喜欢微醺的人；目前正在规划2升Keg桶产品，主要在餐饮店和大客户（KA）售卖，适合餐饮和聚会场景。围绕上海、宁波酒厂，产品已经铺设到周边各个餐饮店和精品超市，如上海DeliLife食和家、久光百货、国金商场等。罐装产品在京东商城上架的首月，就冲到啤酒品类销售第一名。

▲ 罐装鲜啤

（3）30公里鲜啤酒馆。

如今街边小店中鲜啤最热。只要30～50平方米，提供多种现打精酿啤酒，可以坐下来点几样小食边喝边聊；想回家喝，随时打一袋带走，线上还能外卖鲜啤叫到家，一家门店做三门生意。目前30公里鲜啤酒馆在上海已开业16家，杭州、宁波、西安3地共开业7家。

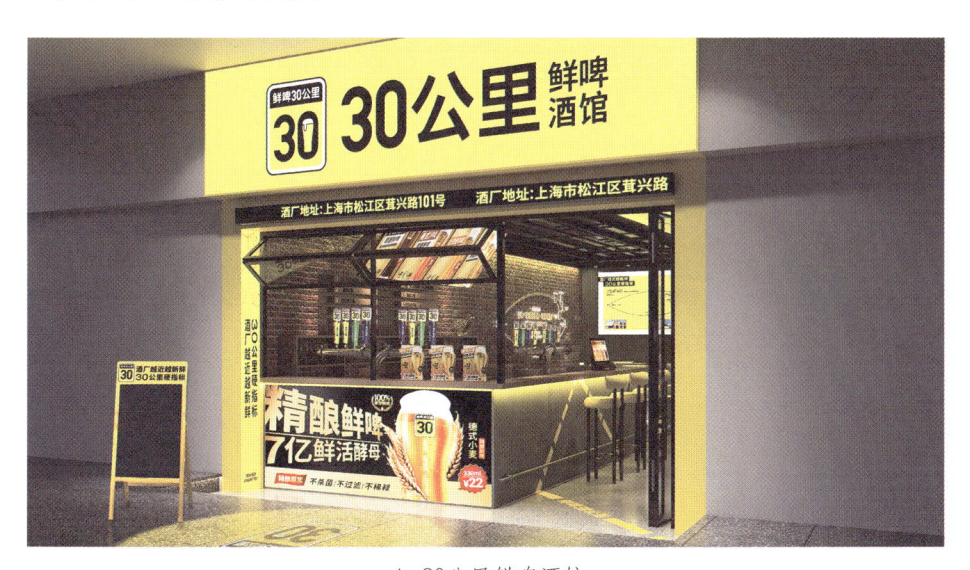

▲ 30公里鲜啤酒馆

（4）30公里鲜啤打酒站。

这是鲜啤30公里的创新产品——30公里鲜啤打酒站，一家烟酒超市，或者一家牛肉面馆，或者一个咖啡厅或者便利店，只要有空出的5平方米，就能加一个鲜啤打酒站。鲜啤打酒站主要围绕社区周边开，店里喝、外带、外卖都能做。目前上海淳欣食品、上海都市路店、罗秀路店等，已经开业10家。

全国招募城市合伙人，鲜啤30公里百城百厂战略，招募城市当地的合作伙伴，来一起做一座城市的鲜啤生意。

由此，在产品结构中，各产品互为广告，互为流量入口，每一支产品都为彼此带来流量。

▲ 30公里鲜啤打酒站

（5）国内首款全开盖易拉罐鲜啤。

易拉罐啤酒，做成像八宝粥那样全开盖的设计，在喝酒的同时，还能闻见麦芽香。这就是华与华为鲜啤30公里创新开发的330毫升国内首款全开盖鲜啤。经过9个月的内部打磨，2022年1月内部测试，2022年3月线上开售。

传统啤酒使用的易拉罐只有一个小拉口，对着罐子喝的时候，闻不到酒液的香气。鲜啤30公里，对产品足够自信，酒香，纯麦芽酿造的精酿啤酒，离杯一尺有麦香；酒液，鲜啤酒体内部含有酵母，酒体不是透明的，而是像汤一样；酒沫，保留酵母在不断发酵时产生的丰富泡沫。这些产品价值，在全开盖包装上，都能被消费者闻到、看到，产生新的饮用体验。

▲ 全开盖易拉罐鲜啤

◎ 4.2.3 符号系统

话语体系、产品结构都有了，接下来，就进入品牌三角形的另一条边——符号系统。鲜啤30公里的超级符号是什么？围绕"30公里"寻找文化母体，我们找到了公路牌，它是全球公认的公共符号，能够让人直接联想到"公路""距离"，有一种速度感和目的地指向性。确定符号方向后，我们搜集了世界各个国家的公路牌，虽然文字内容不同，但构图方式都是一致的——放大数字。我们设计的公路牌，必须是大众认识的同一个公路牌，而在数字30的处理上，我们将一杯啤酒放在数字"0"中，让它巧妙地有了私有化的特点。

创意来自生活常识。高速路上除了一定有公路牌，还一定会有公路线。我们在公路牌的logo图形下面增加了公路中间的车道分界线，让这个符号一目了然，看见就能说出来。让"道路上的公路牌"，成为鲜啤30公里的超级符号。

107

醒目的包装、城市工厂、酒馆、打酒站，就构成了鲜啤30公里的符号系统。鲜啤30公里的品牌三角形如下图。

话语体系

品牌谚语：
酒厂越近越新鲜 30 公里硬指标
事业理论：
啤酒越鲜越好喝，酒厂越近越新鲜
产品科学：
内有活酵母，才敢叫鲜啤
30 公里城市酒厂，只做短保鲜啤
全麦芽鲜啤，不杀菌、不过滤

品牌话语：
To B 传播话语——
啤酒越鲜越好卖
产品话语——
德式小麦精酿鲜啤，100% 麦芽酿造
地图话语——
30 公里城市酒厂，只做短保鲜啤
330毫升产品购买理由——
全开盖，大口喝；国内首款，全开盖鲜啤

企业文化：
经营使命：让中国人喝上真正新鲜的好啤酒
企业愿景：实现"百城百厂万店"
让每一座城市，都有一座新鲜啤酒厂

鲜啤30公里品牌三角形

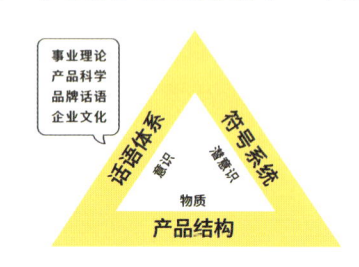

（话语体系 / 符号系统 / 产品结构）
事业理论 / 产品科学 / 品牌话语 / 企业文化
意识 / 潜意识 / 物质

产品结构：（To B）
◎ 鲜啤 30 公里 4 大合作方案——
  30 公里鲜啤酒厂（城市合伙人）
  30 公里鲜啤酒馆（加盟）
  30 公里鲜啤打酒站（合作）
  30 公里鲜啤经销（桶装＋罐装鲜啤）

产品结构：（To C）
◎ 经典产品
  德式小麦鲜啤
  美式 IPA 鲜啤
  牛奶世涛鲜啤
  果味系列——
  精酿白桃艾尔
  精酿草莓小麦

超级符号系统

▲ 鲜啤30公里的品牌三角形

4.3 华与华的品牌三角形

◎ **4.3.1 絜矩之道**

一个人是否言行一致、知行合一，就看他让别人做的事，他自己是不是也是那么干的。

这是我最自豪的一点，也是我的硬气和底气。

比如我经常引用贾国龙的话："咨询是企业家的生活方式，并且对一些朋友在咨询费上讨价还价非常不耐烦——你不要犹豫他有没有用，只要你起了请他咨询的念头，就先请了再说，没有用不就损失点咨询费吗？不接着请不就行了吗？"我这么说，是因为我有这个资格，华与华是咨询公司，但也请了几家其他领域的咨询公司为华与华做咨询，他们也成为华与华成功的关键因素。

第二章　第1年　超级符号　持续改善

▲ 为华与华做咨询的咨询公司

再比如我总是宣扬广告应该成为所有企业的标配，企业都应该投广告。我也有这个资格，自2008年以来，华与华一直保持广告量逐年增加，没有停过，而且华与华从来没有拖欠过广告代理商一分钱。

▲ 华与华的广告投放

109

还比如华与华的业务原则：给钱就干，不给钱不干，什么时候给钱什么时候干，什么时候开始拖欠什么时候停止干。我也有这个硬气，因为我对华与华的员工和供应商从来都很慷慨，而且从没有拖欠过一分钱。

我的底层哲学是儒家思想和孙子兵法，我确实对儒家和孙子了如指掌。这里说的了如指掌，是很具体的了如指掌，就是学以润身，发之四体，然后从指尖流动出来，成为行动，知行合一，完全按他们说的去做。当我离开人世了之后，我希望我的墓碑上写下这样一段话：这个人说的，就是他做的；他的观点一生不变，他做的事情终生坚持。

这就是《大学》说的"絜矩之道"："所恶于上，毋以使下；所恶于下，毋以事上；所恶于前，毋以先后；所恶于后，毋以从前；所恶于右，毋以交于左；所恶于左，毋以交于右：此之谓絜矩之道。"

絜矩之道，絜是度量，矩是尺子，絜矩之道，就是规范，就是示范，就是你要别人怎么做，你就先怎么做。你希望他人怎么对你，你就怎么对他人。你不希望别人怎么对你，你就不要这样对别人。这里的你和别人，不是相互关系，不是你希望A怎么对你，你就怎么对A，而是你希望A怎么对你，你就怎么对B。

所以，你不希望上级怎么对你，你就不要那样对你的下级。

你不希望下级怎么对你，你就不要那样对你的上级。

你不希望在你前面的人给你留下什么手尾，你就不要留手尾给后面的人。

你不希望在你后面的人给你使什么手脚，你就不要给前面的人使手脚。

你不希望右边给你的，你就不要给左边；你不希望左边给你的，你就不要给右边。比方说，你不喜欢客户欠你钱，怎么办呢？你管不了他，但是你可以管住自己，你不拖欠自己的供应商钱。

这就是絜矩之道。

前面讲的是做人做事的原则，对于公司的专业理论也是絜矩之道，你自己必须是自己的最佳案例。华与华，就是华与华方法的最佳案例。无论华与华有多少成功案例，都没有一个案例可以和华与华自身相比，因为华与华才是最完整、最彻底地贯彻了华与华方法的公司。我也希望以华与华这个案例为絜矩，给所有客户打个样。

如果你不知道读什么书
就关注书单来了微信号

快点扫吧!
我抱不动了!

微信号: shudanlaile

反面查看书单

如果你不知道读什么书
就关注书单来了微信号

关注后，回复数字，
即可查看相关书单！

微信号：shudanlaile

1. 这5本小说将中国文学抬到了世界高度
2. 5本适合零碎时间阅读的书，有趣又长知识
3. 孩子长大了，一定会感谢你给他看这5本书
4. 这5本书，都是各自领域的经典之作
5. 我要读什么书，能够让我内心强大
6. 情绪低落的时候，就看这5本书
7. 这5本小书，我打赌一本都没看过
8. 十个心理成熟的人，九个读过这本书
9. 5位大师的巅峰之作，好看得让你灵魂震颤
10. 这5本书启发你思考，怎样度过你的一生
11. 这5本文学经典，看完仿佛度过了一生
12. 如果这5本书对人生感到迷茫，就看这5本书
13. 这5本书，教你如何安放书中的自我
14. 5本核其烧脑的推理经典，令人拍案叫绝
15. 文学史上五个绝世无双的男人，你选谁？

……

◎ **4.3.2 华与华的话语体系和事业理论**

前面提到的潭酒和鲜啤30公里的话语体系还比较简单，而话语体系有更复杂和完备的系统，涉及事业理论、产品科学、企业文化和品牌话语。放大了说，它是一个"企业文明"。

其中，"事业理论"这个词，是我从德鲁克那里借来的，大意和他相同，都是要回答"我们的事业是什么"，但是我提问的方式和他不太一样。德鲁克提出三个问题："谁是我们的顾客？他们在哪里？客户认知价值是什么？"我认为这三个问题不太好回答。

华与华的事业理论三问是：

（1）我们要解决的社会问题是什么？
（2）我们用什么理论来解决这一问题？
（3）我们的解决方案是什么？

在《华与华方法》一书里，华与华重新定义了企业社会责任，并提出企业社会责任是企业的业务，而不是义务，任何企业的建立，都基于对某一社会问题的解决。这样就提出了华与华方法企业战略三位一体模型，即企业社会责任、经营使命、企业战略三位一体。某一社会问题＝企业社会责任＝企业经营使命＝企业战略＝产品和服务组合＝社会问题解决方案。这是华与华建立的新的企业理论，回答了"什么是企业"这个问题，也是我们未来的一个学术课题。

而华与华要解决的社会问题，就是"让企业少走弯路"，或者是让企业（家）少走弯路。

这背后不仅有理论，而且有哲学。其中的哲学就是：

最高的效率是不返工，最快的进步是不退步。

这也是孟子的思想：勿忘勿助，不要拔苗助长。

加一句德鲁克的话：人们总是高估了一年所能取得的成绩，而大大低估了30年、50年积累所能取得的成果。

还要加上《华杉讲透〈孙子兵法〉》的话：兵法首先不是战法，而是不战之法；不是战胜之法，而是不败之法。学习兵法，不是为了夺取最大胜利，而是为了确保一生不败。

以上，就是华与华最底层的经营哲学和事业理论。我们认为企业不需要发展得太快，不要追求速度，相反，而应强调年轮经营，强调夯实每一步。保持不退步，但绝不拔苗助长。我们的哲学是，长期坚持在一个领域积累，用30年做到世界第一。至于那么多迅速成功的案例，我们视之为风口上的"猪"，那是命运的安排，不排除我们也有那样的运气，但那不在我们的计划之内。

经常有人问我如何选择客户，事实上，你的原则，就已经选择了客户。比如"绝不拔苗助长"这一条，在华与华的历史上，就多次产生和客户中止合作的情况。很多公司开的会议，都是"拔苗助长会"，就是嫌增长慢了，"不如预期"，要拔一拔。我们拒绝"拔苗助长"，要求坚持原来的方案继续积累，客户不愿意，我们也不妥协，那么合作就会中止。

这就是客户还没有接受我的理论，而只是接受了我之前的上一个方案，并没有接受方案背后的理论。或者说，还没有从理论上接受我。

华与华的事业理论三问：

（1）我们要解决的社会问题是什么？

（2）我们用什么理论来解决这一问题？

（3）我们的解决方案是什么？

第一问是认识论，我们如何认识我们要解决的问题；第二问是方法论，我们用什么方法来解决问题；第三问是技术论，给出解决方案。

最高层次是让客户在第一个问题上认同你，然后是在第二个问题上认同，第三个层次是最难的，如果前两个层次认同，第三个层次自然就认同；如果前两个层次没解决，那就投标比稿看方案相互碰运气了。

第二个问题就是你的专业理论，或者说，让你的专业理论成为行业理论。

有一句话叫"三流的企业卖产品，一流的企业卖标准"，前面讲的潭酒、鲜啤30公里，都是卖标准。潭酒建立酱酒年份标注的标准，鲜啤30公里则建立了"30公里硬指标"。从标准再往高一层，就是理论，不是你的生产工艺标准成为国家标准，而是你的理论成为全社会公认的理论。

这就是我为什么要写书，不仅要写《华与华方法》《超级符号就是超级创意》，还要写《华杉讲透〈孙子兵法〉》《华杉讲透论语》《华杉讲透孟子》《华杉讲透大学中庸》《华杉讲透王阳明传习录》《华杉讲透资治通鉴》，因为这是一个庞大的哲学和理论体系。华与华不仅自己投入理论研究，而且和高校合作。2020年11月，华与华与浙江传媒学院成立华与华-浙江传媒学院超级符号研究所，并于2022年完成第一个学术成果——《超级符号理论与实例》本科教材。

▲ 华与华-浙江传媒学院超级符号研究所成立仪式

一定要舍得在理论研究上投入时间和金钱，这是企业对社会的责任和贡献，同时也更符合企业的全部利益。华与华试图帮助所有客户梳理他们的事业理论，华与华客户的行业不像咨询业这么复杂，事业理论往往是简明扼要的，比如莆田餐厅的4句话：三分靠厨师，七分靠食材，掌握好食材，原味福建菜。这就是一个事业理论，也是产品科学。但是，在食材理论上下多大功夫，研究到多深，那就可以是一所大学的工作，是企业一生的事业。

◎ **4.3.3 产品科学**

在事业理论之下，是产品科学。产品科学，就是你的产品之所以先进的科学理论，因为这个科学理论，你的产品领先于竞争对手；如果你的产品科学得到传播和广泛认同，则消费者会予以更大的支持。

企业所经营的，本身就是科学知识；企业是经营知识的机构，也是为人类创造新知识的前沿。

前面我使用了"专业理论"这个词，事业理论、专业理论、产品科学，可以说就是企业为顾客解决问题的道、学、术，这三者之间的界限比较模糊。

比如莆田餐厅，"三分靠厨师，七分靠食材"，这是它的事业理论，也是产品科学；但它的招牌菜"百秒黄花鱼"，黄花鱼蒸一百秒最鲜美，这就是产品科学。

和莆田餐厅食材科学一样，轩妈蛋黄酥的产品科学，是蛋黄原料。轩妈在蛋黄品质的检测上下了大功夫，定了绝对的原则，"没有好蛋黄，轩妈不开工"。这一原则也被华与华发掘，成为蛋黄酥产品科学的修辞学表达。

足力健的事业理论是"老人要穿老人鞋"，为什么？一是因为老人足弓下塌，前脚掌变宽，穿鞋容易挤脚；二是因为老人年纪大了，穿鞋时弯腰不便，系鞋带不便。足力健的产品科学，就是宽松鞋头、脚脖子处固定，不用鞋带，不用鞋拔子，能站着一脚蹬稳稳地穿进去，"专业老人鞋，认准足力健"。

"家有宝贝，就吃西贝"，西贝要做专业儿童餐，就要有儿童膳食的产品科学。

产品科学，是你从事这一事业的基础，产品科学的梳理在营销传播策划之前，不是在找定位，而是把你自己捋清楚，你的产品到底是怎么干的，自己要有理论自信。而确定了产品科学之后，它可能成为你的传播口号，也可能不用，这要从修辞学上判断。

产品科学必须确实是独到的、领先的，或者是有硬门槛的，否则，就成为网友都会写的广告文案，捂起耳朵说别人的话了。

我历来认为，定位是自己定的，而不是去市场调研找来的，不应该去问客户怎么想，也不应该看竞争对手，应该问自己。你要从事这个行业、这项工作，你总是有个观点，觉得这事该怎么干，这才是最重要的。如果你觉得自己是对的，就要有这个自信，教会客户接受。

比如华与华推广"超级符号"，不是研究发现客户要购买超级符号，也不是调研发现竞争对手没有超级符号，而是我们研究出了超级符号理论。就像洽洽提出"掌握关键保鲜技术"，并不是调研发现消费者认为坚果的关键是保鲜，或者发现竞争对手没有讲保鲜，而是我们自己对坚果的认识。"坚果，关键是新鲜"这是产品科学；"掌握关键保鲜技术""有油哈味，就是保鲜不到位"，是和消费者沟通的修辞学。

所以，定位是确定你自己是什么、做什么、怎么做，是企业自己的观点；自己的事，如何同客户沟通，那是修辞学的事。

成立二十年，华与华一直在专业理论和产品科学上不停地探索，形成了如下主要理论：

（1）超级符号理论。

（2）文化母体理论。

（3）播传理论。

（4）元媒体理论。

（5）企业战略菱形模型。

（6）产品战略围棋模型。

（7）品牌三角形模型。

（8）传播循环模型。

（9）五个市场模型。

（10）价值之轮模型。

（11）定位坐标系模型。

（12）流量循环模型。

这些理论，是华与华创造的知识，也是华与华经营的知识。华与华的业务，就是经营这些知识。用这些知识指导我们的每一件咨询产品生产，而这些知识的普及，也符合我们的市场利益。现在，华与华方法的知识，有的已经广为人知，被社会广泛使用；有的还在蓄势积累中。我的工作，就是研究和推广华与华的知识。而推广华与华的知识，也需要对这些知识产权进行投资；华与华的广告，就一直是对华与华方法的投资。

从2008年开始，华与华就开始打"超级符号就是超级创意"的广告。刚开始的几年，没有人知道什么是超级符号，也没有人知道华与华在说什么。现在，超级符号已经成为中国市场原创的最重要的营销传播理论，并形成了一个学派。

几年前，一位来华与华讲课的顾问老师讲完课坐飞机回北京，下了飞机就打电话给我："华老师，我有句话要跟你直说！你说你是做广告的，我在飞机上，看见航机杂志上几家营销咨询公司的广告，你的广告做得最差！而且完全违反你自己的理论！别人的广告，都是助力某某企业从多少亿到多少亿；你的广告呢，是超级符号就是超级创意。作为客户，我肯定是找那个能帮我增长多少亿的，我管你什么自说自话的超级符号呢！"

我回答说："谢谢老师！您说得完全对，但是我不能那么做。如果我也把标题写成'助力某某企业从多少亿到多少亿'，我能写下的数字，比他们还要多加一个0，而且我这样的成功案例的数量，也是他们的十倍以上，但是我有两个原因不能这样写：首先这不是我的功劳，我不能贪天之功以为己有，人家成功了，我也确实助力了，但我如果都写成自己的功劳，虽然人家也理解，没意见，但我自己再跟他见面的时候会脸红，会不好意思；其次我不希望新客户来找我的时候抱有这个预期，我并不能承诺，甚至不能暗示，我也能'助力'他实现同样的成功。恰恰相反，我要明确提醒他我不能！我唯一能对新客户做出的承诺，就是'华与华不会故意把你弄死'。没错！'华与华不会故意把你弄死。''弄死'的概率还是有的，但绝对不会'故意弄死'。不过我相信我们已经把'弄死'的概率降到趋近于0了。因为我们的风险偏好，远低于我们所有客户的风险偏好。我们的原则是不败兵法，不会冒险。客户不需要担心我们方案的风险。那么，什么叫'故意弄死'呢？就是隐瞒风险，鼓动客户做巨额广告投资。咨询这个行业，最容易的就是用客户的身家，下自己的赌注，赌赢了则扬名天下，赌输了则销声匿迹。企业家很容易上赌桌，而且赌输了他不会投诉我，因为他不能承认他输了。别的人问他跟我合作得怎么样，他还是会说：'还行！还行！'绝对不会说我把他害惨了。因为他不能承认自己很惨，只会咬碎了牙齿往肚里吞，擦干眼泪堆出笑容宣布成功。

"华与华的哲学，是消极的，而不是积极的。您看我们的价值观，不骗人，不贪心，不夸大；最高的效率是不返工，最快的进步是不退步；我们的业务原则是不投标，不比稿。全部是'不'字打头的，全是消极。我们的战略哲学，是不败兵法，强调一生不败，绝不追求最好的结果，永远保障最不坏的结果。全是'不'！

"在知识上，我们也是'不'字头，信奉王阳明说的'我等用功，不求日增，但求日减，减一分人欲，则多一分天理，这是何等简易！何等洒脱！'以及康德的话，'我们的任务是消极的，不是扩展人类的知识，而是恰恰相反，加以缩小和限制，而这种消极的态度正有其积极的意义，就是堵塞一切错误的源泉，而这正是哲学家最根本的任务'。康德所说的'堵塞一切错误的源泉'，就是哈耶克说的'避免知识的僭越'。我们有知识，但是我们的知识是有限的，在知识照顾不到的地方，只能交给自然、社会和命运，如果知识一定说它能办到，那就是知识的僭越。

"华与华的这一原则，就是古希腊医生希波克拉底确定的医生的职业守则：'不明知有害而为之。'医生不能保证治好病人，但是不会采取一些自己明明知道有害的治疗方式。

"接着说广告，说品牌，广告就是承诺，品牌就是承诺。当然，承诺越大，客户越容易被打动。但是，我们选择了不承诺，这是由咨询业的性质决定的，就像医生不能承诺药到病除。"

承诺，就是立约。一个品牌，就是一个品牌契约。华与华只承诺不骗人、不贪心、不夸大、不故意把客户"弄死"，尽心尽力，绝对诚实地去做。其他的就不要承诺了，让客户自己去判断。

◎ **4.3.4 品牌的立约和立法**

做品牌有两个层次：立约与立法。

品牌就是和客户的契约，一句口号，就是合约条款。契约是长期的，有的口号，开始时并不那么有吸引力，但只要承诺是认真的，它就会越来越有力量。有的企业喜欢改口号，一是因为心急，总要不断地拔苗助长，二是因为没有认真立约的态度。

立约是承诺，还有一个比立约更高层次的，是立法。立法，就是事业理论和产品科学。华与华走的就是立法路线，建立一整套的理论和方法体系。立法必须是开放的，就像当年做DVD，要把制式开放给全行业使用一样，只有大家都使用你的制式，才有最大的市场。这个市场你可以领先，但是必须与大家分享，并且大量培养竞争对手。

有句话叫作："谎言重复1000遍就是真理。"这句话是错的，谎言重复不了1000遍，500遍就会破产。谎言要想成为真理，必须有暴力加持。就像说这句话的戈培尔一样，法西斯的势力还在，他的话就是真理；希特勒倒了，他的话就没有价值。在一个自由竞争的市场，谎言是无法长期生存的。只有真理才具备重复的力量。

所以，华与华讲营销的两种价值观，第一种是利用信息不对称，没有真相，消费者也不需要真相，只需要用强势的断言、巨大的承诺和巨大的广告投资去占领他的心智；第二种是终身致力于让信息对称，假如消费者都是专业的，都有辨别能力，那我的产品卖光了，才会轮到别人卖。

如果你是态度端正的、科技领先的、确实比别人强的，你就走第二条路。

各门各派，蛊惑人心的说法很多，所谓道高一尺，魔高一丈，总是魔道更高。为什么呢？因为魔道敢承诺，敢下手，孤注一掷，而且有成功的。失败的是"沉默的大多数"，失败者是沉默的，不在场。但是，魔道代表人物，总是过几年就要换一个，因为他毕竟是假的，不能长期存在。而正道总是匍匐前进，日日

117

不断，滴水穿石地积累，最终踏踏实实地建立王道乐土，并且能传诸后世。

我希望华与华的所有客户都走立法路线，把自己的事业理论和产品科学梳理清楚，长期投资，而且致力于行业的基础科学研究，建立对得起顾客也对得起自己良心的品牌。

三

模块2：元媒体开发及品牌接触点管理

1. 元媒体理论

1.1 元媒体理论和流量循环模型

华与华的传播思想，深受麦克卢汉的影响。他的《理解媒介》，我读了至少六遍，并且他领衔的媒介环境学派所有翻译成中文的著作也都读遍了。有人说华与华是中国本土生长出来的营销传播理论。本土生长不假，哲学根基是中国的，但思想体系是全世界一样的。就像数学，不存在中国的数学和西方的数学有什么不同，只是一个学科没找到真理，就各有不同；找到了真理，就都是一样的，只是那一个理。

孔子说"祖述尧舜，宪章文武"，做学问，要找到自己的宗师。因为所有的研究领域，前人都耕耘过很多遍，我们只是重新发现，重新学习，重新组合，自己知行合一而已，如果认为自己有什么新思想，无非是读书太少。

我曾经画过一张"华与华方法先贤图"，算是我们学术上的"列祖列宗"。就经营哲学，我以孔子、孟子、王阳明、《孙子兵法》为宗；就企业战略，以科斯、德鲁克、熊彼特、迈克尔·波特为宗；就营销传播，以弗洛伊德、荣格、巴甫洛夫、华生、麦克卢汉为宗。

为往圣继绝学　华与华方法先贤图

孔子　孟子　曾子　子思　孙子　朱熹　王阳明　克劳塞维茨　若米尼　富勒

科斯　德鲁克　熊彼特　迈克尔·波特　明茨伯格　弗洛伊德　荣格　约瑟夫·坎贝尔　巴甫洛夫　维纳

华生　拉斯韦尔　麦克卢汉　尼尔·波兹曼　勒庞　沃特尔·翁　索绪尔　皮尔斯　罗兰·巴特　亚里士多德

西塞罗　培根　笛卡儿　康德　海德格尔　维特根斯坦

麦克卢汉说，媒介即信息，媒介是人的延伸。我受他的启发，结合华与华自己的实践，提出元媒体理论。

营销传播的传统理论，基于一个前提：将商品信息通过媒体传递给人。一头是商品，一头是人，中间是媒体。但是，商品和人本身就是媒体，华与华称之为元媒体。

商品作为元媒体，商品即信息，包装即媒体，因此要通过创意设计，开发放大商品的媒体功能。人作为元媒体，关键是发动播传，实现"人传人"。

在商品和人之间需要花钱购买的媒体，华与华称之为延伸媒体。这来自麦克卢汉的观点——媒介是人的延伸。

人们一说推广，就在延伸媒体上下功夫，花大价钱投资，却没有对元媒体进行任何规划，这是普遍的问题。

举个例子，当初加多宝租赁了王老吉品牌，投入巨资打广告豪赌，获得了成功。但是，对商品的元媒体——包装——却没有任何规划。如果加多宝设计一个"凉茶先生"形象，这个凉茶先生的商标权属于加多宝，并且在数十亿的广告中，以凉茶先生为主角。如此，不用多花一分钱，就可以建立自己的品牌资产。当广药要拿回他的"孩子"的时候，这个"孩子"就有加多宝的一半，谈判的筹码就不一样了。如果谈判破裂，凉茶先生还可以出现在加多宝凉茶包装上，投资风险也将极大地降低，或许第二次也能赌赢。

对元媒体的无知，是一种重大的理论缺陷。加多宝王老吉的例子体现了对商品本身作为元媒体的无知。更多的现象体现的是对"人"作为元媒体的无知。

商品元媒体，对于消费品来说，是包装；麦克卢汉说："商品即信息。"华与华加了一句话："包装即媒体。"下图展示的是洽洽每日坚果在华与华设计前后的包装。在华与华前，就是完全放弃了包装的元媒体功能；在华与华后，就是把包装的元媒体功能开发运用到极致。

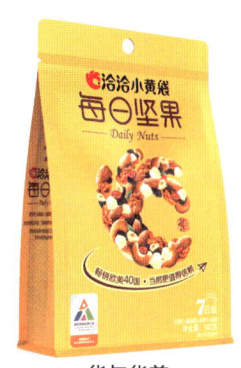

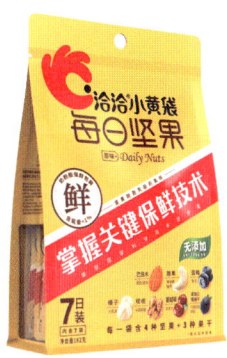

华与华前　　华与华后

▲ 洽洽小黄袋

很多包装设计的问题，都是信息不够。设计是为了和购买者沟通。但是，就华与华设计的洽洽包装，还是有人反对，而且特别反对其中的红色斜拉绶带，认为太Low，认为左边的包装更"上档次"。这种心理是什么呢？其实就是你越是不言不语，对人爱搭不理，你就越"高档"，反之，越是热情，话越多，就越"Low"。

有一次我和一位著名企业家饭局约见，我根据华与华方法——提前到是准时到的唯一方法——提前到了。我到了饭馆楼下之后，介绍人说："华老师，我们等一下，等他到了我们再上楼。"我问为什么呢？他说："这样显得咱们比较有身价。"我说："我没那么自卑，我约任何人见面，当然都要尽量先到，他到了，我下楼来接他才更有礼貌呢！我需要身价吗？"

一些对设计的讨论，大概也跟这种吃饭应该谁先到的想法差不多。所以，我如果不能先成为弗洛伊德，就做不了策划大师。因为人们的心病太多。

椰树牌椰汁的包装，是把包装的元媒体功能发挥到极致的标杆案例。这也是被所谓"设计界"诟病最多的包装,因为"设计界"不懂设计。

商品元媒体,对于门店来说,是店面,包括店招、店面和店内。华与华服务的连锁店客户非常多,总门店数量超过5万家。照这样的发展趋势,过不了几年就会超过10万家。所以我们对门店的元媒体开发有非常多的经验。连锁店企业的元媒体本能和经验往往不如快消品企业。因为快消品企业在别人的门店做生意,每一个位置都寸土寸金,机关算尽。而连锁店企业的整个门店都是自己的地盘,反而不敏感。在本书后面的门店持续改善部分,我会有很多这方面的讲解。这里先看下面这张蜜雪冰城的门店在华与华前和华与华后的对比图:

华与华前　　　　　　　　　　　　华与华后

▲ 蜜雪冰城的门店在华与华前后的设计对比

华与华前的门店,是静默无声,不发一言;华与华后,就热情似火,连珠炮似的在对消费者说话。前者完全放弃了元媒体功能,后者把元媒体功能运用到极致。

华与华要求所有设计的东西,都要"可言说",一定要能用口语描述出来。比如蜜雪冰城之前的品牌标识,就不可言说,而华与华设计的,就可以言说:"一个披着红斗篷的雪人,戴着王冠,手拿权杖,权杖头是一个冰激凌。"可以言说,才能被转述;能被转述,才能发挥出另一个元媒体——人——的传播功能,才能形成播传。

作为元媒体的人,包括三个群体,一是我们自己和员工,二是消费者,三是所有人。首先,我们自己是媒体,不仅是企业家IP,所有员工都是媒体。所以,我们的广告语,必须是自己人愿意说的,在工作中说了对他有用的,他才能发挥元媒体功能。其次，消费者是媒体。华与华方法中消费者的四个角色理论——受众、购买者、使用者、传播者——关注的是发挥消费者的传播功能。再次，第三个群体，就是所有人。不是我们的消费者的人，我们也要对他们传播，因为他们是我们可以运用的元媒体，而且是免费的。

不是汉庭酒店的目标消费者，他也会替我们传播"爱干净，住汉庭"；不是固安工业园区的目标客户，他也会替我们传播"我爱北京天安门正南50公里"；不是蜜雪冰城的目标消费者，他也会唱"你爱我，我爱你，蜜雪冰城甜蜜蜜"。

所以，仅对目标消费者传播，是营销传播理论的重大缺陷。

我们一定是对所有人传播，如果劳斯莱斯只有开劳斯莱斯的人知道，就没有人愿意买劳斯莱斯了。华与华也不能只对企业家群体传播，而是要对所有人，特别是要对少年儿童传播，因为他们不仅是我们可以运用的元媒体，而且是我们的下一代客户。

广告被分为效果广告和品牌广告，这在理论上是荒谬的。从本质上看，它是心理问题，是一种贪心带来的短视和近视。很多大家关注的热点话题，都是心理缺陷和人格弱点而已。

由于运用"人"这一元媒体，我们也就改变了流量漏斗模型。华与华认为，流量模型不能是一个单向的漏斗，而是一个循环放大的生态。这就是华与华流量循环模型（如下图）。不管他是不是我的消费者，不管他是否购买，我都要把他转化为我的传播者，把流量循环再倒上去。

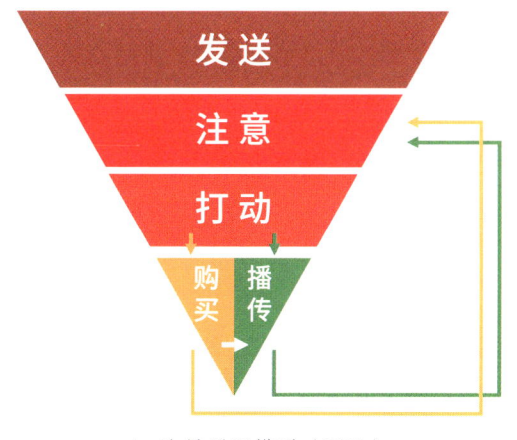

▲ 流量循环模型（2021）

1.2 复合流量结构与流量大生长、流量大循环

一个正常的经营，应该是流量成本越做越低。如果你的流量成本越做越高，那一定是你做得不对。

这就跟我们个人的事业一样。随着我们的能力和人脉资源的积累，事业会越做越顺，所谓"吃得开"，也就是流量成本越做越低。再降一等，以找工作为例，我们刚毕业的时候，如果不是名校毕业生，找工作，或者找一个好工作，比较难——流量成本很高。随着我们在公司和行业里崭露头角，换工作就很容易——流量成本降低；甚至总是被猎头追着——流量成本为0；人家承诺换工作还给签字费——流量成本为负。但是，也有一些越混越差的人，走到最后找不到工作，从职场出局了。这是全社会的问题，还是他自己做得不对呢？

企业和人一样，应该越来越吃得开，路越走越宽。如果越走越窄，就是自己做得不对了。

做任何事情，不管多大的事，永远不要离开最基本的人生道理。这就是儒家思想。把应事接物待人的日常生活道理，一以贯之，扩充放大，修身、齐家、治国、平天下，充塞天地。

比如流量，买流量，就是一把一算。但做人能一把一算吗？人生总是不断积累，不断播种，不断埋下伏笔，不断积德集义，而后能王天下。

做企业和做人完全一样，一切成就都是积累得来的，流量也是积累得来的。因为你做了那么多事，积了那么多德，投了那么多资，最后大家都认你，你的地位不可撼动。一时的流量红利，只能管一时，不能基业长青。

更何况，有那么多的流量陷阱、流量毒品、流量监狱，让人丧失了自己的流量主权，甚至被流量去势。

某全球顶级电商平台清理门户，那么多品牌一夜之间灰飞烟灭，甚至卖到100亿销售额的品牌，说没就没了。为什么？因为自己什么都没有，流量完全来源于平台，是它养的肉鸡。所有的一切都是它给的，给你的，你可以拿；不给你，你不能抢。

为什么平台规定图片上只能保留产品图片，不能有任何品牌和广告宣传信息？不只是为了页面风格或者所谓消费者公平，而是要对你进行"流量去势"，你无法将平台的流量转化为自己的品牌积累。用元媒体理论来说，是剪除你的元

媒体功能，让你永远依附于平台的绝对权力。

面对任何问题，要找到适配的理论。这不是品牌营销理论所能解释和解决的，这是博弈论，是流量博弈。他要把所有商家永远置于一次博弈的惨烈厮杀，置于囚徒的困境。

而品牌的博弈，一是要建立无限重复博弈，建立信任；二是要引入更多的博弈参与方，这样才能找到力量均衡，大家都有饭吃。

所以，品牌必须建立自己的流量主权和自己的流量结构。这一结构，必须是时间上、空间上、文化上、物质上的多层级复合结构，形成流量大开发、大生长、大循环。这一复合流量结构包括：

（1）母体事业流量。

（2）母体语词流量。

（3）产品流量。

（4）产品结构流量。

（5）元媒体流量。

（6）渠道流量。

（7）零售终端流量。

（8）广告流量。

（9）流量商流量。

母体事业流量，就是华与华企业战略菱形模型中的社会问题、经营使命、企业战略三位一体。企业不是成功之后回报社会，而是始终把自己视为社会的公器，为社会解决问题，并且围绕社会问题制定企业战略，包括公关战略和公益战略。这一点，在之前《华与华方法》一书中有所阐述，在本书的案例讲解中也会涉及。我想以后还需要一本专著来论述这一企业的宏大叙事。企业家如果能站在这个高度，就能获得母体事业流量，因为你值得全社会的支持。

母体语词流量，就是对语词的流量保持高度敏感，只使用流量最大的语词，也就是有最大文化契约的语词。这一条在前述蜜雪冰城案例时有所阐述。关键是企业、品牌的文风，要保持母体语词的文风，才能获得文化流量。

产品流量，就是产品本身应该自带流量，让顾客是奔着产品来的。举例来说，莆田餐厅的哆头蛏，就是我们培育的能带来顾客流量的产品。足力健老人鞋的门店里，也始终保持平价的流量产品来吸引顾客进店。在为味多美服务的时候，华与华将"24元一打"的老婆饼改为"2元一个"，并做成橱窗海报，这就带来了流量。

产品结构流量，就是产品和产品之间互为流量入口，每一个产品都能促进其他产品的销售。比如华与华的咨询服务、百万大奖赛、课程、书籍，就是一个流量结构，而且是一个复合流量结构，形成互动循环。

元媒体流量，在前述元媒体一节中已有说明。

渠道流量，是指渠道带来流量，企业要认识自己的渠道。比如我在《华与华方法》一书中所举的婚纱店例子，因为可以从网上购买流量，认为不需要街铺，所以为节省铺租，搬进背街写字楼里去。我说过，所有的营销都是4P，4P就是营销的一切和一切的营销，无论什么新名词，我们都把它拆解到4P框架里去。4P理论没有"流量"这个词，只有渠道和推广，流量要么是推广得来的，要么是渠道得来的。在互联网上买关键词，买流量，是推广还是渠道？当然是渠道。因为没有任何推广，是人家给你的流量分发。所以，4P本质是渠道。而街铺又同时具备渠道和推广功能，一间街铺的渠道就是这条街，买了这条街上的人流。而它的招牌、店面，就是媒体，就是广告。关掉街铺，就是自己给自己"流量去势"。

零售终端流量，终端是渠道的末端，终端的流量转换，是华与华方法"货架思维"的主战场，是购物者行销，以销售主题、多点陈列、集中陈列和陈列道具、宣传POP加大加快流量转换。这部分内容，在后文的持续改善部分会有具体陈述。

广告流量，关键是累积效应、雪球效应，靠长期的积累。长期积累，则事半功倍；狂轰滥炸，则可能崩盘。广告投资，是建立品牌，从而令流量成本持续走低。以华与华为例，通过从2008年至今持续10多年不间断、不挪窝的广告投放，累计投入不到1.5亿，但是积累了巨大的品牌效应。如果把1.5亿集中到一年内投放，即便是放到2008年，也是过眼烟云，什么也不会留下。

经常有人问我："你的广告挺多的，效果怎么样？"

我的回答都是："不要效果！"为什么说不要效果？因为如果要效果，那么要的是投放一个月的效果、一年的效果，还是投放三年的效果、10年的效果、30年的效果，甚至100年的效果？每种情况都不一样！如果我投了第一个月的航机杂志广告，就守着电话看有多少客户打进来，有多少成交，值不值，我早就不投了。一般企业的效果评估，最多也就能忍受一年。所以，不要相信什么广告测试，因为测试即短视，一切都是时间现象，没有时间长度，就什么也没有。

最后一项，才是向流量商买流量，这一条，应归于渠道费用，而不是推广。即便是推广，也是促销，不是品牌。所以，属于饮鸩止渴。可以有流量红利，但绝不是长久之道。

企业应该画出自己的"流量结构图"，规划流量开发和流量合作。在下面几张图中，可以看到华与华为小葵花儿童药和七猫免费小说规划的流量结构。

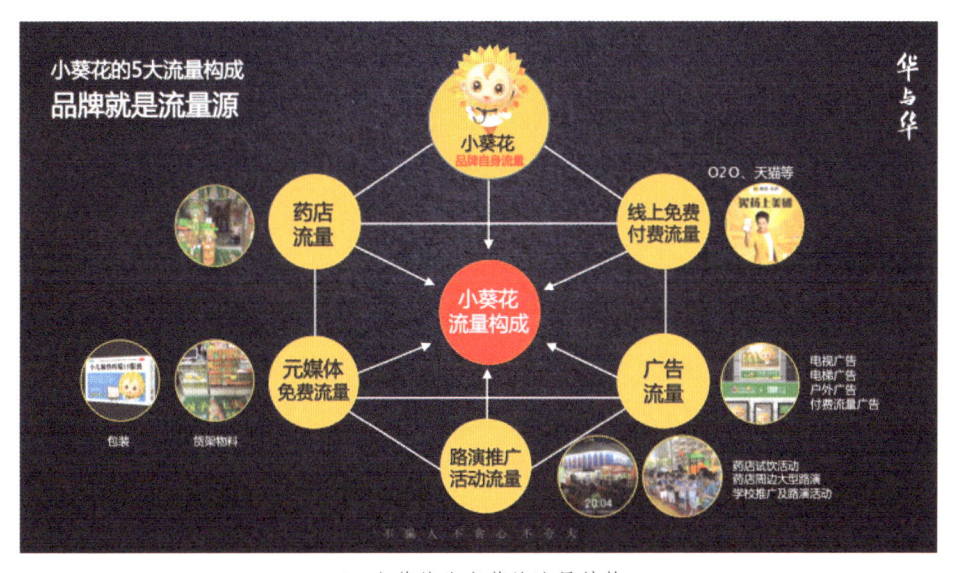

▲ 小葵花儿童药的流量结构

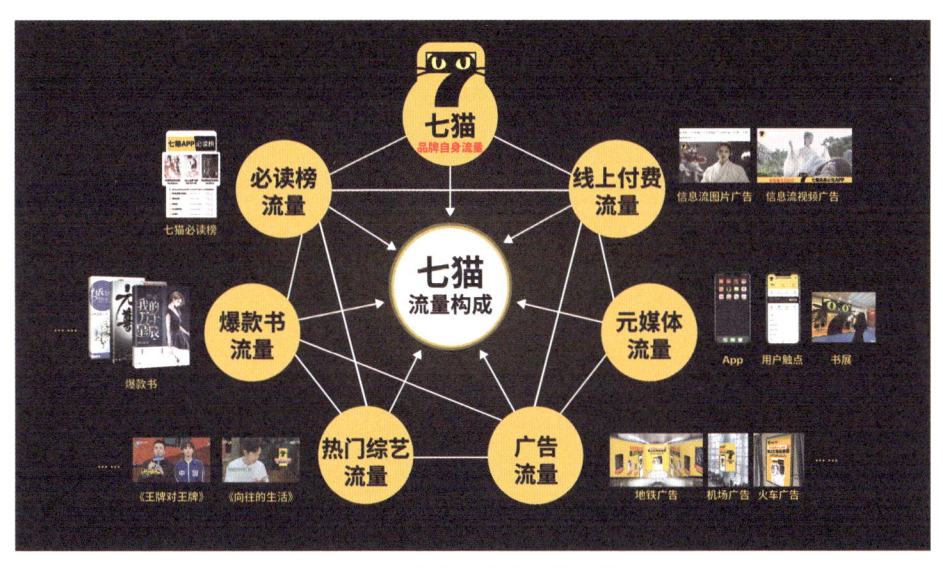

▲ 七猫免费小说的流量结构

2. 元媒体开发

2.1 快消品元媒体开发

在华与华为客户服务的第一年，我们开始绘制品牌三角形，这是品牌终生的工作。话语体系中的事业理论和产品科学，并不是短时间内就能梳理清楚的，而且还在不断发展。企业文化则是一个更深刻的系统，这个放在本书最后讨论。产品结构是个战略问题，在《华与华方法》一书中，我们说"产品结构就是企业发展的战略路线图"，并且以小葵花儿童药为案例做了详细讨论。在本书中，我们也会再谈到这个问题。按"华与华品牌五年计划"的逻辑，我们由浅入深，先讨论元媒体开发及品牌接触点管理。

"全面媒体化"是华与华20年来一以贯之的思想，就是把企业的一切都视为媒体，开发它的媒体价值，收获媒体效益，然后形成元媒体理论。我们就从"元媒体开发"的角度，来帮助客户理解和执行全面媒体化。

品牌有哪些元媒体呢？视行业而定，不管是B2C的品牌还是B2B的品牌，掌握了这个思想，就总能找到自己现有的元媒体，开发新的元媒体。比如，快消品最大的元媒体是产品包装和货架，餐饮最大的元媒体就是门店。而在包装、货架和门店上，都可以进行新的元媒体开发。接下来，我挑选一些典型案例逐一说明。

先说快消品。快消品的包装设计，不是"包装设计公司"的工作，或者说，我认为这世界上根本就不应该有"专业包装设计公司"。说这话可能得罪一些人，但道理确实是这样的，根本就不应该有一个"包装设计专业"，除非这个包装设计公司是一个全案公司，懂得一切，除了包装设计，还能做品牌策划工作，否则单独进行包装设计工作，这从理论上就不成立。而如果他把一切工作都做了，他就不是一个包装设计公司，也不会按包装设计来收费。

这又是一个哲学问题——每一个局部，都包含了整体，而不是所有的局部加起来组成整体。

◎ **2.1.1 包装元媒体**

包装是消费品品牌的战略工具和最大元媒体。华与华文库中专门有一本《华与华包装设计的目的》，讲解包装设计。在这里，我以盼盼食品为案例做一说明。

对比新旧盼盼食品包装，一目了然。首先是新包装有了PP熊猫眼的超级符号，让包装成为建立品牌的最大媒体；其次是包装的上下两个压边，都有PanPan的品牌纹样，华与华方法也叫"战略花边"，把品牌露出和投资做到极致。以PP熊猫眼的超级符号和PanPan的品牌纹样花边统合所有盼盼食品包装，这品牌投资的效率一下子就上来了。

华与华前　　　　　　　　　　　华与华后

▲ 盼盼食品新旧包装对比

包装设计，一是为了实现陈列优势，二是为了实现自动销售，三是为了积累品牌资产。

这一、二、三的排序是有讲究的：有陈列优势，才能被购买者发现；被看见、被发现，才有机会被选择。发现之后，要能被吸引、被打动，那就要让产品自己会说话，放在货架就开卖，自己把自己卖出去，这就要求——

包装设计，文案第一！

包装设计主要是文案工作，是编辑工作，那就是媒体。你就把它当作一张报纸的头版，你是总编辑，要来定版面：这些文案和图片，哪个是头条，哪个是主打画面。

包装设计，是设计读者的阅读次序和眼球转动的次序。你要模拟出一个顾客站在货架前，不管是物理的货架还是屏幕上的电子货架，他的阅读和眼球转动次序。

我们以洽洽每日坚果包装来模拟一下。

▲ 洽洽每日坚果包装

我们首先能远远地看见一个红色的绶带，而且集中陈列的时候，是一大片，这就是陈列优势，能够抓住顾客的眼球，引起他的注意。像厨邦酱油一片绿格子引起顾客的注意一样，他就走过来了。走过来之后，他首先看见的是大大的洽洽标识和洽洽每日坚果的品名，以及"掌握关键保鲜技术"这三个最主要的信息。他几乎是同时看见的，一目了然。这时候，他有点兴趣，把包装拿起来。拿起来的时候，他可能想知道这里面有什么。所以，包装右下角，有内含物的图片和说明。包装左下角则写着"7日装"。这时候，他发现包装两侧有透明的开窗，透过开窗往里面看，看见是分成一小袋一小袋装的，就知道里面有7小袋。

包装设计，就是设计消费者的行为过程。

所以，包装设计是消费者行为学，而华与华方法是行为主义符号学。

对比之前的包装，可能就找不到设计师的思考过程。

这种把包装当成报纸头版来设计的思维，在读客文化的图书封面设计上体现得最为淋漓尽致。所有读客出品图书的封面设计，都是按华楠说的"3秒钟打动消费者购买"的原则进行，也彻底改变了传统的"图书装帧设计"，因为那根本不是一个"装帧设计"，而是"商品发现和购买决策行为设计"。

以包装为元媒体的思维，也要引入麦克卢汉的"媒介即信息"理论。不同媒介，传达不同信息。就拿图书来说，精装书和平装书，就是不同的媒介材质，实现不同的价值。在快消品包装设计中，为了区分不同档次的商品，我们往往不是在设计上改变，而是在材质上改变，更能直观地向消费者传达价格信息。

快消品包装，除了销售包装，还有内包装和运输包装。这两个地方很容易被忽视，但却是华与华非常重视的。内包装也是媒体，既有宣传效果，也有体验功能。而运输包装的广告效果往往更大。因为很多超市都是把运输包装堆码在货架顶部，如果你有元媒体开发意识，就会收获广告效果。没有这个意识，就全浪费了。如图，可以看见厨邦酱油运输包装在商超货架顶部堆码的广告效果，这都是不用花广告费的。

▲ 厨邦酱油运输包装在商超货架顶部堆码

对运输包装进一步元媒体开发，可以把包装直接变成陈列展架。比如华与华为东鹏特饮和小葵花露开发的"割箱"，事先设计好切割线，业务员可以在一分钟内就将运输包装箱变成一个漂亮的陈列展架。这个割箱的设计，我们也几乎在华与华所有饮料客户中推广普及了。

▲ 东鹏"割箱"图

包装是最大的元媒体

▲ 小葵花露"割箱"图

◎ **2.1.2 陈列元媒体**

包装之后是陈列，集中陈列、多点陈列、开发陈列道具，这些工作不能说是"执行落地"，但却是战略的核心，没有这些，一切都是零。这部分内容，我们放在"持续改善"部分讨论。

商品陈列展架，也是元媒体开发的重要工作。华与华为SKG颈椎按摩仪和唱吧小巨蛋开发的陈列架，结合商品陈列和品牌展示，是促销利器，也是品牌资产积累的储钱罐。

▲ SKG展台

▲ 唱吧展台

◎ **2.1.3 销售道具元媒体**

生活中并不缺少媒体，只要你有一双发现媒体的眼睛，处处都可开发。在为筷手小厨服务的过程中，华与华开发了大量元媒体。比如给菜市场的鱼贩提供鱼盆，我相信筷手小厨的鱼盆是全世界最好的，因为除了我们，没有人会精心设计，并且用最好的质量去做鱼盆，还免费赠送给鱼贩。这就成为我们最好的广告

133

媒体和创新货架。为菜市场的食杂店开发各种创新货架，也是广受店主欢迎的举措，因为可以为其增加坪效。而我们也可以增加陈列，扩大销售机会。

▲ 销售道具元媒体

咨询公司的价值，在于跨行业经验。在一个行业挖空心思、机关算尽的做法，在另一个行业可能根本没什么人考虑过。把经验移植过去，就成为降维打击了。比如，快消品行业因为高昂的零售进场和陈列费用，对陈列的开发无所不用其极；而在餐饮行业，在自己拥有门店的行业，因为所有的地方都是自己的，反而视而不见，大量浪费，这就有很大的元媒体开发空间。

《华与华方法》一书中以绝味鸭脖为例，讲解了华与华对门店媒体功能的开发和改善，实现了18%的增长。这样的例子非常多，此处仅举一例。华莱士有一个痛苦，它推出的新饮品点单率很低，因为顾客不知道，没注意，也不感兴趣。华与华用了一个办法，顾客就知道了，有兴趣了，点单率飙升了。华与华就是在收银机上加了一个广告边框，新饮品的信息就传达给了每一个顾客，做到100%到达，最后点单完成结账的时候，加几块钱就买了。这个办法是怎么想到的呢？就是有一天我在超市看见鲁花花生油把商场的广告屏幕包了一个边框，边框上是它的广告。

▲ 华莱士的元媒体开发

2.2 门店元媒体

商业空间，特别是餐饮空间，有个很神奇的现象。设计公司只设计前厅，不设计后厨，只负责美化，不管效率和成本的问题。但效率设计才是一个餐厅基本功设计，如果效率跟不上，再好看的餐厅，营收也上不去。

华与华精益空间跟传统空间设计最本质的区别，是创意和生意的区别。我们的创意始终围绕着门店的生意提供解决方案，让每一平方米都实现赚钱。我们关注的永远是能够带来生意的东西：在哪里投资，效率怎么提高，如何能够帮助客户快速扩张。

生意设计，就需要思考收入、成本和效率的问题。收入从哪里来？如何控制成本？如何提高效率？我们所有的动作都必须指向这三个方向，才有可能获得成功。所有的设计都围绕解决收入、成本、效率的问题，目的不是得到一个创意，而是解决一个具体的生意问题。

所有事都是一件事，门店设计要包含所有事。真正的门店应该包含企业战略、品牌战略、产品战略、广告设计、空间设计、后厨设计……这些事情都是企业家老板脑子里的一件事。如果分开思考，各自发挥，就会层层损耗，最终就会偏离目标。

设计就是发现问题然后解决问题的过程。人们往往对答案孜孜以求，却不知道答案就在问题背后，找对问题就找到了答案。

问题都必须是具体的、可描述的、共识的，问题没有被明确，那就不可能解决。这跟医生没有区别，先询问症状，然后科学检测，确定病症，再对症下药。

只要是问题，就一定有数据依据，所以先了解表征的问题，再找到这个问题的数据依据，刨根问底，拔本塞源，才能从源头找到解决方案。

元媒体系统预置，就是在顾客旅程的各个关键体验节点开发媒体机关，通过"两个思维"（货架思维、菜单思维）、"三个购买"（购买理由、购买指令、购买指南），来招揽客户、吸引进店，最终促成销售。

◎ 2.2.1 利润＝收入－成本

门店元媒体的开发，就是为了吸引招揽顾客进店，最终促成销售。

从广义上来说，利润＝销售－成本。但对一家门店来说，利润＝客流×转化×客单×复购－房租－人力－食材－一次性投资。

决定一家门店是否盈利的因素有很多，但决定一家门店生死的，首先就是客流。没有客流一切都等于零。

对于门店来说，吸引顾客的第一要素就是门面的设计。门面也是招牌，是招揽客户的牌子。它是一个门店的生死点，一个门店最应该投资的地方就是门面。

如果把整个门店做个租金排序，很显然，门面是最贵的，也是价值最高的地方。只有在顾客做出决策的关键时刻、关键地点，释放刺激信号，才能影响顾客做决策。

▲ 华与华部分往期超级门面设计（右为新）

◎ 2.2.2 门面4大刺激信号设计

对于门面的元媒体设计，我们主要从4个方面对门面进行升级改造。

（1）发现感：是为了让顾客还没有做出决策的时候，就进入他的决策选项。没有发现，一切等于零。被发现，是所有门店需要解决的首要问题。如果你不能从整条街道的店铺中跳出来，让消费者第一眼就看到你，你就没有机会被消费者选择。

（2）热卖感：卖货赚钱的关键是门店的热卖氛围，这是实现流量转化的关键一步。可以使用横幅、海报、促销地贴、吊旗、垂幔等软装道具营造热卖氛围。

（3）食欲感：对于餐饮门店来说，食欲感是引人进店的重要因素。除了产品海报外，明档的呈现方式能让顾客直接看见热气腾腾的食物，会更有食欲，从而生产购买欲望。

（4）安心感：清洁的卫生环境、明码标价的菜单、促销的海报、第三方的权威认证、门店数量、热销单品、粗大自信的字体、强势的灯光等，都能帮助犹豫不决的顾客快速做出选择。

门面4大刺激信号设计

具体怎么做？接下来我们结合华与华为一心一味打造的门店，具体来分解。

◎ **2.2.3 打造获客门面的12大机关**

一心一味成立于1999年，专营热卤小吃，扎根深圳。一心一味原来的门店只有一个简单的门头，如果不进店，你甚至都看不出来它是卖什么的。

▲ 一心一味老门店

我们是怎么对它进行重新设计,并预置元媒体的?

(1)店招设计:店招设计就是包装设计。门店生意有两个生死点,一个是被发现,一个是被理解、被打动。

所以店招就要告诉顾客我是谁,我卖的是什么。除了超级符号上门头之外,我们也把一心一味的品类信息放上门头。

店招设计需要注意的是,门店的每平方米都要付房租,很显然门头的租金是最贵的。门头不仅是招牌,还是个广告位,所以千万不能浪费。

▲ 一心一味的店招设计

(2)字体大小和色彩:新字体笔画更清晰,并且比例放大了1.5倍,能见度至少提升了1.5倍。

华与华门头的字体设计得都比较大,有时候顶格来做,甚至字体的笔画都相对要粗一些。这些都是为了让顾客在100米外就能发现门店,做出决策。

通过大块色彩宣示门店边界,提升门店存在感。红底白字对比度比白底红字更容易让人发现。

▲ 色彩的设计

（3）灯光管理：灯光越亮，生意越旺。所有的生物都有趋光性，招牌发光和不发光在街道上的发现感差距数倍。同时，为了解决夜晚不能被发现的问题，我们采用发光灯膜，整个店招都能发光，获得更大的货架优势。

不仅门头发光，门廊下面也是亮的。如果只有门头，跟别人竞争的那是一条。门面都发光，那么竞争的就是一整个面，要知道门面高度通常是3米，而门头只有1米。这里差了几倍的发现感。

（4）点线面体的灯光设计：

点发光——只有字是发光的，夜晚远距离看就是点状发光。

线发光——店招的底板发光，夜晚远距离看就是线发光。

面发光——除了店招的底板发光，门面整面都照亮的算是面发光。

体发光——除了门面是照亮的，门面前方的空地都是照亮的，就是体发光了。

点发光的和体发光的，发现感至少相差20倍。灯光是不花钱的，我们做门店设计的时候要灵活运用灯光来提升门店的发现感。

（5）品类上门头，进店不用愁："24小时热卤"，释放了两层信息。第一，我卖的是什么；第二，我的营业时间是24小时。晚上其他店关门打烊后，24小时字样就会进入顾客的选择范围。

▲ 品类上门头，进店不用愁

（6）透明大玻璃窗：尽可能让顾客看清店内敞亮热闹的氛围，让进店没有负担，因为没有人愿意进到一家黑漆漆的门店用餐。

（7）巨大的玻璃贴广告：很远就能看见门店的主打菜品及价格，降低顾客的进店门槛。

▲ 巨大的玻璃贴广告

（8）入口大海报：告诉顾客本店热销第一的产品及价格，鼓励顾客进店尝试。同时，提前预知热卖产品，也能引导顾客先想好要吃什么，加快点餐速度。

（9）外带档口：早上卖早餐，中午可外卖。早高峰客户不进店就能快速拿到早餐。

堂食和外卖动线完全分离，中午外卖员不用进店就能拿到外卖，减少对堂食的干扰。从原来的麦当劳式的后厨，做成类似和府捞面的明档，菜品食欲感迅速提升。

再将"3分钟快速出餐""5点早餐供应"的信息放在显眼位置，既让顾客一眼就能看到关键信息，抓住有外带需求的顾客，还能加快购买决策。

▲ 外带档口

（10）认证标识：酒香不怕巷子深的观念是不对的，23年老品牌、回头率榜第一名等，通过第三方认证为顾客提供安心感，临门一脚，打消顾客进店阻碍。

▲ 认证标识

（11）清洁感：公共区域不做过多设计，保持门面、地面区域的干净整洁，让顾客进到这个区域就能感受到这家店的洁净。

在华与华，我们一直学习丰田的"丰田生产方式"（TPS），尤其关注门店的卫生清洁状况。清洁是门店最最重要的基本功，产品不难吃，服务可以没有，但是清洁卫生是一定要做好的。

▲ 清洁感

（12）箭头灯箱：用跑马灯和箭头抓住顾客眼球，垂直拦截人流，让犹豫不决的潜在顾客不自觉地跟着箭头旋转的方向进店。

▲ 箭头灯箱

最后看看华与华前和华与华后的对比：

▲ 一心一味的华与华前后对比

3. 品牌接触点管理

华与华内部经常讲："没有创意，策略等于零；没有手艺，创意等于零；没有执行，一切等于零。"每一个企业都可能遇到这样的情况：总部制定了非常好的活动方案，但是区域执行得一塌糊涂。

可能对于许多咨询公司来说，方案交给客户之后，工作就结束了，执行得好、执行得坏都和自己没什么关系。但是孟子说"行有不得，反求诸己"，华与华和每一个客户都是合作伙伴的关系，他们的事，只要我们会做、能做，那就都是我们的事。

在华莱士这个案例里，为了能够更好地帮助客户推动营销方案的执行，让各个区域的店长能够愿意并且高质量地执行方案，我们为华莱士提供了会议策划，即我们所说的"内部路演"（详细请见本书第三章内容）。无论是品牌升级还是营销方案的宣贯，华与华都和客户一起去做。

我们在内部路演的现场打造了一个大型的活动道场，让每一个参会者不仅听到方案、看到方案，切实了解方案的价值和具体的执行流程，还能所见即所得，让他们在现场就能感受到方案，感受到他们未来要营造给顾客的氛围和体验，甚至还能带走一些礼品。

不仅如此，为了帮助员工更有效地执行总部的每一个制度，我们为华莱士全面梳理了品牌所有的接触点，形成了一套品牌接触点管理系统，对所有的物料摆放、使用、设计原则进行说明，每一项物料都做到定点、定位、定标，甚至连气味我们都要规范起来。

华莱士像对待顾客一样对待店长，为他们提供超出预期的回忆体验和落地服务，为他们提供全面执行方案的理由和支持。

华莱士品牌接触点罗盘

管理全国品牌的所有工作
都在这个品牌接触点罗盘里

华莱士七大品牌接触点：
1. 产品
2. 线下媒介
3. 线上媒介
4. 外卖/物流系统
5. 广告
6. 公关
7. 企业办公系统

企业与顾客的所有重要接触场景都包括在内

四
模块3：持续改善

1. 持续改善的源起

"完成一次超级符号的革命，播下一粒持续改善的种子"，这是华与华对客户第一年服务的要求。超级符号是革命性的思想，会给客户的品牌和传播带来革命性的改变。持续改善，也是革命，且是更深刻的革命。但是，它虽然也像超级符号那样立竿见影，却很难坚持。持续改善是企业文化的革命，是每个人素质和意识、习惯的革命。所以，第一年我们主要是向客户导入持续改善的理念，并通过一个具体的营销动作的改善做一个示范，为企业"播下一粒持续改善的种子"。为客户提供持续改善的服务，也让华与华从输出策略创意，到输出管理，输出企业文化。

华与华提供的持续改善服务有两种类型，一种是在销售终端发现可以立刻改善的一系列小问题，通过创意解决这一系列小问题，为终端提升销量或者利润的系列创意活动。这是利用持续改善的技术，华与华团队直接上手，发现问题，实施改善，为客户直接提供终端销量提升的改善服务。

另一种是为客户提供持续改善的培训、指导，为客户导入丰田生产方式的管理理念和方法，从而提升企业整体经营管理效率。

持续改善，是日本企业的一个管理理念，主要来自丰田汽车公司，指在每一个岗位上的员工，在每一天的每一个作业动作中，时刻思考能否做得更好、能否改善，同时，对公司的任何一项工作能否发现问题，并提出改善提案。具体的经营活动就是"改善提案活动"，在丰田叫"QC story"，就是"质量控制改善故事"。

华与华从2015年3月开始聘请日本管理顾问，每个月飞来中国，到华与华指导两天。他们主要是丰田系企业的退休高管。如此，华与华从日本引进了持续改善的理念，先从自己身上实施，然后运用于客户服务，再发展到理念输出和培训辅导。

日本的咨询顾问桥本正喜老师说："持续改善是丰田生产方式的根本思想。持续改善就是从人、设备（机）、材料（料）、方法（法）四要素出发，不断地发现问题、发掘问题，除了产生价值的那一瞬间，所有的过程都要当成浪费去排除。"

东京大学教授藤本隆宏谈到丰田生产方式的时候说："丰田最厉害的地方是在反复将问题显现出来（可视化、暴露），并在进行解决的过程中，反而对没有问题的状况感到不安，从而大家一起开始拼命找问题。几万名员工对解决问题就像上了瘾一样。这就是丰田的过人之处。"

持续改善就是反向海因里希法则。海因里希法则是美国著名安全工程师海因里希（Herbert William Heinrich）提出的300∶29∶1法则。这个法则的意思是：在机械生产过程中，每发生330起意外事件，有300件未产生人员伤害，29件造成人员轻伤，1件导致重伤或死亡。改善就是反向海因里希法则。每330个改善，其中会包含300个小的改善，29个中型改善，1个重大创新。

华与华所提供的"持续改善服务"，就是凡事彻底，把每个细节做好，量变带来质变。通过动作观察、动作测量，设计条件反射，设计动作，撒豆成兵，把所有的销售环节都变成销售的战略工具，让消费者像我们期望的那样去行动，从而在短时间内提升终端销量的改善活动。

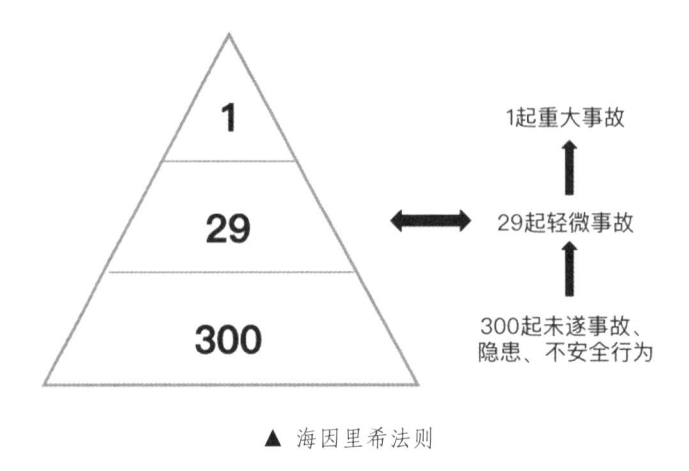

▲ 海因里希法则

持续改善基于儒家哲学，就是八个字：知行合一，凡事彻底。这八个字，也差不多是华与华的底层哲学。知行合一，是真知笃行，首先是行为主义的，是用行动来推进的。凡事彻底，是把平凡的事做彻底，这也是华与华的哲学：成功不是做不平凡的事，而是把平凡的事做彻底，做出不平凡的成绩。

华与华的管理顾问桥本正喜老师说："重复做同样的动作，每一次做，都比上一次做得更好，并且能说出来好在哪里，这就是持续改善。"这句话说得太好了。比如，你每次向顾客介绍产品，都比上一次介绍得更好，并且能说出好在哪里，那你介绍十次之后，岂不是很了不起？做不到每次都比上一次介绍得更好，至少做到和上次一样好，不要变差，这就是"最快的进步是不退步"。

再以打高尔夫球为例，你每一次挥杆，都比上一次挥得更好，并且能说出好在哪里。那三个月你就成为世界冠军了。所以你会发现，这不可能！就像孔子说的："中庸不可能也。"要达到分毫不差是不可能的，但是你知道有那个理念，做事有那个意识，你就已经击败了全国99%的人。

除了"知行合一，凡事彻底"，2018年11月，华与华的管理顾问松浦敏彦老师给我们讲了一个"大阪商人精神"，也叫"一分钱主义"的理念。他说："大阪商人，如果有一个办法可以多赚一分钱，就马上行动！把这一分钱先赚到，而不是去思考怎样能多赚一块钱，那是下一步的事。没有'完善'的方案，只有持续改善的方案。总觉得方案还不够'完善'，继续'完善'方案，三年过去了，还是不够完善。十年过去了，还在原地打转，这样的事我见多了。"这也是持续改善。这个理念可以说也是很有针对性的，我们很多人的缺点，就是他老说这方案不错，但是再优化优化、完善完善，然后就没有然后了。

2017年，华与华组团在哈佛大学学习，哈佛商学院的品牌教授大卫·肖尔（David A. Shore）在课堂上给我们提了一个问题："今天早上我来给你们上课，开车经过查尔斯河上的大桥，看见桥上有5只青蛙在开会。1只青蛙说，这桥太危险了，咱们跳到河里去吧！表决结果，4只青蛙同意跳，1只青蛙不同意跳，少数服从多数，它们做出了跳下去的决定。那么问题来了，等我下课开车回去的时候，桥上还有几只青蛙？"

大家知道这个问题肯定有"坑"，怎么答都是错的，但还是七嘴八舌给出回答。有人说还剩1只，因为它不同意跳；也有人说都跳下去了。

教授给的答案是还有5只。

为什么呢？教授说，做出决定和开始行动之间还有巨大的鸿沟。它们只是做出了要跳的决定，至于行动，可能是三年以后的事，也可能永远不会有。只有行动，才能带来改变。持续改善，就是马上行动，每个人都行动，并且在每个人的每一次行动中改善。

丰田生产方式有两大核心精神："持续改善"和"尊重人性"。人有犯错的天性，人有成功的欲望，人有挑战的精神。通过人对现状的理解和认识，不断创造更加合理的基准、标准，而不是以一成不变的规则（标准）约束人。持续改善和尊重人性其实是一个硬币的两面。持续改善就是把人当人，而不是当机器。这也是丰田生产方式两大支柱之一"人字旁的自动化"的精神所在。从这个意义上讲，持续改善本质上是"鼓励大家不要机械地工作，而是带着思考去工作，去更聪明地工作"。持续改善的正确道路就是尊重员工的思考。

日本有一家持续改善做得非常好的企业叫未来工业，工厂里到处挂着大大的标语"经常思考"。我觉得这个认识抓住了持续改善的本质。那什么叫"经常思考"？其实就是时刻思考。我的一个朋友看我经常发朋友圈，他就说感觉我无时无刻不在思考。对的，我就是时刻都在思考，以前我随身都会带一个小本子，随时记下想法，如果没带小本子就感到不安，就像今天没带手机一样。现在有了手机就更方便了，随时记录我的思考，还可以检索。以前，我的床头柜上也会备一个小本子，半夜想起好主意，怕忘记，也会马上记下来。时刻思考，思考什么呢？其一是思考一个新的行动，思考要做什么具体的事。其二就是思考一个新的成果物，这个新的行动要产生一个什么新的成果物，让这个思考落实成一个成果。

动脑，是思考。动嘴说，是高级的思考，因为你需要组织语言去说。动笔写，是更高级的思考，因为写的东西会留下来，你会努力打磨得更精确。按格式去写，是更更高级的思考，因为你把每一个格子都按规矩填上，就是完全穷尽，相互独立，算无遗策，滴水不漏，这就是格物致知。动手去做，这比思考更高一级，叫学以润身，形成肌肉和腺体的认知、记忆和反射，这就是知行合一。知行合一，才是真的知道，具备思考能力了，就可以重新思考了。为什么说"人们一思考，上帝就发笑"？因为绝大多数的思考，都和事物的本质无关。

丰田生产方式的奠基人之一大野耐一先生被称为"穿工装的圣人"，他有一句名言："唯晓成事之规律，方持不灭改善心。"在晚年的时候他曾经写过这么一段话："没有人喜欢自己只是螺丝钉，工作一成不变，只是听命行事，不知道为何而忙,丰田做的事很简单,就是真正给员工思考的空间,引导出他们的智慧。员工奉献宝贵的时间给公司,如果不妥善运用他们的智慧,这才是浪费。"在丰田车间,可以看到很多日本年轻男孩,把长头发夹在帽子里,快乐地工作。事实上,丰田的员工待遇,并不比同类的其他日本公司高,但丰田员工的忠诚度与贡献,却是很多同类公司无法比拟的。

在管理上,持续改善是自下而上的,强调能动性在一线具体操作的员工,他最应该知道事情该怎么干,而不是等上面指示,等上面定标准。改革开放40多年,中国的企业管理,主要是学美国。而美国体系,是自上而下的,上级指示,下级按上级定的标准干活。日本企业中自下而上的思想非常强大,且实现了自上而下和自下而上的结合。

美国式管理强调"标准",标准是用来达到的,叫"达标"。因为达到这个标准就是合格,达不到这个标准就要被惩罚。日本的管理强调基准,基准是用来打破的。这个基准就是改善的基准。我们定出这个"基准",可能是历史上的,也可能是公司制定的,还可能是大家工作中的实际状态。这个基准,就是我们工作的基准线。再做一次这个工作,一定不能在这个基准之下,至少要一样,但是不可能精准得一样,总有一点误差,这误差一定是往上的,进步一点点。这个进步,就形成新的基准。所以,标准是静态的,或者说,保持到下一次制定新的标准为止。而基准是动态的,每一次重复作业,都可能改变,形成新的基准。这就是持续改善。

2. 三现主义与松浦九条

那么如何开展持续改善呢?那就是用"三现主义"发现问题,用"松浦九条"改善问题。

持续改善首先要发现问题、界定课题。一切问题都在现场。丰田有一个专有名词叫"大野耐一圈",就是大野耐一用于训练其部下的方法,即用粉笔在车间地板上画一圈,让受训经理站立其中数小时学习观察现场。过程中不需要对看到的现象做讨论或评论,要记录发现的问题,并说明为什么会认为它是问题。同时,最好是站在一个地方做深度观察,不要跑来跑去。大野耐一会随时返回检查其部下现场观察后所得，对于那些回答说现场没有问题的经理，他们一定会被要求在圈内站更多的时间来学习发现问题。"大野耐一圈"就是践行三现主义的一种方法。

三现主义指"现场、现物、现实"，就是要去到现场，盘点现物，发现现实。三现主义是发现问题的切入点，是解决问题的出发点，也是问题解决的决胜地点。一切答案都在现场，一切创意都在现场。大野耐一还说："绝不要提拔一个在车间走直道的人。"丰田汽车创始人丰田喜一郎说："绝不要相信一个不洗手就去吃饭的工程师。"这都是在强调三现主义。

	状态描述	动作
现场	鹰的眼睛，俯瞰全局	画地图，城市—街道—商圈—门店
现物	兔子的眼睛，观察细节	拉清单，点检摸排统计物料和产品
现实	树的眼睛，记录事实	时间轴，年/月/周/日里发生的具体事情

▲ 华与华三现主义

现场，即问题发生的地方。在现场要用鹰的眼睛，眼观六路，耳听八方，要一下能够看到整个环境。

现物，就是在现场的物品。现物是要用兔子的眼睛，蹲下来看，才能看到细节。

做清扫是一个好方法。做清扫能把一个现场变成一个360度的现场。如果不清扫，大概看一眼，只能看到一个大屋子。如果清扫，就会用手去触摸每一个椅子，你看到的现场就丰富了。比如，研究一辆车，你就要把它买回来拆开，再重新装回去，所有汽车厂工程师都这么研究竞争对手的车。对于我们来说，擦过就行了，当你擦过这个车，用你的手、你的皮肤去触摸过之后，你对现场、现物的认识就不一样了。

现实，就是看见事情发生的过程。要用树的眼睛发现现实，并且不间断地记录。树一直在那里不动，能够看到沧海桑田的变化。贵州一树药业董事长王春雷跟我讲过一个例子：他和以色列舒普玛（Super-Pharm）公司合作时，以色列舒普玛高管来贵阳走市场，他就带了一个汉堡走进一间店，整整一天，从早上开门一直到晚上打烊，他就记录了这里一共进来多少顾客、每一位顾客在干什么。这件事情一直印在我脑海里，直到在日本学习了三现主义和持续改善，我才理解了它的意义。现在，华与华每个项目组，都会到客户销售门店进行全天不间断的观察记录，或者直接做店员售货，并且不是一整天，而是一星期。

三现主义发现问题，然后用"松浦九条"来解决问题。"松浦九条"就是解决问题的九个步骤，华与华内部简称"松浦九条"，因为它是日本的松浦敏彦老师第一次系统地讲授给我们的方法，如此命名以示尊师重道。

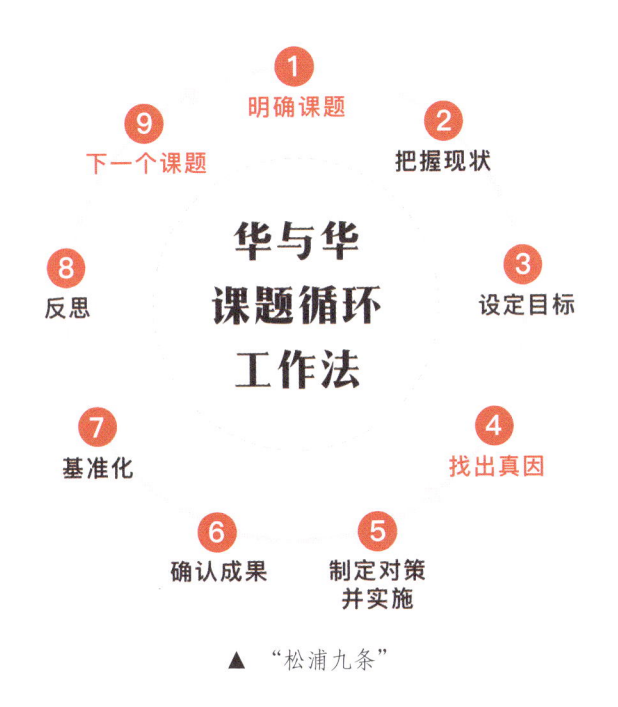

华与华课题循环工作法

1. 明确课题
2. 把握现状
3. 设定目标
4. 找出真因
5. 制定对策并实施
6. 确认成果
7. 基准化
8. 反思
9. 下一个课题

▲ "松浦九条"

2017年，华与华组团在日本学习。顾问老师安排了鱼国总本社的一位高管，他给我们上了一堂小组改善提案的课程。其中的内容完美地演绎了运用"松浦九条"来解决问题的方法。鱼国总本社是一家食堂外包公司，他们也会给一些诸如嘉年华的短期活动提供餐饮服务。这次课程介绍的就是一个餐厅团队的改善活动。这家餐厅一共有9个员工，在一个主题公园为游客提供服务。员工们自己制定了改善活动的主题——打造从小孩到老人店内360度一看就明白的门店。这叫"明确课题"，我们要改善的到底是什么。既然是改善，那么就有现状，有目标。现状是什么呢？有哪些问题呢？大家讨论下来，有5个方面的问题：

（1）顾客问询很多。

（2）在前台，顾客经常会陷入混乱。

（3）夜间的利用率增长较差。

（4）有预约的客人的话，位子一下子就会坐满。

（5）店面整体让人摸不着头脑，这样的投诉很多。

对于这样的现状，小伙伴们提出目标：消除顾客疑问，让店面更加清晰易懂，更好地度过快乐的时光。然后总结为一句话——打造从小孩到老人店内360度一看就明白的门店。

顾客问询很多，到底问了多少个问题，都问了哪些问题呢？接下来就要盘点现状，小伙伴们从10月18日到11月9日，进行了22天的记录。这22天，一共接待了2027位顾客，问了531个问题。

其中问得最多的是点餐方面的问题，241次；关于饮料、巧克力甜点的问题，92次；问厕所在哪里，75次；问水在哪里，49次；问筷子、刀叉在哪里，20次；其他问题，54次。

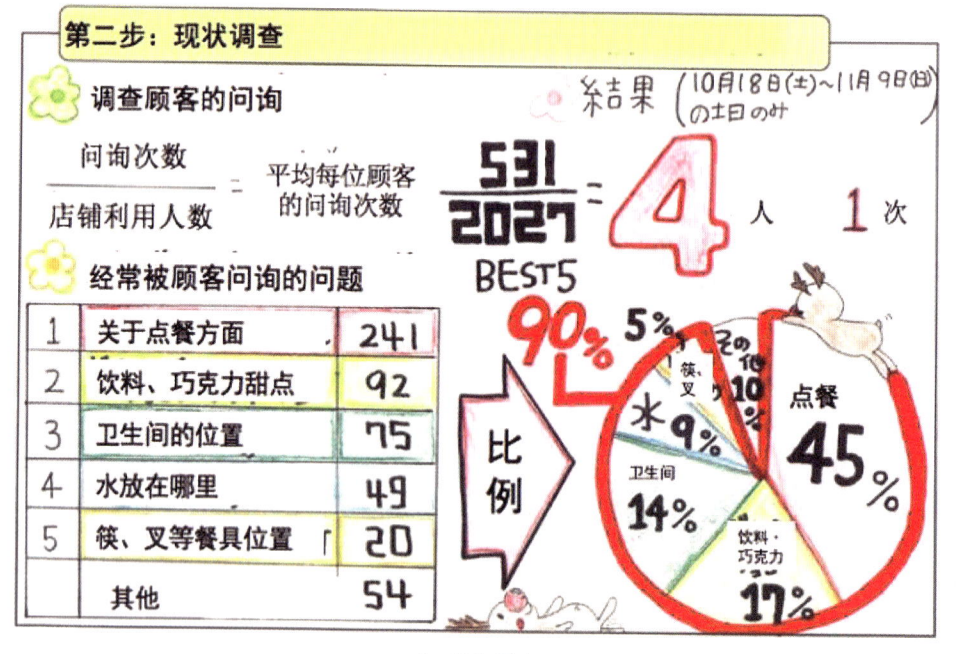

▲ 现状调查

2027位顾客，问了531个问题，那么就是平均每4个顾客会有一次提问。小伙伴们提出具体目标，在12月15日之前，把顾客的问询次数减少到每15人一次，让顾客们更容易理解，使用起来更方便。

具体改善办法这里不做展开，总之，问题就是答案，只要你找到问题，答案就在问题背面。改善的结果，是问询次数从每4人一次降到了每18人一次。在鱼国总本社这堂课上，老师也讲到了"丰富人生的七个习惯"，核心理念与"松浦九条"如出一辙。

第一个习惯，有意识地行动。从日常开始，不是机械化地、无意识地工作，而是稍微想到什么就立即在工作中实现，也就是带着问题、带着思考，想着如何去改善工作，养成这样的习惯。

第二个习惯，要有计划性。无论做什么事，计划是基本，而且很重要。养成对待工作或突发事件有计划性的习惯。

第三个习惯，调查事实。仔细观察事物，认真调查事实情况。养成调查的习惯。

第四个习惯，制定目标。设定目标，养成明确"想变成这样"的习惯。

第五个习惯，调查原因。所有事情必有起因，不被发生事件的表象迷惑，静下心来，探寻发生的原因。然后思考能解决根本原因的对策，勇敢地实施对策。

第六个习惯，回头看，检查。对工作进行反思和回看对策的效果是否出现、期待的成果和目标是否达成。这个成果请无论如何都保持下去，制定能够维持管理的准则、规定。切忌三天打鱼两天晒网。

第七个习惯，确认变化。自己的变化、成长，向自己和同伴确认，与明日的成长相连接，记日记，自己来确认。

这堂课给我很大的震撼，我看到的是掌握现场全部数据。我最震撼的是他们记录了22天顾客问的所有问题，并进行统计分析，然后制定对策改善。我们言必称大数据，好像掌握了宇宙的秘密。对自己销售现场所发生的事情，却全不掌握，也全不在意。每一个客户来华与华，都希望我们放大招。其实大多数企业的问题，只是最基本的工作没有干好。没干好的原因，就是没好好干。为什么没有好好干呢？因为从小就没人教过，没有那个素养，没有那个习惯。

除了我们自己学习，在公司经营上实践持续改善，我们还把持续改善封装成一个产品来服务客户，并迅速收到了成效。而我们的改善活动，必然超过店员们自己的行动，因为我们植入了创意的芯片。

持续改善，是企业文化，是员工的素养，最后成为工作习惯。企业文化，就是要把全员打造成为一个"习惯共同体"。其中，我认为最重要的是两个习惯，一个是诚实的习惯，一个是下苦功的习惯。诚实和下苦功是一回事，功夫没下到位，就是对工作不诚实，对自己不诚实。诚者，不自欺也。当你提出一个方案的时候，你到底有把握没有？没有把握，就是你不了解现场；不了解现场，是你在现场待的时间不够，下的功夫不够。

3. 持续改善案例

3.1 销售现场持续改善

我们回到三现主义，来讲讲华与华给客户的持续改善服务是怎么开展的。以一个门店改善活动为例，华与华的小分队，包括项目组策略师和设计师全部到现场，驻点至少两周的时间，所以华与华很少有"头脑风暴"会，会议室里没有风暴，风暴都在现场。

看现场，是要用鹰的眼睛，俯瞰全局，画出地图，周边有哪些社区、多少居民、有哪些同业态的竞争对手、人流分别从哪个方向来。

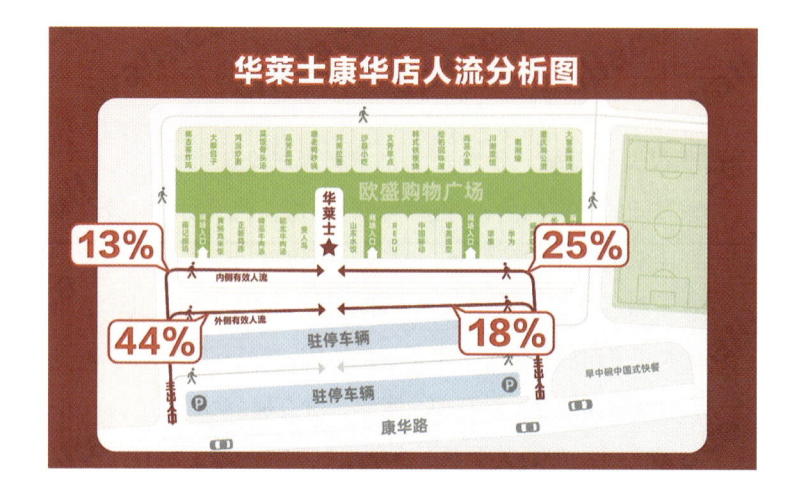

看现物，是要用兔子的眼睛，看到细节，看我们门店内外，都有哪些物件、销售物料等，点检每一个物料是否起作用。

看现实，是要用树木的眼睛，一棵树长在那里，它是不动的，但可以看到来来往往的人和发生的事，看到每一个人的每一个动作。事实上，我们就是做到记录每一个顾客的旅程，不是用机器，而是用人的肉眼，一直在那里蹲点观察记录，或者直接去做店员销售。

华与华的员工，无论是合伙人还是普通的策略师、设计师，都会在销售一线从事销售工作，并在现场销售工作中构思创作。洽洽每日坚果包装上标注内容物的创意，就是在现场销售100小时想出的。怎么想出来的呢？不是动脑思考的结果，而是90%的顾客上来劈头就问："你这里面有什么？"就像鱼国总本社的门店改善活动一样，顾客老是搞不清楚的问题，我们清楚地标注说明出来，就能提升销售。在现场做促销员，站了100小时，腿都站肿了，解决方案就有了。

销售的基本原理，是流量转换。我们在一个街道开了一间门店，交了铺租，就是购买了这条街道上的人流量。把路过的人，转换成购买我们商品的人。但是，路过的人不是直接就转换成购买的人，根据消费者行为观察，要先转化为看见我们这间门店的人。路过→看见→停下→进店→购买，是一个转化过程。读者自己有生活经验，你走在大街上，你会注意到街边都有哪些店铺吗？你走过之后，会记得几间店铺？这是第一个转换。想一想自己的生活经验，你就会知道，你的门店根本没多少人注意到！

▲ 销售的基本原理

华与华可以通过店招设计的改善，把"经过人数"到"注意人数"的转换率提高三倍以上，这不是我们做得好，而是之前做得太差。做得差的原因是从来没人知道这件事应该怎么做。以华莱士康华路门店为例，在华与华设计之前，观察记录一天，经过人数为7302人，只有1214人注意到，注意率是17%，也就是我们观察到他看了我们的门店一眼。在华与华改善设计之后，再观察记录一天，经过人数为6290人，注意人数为4829人，注意率提高到77%。

改善前　　　　　　　　　　　改善后

▲ 店招设计的改善

这是为什么呢？这就是因为招牌醒目，而且吸引人。街对面的人远远地就看见了。还有，一定要有侧招，因为有的人走路目不斜视，侧招正好在他的头顶上等着他。很多城市都禁止侧招，理由是侧招有安全隐患，担心掉下来砸到人。我一直大声疾呼，放开招牌管制，让城市更有烟火气，社会消费会更加繁荣。此外，还要一店多招，招牌越多越好。我经常展示纽约时代广场麦当劳的图片，看它有多少招牌。我逐个数了一下，一共有29个大"M"标志。

▲ 纽约时代广场麦当劳的店招设计

但是，我们有的城市，有"一店一招"的政策，一间店只允许有一个招牌。老娘舅的门店就遇到过这个情况。老娘舅有一个十字路口的门店，铺租十分昂贵，因为它面对两条街，有两个门面。但是，后来出了"一店一招"的规定，它就必须拆除一个招牌。无奈之下，我们在玻璃窗里面做了几个发光大字作为招牌，才算是没有违反规定。

改善前　　　　　　　　　　改善后

▲ 老娘舅的店招设计

从经过到注意是第一次转换,但是,如果注意到了却没停下来,你有什么东西吸引他停下脚步?停下之后,才能转换为进店。用什么吸引他进来呢?就靠橱窗海报。在服务味多美面包坊的时候,我们发现味多美的老婆饼非常畅销,价格是24元一盒,一盒是12个。我们就做了一个大大的橱窗海报:招牌老婆饼,2元一个。2元一个,而且是招牌产品,这样路过的客人就进店了。就这一张海报,使得老婆饼销量翻了接近一倍,全店销售上升18%。

改善前　　　　　　　　　　　改善后

▲ 味多美的店招设计

在服务绝味鸭脖的时候,我们先自带工具去门店打扫卫生,然后在门店当店员售卖鸭脖。过程中我们发现存放鸭脖的冰箱大都是直接临街的,这是一个巨大的广告位,但是冰箱上只有"用心做鸭"四个字,这个免费的广告位就被浪费了。我们在这个临街的冰箱外面设计了一块灯箱,灯箱上设计了一张海报,海报上放了一张非常诱人的鸭脖照片,并写上招牌鸭脖一年卖出2亿根,同时把价格大大地放在了上面。绝味鸭脖原来是39.8元一斤。我们当店员时发现,很少有人买一斤鸭脖,大多数人都是买十几块钱到二十几块钱的。很多顾客会说"这个给我来一点,那个给我来一点",或者说"给我20块钱鸭脖"。我们把价格从39.8元/斤,改成了"19.9元/半斤"。实际价格没有变,但是看起来更便宜了,更关键的是顾客会说"给我来半斤鸭脖"。改善之后,这家门店的周销量立竿见影地环比增长了18%。

改善前　　　　　　　　改善后

▲ 绝味鸭脖的店招设计

　　后来绝味鸭脖的董事长评价说："这个改善价值一个亿。"因为改善几乎没有花什么钱，当年绝味鸭脖在全国有近1万家门店，门店年零售额达80多亿。如果每个店都能增长18%，多赚一个亿是完全没问题的。服务第二年的时候，跟绝味鸭脖董事长开会，还专门提了这件事，他说："绝味鸭脖今年上半年取得了过去三年来最快的增长速度，相比过去，我们总的广告投入是最少的，原材料价格上涨是最厉害的，并且同行都在下降。总结原因，我们做的唯一一件事就是快速将华与华的门店改善方案执行到位。你们记不记得当初我在提案会上的一句话：这个提案值一个亿！"绝味鸭脖项目因为持续改善的突出成绩，赢得了当年华与华百万创意大奖赛三等奖。

　　客人进店之后，再下一步转换，是转换为购买。购买还得看他买多少，我们希望他尽量多买。那么，店内的销售工具，就需要下功夫了。还是以快餐店为例，快餐店的顾客，是不是就看着柜台后面的灯箱菜单点单呢？如果去现场观察，特别是在人多排队的时候，实际上顾客非常需要一张能拿在手上的菜单。在华莱士门店我们观察到，79%的顾客是看手持菜单点单的，只有21%的人看后面的灯箱菜单。顾客阅读菜单的时间越从容，点得就越多。而且在手持菜单上，我们更容易引导他的购买决策。通过对店内海报、灯箱菜单、手持菜单、餐台促销物料、收银台促销物料的规划设计，整个门店实际上被设计成了一个立体的菜单系统，向消费者发出购买理由、购买指令和购买指南，让他们"坐着滑滑梯，滑到收银机"，提高销售转化率。

▲ 华莱士的立体菜单系统

华与华讲"两个思维，三个购买"，即货架思维、菜单思维，购买理由、购买指令、购买指南。其中对菜单思维我们是非常重视的，也把餐饮业的菜单思维运用到其他行业。比如，我们给新东方做的学校报班单页的改善。家长已经来到新东方学校前台，主要是咨询工作人员选择自己要报的班级。前台的现状是资料种类繁多、工作人员不足，无法快速回答家长的问题。我们定点观察了一所学校的报名前台，记录了一天之中所有到达现场的家长行为过程，通过记录和统计，发现家长从进入新东方到最终完成报班平均需要48分钟，其中26分钟用于咨询，22分钟纯属等待。等待时间过长、问题没有及时得到回答，导致部分家长流失。我们统计了家长最常问到的以下10个问题。

家长提问最多的10个问题统计

1.有没有优惠？	6.能不能辅导学校布置的作业？
2.老师是什么老师？	7.别的校区在哪里？怎么走？
3.我们上课都上些什么？	8.在读学员是哪里的学生？
4.我们使用的是什么教材？	9.一个班有多少学生？
5.孩子上多科是否有地方休息？	10.有没有试听课？

针对家长的问题，我们重新规划了新东方的报班手册。通过两大关键动作，用一本手册，快速回答家长关心的报班问题，加速决策的营销循环，减少反复咨询，缩短转化时间。

▲ 新东方报班手册

家长需要了解的报名基本信息在手册上都能看到，这样就不必反复询问工作人员，前台工作人员效率提升，排队等待时间减少，平均报班缴费时间缩短24.3%。不只是一个单页，地贴、教师评价墙、礼品墙、防撞条、每日课程表，都是我们的媒体。这些不起眼的小物料，比如一个小的校区打卡指示牌的改善，就能减少工作人员每天回答家长或孩子提问的次数，让他们把时间和精力用于帮助真正需要咨询课程的家长，从而大大地提升了客户的满意度。

很多人往往看不起这些"小事"。在新东方开会汇报整个报名改善方案的时候，有位高管说："这些折页，我们以前都有。现在大家早都无纸化了，都在手机上报名，谁还需要这样的折页！"俞敏洪老师当场就批评他："我们原来那些折页跟华与华设计的折页不是一回事。"我也借着这话题说："如果我们现在无纸化了，就马上恢复有纸化！因为无纸化是错的！"一切要根据现场情况，而不是主观地认为发传单就是"Low"的，手机上操作才是"先进"的。现场报名选课，手机操作没有在一张纸上勾选更有效率。

持续改善，要下很大的苦功！就以新东方的改善活动为例，我们的投入是非常大的，有七个人在现场蹲点。现场非常吵闹，要记录所有家长问的问题，并且不能靠录音，而是要马上记录下来，这就需要对每一个问询的家长，都有人跟踪记录。那一整天下来，是非常辛苦。晚上回到酒店做改善方案，完成设计，第二天制作物料，之后再投入现场，测试改善后的销售转化效果。

六个核桃的范召林总裁在看了华与华的工作后对我说："你能让员工这样下苦力工作，证明有两点到位了，一是企业文化到位了，二是钱给到位了。光钱到位不行，必须企业文化到位。只有企业文化也不行，钱必须给够。"我说："我就希望把凡事彻底、持续改善的文化，都传递给华与华的客户！"

再以爱好文具的经销商订货会订货单为例，谈谈菜单式改善。爱好在全国每年至少要开800场订货会，订货单的设计对代理商的订货效率和转化至关重要。我们来看看下面两张订货单的差别。

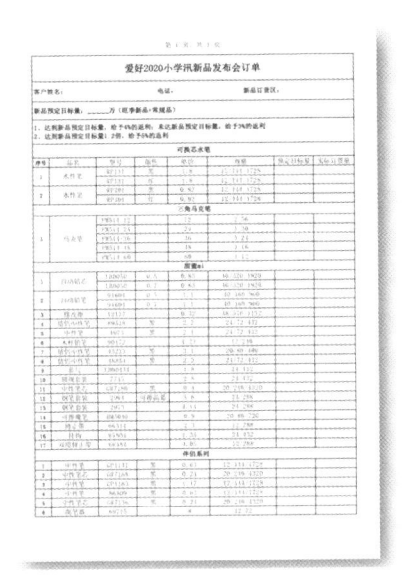

改善前　　　　　　　　　　　　改善后

▲ 改善前后的订货单

我们根据代理商的信息需求，对订货单信息做了重新的整理，对阅读顺序做了全新的设计。改善后的订货单，能够帮助代理商快速找到需要的核心信息，比如产品分类信息、产品推荐信息、返利信息等。购买是一种决策，营销是一种服务。我们要为决策者提供信息服务，降低决策成本，加快决策速度，让代理商快速选到其想要的商品，也可以推荐我们想卖的商品。这张订货单的设计获得了华与华2021年的设计单项奖。比较前后两张订货单，可以看到巨大的差异。

3.2 为客户导入持续改善

除了通过创意活动来做持续改善，我们还把持续改善作为一种经营理念和企业文化导入企业，进而输出我们的管理思想。KK少年的董事长濮新泉先生认为，华与华不单为KK少年提供了有决胜价值的企业战略规划和品牌创意，而且为KK少年注入了丰田生产方式的文化，让KK少年的公司经营找到了对的路子。从某种意义上讲，持续改善文化的导入对我们整个公司的影响可能更关键，也更长远。因为KK少年企业经营整体缺乏成体系的管理模式，我们通过培训、辅导、编写教材、提供范式等方式，把自己学到的丰田生产方式植入到了KK少年的企业经营之中。除了在营销、品牌等模块一一建立了10多份规范的操作手册之外，华与华还协助KK少年从基础5S，到改善提案，再到晨晚会、方针管理等全面导入持续改善的文化。持续改善现在已经成为KK少年的核心经营理念，甚至经销商也受到这种理念的深刻影响，开始自发地做经营的持续改善，企业整体的经营效率和团队士气都大为改观，初见成效。

▲ KK少年的持续改善文化

持续改善是经营的大道，2015年华与华开始开展持续改善活动。2022年当上海新冠肺炎疫情最严重的时候，很多企业面临经营危机。这让我想起提出"年轮经营"的日本企业家冢越宽先生。他曾经提出一个概念叫"景气对策"。我们往往都是发生了问题、遇到了危机才去想应对危机的对策。冢越宽提出，不要等不景气了才想对策，在景气的时候就要知道景气不可持续，要有"景气对策"。其实持续改善就是最佳的景气对策。在公司快速发展的时候，苦练内功，培养全员"持续改善"的意识，修炼"持续改善"的方法，奉行"一分钱主义"，一点一滴地增强企业经营体质，就是在为不景气的时候做准备，就是在修不败兵法。持续改善是一个大课题，读者如果对这方面的内容感兴趣，我先推荐三本书：房庆逸的《漫画丰田生产方式》、大野耐一的《丰田生产方式》、今井正明的《改善》。

我大力传播丰田生产方式的持续改善思想，华与华的很多客户都很感兴趣，甚至聘请服务于我们的管理顾问公司为他们服务。也有的客户不太关注，他们只关注结果，有什么方案创意，对背后的文化理念心中不起波澜，这就是比较急功近利。认同我们企业文化的客户，合作就非常稳固，基本上都有意愿终生合作。只看结果、寻求方案创意的客户，就会不断去新的地方找新的创意，就都是过客。由此，我也提出一个"企业文化实力"的概念：如何打造企业文化实力，和顾客建立"文化共同体"，获得顾客终身价值？那些急功近利、除了创意方案其他都不关注的客户，如果跟他说可以帮他"建立企业文化实力，和顾客建立文化共同体，获得顾客终身价值"，他的耐性又可以增长一点了。

企业文化软实力部分，在华与华品牌五年计划的第五年，合作时间短的客户就不提供了。

五

模块4：年度传播策略及广告创意

1. 年度传播策略

在品牌三角形初步搭建完成之后，我们就要制订一年的营销传播计划，华与华称之为"年度关键营销传播"。这个命名是针对"整合营销传播"的，因为我认为舒尔茨的《整合营销传播》是对中国营销思想破坏比较大的错误观念。2009年，我在新浪微博写了一篇文章——《要博大精深的4P，不要浅薄片面的4C》，后面这篇文章收录在《超级符号就是超级创意》一书里。现在，我正在组织编写一本《华与华简明营销入门》，就是为了正本清源，回归4P，排除之后那些叠床架屋，和为了学术胜心，为赋新词强说愁，生拉硬扯另立一说，误人子弟的错误理论。

除了宣称4P过时，要进入4C时代，整合营销传播还给人一个误解，认为要整合不同的营销传播工具，不同的营销工具就像一个交响乐团的不同乐器一样，形成传播的交响乐。在华与华公司早年，我们每年参加中国杰出营销奖的比赛。有一次我做完演讲，在问答环节，评委问我公关方面做了什么，我说没做什么。评委好心提醒我，评分标准是整合营销传播，其中公关占20分，如果没有做公关，这20分就没了。

这是一个普遍的误区。很多企业的市场部在做营销传播方案的时候，他们似乎有一个工作项目的目录，每一个坑都要填上，不能遗漏。

但是，事物的规律不是这样。

事物的规律是集中优势兵力打歼灭战，用最少的动作，最好是只用一个动作就解决问题。我们并不是要用所有营销传播工具形成交响乐，而是选择适合自己的方式，用最少的动作一次解决让顾客向我购买以及让顾客替我传播两大问题。虽然是有不同工具的组合，但它们并不是组合起来形成合力，而是每一个都能单独解决问题，因为顾客不会接收到全部"组合"，而是单独接触某一个，而且这一个也不是完整地接收，只是接收到一些片段，甚至是片段的碎片，也要能完成战斗任务。这就是超级符号的方法，也是华与华年度关键营销传播的指导思想。

《孙子兵法》虚实篇："故备前则后寡，备后则前寡，备左则右寡，备右则左寡，无所不备，则无所不寡。"如果想360度面面俱到，就会造成哪一面也到不了！

为什么？因为资源有限。做了这个，就做不了那个，我们要聚焦，只抓关键动作，尽量减少动作。

每年3月3日华与华会召开全公司的知胜大会，大会持续2～3天。我主持审核每一个项目的年度营销传播策略，实现"每年三月三，知胜一整年"；之后，各项目组向客户提交《知胜报告》，比如2022年就提交《2022知胜报告》。

▲ 华与华的知胜大会

"知胜"这个主题,来自《孙子兵法》形篇,胜可知而不可为。

孙子曰:"昔之善战者,先为不可胜,以待敌之可胜。不可胜在己,可胜在敌。故善战者,能为不可胜,不能使敌之必可胜。故曰:胜可知,而不可为。"

在行动之前,你要知道自己的行动能不能取胜,如果不能取胜,就不要行动,这就是"不败兵法"。营销传播不是赌博,企业也不是只做一年,而是年轮经营,一年一年地积累,实现基业长青。

华与华的营销传播动作,都是最简单重复的动作,主要包括三个:投广告,出版华与华文库,举办百万创意大奖赛。这三个动作,先做100年,然后再做第二个100年。这是何等简易、洒脱、有效。

投广告,创意是保持一个画面永远不变;投放是数十年如一日一天也不停,主要围绕核心都市圈机场和飞机,如北京、上海、深圳。新冠肺炎疫情期间,机场几乎没什么人;没人没关系,广告必须在!这是我最神圣的仪式!有人称我为"机场门神",我很喜欢这个称号!这门神称号的来历,是因为我一直在。而我旁边的广告位,走马灯一样地换,这样的广告投放法,还不如把钱省下来喝酒。

出版华与华文库,笔耕不辍,从我写、华楠写,到全员写,再到和高校联合写教材,我们的目标是为营销咨询行业、广告设计行业、企业界,为两代中国人提供营销传播专业教育。

举办华与华百万创意大奖赛,2014年开始,从内部比赛,发展到公开比赛;从一年一度一等奖奖金100万元的创意大奖赛,到五年一度一等奖奖金500万元的华与华品牌管理5年大奖赛。

我认为任何一家企业都应该这么做,因为你一定能在某一方面成为全社会最领先的,你去创造这个领先,并且承担领先者的责任。

汉庭能在清洁上做到世界第一,是因为有全世界最专业的、最敬业的,甚至最快乐的、收入最高的清洁师队伍,他们不断钻研清洁技术,改善清洁设计,把每一件家具都设计得容易清洁和容易保持清洁,从"时时勤拂拭,莫使惹尘埃",到"本来无一物,何处惹尘埃"。

华与华,有全世界最专业的、最敬业的、最快乐的、收入最高的咨询师和创作人员队伍,就要不断钻研营销传播的技术。

莆田餐厅是"掌握好食材,原味福建菜",那就在食材的研究上,做到世界第一。莆田的案例,将会在营销日历部分详细讲。

总结一下年度关键营销传播的三大原则。

第一，一以贯之，长期积累。

我们做什么，不是因为我们认为这样做会有营销效果，而是因为我们认为我们的工作应该这样做。我们心中有数，知道自己在干什么，也知道自己能胜利。我们心中笃定，勇往直前。

第二，减少动作，只把那关键动作不断重复。

动作越多，效果越差，浪费越大。营销传播，传播的是我们对顾客的承诺，是我们与顾客的契约。很多品牌承诺，开始时都平淡无奇，是时间的积累让它成为不朽的经典。

第三，单独起效，不是整合生效。

每一个局部、每一个碎片，要都包含全部整体；而不是局部加起来组成整体。不是多兵种协同作战，而是每一个单兵都能独立作战。

2. 广告创意最佳实践——蜜雪冰城"醒脑神曲"

华与华的广告创意是基于超级符号原理，超级符号就是超级创意。在华与华文库的其他书籍，如《超级符号就是超级创意》《超级符号原理》等书中均有详细讲解，这里就不再赘述。

这里主要分享一个华与华广告创意的最佳实践——蜜雪冰城品牌歌曲的创作。

"你爱我，我爱你，蜜雪冰城甜蜜蜜"这首醒脑神曲，可以说是2021年中国最火爆的营销事件。从2021年6月开始，它在全网实现了600亿次播放，相当于平均每个中国人看了40多次。

2021年6月3日，蜜雪冰城分别在抖音、哔哩哔哩上传了主题曲MV。

两周时间，这首主题曲MV在哔哩哔哩收获了1100多万的播放量，58万多的点赞量，以蜜雪冰城为关键词排名前20名的热门视频累计播放量超6000万。

仅"蜜雪冰城主题曲"话题在抖音实现了超过12亿的播放量，在微博5次登上热搜榜。

在网上，网友自主发起了二次创作，诞生了14个国家20余种语言的版本，堪称一场"翻唱盛世"。

我们从词、曲两方面来分析这首歌的成功。首先是词：

你爱我，我爱你 蜜雪冰城甜蜜蜜 你爱我，我爱你 蜜雪冰城甜蜜蜜 你爱我呀，我爱你 你爱我，我爱你 蜜雪冰城甜蜜蜜	I love you, you love me. Mixue ice cream and tea! I love you, you love me. Mixue ice cream and tea! I love you, you love me! I love you, you love me. Mixue ice cream and tea!

超级符号是使用人类文化的预制件进行编织。这些预制件反映在图形上，是母体元素、超级符号；而在词语上，就是母体词组。

"你爱我，我爱你，蜜雪冰城甜蜜蜜"一句话4个词组，其中"你爱我""我爱你""甜蜜蜜"这3个词组都是日常使用的词，是母体词组，75%和所有人认知的一模一样，只有"蜜雪冰城"这四个字是不一样的。而"蜜雪冰城"这个命名，其实也都是最普通、最常用的词组进行组合。三个母体词组加一个品牌名，三匹马拉一辆车，那辆车的名字"蜜雪冰城"还有一个"蜜"字，跟"甜蜜蜜"形成叠音和韵律。

创作蜜雪冰城品牌歌曲时，我们的同事也曾经贪心编写更多文案，试图在一首歌的15秒时间里说更多内容，比如"冰激凌、柠檬水、珍珠奶茶来一杯"，希望受众能记住更多。后来只留下"你爱我，我爱你，蜜雪冰城甜蜜蜜"这一句，让这首歌的13个字在15秒中重复了3遍。事实证明，有舍才有得，不贪心才能抓住核心。

再来看曲：

蜜雪冰城品牌主题曲

在创作这首歌时,我们并不是自己去创作一首新的歌曲,而是从耳熟能详的歌曲中寻找文化母体。在为蜜雪冰城寻找音乐符号时,有三大原则:

第一,耳熟能详,已经进化为声音符号。

找到人们本来就熟悉的旋律,听到就能哼起。

第二,国际化品牌,就要用国际化的品牌歌曲。

蜜雪冰城已经在海外拥有数百家门店,因此这首歌要保证放在全球都能听得懂。

第三，足够经典，才能永远年轻。

"品牌年轻化"的秘诀，就是选用经典文化符号。

基于这三大原则，项目组找到了来自美国作曲家史蒂芬·福斯特于1847年所写的极具美国南部风格的经典乡村民谣《Oh! Susanna》，通过改编给品牌歌曲赋予醒脑的"天赋"。

蜜雪冰城的主题曲火了之后，有人会问，接下来做什么？

华与华的回答是：在第一个推广阶段，让它先流行100年；然后进入第二个阶段，一字不改，再让它流行100年，以保持不变，不断推进品牌年轻化，吸纳年轻人，让全世界每一代年轻人，都会唱同一首蜜雪冰城歌。之后，就进入第三个阶段，一字不改，流行300年。

第三章

第2~3年　营销日历管理

第2~3年：营销日历管理

模块5：营销日历

最佳实践：西贝莜面村

亲嘴打折节　香椿莜面　西贝儿童节　那达慕美食节

年度营销日历规划
主题活动策划
营销主题/口号/符号/主视觉

活动标准化执行手册

活动落地监理
第三方公司执行监理
媒介代理机构方案及执行监理

模块6：内部路演及营销教练

最佳实践：华莱士

超级符号训练营
品牌战略解码会
方案执行宣贯会
样板店/道场打造
方案落地复盘会

方案标准化执行手册

样板市场落地监理

模块7：企业战略洞察

最佳实践：葵花儿童药

葵花儿童药企业战略菱形模型

葵花儿童药经营活动图

年度战略重心会
企业战略菱形模型
企业五个市场模型

年度目标
战略重心
关键动作

模块5：营销日历　　模块6：内部路演及营销教练　　模块7：企业战略洞察

本章目录

一　模块5：营销日历　　　　　　　　　　　　177
　　1. 营销日历策划　　　　　　　　　　　　177
　　2. 年度关键营销传播　　　　　　　　　　180

二　模块6：内部路演及营销教练　　　　　　　182

三　模块7：企业战略洞察　　　　　　　　　　194
　　1. 剧场假象之定位　　　　　　　　　　　194
　　2. 迈克尔·波特的竞争战略和战略定位　　205
　　3. 回归4P理论　　　　　　　　　　　　　210
　　4. 华与华的企业战略洞察　　　　　　　　217
　　　　4.1 年度战略重心会　　　　　　　　　217
　　　　4.2 企业战略菱形模型　　　　　　　　219
　　　　4.3 企业五个市场模型　　　　　　　　224

模块5：营销日历

1. 营销日历策划

营销日历是华与华提出来的重要概念，就是把企业的行销活动，不管是公关活动还是促销活动，都固定下来，然后长期或者永远重复做同样的事。比如，西贝莜面村在2月14日情人节做西贝亲嘴打折节，并且每年都做，这就是一个营销日历。

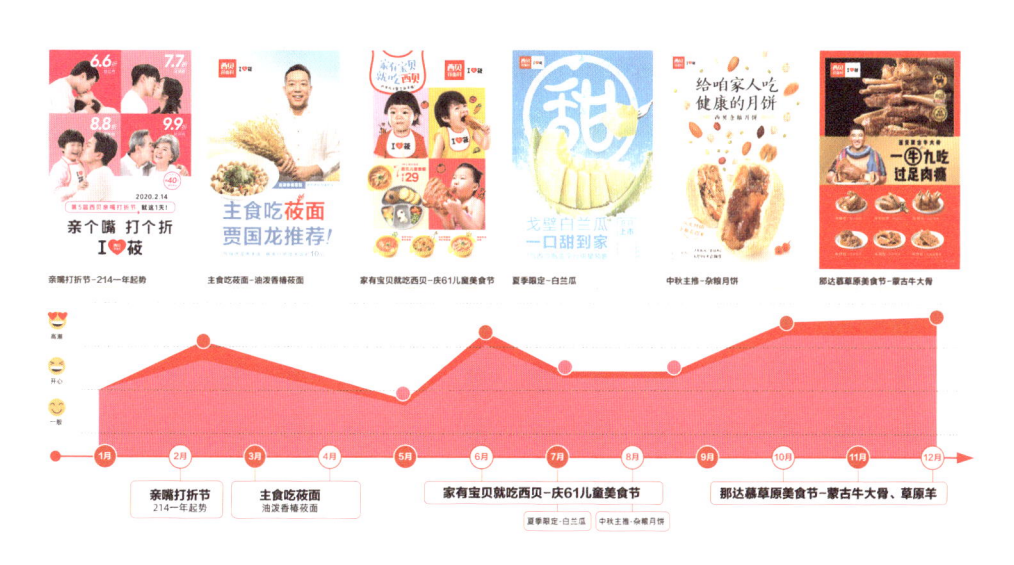

▲ 营销日历

这样固定下来,有两个好处——成本和投资。华与华方法的每一句话,都是从这两个方面出发,成本和投资——降低成本,形成资产。

先从投资方面说,我们的每一个动作,都是对品牌的长期投资,都是品牌资产的重复和长期积累。如果不能重复,没有积累,不能形成资产,只做一次的事情,我们就不做。"2·14"亲嘴打折节,就已经成为西贝的品牌资产,每年顾客对它有期待,而且有美好的回忆,成为顾客人生的一部分。

干脆我给它一个新词,叫"品牌日历资产"。营销日历,也可以叫"品牌日历"。

那么问题来了,中国最大的品牌日历资产是什么?

当然是天猫的"双11",这是中国最大的品牌日历资产。

这样你就更容易理解营销日历了,相当于一年你有几个自己的小"双11"。

再从成本角度看,营销日历能同时降低企业的外部交易成本和内部交易成本。

这是一个经济学原理。在《华与华方法》一书中,我讲到企业三大定律之第一定律——交易成本定律,来自英国经济学家科斯,他写了一篇论文,叫作《企业的性质》,拿了诺贝尔经济学奖。论文就研究一个问题——为什么会有企业?答案是企业降低了社会的交易成本,所有企业的诞生都是降低了社会的交易成本,比如大众点评降低了我们选择餐馆的交易成本,滴滴降低了我们打车的成本。而今天的餐饮业,已经发展到在餐馆吃饭比我们自己买菜做饭成本还低,"下馆子"不再是奢侈,自己在家做饭的才是有钱人。

科斯继续研究,企业能降低社会交易成本,那么,能不能只搞一个企业就行了呢?为什么社会会有那么多不同的企业呢?结论是随着企业规模的扩大,企业内部交易成本会越来越高。当企业内部交易成本的提高超过企业带来的外部交易成本的降低,企业就抵达了它规模的边界,不能再扩大了。

所以,我们可以把所有企业管理工作分为两类——降低内部交易成本的工作和降低外部交易成本的工作。

比如华与华的原则——不投标、不比稿,就是为了降低外部交易成本。哪些企业必须走投标比稿流程呢?简单地说就是"大公司"。按照经济学原理,企业规模越大,内部交易成本越高,因为他们老板缺位,相当于没有决策者,任何事没人负责,拿合同要投标比稿,定方案还会无数次会议都定不下来,他们什么也干不了。我为了盈利,就不能和他们合作,除非他们按我们老板坐镇企业的规矩，否则，就等于把我的交易成本提高到他们的水平，那就是死路一条了。关于这一点，我经常讲一句很本质的话：我们要的是钱，不是客户；让你赚不到钱，甚至收不到钱的客户不能要。否则，你就会死于客户太多。

回头说营销日历，营销日历首先就是降低了外部交易成本。我们还是以"双11"为例，全中国的消费者都等着这一天，严阵以待，大肆抢购，这就是把外部交易成本降到了最低。而且你只做一年是不行的，一定是每年都在这一天，才能形成"品牌习俗"，成为社会的风俗。

现在流行一个词叫"私域流量"，也可以说，营销日历就是你的私域流量，是你的"品牌风俗圈"，有一群消费者，按你的日历来生活，奉你为正朔。

营销日历更能降低企业的内部交易成本。因为企业每年都在同样的时间做同样的事，人人都知道该怎么干，这就降低了培训成本。这一点可以说是太重要了！一家餐饮连锁企业，可能有几万甚至十几万的一线服务员，总部策划了一个营销活动，必须培训到每一个人，这是十分艰巨的任务。为什么不能固定下来，要想一出是一出呢？我们需要那么多花样翻新的创意吗？每年都想新创意，只是起副作用而已！

但是，很多人都有发挥副作用的需求。首先广告公司、营销咨询公司就有。我也遇到过这种情况啊！客户问："明年做的事情跟今年一样，那我们还付钱给你做什么呢？"我说："付钱让我管住你们，不要搞新创意啊！"对方不一定买单，我因为这个失去过不少客户。

所以，我如果不是有"不骗人，不贪心，不夸大"的核心价值观，和"以道事君，不可则止；用之则行，舍之则藏"的儒家哲学，我也不会去推广我的"营销日历"固化思想了。

除了外部的广告公司、咨询公司，企业内部的市场部、品牌部，同样有制造工作的需求。"制造工作"也是我发明的一个词组，有的人工作，有的人制造工作。大量的工作都是工作人员为了证明自己在工作而制造出来的。如果他们光拿工资不干活，企业盈利就上升了。每年都要拍摄新的广告片，每年都要搞出新花样，都是对品牌的破坏和自杀。

针对这一点，营销日历更能产生出无穷无尽的创意。因为知行合一，凡事彻底！

凡事彻底，重复做一件事，就是把平凡的事做彻底，做到不平凡。比如西贝亲嘴打折节，在2014年第一次做的时候，亲嘴规则是按不同姿势和吻的深度，有不同折扣；到2022年做的时候，是要求亲吻时间满10秒钟，并且有服务员在旁边喊10、9、8……倒计时，统一折扣，气氛更热烈。还有很多细节的创意，都是在年复一年的过程中不断生发出来的。

知行合一，是实现了创意的自下而上。以前营销创意都是自上而下的，总部的市场部或品牌部的秀才们想方案，一线员工负责执行。在通知下来之前，下面的人也不知道要做什么，就是接受培训，然后照做。有了营销日历之后，每个人的创意积极性都被调动了起来，一线员工会更有创造力。如果公司有持续改善的文化，则全员变成了一座创意金矿。总部可以把各地的经验和创意收集提炼，不断推向高峰。

所以，营销日历的原理，除了降低交易成本，形成品牌资产，还能激发企业全员的创造力。这背后还是华与华的人生哲学，两个字——积累！

"积累"是华与华哲学的核心。儒家的王道思想，是积累；孔子说的"近悦远来"，是积累；孟子说的"集义而生"，不要"拔苗助长"，是积累；《中庸》说的"君子之道，闇然而日章；小人之道，的然而日亡"，是积累。只是人们都不愿意积累，因为不愿意等那么长的时间，所以总是走上"的然而日亡"的道路。

德鲁克说："人们总是高估了一年所能取得的成绩，而大大低估了30年、50年所能取得的成绩。"这句话太深刻了，特别是后一句，人们不懂得积累的原理，不能以30年为时间长度来安排自己的计划。

积累吧，朋友！

2. 年度关键营销传播

营销日历年年做，品牌生物钟带节奏。建立营销日历的目的，就是建立"品牌节气"，同时降低企业内外部交易成本。营销日历其实就是建立"品牌节气"，比如潭酒的调酒节和涨价节、华与华的百万创意大奖赛、天猫的"双11"等。

营销日历不仅能创造顾客，而且能创造品牌言说。比如，我们前面提到的西贝已经在一年中形成了年度营销传播的固定节奏：

- 2月14日亲嘴打折节,"亲个嘴,打个折",为一年的营销工作起势。
- 4月香椿莜面节,"先有香椿莜面,后有春天",到了春天就去西贝吃香椿莜面。
- 6~8月西贝儿童节,"家有宝贝,就吃西贝"。
- 10~12月那达慕草原美食节,到西贝吃蒙古牛大骨。

当我们形成营销日历后,首先,能让顾客形成固定的期待,知道什么时候来这里吃什么;其次,由于企业每年都会做同样的工作,到了时间每个人也都知道接下来要做什么。

企业内部也会不断地精益求精,不断地积累经验,形成自下而上的改进。这就是持续改善的精髓,也是企业管理的精髓。

我们每年、每月、每周、每天重复做的事情,决定了我们的人生。我们要把人生活得尽量地重复,这才是滴水穿石,坚持不懈,日日不断。

哲学家维特根斯坦说过:"什么叫主旋律?一首歌里面不断重复的那部分,就是主旋律,其他不重复的部分,就是不重要的。"蜜雪冰城的品牌歌曲能火,也是因为我们把重复做到了极致,整首歌本身就是重复。

所以,一定要形成时间节拍。比如华与华:每天各项目组都有晨晚会;每周有周一大扫除、周一集体晨会;每月有持续改善活动、月度经营会;每年有三月三战略重心会、年中经营会、百万创意大奖赛、年度总结会;每五年有500万品牌管理大奖赛、超级符号品牌展。

当一个节奏清晰明了之后,每个人就都知道要在什么时间准备什么事,每个人都有了期待。

这个期待是来源于营销日历时间节拍的"驯养",驯养的意思就是要建立联系,其中很重要的就是时间上的联系。

就像我每天早上写作,有的朋友每天都会追着看我写的内容,所以我每天早上七八点钟一定要把它发出来,而且不能断更。如果我有时候是早上发,有时候是晚上发,那看的人就没有了方向,也没有了期待。

一定要把你所有的动作都固定下来,这样才能真正去激发每一个人的创造力;否则每个人都不会期待,更不会等待。

二

模块6：内部路演及营销教练

华与华讲到了"没有创意，策略等于零；没有手艺，创意等于零；而没有执行，一切都是零"，是什么意思呢？进球要靠临门一脚，策略其实是一个半成品，没有创意，再好的策略也只能自说自话；对于设计来说，还得有手艺，手艺不好，呈现得就不好；最后，如果执行得不好，那前面再好都没有用，还是等于零。

华与华学习丰田生产方式，丰田在拧螺丝这项工作上是一直到最后听到咔嗒一声了，才算有效劳动，要把这之前的一切步骤，都当成浪费来排除。虽然华与华是做咨询顾问的，但通过这么多年的经验我们发现，方案执行得不彻底，往往会产生巨大的浪费，所以华与华也管理客户的执行。

我相信大家都有一个经验，就是随着企业的规模越来越大，内部的交易成本会越来越高。

交易成本这个定律是由英国著名的经济学家罗纳德·科斯提出的，我们把它定义为企业三大定律之一，其中有几个观点非常重要：

第一，企业得以存在，是因为降低了社会的交易成本。

第二，企业就两件事，就是降低两个成本，即降低外部交易成本和降低内部交易成本。

第三，当企业的内部交易成本大于企业的外部交易成本，企业则停止扩张。

大部分企业往往只关注外部，而忽视了内部，没有发现自己内部的交易成本越来越高、部门墙越来越多、方案的宣贯执行越来越难，最后堆一堆待执行的工作，规模也就停止扩张。

前面讲过的营销日历就是企业同时降低内外部交易成本的一个动作。但是大家想一下，每年要做这些活动、有这些动作，对于一个规模比较大的企业而言，比如华莱士，全国有2万家门店，有2万个小老板，每一个人都有自己的想法，还有一定的自主权，是不是有可能因为活动的培训不到位而导致这个活动搞不下去？一定会，华莱士会，每一个企业都会。

所以为了帮助客户降低内部的交易成本，降低活动宣贯培训不到位、导致活动执行不到位的问题，我们创意了一个特别重要的新服务，叫作"内部路演"。也就是在客户的内部进行宣传动员，我们都知道外部的路演，我们的想法就是把员工、加盟商、经销商都当作我们的"顾客"，像服务顾客一样服务我们的店长，去给他们做全国重点市场的巡回培训和宣讲。

为什么要这么做呢？因为我们方案最大的"敌人"往往就在我们的内部，无论你说什么，都有人出来反对，因为无论你说做什么，都是给他增加了一个麻烦、增加了一项工作。

就以华与华的"持续改善"这个活动为例，这是一项能够切实帮助老板们生意增长的活动，但是一般情况下还会有至少一半的人不愿意配合。为什么呢？因为他们嫌麻烦，只要让他们接触一个新的事情，就会不愿意配合。人都是这样。

反观我们企业内部，大部分企业的品牌部门、市场部门，肯定也都堆积了很多没有执行或者没有执行到位的活动方案。这对于一个企业来说，都是巨大的浪费。

所以既然有这个问题，我们就要想办法去解决这个问题，这也是华与华经营的哲学思想，就是孔子说的"行有不得，反求诸己"。我们就要去思考怎么去帮助客户把内部动员起来。

在这个过程中，我们诞生了一个最佳实践，叫作"服务好2万个老板的华莱士"。

在我们服务华莱士的第二年，华莱士从超级符号、持续改善全面落地的阶段，正式进入了打造"营销日历"的阶段。在对客户的经营现状、活动策划和执行现状进行诊断把握的时候，我们发现光给华莱士做一个活动方案没有用。

为什么呢？华莱士找到我们的时候，在全国已经有了12 000家门店，虽然采取的是全直营模式，但是当总部在进行"新品发布"和"活动方案宣贯"的时候，十几年来区域已经习惯了自助选择的形式，也就是说总部往往会提供两三款新品，或者若干个营销方案，各个区域的老大、负责人根据自己的偏好选择采购新品，或者是否执行活动。

这个在餐饮客户中也很常见，就是把"宣贯会"做成了快消行业的"订货会"，区域老大们变成了"经销商"。这种形式的效果往往非常差，因为每个人都在根据自己的偏好下决策，而且并不一定知道选什么是对的。

对于总部来说，明明拥有万家规模的门店，可如果每一次新品上市，各个区域都在推不同的产品、各打各的，采购的规模优势首先就没有了，品牌宣传上也很难形成全国整齐划一的声量。

发现这个问题之后，华与华的项目组就率先将工作课题从"策划营销活动"调整成"确保活动100%执行，提供宣贯会的解决方案"。我们的目标就是：全面落地、全面执行、宣传动员、全员支持。

华与华能够持续服务客户，找对、找准课题，就是一个核心原因，即员工的核心能力。

明确了要为华莱士提供宣贯会的解决方案之后，我们的同事开始和客户一块儿开会，并且从我们自己跟客户的一次次提案会上总结经验，最终我们探索出了一套行之有效的内部路演服务标准流程，并且通过这个服务，改变了要提供多个新品给区域老大们选择的情况。提供多个方案本身就是一种"超量生产"的浪费。不仅如此，我们在第一场内部路演，就实现了活动产品"订货量"增长80%的效果，所有区域负责人都信心满满，准备大干一番事业。

华与华标准会议服务产品，内部路演有5大步骤：

第一步：理论培训。

第二步：方案讲解。

第三步：执行说明。

第四步：最强现场。

第五步：道场体验。

为什么是这5个步骤呢？华与华在写海报、包装文案的时候，强调要有"购买理由、购买指南、购买指令"。当一个海报、一个包装上的文案能够提供这"三个购买"的时候，消费者就会不由自主地像滑滑梯一样滑到收银机。宣贯会其实就和我们销售产品一样，把我们的"方案"销售给来参会的人，让他们一路滑到收银机，"方案讲解"就是提供"购买理由"，"执行说明"就是提供"购买指南"，"道场体验"就是"购买指令"。不仅如此，我们像对待顾客一样，把这场会议的声势做大、体验做到最好，大家都是西装革履地来到酒店，获得超出预期的会议体验和落地服务，以及全面执行方案的理由和支持。

为什么第一步是"理论培训"呢？

因为人和人之间在沟通时信息的衰减是非常严重的，尤其是在讲方案的时候，我嘴里讲的一个词、一句话，台下所有人听到之后接收到的信息，不一定和我脑子里想的是一样的，他们相互之间也可能不一样。

我们经常讲要"0成本沟通"，所以在讲具体方案之前，我们先对到场的老板们进行华与华方法的理论培训，这是我们的经验。作为一家咨询公司，我们一直把"知识输出"当作工作的一环，就像我们永远假设消费者对我们的品牌一无所知一样，我们假设台下坐的每一个人都对我们活动方案中所涉及的理论一无所知。

我们为他们讲解后续理解方案所需要的所有理论知识和相关背景信息，这样我们就能做到让老板们像我们一样思考，和我们站在同一个角度、视角去看待问题，这样当我们向大家展示方案的时候，他们对方案的理解成本就最低。

这一步做好之后，我们就要为他们提供"购买理由"，也就是方案讲解。在整个方案讲解过程当中，我们的同事会像给客户提案时一样，全面地对方案的思考过程、成果物等要素进行讲解，这个时候台下的老板们会感到很震撼，因为过去他们不一定听过咨询顾问来给他们进行提案。

我们之所以要选择在酒店进行这样的活动，除了这个环境的体验比公司会议室更好之外，更重要的一个原因就是屏幕够大。华与华讲信号能量原理，刺激信号的能量越强，则反射越大，信号本身要强，信号的媒介要强，我们在一个巨大的屏幕上展示方案，能量就特别强。

这个时候如果再配上我们设计的方案效果图，对台下老板们的"打动力"是非常强的，他们会感受到我们方案的价值，我们不是随便拿出来一个东西逼他们落地，而是通过方案的讲解，为他们提供一个全面执行的"购买理由"，去打动他们执行方案。

根据一次次和客户一起开会、对客户宣贯会的观察，我们发现每一次会议结束之后，区域老大或者店长们都会提很多问题。我们把这些问题记录下来并进行梳理，就能发现有很多非常高频的共性问题，这些"疑惑"其实就是他在下达"购买决策"时会产生的干扰。比如"执行整套方案预计多少成本""物料制作是总部负责还是区域自行制作""搭赠的礼品价格和品质怎么样""有没有销售激励政策""货物订货周期是多久,没销完怎么办"等。

这些在方案讲解完之后会产生的疑惑,其实就是过去宣贯会执行效果不好的"关键原因"。光是降低他们的"理解成本"显然是不够的,我们还要降低他们的"决策成本",将他们的疑惑提前解答,这样就可以从"要不要执行"的思考,直接进入"应该怎么执行"的思考中去,越过他们的心理防线。

因此就产生了我们内部路演的第三个步骤,执行说明。

这个环节往往是由客户的高层来进行宣贯,我们会在活动方案制订出来之后,和客户一起讨论执行细节,事先确定一些可能在执行中遇到的阻碍,以及计算好相应的成本、订货、销售激励政策等常见问题,在大会上直接进行说明。

对于执行细节的说明,其实就是购买指南,这个动作降低了每一个人的"决策成本",他们心里就会想:"既然你们考虑得这么周全了,那就干吧!"

为了让大家士气更足、更有信心地全面执行活动,我们还增加了第四个步骤——最强现场。我们会在现场邀请2~3位上一次活动执行效果最好的店长进行经验分享,让他们站在和台下听众相同的立场上,去分享自己的经验。

店长们的分享往往都非常实在,他们讲不出太多大道理,但他们会说"这个大的海报,要比我们以前60×80的海报有用,上次活动我特地观察了一下,路过的100人中有60个人都注意到咱们的海报了,以前可能就只有十几个人"等。

台下的老板们在听优秀店长进行分享的过程中,除了学习到了很多经验和技巧,也在无形中理解了华与华策划的活动方案当中使用许多元媒体物料的效果和价值,这就是围绕我们的"购买理由"提供"证据链"。

其实做到这里,基本的"说服"工作就已经完成了,但是华与华方法认为购买理由是一种心理上的打动机制,能否促成"购买",有时候就差那"临门一脚",所以我们增加了最后一个步骤"道场体验"。

道场是华与华提报方案的一个独门武器。我们在活动现场打造出一个像"品牌快闪店"一样的体验道场,让每一个参会者不仅听到方案、看到方案、切实地了解方案的价值和具体的执行流程,还能所见即所得,让他们在现场就能感受到方案,感受到他们未来将要营造给顾客的氛围和体验。

我们甚至还让他们带走一些礼品。我们每一次举办内部路演活动,最后这个环节都非常成功,到场的每一个伙伴都会像进入一个集市,去跟物料合影,把玩礼品，这种现场体验的震撼感是非常强烈的，这一个"临门一脚"就是我们为他们创造的全新体验，把他们在PPT上看到的图片带入了现实生活，让他们"被自己内心的感受打动"。

正是凭借内部路演这样一个服务，华莱士过去几年的活动宣贯效果都非常好，同时还创造了2020年百万大奖赛上我们发布的一年多时间从95亿增长到215亿的销售奇迹。

从华莱士开始，内部路演已经成为华与华最重要的服务之一。我们协助西贝、海底捞、葵花、潭酒等客户进行内部动员，保障每一次活动都能够全部落地、全部执行。我们陪客户一起一个大区一个大区，全国巡演一样地办这个活动，一年至少4次，年底再来一次声势最浩大的。有些客户会把年底这一场活动和年会放在一起办，然后颁发很多最强现场的奖项，这个也是企业治气的过程。

最后，回到我们开篇讲的一段话，"没有创意，策略等于零；没有手艺，创意等于零；而没有执行，一切都是零"，华与华作为企业品牌营销的终身顾问，从持续改善到内部路演，我们的员工会下很大很大的苦力、苦功，我们可能比客户的员工还关注、重视客户的执行，我们不仅为客户提供方案，还帮助客户训练他们的员工，我们的员工会担当客户的营销教练，现场演练指导客户的经营、形成一个个标准执行手册。

华与华其他内部路演及营销教练案例成果

人本：宣贯会

向经销商宣讲人本门店持续改善方案，并展示持续改善取得的成果、每个物料承担的战略意义，帮助门店进行单店盈利提升，帮助企业管理经销商，并高效落地执行。

▲ 人本宣贯会

早阳：宣贯会

通过加盟商宣贯会，落地嘉兴289家门店招牌，落地率达到98%。

▲ 早阳宣贯会

探鱼：宣贯会

像对待顾客一样对待区域经理，通过内部路演与宣贯会，降低内部沟通成本。在品牌升级之后，统筹组织探鱼内部宣贯会。华与华提供议程、议题确定、到场规划搭建、方案现场讲解等全程托管服务。

▲ 探鱼宣贯会

海底捞：宣贯会

"2022海底捞新菜来了"产品上新宣贯。

2021年12月28日，海底捞召开内部宣贯会。华与华海底捞项目组分别就华与华方法及上新项目的全面媒体化进行教学讲解。

▲ 海底捞宣贯会

鲜丰水果：路演

现场打造300平方米以上的超级符号道场，打造一个超级符号的海洋，从延展物料到符号雕塑，超级符号在现场展示得淋漓尽致。

现场1∶1还原了鲜丰水果全新门店，现场摆货、现场销售，加盟商将门店围得水泄不通。

▲ 鲜丰水果路演

人本：路演

2020年5月20日，人本在上海举办品牌发布会，向全国经销商宣贯人本品牌的新战略、新形象、新产品、新门店，开启人本品牌发展新时代。

▲ 人本路演

七猫：超级符号训练营

给客户做培训就是让大家进入相同的语境，让知识和经验对称，降低相互理解、沟通的成本。2020年7月，华与华为七猫举办了一场超级符号训练营，七猫董事长韩总带队，有近百人参加。会上不仅有详细的案例讲解，还有现场联系，通过现场实践学方法。这场培训被韩总评价为"价值300万的培训"。

▲ 七猫超级符号训练营

简一：顾客接触点服务培训

为简一开发顾客接触点服务系统，从来之前、来之中、走之后，到铺之前、铺之中、铺之后，进行全流程接触点的动作和话术开发；在全国重点城市宣贯执行，课程也进入简一商学院，供全国门店学习。

抓好关键接触点

解决顾客核心痛点、满足顾客核心需求的关键性动作！

14个关键接触点

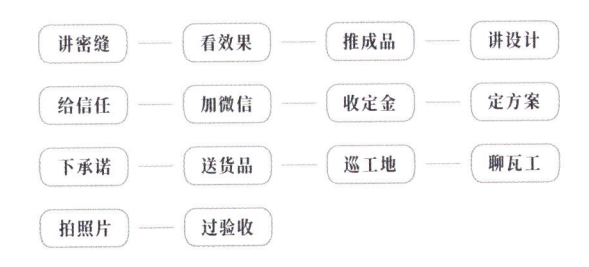

讲密缝 —— 看效果 —— 推成品 —— 讲设计
给信任 —— 加微信 —— 收定金 —— 定方案
下承诺 —— 送货品 —— 巡工地 —— 聊瓦工
拍照片 —— 过验收

记忆口诀

买砖：一看二摸三坐四加五下订
铺砖：一送二铺三拍四检五验收

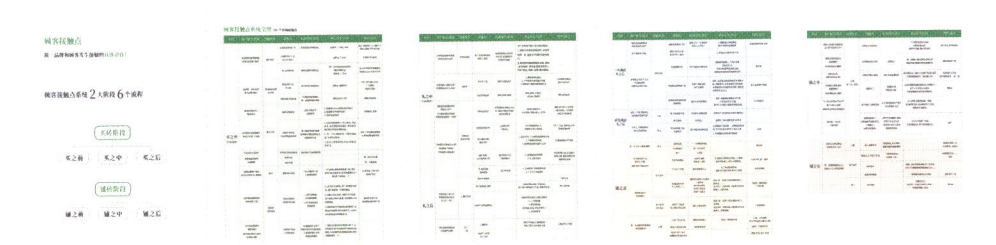

▲ 简一顾客接触点服务培训

爱好：标准化执行手册

为了保证终端物料执行不走样，我们形成了两本标准作业手册：一本是《爱好代理商门店物料应用手册》，确保业务员在门店当地制作物料，物料不变形；另一本是《爱好代理商门店改善操作手册》，总结改善经验，手把手教业务员如何进行门店改善。业务员一看就懂，一看就会做。

▲ 爱好文具标准化执行手册

傣妹：标准化执行手册使用指南

持续改善《标准化物料手册使用指南》，帮助客户持续改善，更高效率、更低成本落地。

▲ 傣妹标准化执行手册使用指南

海底捞：标准化执行手册

为了支撑海底捞门店品牌形象、品牌体验管理，为海底捞梳理打造品牌宪法、店面管理手册，规范超级符号在各个自媒体上的应用。

针对"海底捞新菜来了"产品上新项目，对海底捞在餐具、摆盘及门店的全面媒体化等进行了全面创新及指导，并为门店分别制作了《门店全面媒体化指导手册》与《摆盘及餐具优化指导手册》。

三

模块7：企业战略洞察

1. 剧场假象之定位

（1）研究问题要用归纳法，不要用演绎法，要随时准备推翻自己的结论。

21世纪10年代，里斯和特劳特合著的《定位》在中国市场形成了巨大的影响，而且我认为是破坏性的影响，其破坏性远超过舒尔茨在《整合营销传播》一书中提出的4C。4C只是一个观察问题的偏颇角度，而《定位》提出了明确的操作流程，就是所谓的"定位四步法"。

第一步，分析外部环境，确定"我们的竞争对手是谁，竞争对手的价值是什么"；并且强调和德鲁克的"我们的顾客是谁，顾客的价值是什么"相反，从顾客导向转为竞争导向。

第二步，避开竞争对手在顾客心智中的强势，或利用其强势中的弱点，确立品牌的优势位置——定位。

第三步，为这一定位寻求一个可靠的证明——信任状。

第四步，将这一定位整合进企业内部的方方面面，特别是在传播上要有足够多的资源，以将这一定位植入顾客的心智。

这个四步法的提出，符合人类理解力的弱点，就是将事物过分简化的冲动。现在如果不把这个所谓的定位"理论"讲清楚，就无法厘清人们思想的混乱。

我们要从哲学上来厘清问题，任何问题都要有哲学上的洞察，就是马斯克讲的第一性原理。有了哲学上的洞察，才能给出原理上的解决方案。

为什么错误的思想还能够得到这么大的流行呢？这也是个哲学问题。想要解决哲学问题，我推荐大家读培根的《新工具》。培根提出了科学归纳法，要求放弃先入为主的概念，并且不要轻易上升到一般性的结论。培根反对演绎推论，他驳斥三段论，并称之为"对自然的预想"，人们从一些前提、定义、假定的概念开始，从一种抽象概念开始，由此做出进一步的推理，却不顾实际存在的事实。形式并不是内容，通过推论总是可以同样推出相反的命题。培根所倡导的是以经验的内容为根据进行归纳。

思考问题，一般有两种思维方式：归纳法和演绎法。但是我建议大家不要用演绎推理而要用科学归纳。演绎推理的思维非常危险，虽然归纳法里面本身也包含了推理，但是它俩有着本质的区别。归纳法随时准备承认自己是错的，随时准备推翻自己，而演绎推理就是"一口咬定法"，永不回头。

（2）"定位"不是理论，因为它不符合理论的质量标准。

理论有着严格的质量标准，理论是人们对客观世界规律的正确理解和论述，而且所有的科学理论，只能被证伪，不能被证实。它必须是绝对的、普遍的，不能有一个反例。也就是说，现在发生的所有事情，都符合这个理论，我们就暂时认为它是正确的。一旦有一天出现一个反例，有一件事不是照这样做的，这个理论就破产了，这是理论的标准。

所以，理论一定是绝对的和普遍的，是没有一个反例的真理。这是一个基本的哲学概念。

那么在营销理论里面，哪个理论能达到这个标准？我认为营销只有一个理论，就是"4P理论"，产品、价格、渠道、推广。

康德在《纯粹理性批判》中讲道："我要建立批判哲学的大厦，我把它建立起来后，所有有关批判哲学的东西都要在这个大厦里面，没有一件遗漏；而在大厦外的任何东西，都和批判哲学无关，这就是完全穷尽。"建立一个学说的大厦，还要分割不同的房间；就是建立起它的结构，这些房间相互之间，都不能有重叠，还要能相互独立。完全穷尽，相互独立，这就是麦肯锡的MECE标准。

一个学说，要有边界，有结构，一切概念都有清晰的定义，以严密的逻辑论证推进。同时，因为我们的智慧有限，对没有搞清楚的地方还要加以明确的说明，这就是科学的态度。经营是实践，不是靠理论、方法就能解决问题的，如果一口咬定能行，那就是哈耶克说的"知识的僭越"。

按照MECE标准来审视"4P理论"，你就会发现"产品、价格、渠道、推广"就是营销的一切，不管你是线上、线下，是服务行业或是制造业，总之你要有你的产品，你要给这个产品定个价格，你要有一个销售的渠道，然后你要去做推广。

我在得到App有一个课程是《跟华杉学品牌营销》，在课程里我分享了华与华做西贝莜面村的故事。西贝的贾国龙董事长，是一位重度咨询客户，在找华与华之前，他先经历了两次定位咨询。

第一次定位为"西北菜"，然后案例炒得火热，其实他们也没收到什么效果。第二次定位成"烹羊专家"，为了定位烹羊专家把不是羊肉的菜都砍掉，然后客单价提高，毛利率降低，结果做了三个月被紧急叫停。

后来贾总在飞机上看到"我爱北京天安门正南50公里，固安工业园区"的案例，就来华与华谈合作。和华与华总经理肖征谈好了之后，他说签合同之前总得见一下老板吧，然后我和贾总在虹桥一个酒店见面了。

贾总对我说："华总，我是定位理论的忠实信徒，你如果也相信定位理论，我们就合作，你如果不相信定位理论，咱们就拜拜。"当时我就表示了反对，结果贾总就站起来说："我听懂了，你虽然嘴上这么说，但实际上你是完全相信定位理论的，我们合作。"

我一听，当时一下子也不知道说什么，但是有一点我是肯定的，他要给我钱。根据华与华基本法第一条"给钱就干，不给钱不干，什么时候给钱什么时候干"，他给钱我就给他干了。

贾总虽然找我"咨询"，但其实他已经铁了心定位为莜面，要把西贝西北菜改为西贝莜面村。我完全不赞成，因为我觉得改成西贝西北菜好几年了。

但是他坚持，我被逼无奈才做了"I LOVE 莜"的创意。尽管如此，我还是想让他做牛羊肉，我觉得他原来广告的"草原的牛羊肉，乡野的五谷杂粮"，才是顾客来这儿的理由。

说这个故事，我想说明的是，在我们遇到一件事情的时候，得先确定课题，在战略上每一个战略都有它的战略重心，找到战略重心，然后找到它的决胜点，再制定关键动作。

而不能谁来，就说要重新定位，这是"神医"的做法。"神医"永远只有一味药，要么是芒硝，要么是绿豆汤。

西贝当时的战略重心在哪儿？这要根据形势来看，用4P来检测。当时是

Shopping Mall（大型购物中心）开始兴旺的红利时期，所以它的重心是在渠道上面，然后根据Shopping Mall这个渠道，我们就要开发新产品。西贝的产品不是菜，而是店，所以我们就不需要原来几千平方米那么大的店了，是要开几百平方米的Shopping Mall店。因为渠道的改变带动了后来产品、价格以及推广的改变。

▲ 西贝的战略重心

所以这是4P，4个变量的调整，一个自变量是渠道，三个因变量是产品、价格、推广。读者仔细想一想，2013年之后，西贝的变化是不是就是这4P的变化呢？产品的变化是几千平方米的大店变成了几百平方米的小店，从有包房、有大圆桌变成了没包房、没大桌，一百多道菜的大菜单变成了四十多道菜的小菜单；价格的变化是一路提高客单价；渠道的变化是以Shopping Mall为主；推广的变化是后来华与华建立的整个传播系统。

里斯和特劳特的《定位》中的理论，就相当于USP（Unique Selling Proposition），就是独特销售主张，但比USP的水平还要低一点，因为它里面有一些错的东西。《定位》刚进入中国的时候，是被翻译成"广告攻心术"，我觉得"广告攻心术"这个名字比较名副其实。

所以，首先《定位》不是理论，它并不符合理论的要求。我们要从哲学的层面去理解，理论有着严格的质量标准，只能被证伪，不能被证实，很显然《定位》做不到。

其次，《定位》理论的基础，是"要先成为第一，才能进入消费者心智"。我想说"第一思维"完全是个错误，至少和现实不符。

（3）"第一思维"和"人类理解性的共性缺陷"。

《定位》中说，第一个登月的人是谁大家都记得，第二个就没人记得；全球销量第一的书是《圣经》，第二本是什么就没人记得，所以我们要做第一。于是这本书就这么建立了自己的"理论"。

黑格尔说，打比方是思维不成熟的表现。打比方不是逻辑的说法，也不归到概念，而是以经验的方式，直接反对经验的东西。神话、打比方，还有所谓微言大义，这些感性的表达方式，带来感性的表象，有教育意义，但还不是真正的思想，区别什么是思辨，什么是表象，这就是我们的任务。必须把哲学原则作为思想陈述出来，只要概念得到了充分的发展，就大义昭然，用不着微言大义了。

大家都记得《圣经》是销量第一的书，而不记得销量第二的书，所以企业就一定要做第一，成为第一才能进入消费者的心智。这个推理有多么荒谬，难道其他书就不要了吗？这根本都不算是推理。

稍微带着思考，重读一下这句话，"要先成为第一，才能进入消费者心智"，成为第一是前提，进入消费者心智是结果。那么，怎样才能成为第一呢？他说"要投入足够的传播资源"。

我给大家一个重要的观点，叫作"始终服务于最终目的"。华与华有两个基本哲学，一个是目的哲学，一个是问题哲学。目的哲学就是"始终服务于最终目的"，问题哲学就是"永远要找到正确的问题"。但人们往往就是既不懂得服务于最终目的，也找不到正确的问题。

《定位》确立定位有前面讲的"四步法"，确定之后还有三步：第一步，投入足够多的传播资源；第二步，成为第一；第三步，进入消费者心智。进入消费者心智并不是最终目的，书中没有讲最终目的。然后我再给它总结一个第四步，实现购买。那么，《定位》的逻辑是从哪里开始的？

它从打广告开始，"投入足够的传播资源"就等于四个字——不计成本。一个人搞企业，如果不计成本，大概率就是倾家荡产。倾家荡产的人，大多数都是沉默的，然后侥幸得手的就变成了"成功案例"。我们要思考：我有没有足够的传播资源？"足够的传播资源"这事儿成不成立？

据我所知，历史上只有一个人曾经有过足够的传播资源。华与华在2003年做了田七牙膏，这是我们的经典作品，但我不知道田七牙膏打了多少钱的广告。

当时田七牙膏的老板是哈尔滨的晓声广告，他手上有很多卫视资源，很多资源甚至都是买断的。他在两年里就把奥奇丽公司（主要品牌是田七牙膏）从6000万做到10亿，但是我们都不知道给田七牙膏投入了多少广告费，因为没人去算这个账。

如果真要去算，即使是按折后的价来算，我估计也投入了10个亿。就是说我们用10个亿的广告费去换了10个亿的销售额，这就是足够的传播资源，不计成本。

田七牙膏的广告打起来之后，像广东的黑妹牙膏、广西的两面针牙膏都想用这个路子，方案也是我们出的，但是这两家最后都没有再往下做，因为一旦开始计算广告费的时候，要掏真金白银的时候，这在成本上就不成立。

当你想成为第一，你就要投入足够的传播资源。这就相当于你要实现美好的未来，但你首先需要蹚过钱海，要蹚过无数金钱的海洋，所以这就变成了一个巨大的冒险行为。当你开始一个巨大的冒险行为时，后果就极可能是倾家荡产。

但是为什么还是有那么人容易去接受这个？这就要讲到英国哲学家培根说的"人类理解力的共性缺陷"问题。错误的观念为什么会流行，而正确的观念反而没人听？

因为正确的东西听起来反而更像是不行，比如我一直强调营销就是4P，很多人一听就觉得这不需要讲，大家早就知道了4P。但其实呢，很多人并不知道，更没有知行合一。这就叫"人类理解力的共性缺陷"，培根说了5点：

一是倾向于设想世界的秩序和规则，而且总有一种把"规律"过分简化的冲动。

二是总是先入为主，一旦认可就想方设法加以证明，对反例视而不见。人类很容易被正面的东西激发，但是很难被反面的东西激发。比如总认为按什么"理论"就能成功，但是对失败案例自动屏蔽。

三是最容易被突然看到并引发想象力的一些事物所牵动。

四是刨根问底，钻牛角尖。

五是理解力被情绪干扰，创造出一大堆"一厢情愿"的学说，他相信，只不过因为他希望那是真的，就排斥质疑。

首先，人们喜欢把事物做到过分地简化，因为简化了人们就感觉自己掌握了，但其实什么也没掌握。

其次，人们容易被正面的东西所激励，对负面的东西产生排斥。你一说"成为第一""占领消费者心智"，他就激动了。结果消费者心智没占领，自己反而鬼迷心窍了。

我曾经接待过很多客户,他们问我们:"找华与华做咨询,要求我们配称多少广告费?"我们觉得奇怪,一方面觉得做营销咨询跟投不投广告、投多少广告,没有什么关系;另一方面对方使用了"配称"这个词。

我们说:"不一定要投广告啊,不是每个人都要投广告,你怎么会问这个问题呢?有人要求你投广告吗?"回答说上一家公司要求每年配称1.5亿广告费,准备两年,两年后如果还没打起来,他们再融资接着打。

这就是鬼迷心窍,找死的节奏。这就是人类理解力的共性缺陷。

关于人类理解力的共性缺陷,培根还讲了4个会给人带来错误观念的假象,即4个鬼迷心窍:

第一个是"种族假象",意思是人作为一个种族,我们在思考问题的时候总会以人为中心,从自身的逻辑出发做出判断。但人本身就有缺陷,所以在对事物的判断上就会有成见和狭隘性,这是人性共有的缺陷。

第二个是"洞穴假象",我们每个人都会因为成长环境、受到的教育,或者一些行为习惯的影响,而形成自己的思维模式,所以对事物的判断也就有着不同的认知,这是个体差异造成的缺陷。

第三个是"市场假象",这里的市场指的是人与人交流思想的市场。语言作为信息交流的工具,它所传达的信息,会因为人的不同而产生不同的理解。

"市场假象"也可以理解为"语言假象""词语假象"。这个问题我以前也经常讲。我们语言相通,但是我们词语不通。比如说现在我们在讲定位,但我讲的"定位"跟你理解的"定位",可能就不是一个意思。每个人都有自己的"洞穴",对词语也都有着自己的理解。

维特根斯坦说:"词语的游戏规则在语言游戏中建立,也在语言游戏中修改。我经常感觉到需要把词语从我们的交流当中抽离出去,送去清洗,洗干净之后再送回到我们的交流当中。"市场假象,指语言交往中产生的误解,就是这个意思。

第四个是"剧场假象",培根把一些哲学思想和理论,比作舞台上演出的一出出戏剧。这些思想和理论就像是剧本,有布景、道具和情节。"定位"就给了前四幕、后三幕的剧本。当你沉浸其中,就会产生一种假象,相信它是真的,这是各种哲学理论造成的错误。"定位"是一个剧场,4P当然也是一个剧场,关键是你要走进正确的剧场。

正是因为这些理解力的共性缺陷,所以人们很容易接受"第一思维"。第一听起来很正面，但是它并不符合市场的实际情况。

市场不是只有第一没有第二，餐饮业是定位在中国最早的战场，那大家想想餐饮业谁是第一？你只记得一家，就只吃一家东西吗？并不是。广告公司谁是第一？原来说4A第一的是奥美，本地第一是叶茂中，那你就不记得华与华了？事实并非如此。

市场的真相是各做各的，你有你的客户，我有我的客户。企业就是要找到自己的客户，然后做好自己的产品，赢得自己的顾客。

第一思维不仅是错误的，而且是危险的。由于要争第一，然后就有投入，投入足够的传播资源本身就是把风险偏好放到最大。我是一个风险偏好低的人，所以我永远不会做那样的事情。

《孙子兵法》讲道，兵法首先不是战法，而是不战之法；不是战胜之法，而是不败之法。它的特点就是风险偏好极低，绝对不冒风险，因为打仗冒不起风险，一旦出现风险，那就是身死国灭。作为企业来说也是一样，我们不能轻易地冒风险。

培根讲"剧场假象"，无独有偶，王阳明在他的千古名篇《拔本塞源论》中也用剧场作比，王阳明说：

"世之学者如入百戏之场，欢谑跳踉、骋奇斗巧、献笑争妍者，四面而竞出，前瞻后盼，应接不遑，而耳目眩瞀，精神恍惑，日夜遨游淹息其间，如病狂丧心之人，莫自知其家业之所归。时君世主亦皆昏迷颠倒于其说，而终身从事于无用之虚文，莫自知其所谓。"

世上的学者如同进入了一个同时表演一百场戏的戏场，只见欢呼跳跃、争奇斗巧、献媚取悦的戏子从四面八方涌来，前前后后，应接不暇，使人头晕目眩，精神恍惚，日日夜夜都浸淫其间，像丧心病狂的人一样，不知道自己的家在哪里。当时的君主也沉湎这类学问，做些无用的虚文，都不知道自己在说些什么。

王阳明最后哀呼：

"呜呼！以若是之积染，以若是之心志，而又讲之以若是之学术，宜其闻吾圣人之教，而视之以为赘疣枘凿。则其以良知为未足，而谓圣人之学为无所用，亦其势有所必至矣！呜呼！士生斯世，而尚何以求圣人之学乎！尚何以论圣人之学乎！士生斯世，而欲以为学者，不亦劳苦而繁难乎！不亦拘滞而险艰乎！呜呼，可悲也已！

"所幸天理之在人心，终有所不可泯，而良知之明，万古一日。则其闻吾拔本塞源之论，必有恻然而悲，戚然而痛，愤然而起，沛然若决江河，而有所不可御者矣。非夫豪杰之士，无所待而兴起者，吾谁与望乎？"

呜呼！在这样的积习影响下，有这样的心志，又成天听这些乱七八糟的"课"，当他们听到我说圣人的教诲时，也不过把它看作累赘和迂腐的学问。他们认为，仅仅有所谓良知是不够的，圣人之学也没有什么用，这也是时势的必然啊！呜呼！生在这样的时代，还怎么探求圣人的学问呢？生在这样的时代，还想做学问的人，不是十分繁乱、困难吗？不是十分痛苦、艰险吗？唉！太可悲了！

所幸天理自在人心，终究不可泯灭，而良知之明，万古如同一日。那么，当他听见我这拔本塞源之论，必然恻然而悲，戚然而痛，愤然而起，沛然若决江河，而不可阻挡。如果没有豪杰之士再起，我还能指望谁呢？

我写了一本《华杉讲透王阳明传习录》，当写到《拔本塞源论》这一段时，真是心潮澎湃，就想对王阳明说："先生！我就是您所说的那个500年后恻然而悲、戚然而痛、愤然而起、沛然若决江河，而不可阻挡的豪杰之士！擦掉人们心智的尘埃，为往圣继绝学！"

（4）消费者的四个角色。

下一个观点，我要讲《华与华方法》中的"消费者的四个角色"。为什么我说《定位》不是理论呢？因为它并没有全面地研究营销和消费者的行为。

华与华方法的消费者行为学，把消费者分为四个角色，并以这四个角色分别为顾客提供不同的营销服务。

消费者的四个角色

角色	状态描述	策略目标	策略重点
受众	第一特征：茫然 第二特征：遗忘	从茫然中唤醒：沟通的发生 对抗遗忘：让他记住	超级符号、品牌寄生 重复重复、全面媒体化
购买者	购买环境中的 信息搜寻者	提供信息服务 打动购买，促成销售	购买理由、购买指南 购买指令、菜单思维 终端生动化
体验者	期待及验证心理	有惊喜、魅力品质 反复购买，愿意传播	符号化 仪式化
传播者	感性、主动 无意识	设计一句话让消费者 替我们传播	品牌谚语、话语体系 超级符号、超级画面

消费者的角色首先是受众。受众是迷茫的，他并不知道我们，我们通过广告等手段把信息传达给受众，引起他的注意。当受众被我们吸引，走进我们的店铺，不管是实体店还是网店，他就进入了购买者角色。购买我们产品之后，他就成了使用者。

绝大多数的营销传播方法都止于受众，一般的消费者行为学止于使用者，而华与华方法在使用者之前强调购物者，在使用者之后增加了传播者。我们更希望消费者在使用之后能够帮我们做传播，这就提出了华与华超级符号方法的"播传理论"，形成一个流量循环模型，而不是流量漏斗模型。

《定位》中强调的"进入消费者心智"，也只是在受众这一环节，它只是针对消费者四个角色中的"受众"这一角色。而在实际的消费者行为中，还有很多消费者的心智里什么都没有，他就是走到商场或者在网上随便溜达，并没有明确的消费选择倾向。进入消费者心智的结果是你要受众只认你，指名购买你，除了你谁也不要，这只是购买行为的其中一种情况。

如果你是做药品的，如果你只要这样的顾客，那你现在就什么也得不到。我们都有买药的经验，比如说你走进药店说你感冒了，你想买盒名牌的感冒药，结果店员会给你说没有，因为药店卖这些名牌药不挣钱，现在药店最好的陈列位上，基本看不到名牌药。

一般你指名要买的都被藏起来了，这样的拦截基本能拦截掉80%的消费者。也就是说以前你可以靠广告实现销售，能做到顾客指名购买，但是现在你只能做到20%的销量。一旦你把资源都放到了打广告上，你就没有那么多空间给到药店，即使你占领了消费者心智，你还是没有销售产生。

为什么华与华那么重视包装设计，要让包装自己就能把自己卖出去？为什么华与华更加注重消费者使用后的传播？我们要做的不是仅针对一个环节，而是要围绕消费者和商品的关系，分购买前、购买中、使用中和使用后4个阶段来思考。

所以说，定位只是一个广告攻心术，只有最初级的受众思维。

（5）心智定位的理论前提不存在。

心智定位的第一个前提是产品同质化。现实中有没有同质化时代？我曾经问过很多餐饮企业一个问题：你的产品跟谁同质化了？事实上，跟谁都不同质化，同质化时代不存在。

就像我是做营销咨询的，我和其他营销咨询公司的产品有同质化吗？没有。

我们的服务完全不一样，连理论思想都不一样，怎么可能跟别人同质化？我真正的困难在哪里？我的困难是做不到自己的产品同质化。

华与华有那么多的成功案例，我们能不能把每个案例都做到像最成功的案例那么成功？答案是做不到。

所以，我想告诉大家，从来没有产品同质化过，从来就没有什么产品同质化的时代。我们的困难并不是我们和竞争对手的产品同质化，以至于消费者区分不开，而是我们无法做到让自己的产品品质稳定，从而实现我们自己的产品同质化。

心智定位的第二个前提是说顾客导向的时代过去了，竞争导向的时代到来了。这是让大家不要去管顾客，只看竞争对手。而事实上，永远是顾客导向的时代，华与华的方法论是非竞争论，即否定竞争导向，强调顾客导向，甚至是社会导向，这是价值观问题。

竞争是一种幻觉，没有一个企业是被竞争打败的，只有自己把自己整败了。企业不是竞争导向，而是顾客导向，就是你有你的顾客，我有我的顾客。经营是找顾客，不是找对手。

除了顾客导向，我们还可以说是自我导向，就是以自己为导向，我认为该怎么干，我就怎么干，认同我的，就是我的顾客；不认同我的，就是别人的顾客。很多人喜欢用兵法讲竞争，讲"商战"，殊不知兵法的原理，也是自我导向的，而不是敌人导向的。《孙子兵法》说："善战者，先为不可胜，以待敌之可胜。不可胜在己，可胜在敌。"要成为不可战胜的，完全在于自己，而是否能够战胜敌人，完全在于敌人。一切都在于你自己的修行，你赢也是你自己赢的，他败也是他自己败的。没有谁能打败谁，都是自己的事。

没有竞争导向，只有顾客导向；更进一步说，顾客导向也不重要，重要的是自己，你自己认为应该怎么做，这是先有鸡还是先有蛋的问题。

很多人习惯研究消费者细分，我们先确定自己要做哪部分消费者，然后，再开发"符合消费者需求的产品"。这完全是想当然！乔布斯就反对这个观念，我也反对这个观念。

事实上，你只要自己复盘回想一下，自己在实际工作中是怎么做的，就会反对这个观念。顾客和产品，哪个是鸡，哪个是蛋？当然产品是鸡，顾客是蛋。

我们在西贝设计儿童餐"家有宝贝，就吃西贝"的口号，带孩子来的顾客就多了。我们之前并没有去细分儿童市场。当家庭顾客越来越多之后，西贝一些同志想要把西贝定位成"家庭友好餐厅",我马上强烈反对!你不要去定,因为将来我们还会有别的产品创意。

企业只有两个导向:一个是自我导向,我认为这个事儿应该怎么干,我就怎么干;另一个是顾客导向,但顾客导向不是意味着都听顾客的。

华与华有一句话叫作"给客户需要的,而不是他想要的",这才是我们咨询的价值。如果我们去调查客户,看他想要什么,然后就投其所好给他什么,那就什么都解决不了。

所以企业首先是自我导向,我有我的观点,我认为应该怎么做就怎么做。然后是顾客导向,以顾客为主。

2. 迈克尔·波特的竞争战略和战略定位

那什么是竞争?我认为真正的大师是迈克尔·波特,他写了一本书叫《竞争战略》。他说竞争不是为了打败对手,也不是为了区别于对手,而是为了获得利润。要获得利润,就受五个力的影响,也就是他的五力模型:

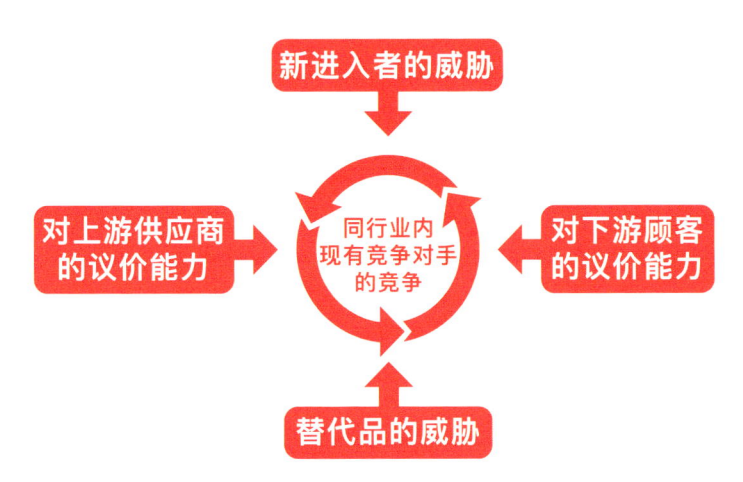

迈克尔·波特五力模型

- 新进入者的威胁
- 对上游供应商的议价能力
- 同行业内现有竞争对手的竞争
- 对下游顾客的议价能力
- 替代品的威胁

迈克尔·波特的竞争战略，其实不是竞争，是词语带来的误解。我改称为"词语假象"。

本质上，波特竞争战略是一种博弈战略，是跟现有的竞争对手博弈、跟上游和下游博弈、跟新进入者博弈、跟替代者博弈。

特劳特式定位的心智战争，只是跟现有竞争者竞争，即使在这里做到了100分，在五力总分中仅占20分，因为他只考虑了五力中的一个力，还有四个力没讨论，他的研究思考不完整，结论对策当然也就不可靠。

不过我觉得迈克尔·波特的《竞争战略》，名字取错了，应该叫《企业博弈战略》。

迈克尔·波特还有一个理念，叫作"战略定位"。这又是一个"词语假象"，不应该叫"战略定位"，而应该叫"战略协同"。

特劳特讲定位，迈克尔·波特也讲定位，但这两个定位不仅不是一个意思，而且迈克尔·波特明确地反对特劳特式的定位。特劳特定位实际上就是说，你要在消费者的心智里面占领一个名词。

但是迈克尔·波特认为这样很容易被别人模仿，我们要做的是"战略定位"。战略定位应该是一套独特的经营活动，这一组独特的经营活动能带来3个结果：

一是创造独特的价值。

二是总成本领先。

三是让其他公司难以模仿。

企业要形成一组独特的经营活动，比如我是做手机的，你也是做手机的，谁也不可能占领消费者心智，说手机就等于他。

但是，我是由六个活动组成的一组独特的经营活动，即使你每一组都模仿到了90%，那就是6个0.9，最终的结果是0.54，这样谁也模仿不了我。模仿不了我不是说你打不败我，而是你玩你的，我玩我的，我们每个人是建立自己独特的经营活动、各有各的精彩，这才是商业世界的主要真相。我们看到苹果、华为、小米、VIVO、OPPO，他们都做手机——当然他们都没有把品牌"定位"为手机——但是他们的"经营活动的组合"就不一样，资源分配不一样，所以他们各玩各的。

现在很多广告公司、营销咨询公司在学华与华，但我并不担心。因为我有一套独特的经营活动的组合，华与华不投标、不比稿，所以我们的绩效就非常高；然后我们每年会投几千万的广告费，可能比其他营销咨询公司加起来的广告费还多。

所以别人一边在号召要投入足够的传播资源，另一边什么也没有投。我历来反对投入足够的传播资源，但为什么我却投了？我反对是因为要大家量力而行，我投是因为我有这个钱，我就舍得花，这才是知行合一。

我在写下这些文字的时候，正是2022年5月，上海已经静态管理超过两个月，虹桥机场一只麻雀都没有，就剩华与华兄弟这个广告还在。机场没有人没关系，我的广告必须在，因为这是我的观念，是我独特的经营活动。如果你要模仿我，首先你也得一年掏几千万广告费出来。

然后我还有华与华文库这么多书，就《华杉讲透〈孙子兵法〉》已经超过100万册了，每年华与华还会举办百万大奖赛，2022年我们还将举办首届500万大奖赛。当这些经营活动加起来，还有人能模仿我吗？

当你有了这样独特的经营活动后，你就能实现创造独特的价值，实现总成本领先和让竞争对手难以模仿。独特的价值和竞争对手难以模仿都好理解，我想重点讲讲总成本领先。

为什么我一直说足够的传播资源不存在？就是因为这句话完全没有考虑成本，但我们在经营里面，成本可以说是企业唯一应该考虑的事情。我们考虑的所有事情，最终都要归结在成本上。德鲁克说，创新就是30%以上的成本领先。马斯克发火箭能回收，这是创新，这创新能有用，是因为它降低了成本。所以，一切经营问题都可以归结于成本问题。在《华与华方法》这本书里，我提出了企业三大原理。第一原理就是科斯的交易成本定律：企业之所以能够存在，是降低社会的交易成本，但是企业内部也有内部的交易成本。企业所有的活动，都必须在成本上要成立，才能实现总成本领先。

这就要求各个活动要相互实现"Strategic fit"。《哈佛商业评论》中国大陆的中文版，就把这个"Strategic fit"翻译成了"战略配称"，现在在中国大家讲的配称，变成了先确定一个定位，然后再用所有的资源集中去"配称"这个"定位"。这还是"词语假象"造成的后果，完全不是迈克尔·波特的思想，或者说，这恰恰是他反对的。

在我国台湾地区的翻译里面，把"Strategic fit"翻译成"策略契合"。我觉得"契合"比"配称"稍微好一点。如果要给它一个准确的翻译,我想把它翻译成"战略统筹",或者翻译成"战略协同",意思就是战略运营活动上的严丝合缝。

所以这个"Strategic fit"本身就是战略定位,而不是去配称或突出一个定位。它是最佳组合、最优组合,它是环环相扣、相得益彰的组合,是为了服务于总成本领先。因为它们共享成本平台,是在一个平台上干了很多不同的事儿,实现了总成本的领先。

我们来看一下迈克尔·波特的原文:

Fit drives both competitive advantage and sustainability.

简体中文版把这句话翻译成:配称可以增强竞争优势和可持续性。fit到底是什么意思呢?原意就是适合、合身、刚刚好、相配、组装,就是"一套合适的经营活动的组合"。迈克尔·波特所指的战略定位,fit是指这一整套组合。"配称"这个词也可以用,是搭配和相称,但这搭配和相称是没有中心的,是整体的搭配和相称,不是用所有资源去"配称"一个"定位"。

接着看:

Fit locks out imitators by creating a chain that is as strong as its strongest link.

Fit通过建立一套环环相扣、紧密连接的锁链,将竞争者挡在门外。

Strategic fit among many activities is fundamental not only to competitive advantage but also to the sustainability of that advantage. It is harder for a rival to match an array of interlocked activities than it is merely to imitate a particular sales-force approach, match a process technology, or replicate a set of product features.

简体中文版翻译:各项经营活动之间的战略配称不仅对竞争优势的建立,而且对这一优势的保持至关重要,竞争对手也许可以复制你的某项单独活动,例如特定的销售方式、工艺技术或者一系列产品的性能,但是很难复制相互关联的整个活动系统。

这里的翻译我有两个地方不满意,第一个是Strategic fit翻译成"战略配称",应该翻译成"战略契合"。即使是"配称",配称也是形容词,不是动词,是一种搭配相称的状态,不是去配称某个定位。二是interlocked翻译成"相互关联",把意思翻译弱化了,这是核心,fit就是interlocked,是环环相扣的锁链,也可以把Strategic fit翻译成"战略活动链"。

迈克尔·波特最后总结说:

Strategy is creating fit among a company's activities.

简体中文版翻译：所谓战略，就是在企业的各项经营活动之间建立一种配称。

迈克尔·波特说，定位不是定位在一个品类上，而是一组独特的经营活动，这套独特的经营活动，就是战略定位。所以我觉得他用错词了，他不应该使用"定位"这个词，就叫"战略契合"，这样就不会造成那么多理解和解释的混乱了。

华与华2022年新干了一件事，我们新成立了海南华与华产业基金管理有限公司，做了一支产业基金。我肯定这支产业基金能赚钱。

华与华的客户量很大，而且基本上每年都会增加10个左右，这个基金公司能够成功赚钱，前提就是只投华与华客户，别的项目再好我们也不投。因为一旦你要投别的项目，你就变成了投资平台，而不能做到共享成本，华与华的产业基金，就和一般的基金一样，是同样的经营活动组合，不是独特的经营活动组合。

华与华产业基金管理有限公司经营活动的独特之处在于，只投华与华的客户，我们在做咨询的时候，基本上就给他做完了尽职调查，这样大量的成本都在这个地方消化了，能够共享成本平台，这样一来，这个基金公司即使只有两个人也够了。

fit，就算它翻译成"配称"，不是资源配置，而是经营活动的环环相扣。所以，不存在上文说到的"需要配称多少广告费"的问题。投广告，是一个经营活动；不投广告，是没有投广告这个经营活动。在你的经营活动组合策略中，有没有安排投广告这一项，是战略问题。怎么能预先设定必须投广告呢？

我们还要在理论上、哲学上，把迈克尔·波特的战略定位和特劳特的定位彻底区分清楚。用培根的"剧场假象"来说，这根本就是两个完全不同的剧场！

特劳特的定位，是营销定位，是广告定位，没有什么技术含量。迈克尔·波特的战略定位，根本不在营销范畴，而在企业战略范畴，根本就没有讨论营销问题。这两个"定位"，风马牛不相及，不能扯到一块儿。

考察企业，有不同的角度，一般情况下，我们把企业看作一套产品的组合，各个行业，都是按产品来划分。迈克尔·波特了不起的地方在于，他不是把企业看作一套产品的组合，而是看成一套经营活动的组合，他的战略定位理论，是一个管理会计的视角，是"作业成本法"的视角，一套独特的经营活动的组合，就是一个独特的成本结构。通过对这个结构的设计，来实现总成本领先，而且成本越做越低；同时，对手难以模仿，壁垒越做越高，从而创造可持续的竞争优势。

重要的话重复一遍，迈克尔·波特的战略定位理论，是一个管理会计角度，是作业成本法。展开这个问题，不是本书的任务，我就把结论写在这里，给懂得的人研究。

总结来说，竞争战略应该叫企业博弈战略，战略定位应该叫战略契合。"Strategic fit"不是集中所有资源去砸一个定位，"Strategic fit"是创造协同效应，为了实现总成本领先。

回到华与华产业基金的例子，就是经营活动的组合创造协同效应。如果按特劳特的定位来说，华与华的"定位"是什么呢？既不是咨询，也不是投资。

3. 回归4P理论

（1）《整合行销传播》是误人子弟的学术胜心。

舒尔茨在《整合行销传播》的开篇第一章就说：

"4P（产品、价格、通路、促销）已成明日黄花，新的行销世界已经转向4C了。新的观念如是说：把产品先搁到一边，赶紧研究'消费者的需要与欲求'，不要再卖你所能制造的产品，而要卖某人确定想购买的产品。暂时忘掉定价长期策略，快去了解消费者要满足其需要与欲求所须付出的'成本'。忘掉通路策略，应当思考购买的'方便性'。最后，请忘掉促销。20世纪90年代的正确词语是'沟通'。"

我认为这段话就是对营销进行盲人摸象的典型案例，是由于对企业经营缺乏基本认识，简单地站在所谓"客户立场"而发出的半吊子言论。

年轻人进入营销或广告行业，如果从4P入门，还能搭起一个基本有用的知识架构，如果上来就入了所谓4C的歧途，可能一辈子都弄不清营销是怎么回事，这样的人在我们身边太多了！

第一条，先说产品，他把产品搁到一边，去研究消费者的需求。对于这点，就像乔布斯说的，消费者根本不知道自己需要什么样的产品。就像我们做咨询的，要给客户需要的，而不是他想要的。

第二，对于"价格"，他说："暂时忘掉定价长期策略，快去了解消费者要满足其需要与欲求所须付出的'成本'。"这句话完全是错误的。首先，我们从来没有不考虑消费者就定价，那是做不到的。相反，简单地把价格理解为消费者愿意掏多少钱，就大大丧失了价格作为营销战略重要一环的主要意义。

定价格首先不是考虑消费者的承受力，不同的消费者、不同的购买理由，就有不同的承受力。定价格是营销模式的选择和产品价值的定义，以及如何设计和销售商的利益分配。

在营销中不仅有消费者利益、企业利益，还有销售商利益，这三者利益的满足，才构成营销行为。前面说的药店会把一些药品藏起来，价格本质上就是利益分配问题。

再举一个简单的例子：同样是复合维生素矿物质片，安利纽崔莱、黄金搭档和施尔康等品牌的定价策略是完全不一样的。这三者分别涉及直销通路、商超通路和药店通路。

王老吉如果当时不是定4块钱，而是定2块钱，他就成功不了，因为他就没有钱去打广告。如果是看消费者的成本，那定2块钱就是最好的。根据经济学的供求曲线，价格越低，销量需求就越大。但在营销上，并不是靠供求曲线就能够解决问题的。

价格是一个企业与顾客，以及所有通路的参与者的利益分配问题。不同的营销模式，就会有不同的定价，这跟消费者的关系不大。在牙膏的定价普遍是几块钱的时候，为什么云南白药牙膏能定价到二十多块钱？这并不是定价定错了或者他们有多聪明，只是因为他们是做药的，牙膏的销量对其没有影响。

所以，你一分钟也不能忘记定价的长期策略，定价是营销最重要的核心之一。影响价格最大的因素，第一是你想卖多少钱，第二是你选择哪些销售者以及如何和他们分配这些钱，第三是你如何让消费者同意你的产品值这么多钱。

我们经常看到同样品质的东西因不同品牌而价格差几倍，这价格是你做出来的，不是"了解"来的。价格不光是消费者的购买成本，还有品牌的价值感和营销的利益链条。

第三，再说渠道，4C对渠道的理解更是惊人地不负责任，它号召我们"忘掉通路策略，应当思考购买的'方便性'"。如果通路只是购买的方便性，那营销课都不用上了，方便性只是一个销售终端的问题。

4P理论说通路是指在商品从生产企业流转到消费者手上的全过程中所经历的各个环节和推动力量之和。这"各个环节和推动力量"不是消费者，而是销售者，是一群活生生的、有强烈利益诉求的人。

渠道能力首先是你对这些环节和力量的动员能力和控制能力。简单地说，营销包含两件事：一是让消费者向我们买，二是让销售者替我们卖。渠道策略，就是解决销售者愿意积极地替我们卖的问题，解决如何最大限度地整合利用销售者的资源的问题。如果只有消费者愿意向你买，没有销售者替你卖，消费者又去哪里买呢？购买的方便性从何而来呢？

稍微有三个月营销工作经验的人都知道，渠道还有一个很大的问题，就是价格体系的维护，不要串货，不要乱了价格。价格一乱，消费者的获得成本是低了，但企业垮了，消费者再也得不到我们的产品了。

所以涉及不同的渠道，甚至还要开发不同规格的产品，比如电商产品和线下终端产品不一样。产品、价格、渠道，息息相关，一环扣一环。

渠道的本质，是企业和销售商的统一体。如何构建和管理这个统一体，是营销最重要的工作。

至于将促销（Promotion）改为客户沟通（Customer Communication），首先Promotion不能译成促销，译成推广更准确。其次是推广还是沟通，可不能简单地这么说，推广的效率比沟通要高得多，这是个传播学问题，这里就不展开讲了。

所以，4P理论才是真的博大精深，产品、价格、渠道、促销，简单的4个词，就搭建起我们整个营销思考、谋划的框架，这4个方面相互关联、环环相扣。比如价格与渠道模式和利益的关联，如何针对不同的渠道开发不同的产品等，一辈子都学不完。

年轻人要老老实实学习4P，别让4C给整偏了。"为赋新词强说愁"的山寨理论层出不穷，只有超过50年历史不倒的理论才是靠谱的。不要以为"时代不同了"，世界的本质从未改变，未来也不会改变。

为什么社会上不断地有"新理论"出现呢？这不是现代社会才有的现象，千百年来社会一直就这样，王阳明解释过这个问题，他认为之所以不断地有误人子弟的新理论产生，是因为有"胜心"，"其说本已完备，非要另立一说以胜之"。

（2）营销4P的华与华观点。

华与华与高校合作成立了一个课题组，编写一本基础的营销入门教材。这本书将梳理从19世纪末一直到今天的营销理论史，最后定宗为4P是唯一正统的营销理论。

首先，我们要解决对"营销"的定义。美国市场营销学会（AMA）2013年7月将营销定义为：市场营销是为向顾客、客户、合作伙伴和社会提供具有创造、沟通、传递和交换价值的产品的系列活动、职能及过程的总和。

像很多社会科学的定义一样，后人总觉得前人没说完整，要修改添加，真理就越来越模糊。我们要求回到AMA在1985年给营销下的定义：市场营销是个人和组织对理念（或主意、计策）、货物和劳务的构思、定价、促销和分销的计划与执行过程，以创造达到个人和组织目标的交换。

比较一下，2013年的定义，说了等于没说，你不知道要做什么；1985年的定义，则非常具体，全是具体工作，是营销人员要干的活。以AMA1985年定义，结合4P，就是营销正道。

华与华对4P的观点是：

① 产品就是购买理由。

② 价格是三个利益分配——分别是与顾客、渠道和竞争对手的利益分配。

③ 渠道是企业体制外、结构内的组织共同体。

④ 推广是整个品牌传播。

以下分别做一具体说明。

产品就是购买理由

产品就是购买理由的封装，产品开发就是开发购买理由。麦克卢汉说："商品即信息。"这个信息，就是购买理由。洽洽每日坚果，之前叫"洽洽缤纷果仁"，"缤纷果仁"传递的信息非常模糊，"每日坚果"就有强烈的购买和使用指南——这是你每天都需要补充的坚果营养。

汉庭酒店的购买理由是："上好网、洗好澡、睡好觉"，按这个要求来设计产品配置，取得了成功。在模仿者增加、创新红利结束后，重新设计购买理由，"爱干净，住汉庭"，产品配置在清洁上加强。

物理的产品是购买理由，服务产品更是购买理由。以华与华为例，华与华是品牌营销传播咨询公司，我们开发了一个产品叫"超级符号"，成为华与华的拳头产品，也成为中国营销咨询市场的名牌产品。后来，当我们希望客户能长期留在华与华，成为我们的终身客户，我们重新封装了一个购买理由，就是本书的主题——华与华品牌五年计划。华与华的服务内容并没有做任何改变，但是购买理由变了，客户的行为反射也会改变，这就是前面1985年定义所说的，对产品的重新构思，以达到实现企业目标的交换。

无形的服务，以购买理由封装服务产品，比物理的产品更为重要。一些公共机构，比如世界自然基金会，设计不同领域的自然保护计划，就是一个个不同的"公益产品"，以各自的购买理由，"销售"给捐助者。

城市也是产品，也是购买理由，华与华为我的家乡——贵州省道真县进行城市品牌营销策划。我们为道真县开发的购买理由是"要想身体好，多往道真跑"。对城市产品的定义，是"全域森林康养示范县"。针对道真县的树种，在四大森林康养最佳树种中占了三种：松树、杉树、柏树。我们又开发了一个产品：松杉柏康养三友。由于主要针对重庆市场，我们专门把一片最好的森林命名为"重庆森林"，这又是一个产品开发，也是一个重庆客人来的理由。来康养，要吃，要玩，"灰豆腐、党参鸡，周末道真看傩戏"。三个特色产品又组合起来了。

由此可以看到，产品就是购买理由，营销从产品开发开始，而产品的构思源自购买理由。

价格是三个利益分配

价格是三个利益分配——分别是与顾客、渠道商和竞争对手的利益分配。如果扩大一点，还包括对员工、上游企业、各种中介机构以及一切利益相关者的分配。

顾客掏钱购买我们的产品，定价高低，就是我们和顾客的利益分配。

产品通过渠道销售给顾客，我们分配多少利益给中间商，分配给哪些中间商，不分配给哪些中间商，决定我们的定价。以OTC药品为例，现在你到有的药店买药，最好的柜台陈列位的药品，基本都是你不认识的。你想要买的名牌产品，你往往都找不到。为什么呢？因为名牌产品往往投入了广告宣传，他把利益分配给了广告商，就没有更多利益分配给渠道商，药店销售名牌药品的毛利较低，他就把这些名牌药品"藏起来卖"。因为另一些生产同类药品的厂家，无法投资建立品牌与名牌药品竞争，他们就与渠道商、零售商结盟，把利益分配给药店，获得药店的最佳陈列位支持和店员的推荐。中国制药行业的品牌药模式、普药模式、处方药模式，三种不同的营销模式，就是三种不同的渠道模式，也是三种不同的定价和利益分配模式。

与竞争对手的利益分配，主要是领先者与新进入者的利益分配。你定价高，新进入者就容易以低价进入市场，参与竞争；你定价低，新进入者就很难进来。

我们以手机行业为例。

苹果开创了智能手机，它选择了高定价，而且是封闭价值链，除了给广告商利益，其余谁都不给，渠道、门店全部都是自己的，它把所有的钱都自己赚尽。

如果苹果手机定价低，后面的小米、华为、VIVO、OPPO手机都不会诞生了，苹果定价高，就给了它们进入市场的机会。小米的成功，就是低定价，低价就是把利益分配给了消费者。VIVO、OPPO是以上几家中最后进入市场的，它们把利益分配给了渠道商、零售商。

所以，每个品牌的定价背后都是不同的利益分配方案。

华与华的定价原则，是对于大企业来说，完全不需要考虑的小钱；而对于小企业来说，蹦一蹦也够得着。这样的目的，是实现最大客群覆盖和最大经营规模，实现"咨询业的丰田"的目标。而咨询业的出品质量和规模是正相关的。咨询业不存在"小而美"，只有大规模经营，才能获得大规模数据，才能形成学习曲线、经验曲线。以"三个利益分配"的理论来说，我首先把利益分配给了顾客。其次，我们每年按收入10%投入广告，分配给广告商。再次，实现员工，特别是合伙人的高收入。我把合伙人和骨干员工视为公司最大的竞争威胁，因为其他公司不懂得我怎么做，而合伙人、骨干员工掌握华与华方法，如果收客户的价格高，分配给员工的钱少，中间的套利空间太大，员工就容易出去创业，而且以公司一半的价钱撬走客户。而收客户价格低，分配给员工的钱多，客户和员工两方"叛变"的动力都不大。现在咨询公司不断分裂的都是因为收客户钱太多，而内部分配太少，就危立于高墙之上，很容易摔下来。高定价带来规模小，学习速度慢；内部分配少导致团队不稳定，公司就很容易被市场淘汰，不仅从经营上，而且从知识上被淘汰。

总之，你分给别人的利益越多，你就越安全。

华与华的定价还有一个目的，就是形成一种类似"订阅制"的模式。高价的咨询，客户期望值大，要定大计，办大事的时候才做一次，三年不开张，开张吃三年。如果是"会员制"，会员经常来消费，比一单一算要好些。华与华希望形成一种"订阅制"，无论有事没事，总之这钱都一直交着，有事的时候就赚大发了，没事的时候也不心疼。

渠道是企业体制外、结构内的组织共同体

华与华方法对渠道的观点，最重要的是把渠道看成一个组织，是企业和外部合作伙伴的共同体。所以，我们更多的是从组织行为学来看渠道，而不是简单地从分销来看渠道。一个组织，有成员、有层级、有章程、有文化、有仪式、有奖惩、有激励，当然，还要有领导，有使命、愿景、价值观，有"组织生活"。企业对渠道组织所体现的，就是一种领导力。有领导力，才能贯彻企业的意志，推动企业营销活动和政策的执行。

企业是渠道商的致富带头人，要满足渠道商日益增长的发财和发展的需要，所以，要制定明确的使命、愿景和价值观。企业也是渠道商的学习带头人，有责任为渠道商提供管理咨询服务，帮助他们学习、进步、成长。企业还是渠道商的组织关系，要安排组织生活，打造组织文化。这种组织文化，应该是企业文化的延伸，扩大企业文化半径和企业文化软实力。晨光文具的"伙伴天下"渠道模式，就是这方面的典范。

推广是整个品牌传播

营销和品牌哪个大，谁包含谁？华与华的答案是营销大。我们把品牌放在营销4P的第四个P——Promotion里面。Promotion本身就有促进和提升的意思，而这正是品牌的功能。我们为什么要建立品牌呢？就是为了促进产品销售，推广品牌文化，提升我们的影响力。

华与华方法的推广有几个重要观点。

其一是推广从命名开始，比如鲜啤30公里，克刻冰喉30分钟润喉糖，晨光孔庙祈福考试笔，命名即推广。

其二是充分发挥元媒体的推广功能，如包装和店面视觉推广系统。

其三是由内而外、由近及远地安排推广工具，如西贝从菜单、店内元媒体、不用问路到门口的商圈广告，再到电梯媒体、机场安检框媒体等媒体广告。

其四是发动播传，如蜜雪冰城传遍全球的广告歌"你爱我，我爱你，蜜雪冰城甜蜜蜜"。

其五是开发公关产品，如奇安信北京网络安全大会，华与华超级创意百万大奖赛，华与华500万元品牌5年管理大奖赛。

其六是最重要的，每一个推广工具，每一次推广，都是对品牌的长期投资，都是品牌文化建设。

以上为营销4P的华与华观点,不是本书的任务,是下一本书的预告。

4. 华与华的企业战略洞察

4.1 年度战略重心会

华与华在每年三月三知胜大会上,各项目组汇报的策略能不能胜,由我来做判断。我要求每一位同事在汇报方案之前,要知道自己的方案能不能胜。这就是中国历史,谋士的传统:临大事,决大疑,定大计。如果你不能知道方案能胜,至少你要知道它不能胜;知道不能胜,你就不会来汇报,而是继续想!

智慧进步的过程,就是从无知无畏,进步到知不胜,再进步到知胜。从不知不觉,到后知后觉,到先知先觉。

怎么样能知胜呢?知胜报告包括5个条目:年度目标、战略重心、决胜点、关键动作、时间节点。如果说《孙子兵法》有五事七计,这就是华与华的年度五事七计。就这5个方面,至于你是七计还是八计,看你计划有几个动作。

年度目标,首先要制定一个正确的目标。一个企业销售规模是5亿,他制定三年实现50亿的目标;这可能是一个正确的目标,也可能不是。但是,如果他三年要从5亿到50亿,每年的广告费投入就要5亿起步,那就是赌命了。

这样的目标,能知胜吗?当然不能,但是,因为"做行业老大"的欲望,会诱使无数企业家跳进刀山火海,愿意赌下全副身家。

华与华首先不要这样的目标,我们通常将目标定得比较低,因为我们关注的主要是风险。而且,正如德鲁克所言,"人们总是大大高估了一年所能取得的成绩,而大大低估了30年、50年所能实现的目标",这都是人类认知能力的普遍缺陷而已。我们定年度目标,除了业绩目标,还有品牌资产的目标,正如年轮经营,一年有一年的品牌积累,把投资变成资产。

战略重心,要把复杂的战局浓缩为一个主要的重心,这几乎是人类历史上所有战略家的思想,也是哲学上的抓主要矛盾。找到战略重心,锁定决胜点,然后,不要复杂的动作,而是浓缩为一个简单的关键动作,把所有的力量投入到这一个动作上。这个动作什么时候干，就是时间节点；或者说，一年有三五个动作，那就列出这三五个动作的时间节点。

动作越少越好，少干活，多挣钱。

以汉庭酒店为例，战略重心就是"干净战略"，营销传播上的关键动作只有一个，就是"爱干净，住汉庭"的口号，也是我们的注册商标，上到酒店大楼楼顶，除此之外，不需要做任何广告拍摄和投放的动作。我们拍摄一些广告片，也没有预算去播，实际上在酒店大楼元媒体上刷标语就已经解决问题了，去投广告纯属浪费。比如去投一个波次的广告，既不能长期持续，做那么一下两下的基本就是自娱自乐，浪费时间白花钱。

任何事情，不能长期持续，只做一次的，都不要做。做一件事，就做一辈子；投一个广告，也投一辈子；占一个广告位，还是占一辈子。每一个动作，都是终身动作，临终再嘱咐子女接着干的动作，这就是成功之道。汉庭的广告，只需要一个动作，就是刷"爱干净，住汉庭"的标语，其他都是废动作。

那么，除此之外做什么呢？就是提高清洁师地位，搞全国清洁大赛，让清洁师成为英雄，不仅成为我们公司的英雄，而且要成为全国人民的英雄。而在这个具体的行动过程中，自然会生发出很多营销传播的内容，它自己会冒出来，不用你策划。为此，我专门请了日本的清洁英雄——成田机场的清洁工新津春子到汉庭培训演讲。新津春子的父亲是日本人，母亲是中国人。20世纪80年代，日本政府接回当初他们抛弃在中国的孤儿，新津春子当年17岁，全家移民日本，在成田机场做了一名清洁工人。她在这个平凡的岗位做出了不平凡的成绩，成为日本首席清洁大师，出版了很多关于清扫的著作，也成为电视节目上的名人。我想，中国的新津春子就应该出现在汉庭，而且中国社会需要这样的英雄。在20世纪50年代，我们还有掏粪工人时传祥这样的模范，得到国家主席刘少奇的接见。今天的时代，同样呼唤这样的精神，我们的品牌代言人，可以在我们自己的清洁队伍中涌现出来。

▲ 日本清洁英雄

但是，我这样的想法很难得到理解。在我的客户中，极少有人理解我的思想。大多数只是觉得我的创意不错，接地气，简单粗暴，直接有效，总之，都是一些浅薄可笑的认识。所以，我要不断地写书，还要自己率先示范。

4.2 企业战略菱形模型

《华与华方法》一书中写道，我们要重新定义企业社会责任。企业社会责任不是企业在经营之外的义务，而恰恰是企业的核心业务。

企业是社会的器官，企业的社会责任，就是企业为社会承担解决某一方面问题的责任。这是企业的宗旨。

我们还要重新定义企业的经营使命。什么是"使命"呢？"使命"就是"重大的责任"。所以，企业的经营使命就是企业为社会承担的重大责任。

我们的企业是否能够基业长青，就看我们有没有为社会承担重大的责任和使命。我们给自己的公司找定位，就是要找到这样一个责任定位。

根据我们对企业社会责任和经营使命的定义，我们就要重新定义企业战略。

这里所指的企业战略，主要是指企业的业务战略——业务组合和产品结构。我不是要定制一个战略来解决那个社会问题吗？我的战略，就是该社会问题的解决方案，是一套解决办法，是一套业务组合和产品结构。我用这些产品和服务保障该社会问题得到解决。

战略也没有共识，比如一组经营活动的最佳组合，选择做哪些活动，不做哪些活动，是战略选择问题，是价值创造问题，也是管理会计问题——总成本领先本身是管理会计的作业成本法，作业决定成败。同时，也是企业基因问题，那个活动你可能"该"做，但是没有那个基因，你就是做不了。

还有最根本的，是经营使命问题，企业价值观问题。不符合你的使命，不符合价值观，也可能不做。这是永恒的哲学问题和人生选择，只能一企一策，一事一议。

至于华与华方法的定位，我们讲三个层次的定位。

第一定位，是经营使命定位。这是定位我为社会解决什么问题，也是社会分工定位，定位自己一生的使命。

第二定位，是业务战略定位。我的业务是什么？我提供哪些产品和服务？就是在华与华"三位一体"战略模型里的企业战略，用一套产品和服务，去解决社会问题。

第三定位，是经营活动定位。就是迈克尔·波特的战略定位，是一套独特的经营活动组合，实现独特价值，总成本领先和竞争对手难以模仿。

最终我选择经营使命、业务战略、经营活动，作为华与华方法的企业三大定位。

第三定位支持第二定位，第二定位实现第一定位，第一定位是最终目的，始终服务于社会的目的，这是本质。

将之前的华与华方法企业战略"三位一体"图和经营活动组合对战略"三位一体"的支撑联系起来，就得到华与华企业战略菱形模型。可以说，这是我们学习科斯+德鲁克+熊彼特+迈克尔·波特的成果。所有的理都是一个理，就是儒家说的"理一分殊，一理万殊"，为往圣继绝学，融会贯通的结果，就是这样：

华与华企业战略菱形模型

（1）小葵花的战略洞察。

2007年，华与华开始和葵花药业合作。那个时候葵花有两个拳头产品：一个是葵花胃康灵，一个是葵花护肝片。这两个产品的销量大概都是3.5亿，加起来7个亿，其他所有产品一共1个亿，加起来8个亿的规模。而且，在8个亿的规模上已经徘徊了两三年，也没有进步。

这时候客户给我们一个任务：怎么能给葵花找出第三品？我们说这第三品不是品种的品，而是品类的品。这就给他们提出了儿童药的战略。

给葵花提出儿童药的战略，首要原因是基于他们的资源禀赋。他们的资源有12个儿童药的非处方药产品。次要原因是我从1999年开始就想做一个儿童药的品牌。

1999年，我还在深圳，有一天翻报纸，看到个豆腐块文章说，我们国家没有专业的儿童药。孩子吃药都是拿大人的药掰一半来吃。我就想起我们小时候，吃药是拿大人的药，把它掰成小片来吃。那么，专业的儿童药应该是什么样呢？首先，儿童的药和大人的药里面的配方不是完全一样的，直接拿大人的药来掰开吃，本身就是对儿童不负责任。其次，用量要根据孩子的体重，10千克的体重吃多少，15千克的体重吃多少，30千克的体重吃多少，根据体重有一个精确的用量。所以，现在的儿童药后面的说明书上都有一个表格，一边是体重，另一边是用量，但以前都没有。过去的药品说明书上加一句话叫"儿童酌减"，所谓酌减，就是你看着办。那不是太不负责任了吗？

这就是一个社会问题，也是一个商业机会，华与华就给葵花规划了一个儿童药的战略。从我们的非处方药开始，通过研发、收购、兼并，取得处方药的产品，再取得保健品，再取得类似强生的那些痱子粉、止痒膏、婴幼儿沐浴露等儿童个人护理产品。这样就形成了一个产品组合，我设想可以形成一个30亿规模的儿童用药和健康用品的战略。这30亿的规划在10年后得到了完全实现。

所以，我们的企业社会责任，就是保护中国儿童用药安全。我们的经营使命，就是保护中国儿童用药安全。我们用什么战略来保护中国儿童用药安全？就用这套产品和业务组合的规划，以及未来的研发投入。

在儿童药品牌形象上，华与华创作了一个小葵花娃娃的形象来代表儿童药。用这个形象统一了全部的包装，拍摄了大家熟悉的那个广告："小葵花妈妈课堂开课啦，孩子咳嗽老不好，多半是肺热，用葵花牌小儿肺热咳喘口服液。"

为什么我们的第一句话是"小葵花妈妈课堂开课啦"呢？这就是华与华方法里面讲的战略企图和起手式（上手的第一招）。因为我的战略企图不是只卖这一盒药，而是保护中国儿童用药安全，建立起整个儿童药品和健康护理的品类品牌。所以，我的起手式就是建立起妈妈课堂，以后我还要推介别的东西，还要销售别的东西。

所以，广告文案的背后是整个企业战略，是设计战略的人在设计产品，在设计品牌形象，在设计包装、创意广告。这在华与华，我们叫作所有的事都是一件事。所以，华与华是战略家、创意人，既为企业制定战略，又能用创意来引爆战略。

我们为葵花儿童药设计的整个产品结构和业务组合的规划，也就是前面说的企业战略，不是企业的战略，而是企业为解决某一社会问题，为社会制定的战略。

对于葵花儿童药来说，这是解决中国儿童用药安全问题设计的一个战略。葵花儿童药的收购和研发都以这个规划为指导进行。今天，葵花药业也成了中国儿童药的领导品牌。

▲ 葵花药业价值版图　　▲ 葵花药业系列包装总图

（2）华与华的战略规划。

对华与华自己的战略思考和规划，我们也是按照企业战略菱形模型来思考的。华与华的第一定位，华与华解决什么社会问题呢？华与华的经营使命定位，就是一句话：让企业少走弯路。

作为咨询公司，我们不是以企业成功为使命。以我的观念，成功的人遇上谁他都能成功，而且遇上谁，本身也是他的选择。不能成功的人，谁也帮不了他。

少走弯路，是我们最基础的价值观。最高的效率是不返工，最快的进步是不退步。让企业少走弯路，也是让企业少犯错误。

华与华的第二定位，业务战略定位，产品和服务，"让企业少走弯路"的解决方案就是咨询服务、华与华文库、华与华商学院课程、华与华百万创意大奖赛四大业务。

咨询服务是华与华的"战略营销品牌创意咨询"，华与华＝战略咨询公司＋产品开发公司＋广告公司，为客户提供企业战略、新产品开发创意、品牌战略、营销策划、包装设计、广告创意等一系列全案服务。基于我们"所有的事都是一件事"的思想，在一个系统，用一个团队，将以上所有事情一次做全，一次做对，解决"让企业少走弯路"的问题。

为了建立这一套哲学和思想，写作本身是我的第二项经营活动，如今已经完成出版的《华杉讲透〈孙子兵法〉》《华杉讲透〈论语〉》《华杉讲透〈孟子〉》《华杉讲透〈大学中庸〉》《华杉讲透王阳明〈传习录〉》，就是对孙子兵法、孔孟王道、阳明心学的哲学和思想体系的梳理。

第三个业务是华与华商学院课程，有超级符号品牌线下课、线上直播课，未来还会有战略营销品牌方面的课程孵化。

第四个业务是华与华百万创意大奖赛，这是华与华内部的创意比赛活动。2014年开始每年一届，到2019年第六届，开始对外销售门票，成为公开赛事，但参赛项目限于华与华公司内部案例，未来也可孵化为全球性品牌营销赛事。

支撑这4项产品和服务的经营活动组合，也是非常独特、非常适合的，环环相扣，相得益彰。所以这是华与华的战略定位，是独特的经营活动组合，是管理会计问题。

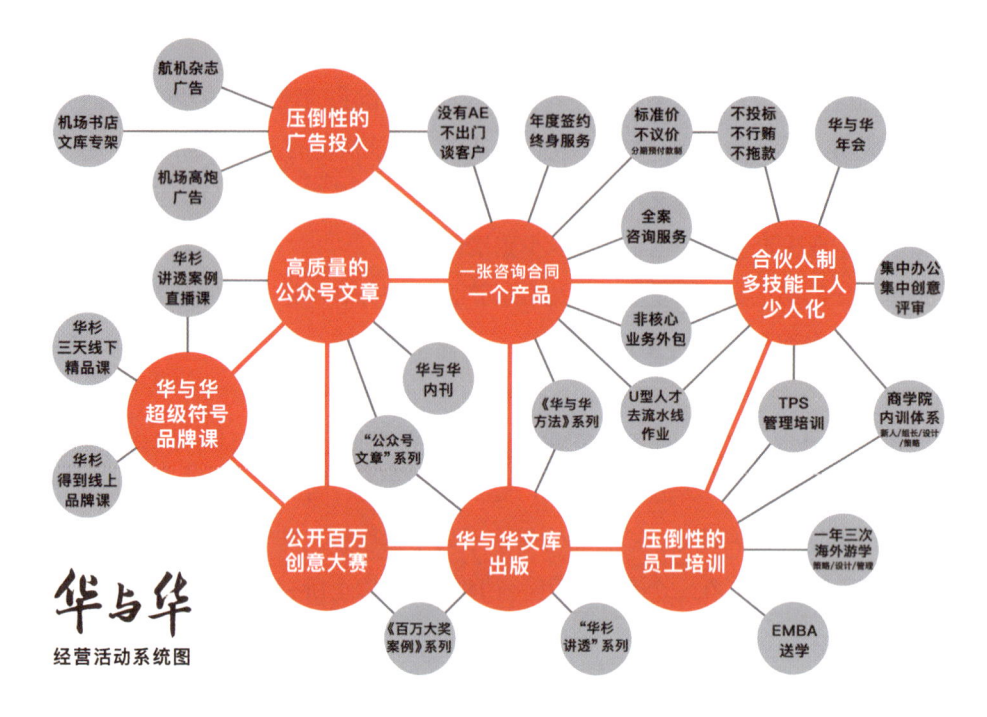

▲ 华与华经营活动系统图

4.3 企业五个市场模型

  企业有五个市场，要"一个本体，五个市场"，而不是只有一个顾客市场。
  五个市场分别是顾客市场、资本市场、政策市场、人才市场、公民社会。
  所以我们有五个方面的客户：顾客、投资者、政府、人才、社会公众。
  很多大公司把这五个市场分开，分给不同的部门，对顾客的有市场部、品牌部，对投资者的有投资者关系部，对公众的有公关部。然后就把一个事情肢解成了若干零碎事项，相互还有部门墙，不是在一个本体、一个战略下一次成型、一体解决。

华与华"五个市场"模型

顾客市场
资本市场
一个本体 五个市场
人才市场
政策市场
公民社会

2012年，华与华开始和360合作。当时360的主要业务战略是做手机，华与华为360做了一个新的战略定位——互联网安全。定位互联网安全，有两个理由：

一是社会的重大问题和需求，不仅是顾客的痛点，同时也是社会的痛点。

二是360的品牌基因和资源禀赋。

按华与华企业战略菱形模型，企业战略＝企业社会责任＝经营使命。

我们提出360的企业社会责任——保护中国互联网安全。

360的经营使命——保护中国互联网安全。

360的企业战略——不是360的战略，是360要拿出一套保护中国互联网安全的战略，拿出一套保护中国互联网安全的业务组合和产品结构，用这一套产品和服务来解决中国的互联网安全问题，并且持续保持领先。

360定位保护中国互联网安全之后，给公司的品牌公关工作带来了巨大的改变。

在顾客市场，新增加了to B的互联网安全业务，每年以100%的速度增长，国家安全部门、政府部门、大型企业都成为他们的客户。

在政策市场，没有网络安全，就没有国家安全，360的事业与国家安全、社会公众安全联系在一起，赢得了政府的支持。

在资本市场，360得到全力支持，回归A股上市。

在人才市场，360成为互联网安全人才心目中的圣地，并且推动中国的大专院校开设互联网安全专业。

在公民社会,360成为互联网安全的"守护者"形象。

一个本体,五个市场,可以用博弈论来理解,那就是扩大游戏的参与方,扩大我们的利益相关者,也培植了我们生存的土壤,实现基业长青。

第四章

第4~5年　社会企业　公民品牌

第4~5年：社会企业　公民品牌

模块8：产品结构及新产品开发　　模块9：公关及公益战略

最佳实践：洽洽

最佳实践：奇安信

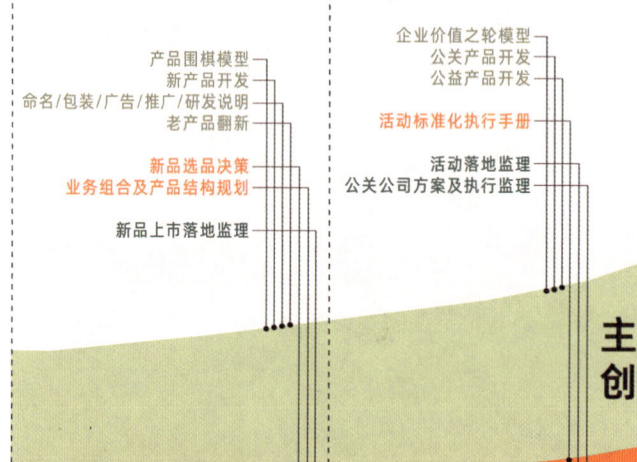

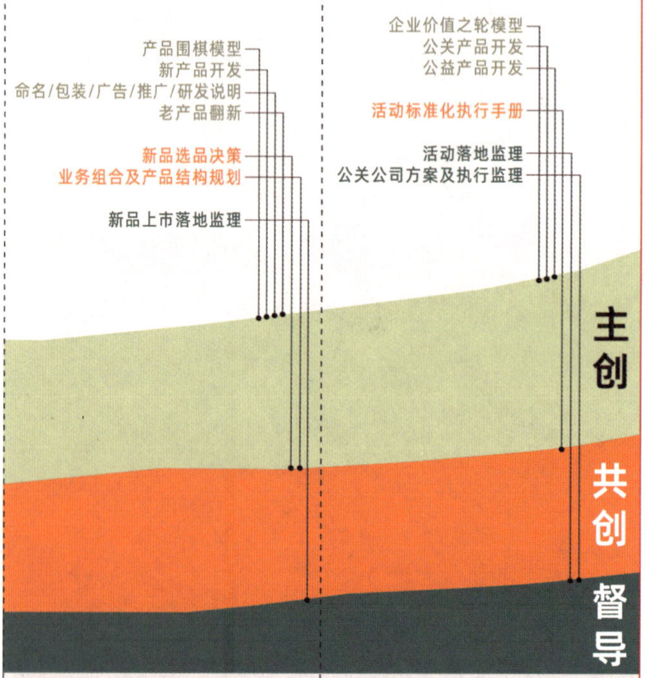

模块8：
- 产品围棋模型
- 新产品开发
- 命名/包装/广告/推广/研发说明
- 老产品翻新
- 新品选品决策
- 业务组合及产品结构规划
- 新品上市落地监理

模块9：
- 企业价值之轮模型
- 公关产品开发
- 公益产品开发
- 活动标准化执行手册
- 活动落地监理
- 公关公司方案及执行监理

主创　共创　督导

模块8：产品结构及新产品开发　　模块9：公关及公益战略

本章目录

一　模块8：产品结构及新产品开发　　　　　　　　　　231

　　1. 围棋模型理论　　　　　　　　　　　　　　　　231

　　2. 产品开发　　　　　　　　　　　　　　　　　　234

　　3. 洽洽的产品战略　　　　　　　　　　　　　　　236

二　模块9：公关及公益战略　　　　　　　　　　　　　240

　　1. 社会责任　品牌公民　　　　　　　　　　　　　240

　　2. 华与华企业价值之轮　　　　　　　　　　　　　242

　　3. 华与华品牌三大理论　　　　　　　　　　　　　251

　　　　3.1 目的哲学与华与华品牌三大原理　　　　　　251

　　　　3.2 口语哲学、文化的定义与华与华品牌三大理论　252

　　4. 百年品牌的养成和管理　　　　　　　　　　　　255

一

模块8：产品结构及新产品开发

1. 围棋模型理论

为往圣继绝学，讲完五力模型，下面再讲讲华与华其他的一些战略思维模型。

围棋是中国人的游戏，围棋思维是中国人的战略思维方式。

企业家好比一个将军，每一个产品、每一块业务，就像是一支军队。在战场上，我们的目标是全面胜利，而每一支部队都有不同的战斗任务，有进入战场的先后次序。

克劳塞维茨说："所有的会战都是为了最后的决战。"粟裕说："第一次战斗要为第二次战斗创造条件。"

所以，要把每一次会战的次序安排好。

我们说业务组合和产品结构，构成了社会问题的解决方案。我们设计出业务组合和产品结构，就是规划出了解决方案。但是，当我们规划出解决方案的时候，我们并不拥有所有这些产品和业务，还需要研发和并购。这里有一个过程。就像我们说的，360转型互联网安全之后，收购了网神、网康，逐步搭建起新的产品结构，再一个个把它们推向市场。

这就相当于我要建设一座城市，得先有一个战略：这个城市发展什么产业，吸引哪些人口，然后根据我的战略，做出城市规划。这个规划就是城市的"产品结构规划"。规划完成之后，要有开发策略，从哪里启动，这是启动策略。然后有近期发展规划、中期发展规划、远期发展规划，这是一个投资建设的次序。次序不同，则投资策略不同，需要的资源不同，承担的风险也不同。

所以我们也说:"产品结构就是企业战略路线图。"

我形成这个思想的时间很早,应该说是在1999年,我就希望在益佰制药的克刻品牌上实现这个战略。

第一步,在克刻上呼吸道感染药品品类战略规划中,我们规划了咳嗽药、感冒药、发热药三个大类。我们的路线图是从第一个咳嗽药——克咳胶囊开始投入市场,并投资广告。在克咳胶囊的广告里,我们用了一个"Ke～Ke～"的唱音作为品牌声音符号。那么克咳胶囊的战略任务就是成功占领市场,并且建立"KeKe"品牌。

第二步,注册"克刻"商标,从"克咳胶囊"产品变成"克刻"品牌——声音符号都是"Ke～Ke～"。然后,克咳胶囊变成了克刻牌克咳胶囊,推出"克咳,专业镇咳"的克刻牌第二个产品——克刻牌小儿止咳糖浆。为什么推克刻牌小儿止咳糖浆?因为这一步最容易走,一个咳嗽药品牌推出一个儿童药品种,相当于是边际效益的放大,所以很容易就成功了。克刻牌小儿止咳糖浆的战略任务是建立"克刻家族"的品牌。"Ke～Ke～"也从克咳胶囊品种品牌声音符号,转换为克刻品类品牌声音符号。

第三步,推出克刻牌感冒止咳糖浆。它的战略任务是将克刻品牌价值放大到感冒药的范畴。

这种战略思维方式,我们称为"华与华围棋模型"。我写了一首打油诗:

战略就是下围棋,金角银边草肚皮。

金角占据制高点,银边拉出包围圈。

目标指向草肚皮,天下归心成大局。

在围棋棋盘的中间,我画了一把镰刀,称为"战略镰刀"。用战略布局建立品类品牌,最后在整个品类收割草肚皮,获得边际效益的最大化——草肚皮效益。

克咳胶囊是我们落下的第一个子,占了一个金角,做活了。克刻牌小儿止咳糖浆是银边,顺着克咳胶囊占据的根据地,拉出了一条边际效益。克刻牌感冒止咳糖浆是我们站的第二个角,也做活了,准备拉感冒药的银边,但这个时候没有继续往下走,停止了在非处方药领域的投资,因为它的财务回报不如处方药,董事会的脑袋里没有装着我下的这盘棋。

在葵花药业,我们走得远一些,基本上把架子搭了起来,它目前也实实在在是中国儿童药的第一品牌。

2007年给葵花儿童药做的规划，我们分了非处方药、处方药、保健食品、儿童个人护理品和其他，一共五个业务板块。以非处方药为启动战略建立品牌，收购形成处方药产品线，然后发展保健品和儿童个人护理业务。

第一支金角产品——小儿肺热咳喘口服液

华与华自己的围棋模型也是一样。第一个金角，是咨询服务；第二个是书籍出版，《超级符号就是超级创意》的出版促进了咨询业务的获客，而"华杉讲透中国历史智慧"系列的出版，则把品牌的影响力扩大到更大范围。2019年，连续推出第三、第四个产品，就是培训业务和百万大奖赛，都非常顺利。这种顺利，可以说是之前咨询和出版所积累价值释放的边际效益，其本身也成为咨询业务新的获客渠道。也就是说，我们把本来需要付出的获客成本，比如为吸引客户转化而举办的讲课和研讨会，全部打造成可销售的产品，变成本为收入。华与华核心价值观的第一句话是"不骗人"，我们说收钱就收钱，没有给一些有影响力的人免费，又利用他们的影响力去收另一些人的钱。这也有助于建立我们的价值观品牌。

华与华围棋模型

2. 产品开发

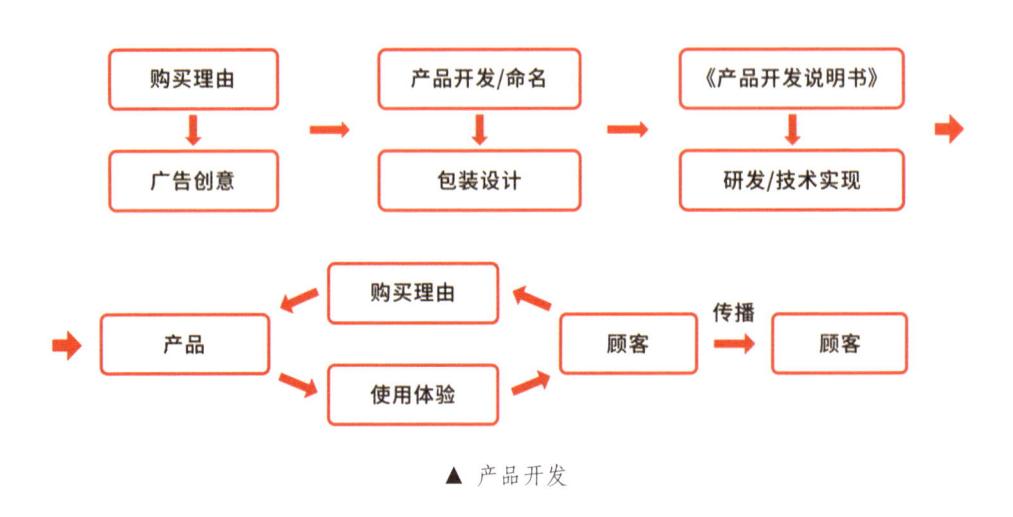

▲ 产品开发

产品的本质是什么？一般说是消费功能或价值。营销教材上讲，消费者想要一个孔，于是买一个钻孔机，所以他要买的本质是孔，而不是钻孔机。如果有别的更方便、更便宜的方法得到那个孔，他就不一定买钻孔机了。这在营销上叫替代品，以区别于竞争品。竞争品是其他钻孔机，替代品不是钻孔机，是别的能得到孔的东西。

这个解释的确有启示意义，但是，它不是一个指导性很强的方法。

我们说，产品的本质就是购买理由，开发产品就是创意购买理由。把购买理由写下来，交给技术人员去实现产品。

所以，我们得到了先做广告创意、包装设计，再做产品开发的华与华方法。就如下面这个例子，华与华为益佰制药创意开发了一款克刻牌喉糖。

益佰制药的克刻品牌，是一个止咳药家族的品牌，开发喉糖，可以丰富我们的快消品产品线，丰富我们的品牌价值，而喉糖又是消费量巨大的常用消费品。问题是喉糖的品牌太多了，这是一个绝对的红海市场，喉糖市场也不乏知名品牌，消费者又有什么理由购买克刻牌的喉糖呢？我们必须提出理由来，开发这个产品才有意义。

华与华投入消费者研究，研究消费者对喉糖的使用体验，发现了什么呢？食用喉糖的人是因为嗓子不舒服，而喉糖冰凉透嗓的感觉能缓解喉痛喉痒的症状。但是，十分钟之后，当这颗糖吃完，冰凉感消退，喉咙又会重新痒起来。人们需要一款持续时间更长的喉糖，我们把它设定在30分钟，这样我们得到了购买理由——能持续冰爽30分钟的喉糖。

为什么定30分钟呢？是因为经过调研，发现消费者需要30分钟？没有，就是我们自己觉得30分钟合适。我们得到了一个广告创意："克刻喉糖，持续冰爽30分钟。"

得到一句话是不够的，要得到一个词，要得到一个命名。命名的权威不容置疑，远远超过一句话。于是我们命名了这款喉糖——克刻牌冰喉30分钟喉糖。

下一步工作需要请技术部门来实现。

如何能做到30分钟呢？有两个路径：一是把糖做得更硬，在嘴里溶解得更慢；二是把糖粒做得更大。于是，购买理由成立了，产品实现了，市场接受了。

所以，产品的本质是购买理由，购买理由就是一句话，甚至一个词。产品开发，就是你提出一个购买理由，然后用一个产品去实现它。或者说你提出一个词语，然后用一个产品实现它。

先有词语，后有产品。先有营销，后有产品。后工序决定前工序。

产品开发、包装设计、广告创意在华与华是一个系统，同时完成，一次成型。

华与华的产品开发案例还有很多，我就不在这里赘述了，感兴趣的读者可以选择阅读《超级符号就是超级创意》以及《华与华超级符号案例集》。

3. 洽洽的产品战略

企业的产品结构就是企业战略路线图，所以任何战略最终都要落实为产品战略。我们常说，没有产品，就没有战略。

产品战略共包括三个层次，华与华方法称为"产品战略三角形"。

首先，产品结构，要展开哪些业务，研发哪些产品，形成什么样的产品家族。

其次，产品角色，每一个产品扮演的战略和承担的战略任务。

再次，战略次序，先做哪块业务、哪个产品，后做哪块业务、哪个产品。

华与华产品战略三角形

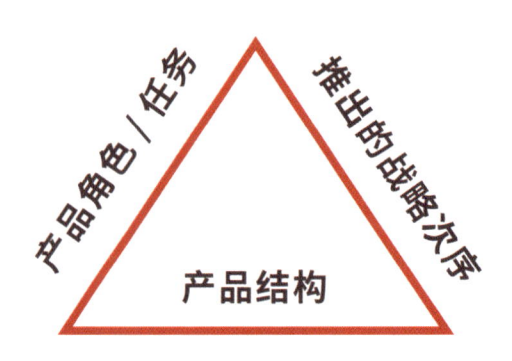

（三角形图：产品角色/任务、推出的战略次序、产品结构）

我们把洽洽小黄袋作为洽洽坚果的第一个金角产品，扮演着开疆辟土的战略任务，成功扎根坚果赛道，建立洽洽坚果的品牌。小黄袋的胜利就要为其他产品创造平台与条件。

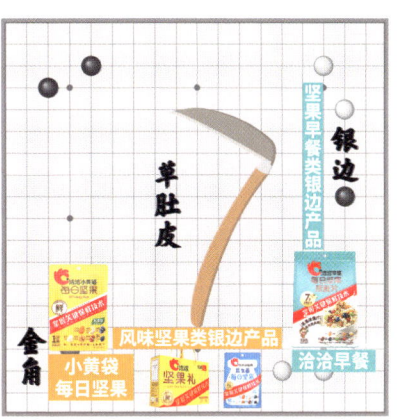

▲ 洽洽小黄袋

在做活第一个金角后，我们开始拉银边，所以，在2020年我们又推出了洽洽坚果的银边产品：洽洽小蓝袋益生菌每日坚果。围绕每日坚果这条银边，实现风味化的产品创新，释放品牌边际效益。

同时延续小黄袋成功的真因，以包装为战略重心，我们将超级符号"红绶带"与超级口号"掌握关键保鲜技术"应用到洽洽小蓝袋的产品包装上，共享洽洽超级符号的品牌资产与品牌红利；并突出"特别添加10亿活菌"的产品差异化卖点，提出"益生菌加坚果，吃一样补两样"的购买理由。

同样以包装为战略重心，我们设计了益生菌每日坚果的产品包装，拉上了我们的超级符号红绶带，共享洽洽超级符号的品牌资产与品牌红利，并围绕每日坚果这条银边，成功释放出了品牌边际效益。

所以企业银边产品的作用是释放品牌边际效益。因此，作为银边的洽洽益生菌每日坚果，在没有任何广告的情况下，上市首月，销售就轻松破1200万元，第二个月销售又翻了一倍，突破2000万元。

▲ 洽洽小蓝袋

随着新品销售的巨大成功，我们很容易就想到是否要投资广告把新品做大。在企业的经营过程中时常会遇到这样的十字路口问题，那我们是如何思考的呢？

第一，要明确自己手里到底有多少资源。

我们时常会听到这么一句话："企业在传播上要投入足够多的资源，将定位植入顾客的心智中去。"可是这句话成立的前提是企业要有足够多的资源，而这几乎是不可能存在的，我们会发现自己永远是在资源不够的情况下工作的。

第二，产品的成功不要"原因"，要"真因"。

我们非常清楚，洽洽产品的成功是因为金角产品小黄袋的成功，带动了第二个银边产品益生菌每日坚果的销售，而小黄袋的成功是因为投资了"有油哈味，就是保鲜不到位！洽洽掌握关键保鲜技术"这句话，所以我们在这句话上的投资是固本。

益生菌每日坚果是一种产品组合的创新，是很容易被模仿的，而真正的品牌是无法模仿的。如果我们放弃了对小黄袋每日坚果的投资，就等于放弃了对根本的投资，最后反而会失去连接品牌文化原力的通道。

因此，为品牌"培根固本"，才是正确的投资选择，应该把企业的全部预算继续投资在小黄袋每日坚果上。

在下完这两步棋之后，我们就要开始为未来布局，下第三步棋。

我们发现了洽洽原有的一款产品——每日坚果燕麦片。我们将它重新命名为：洽洽早餐，每日坚果燕麦片。跳脱出原来的想象，直接杀入早餐赛道。我们还放大了洽洽的品牌信息，继承"洽洽，掌握关键保鲜技术"的品牌资产，既建立了统一的早餐符号，又能让它享受到前面品牌资产所带来的边际效益，还能让洽洽早餐的包装反过来为"掌握关键保鲜技术"进行二次投资，一箭三雕。

重新设计每日坚果燕麦片作为洽洽坚果的第二个金角产品打入市场。新包装全新上市后，业绩立马突破8位数，再次取得耀眼的增长数据。

至此，洽洽的"三驾马车"诞生了。小黄袋作为金角产品，小蓝袋是边际效益，洽洽早餐是新赛道。

华与华前　　　　　　　　华与华后

▲ 每日坚果燕麦片新旧包装对比

二

模块9：公关及公益战略

1. 社会责任　品牌公民

品牌五年计划的第三个阶段，我们叫作社会企业，公民品牌。这一点其实是最重要的。企业是社会的公器，要为社会解决问题。企业要想真正地基业长青，就一定要扎根社会。人们常说企业不能只顾经济效益，还要有社会效益。实际上，经营本身就包含社会效益。华与华的思想高度，在于有清晰的"社会效益战略"，并与经济效益结合在一起。从而实现罗兰·巴特说的"商业动机不是被掩饰，而是被放大而与时代的宏大叙事相结合"。

华与华的大门永远都不会关起来，因为我们经营的本身就是服务社会。我之前一直在说，华与华方法不是为华与华服务，而是华与华为华与华方法服务。

看我书的人有很多是我的同行，那我为什么还要这么公开详细地写华与华品牌五年的内容？因为我根本不害怕大家学了去，我不仅写书，我还会公开讲，并结合我们的案例详细告诉大家品牌五年计划应该怎么去实施。

怎么样能让我们的经营融入社会的事业？这里用到的就是我前面提到过的华与华企业战略三位一体模型。

我们重新定义企业战略：企业战略不是企业的战略，而是企业为了承担某一社会责任，解决某一社会问题，为社会制定的战略。企业的产品和服务，即解决该社会问题有效的、全面的、可持续的方案。

在这个战略下，我们的代表案例就是360和葵花药业。在服务葵花药业的过程中，我们发现儿童不好买药，而且经常吃错药，吃错药之后还会造成严重的后遗症，这是个巨大的社会问题。

基于这个社会问题，我们为葵花药业提出儿童药战略，随后也形成了葵花儿童药的产品结构、话语体系和符号系统。

产品结构：从非处方药到处方药，从保健品到个人护理产品等。

话语体系："小葵花妈妈课堂开课啦""儿童要吃儿童药"。

符号系统：小葵花。

然后在品牌公关层面，我们做了儿童用药安全大会，这就是进入贡献社会的环节了。葵花跟瑞迪博士签订了儿童罕见病药物的战略合作。葵花为什么要做儿童罕见病的药？儿童罕见病的药，一年也卖不了几盒，没有多大的商业价值。

但是，我们的战略是解决中国儿童用药安全问题，这是我们的品牌承诺。当我们的承诺越完整时，社会通过我们解决问题的交易成本就越低。

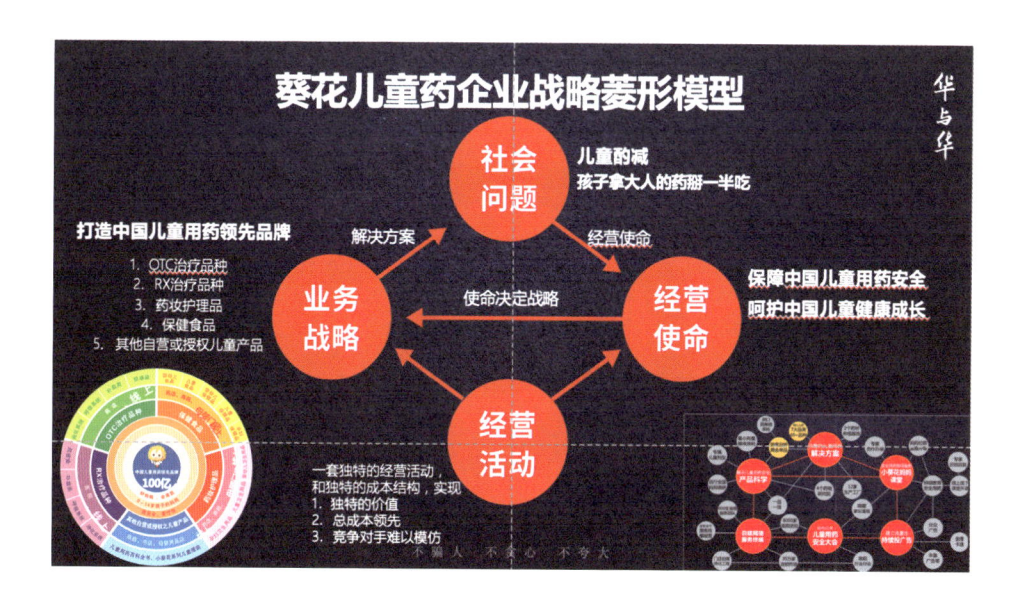

如果将来儿童罕见病的药，都能通过葵花药业找到，那社会会对我们有着多大的情感？经营本身也是一种感情的事业，首先是有你对消费者、对社会付出感情，然后才有别人对我们的感情。

商业动机不是要被掩饰，而是要被放大，要与人类的宏大叙事相结合。企业经营一切思考的出发点就是两个目的：一是顾客的目的，二是社会的目的。

你一定不能只想着自己的目的，特别是不能小肚鸡肠，老想着怎么样让自己表现得好一点，显得有文化、有品位，那就太自我了。大家一定要学会无我，耕耘归耕耘，收获归收获，不要太过注重眼前的利益，人生就是不断地埋下伏笔。

2. 华与华企业价值之轮

华与华企业价值之轮，是2002年华与华成立时我就挂在公司墙上的。

我们一直试图去把握企业的本体和全体，要抓住本质，抓住关键，又不要犯"过度简化"的毛病。

假若企业是一棵大树，那么"五个市场"是它生存的土壤，"三位一体"模型是基因，是"本体"，决定了它是什么"树种"，能长多大。企业的"全体"，我用一张图——华与华企业价值之轮，从顾客价值角度来描述。

华与华企业价值之轮模型

"企业价值之轮"模型强调企业的价值是产品—服务—体验—知识—梦想，逐步递进。

（1）产品价值：企业就是产品。

提到一个企业，我们总是能马上联想到它的产品，如果不能想到产品，经营就是失败的。比如说到苹果，马上想到的是iPhone、iPad等；说到西贝，能想到莜面、面筋、牛大骨。

我们把这个称为企业的拳头产品，就是招牌菜，用"三个先进"的思想来说——你在哪方面代表了先进的生产力，这就是你对人类社会的根本价值。从营销上说，你要让顾客想到你就能想到你的拳头产品，想到某方面产品就能想到你，你才能生存。如果你的企业拳头产品不明晰，就一定要把它明确出来。我时常遇到的情况就是企业产品不突出，还老想着"打造品牌形象"。什么是品牌？品是产品，牌是牌子。品牌是产品的牌子，产品不突出，还有什么品牌形象可言？

经营的立足点，永远是在产品的质量提升和价值创新上。

（2）服务价值：服务创造附加价值。

价值之轮的第二轮，是服务的价值。

只有价值是不够的，必须有附加价值，服务就是创造附加价值。

海底捞创造了令人惊喜的服务价值，在顾客排队等位的时候，提供美甲、擦皮鞋、手部护理等服务。那么海底捞就形成了"超级服务品牌"的形象。海底捞有没有一个"品牌战略"，要打造"服务品牌"？当然没有，因为它的服务太超级了，它就变成了服务品牌。

海底捞的创始人张勇说过："我们没有什么服务，客人来你家吃饭，你总要招呼一下，还让人家排队等，不给人家找点事做？"又有人说这个服务成本太高，他说："我就不明白有什么成本，人家在那儿排队，排队说明里面都坐满了，什么成本都已经覆盖了，如果里面的人赚了30%，外面排队的这些人你赚了70%，完了你说有成本，我都不知道有什么成本。""至于没排队的时候，他也要来服务，你总得允许嘛，你不能说这个是我的，不行，你这必须进去吃，我不能给你弄。"

第二个就是说海底捞的竞争根本就不是服务，是那套店长师徒制的制度。所以说服务是创造附加价值。所以我们想一想，除了销售产品，还能给顾客提供哪些服务。施振荣先生有一句话说"只有价值是不够的，必须有附加价值"，你打100分是不够的，你必须得打120分。

西贝莜面村的创始人贾国龙说：省钱省出来的利润没有竞争力，把东西做好，服务提升上去，钱不够，找客户要！经营的最佳状态就是货真价实，东西好，服务好，才能要得上价。最怕的竞争是"性价比"，搞物美价廉，因为物美是不可能"价廉"的。

（3）体验价值：来之前有期待，来之中有惊喜，走之后有回忆。

体验的价值大于服务的价值。2001年，我到美国访问一家品牌设计公司——Yamamoto Moss，跟他们学到了一个公式：

体验价值 - 服务价值 = 创造体验的机会

这个公式非常好，它提供了一个思维方式，让我们去梳理和顾客的所有接触点，去思考在这里有没有创造体验的机会。

前面说到海底捞的服务，有顾客反映当她一个人去吃海底捞的时候，服务员会贴心地拿出一个洋娃娃放在她对面，陪她一起吃饭。

海底捞的服务员一定没有学过这个体验公式，但是他们可以凭着自己的良知良能，想到这个方法。这不是一个体验的点子，是一个关心人的自然反应，但是它确实创造了体验的价值，成为一个营销的亮点。

2020年1月，我参加好大夫在线App的中国好大夫峰会，听了一场浙江大学医学院附属儿童医院儿科大夫叶盛的演讲。叶大夫讲了好多对儿童患者的服务，比如听诊器要加温，不要冰冷地贴在儿童身上，使用听诊器的时候也不要直接就开始，而是刚碰一下就撤回，夸孩子真乖，真配合。再碰一下又撤回，再夸他。第三次才开始听诊。问诊结束还要给孩子发一张奖状——今天最勇敢、最配合的小朋友等。甚至圣诞节的时候，他会穿着圣诞老人的服装接诊。这场演讲我印象非常深刻的一点就是叶大夫创造的服务附加价值和体验价值。

我最感动的一个体验的案例，就是日本千叶的龟田医院。所有医院的太平间都在冰冷的地下室。龟田医院则把太平间放在顶层的海景大厅，把最好的地方设置成太平间。我们的医院一般放在地下层，他放到顶层的海景大厅，这就给了家属一个最好的安慰，亲人是升天了。当然那些殡葬公司也在这个地方做生意。龟田医院把殡葬做在顶层那个地方，这就是创造了一个体验。

那怎么创造体验呢？说体验的价值大于服务的价值，他给了一个公式，体验的价值减去服务的价值等于创造体验的机会。这个体验非常重要，麦肯锡有一个很重要的打印部门，排版、打印和装订，因为他给顾客的是一个战略报告，这个战略报告的字体、封面、纸张、排版、装订都非常地精美。那你收人家上千万，给人一个报告，需要有仪式感。

华与华提案的体验也很重要。原来我们提案也是PPT，然后打几张图或者做一个包装，叠一个盒子出来。华与华有一个著名的"得到标志事件"，全部吵翻天了，说是世上最丑的标志，设计师都要辞职，太Low。其实为什么人会说Low，其实Low并不存在，只是人们表达反对的一种说法，他也不会用别的词儿。

海底捞改了一个标志，CEO还说太Low。我说你原来都恨不得丑得要哭，用了20多年你也没看它一眼，我们一弄你就说Low了，我说你看习惯了就好了。怎么说都不服。人家有钱，这边付着我钱，那边请法国的设计公司又搞了一年，搞了一年以后那边做出来的也Low，然后看着我这个看习惯了，过了一年半以后用上去了。

西贝贾总经常说："华总，我感谢你，给我们西贝做了I Love 莜。"我说我才感谢你呢，随便换一个老板，只需要用一句话，"华板这个设计倒是不错，但是我觉得用在服装业比较适合，不适合我们餐饮业"，你说我怎么办？我没有任何办法说服你。

有一半的方案都是这么被废的。除了最重要的那件东西没要，其他都要了。怎么说都不要，我能数出一大串。如果这些客户都能听我的，我今天有更多的成功案例，业绩能比现在翻三倍。

当时得到的设计也是全都反对，设计部要集体辞职，你说他们都义愤填膺到什么程度！后来我没办法，我就跟脱不花说："用了我的方案你会死吗？"她说："那倒不会死。"我说："那既然不会死你就让我弄吧。"我就给你一个药，那个药对你也不是很重要是不是，只有我认为它重要。这药反正吃不死，你花那么多钱请了我，你就信我一次不行吗？我到最后也就只能用这一招了。

但是这招也不是每次都好使，只有两次好使，一次把得到搞定了，第二次就是"爱干净，住汉庭"，客户开始时也是不同意，我说用了这个口号能把汉庭搞死吗？又搞不死，你让我搞呗。

得到猫头鹰，最后罗振宇为什么定了呢？罗振宇说因为我们拍了一个视频，就有了一个体验，视频一放，他的体验就完全不一样。视频里面猫头鹰一飞，他们就很来劲。其实最后主要不是看设计好不好，主要看你视频选的音乐能不能让他很激动，最后设计不重要，因为设计只有你知道好不好，但他不知道，而那个音乐如果很激动，他一激动，一开心，就拍板。然后罗振宇就跟我说："华板我跟你讲，如果没有那条片子，我都不会用，我也觉得挺难看的。但是你这个飞起来，我看还不错。再一个毕竟我还是信任你嘛，你都说行，本来我也就信任一半了，然后再一飞起来，就用了。"

我做这么一个片子要多花一两万块钱，我是增加了成本。但是我增加了这个成本之后，原来可能不通过的方案他通过了，方案如果不通过，我肯定没有第二个方案，基本上大家合作就会崩盘。方案通过了之后他成功，成功了以后又给我带来新的客户，中间的收益差几千万。华与华就开始有了提案视频，就成了我们提案的标配。这就是丰田讲的标准作业和作业标准，原来没有这个标准作业的，现在就有了一个作业标准。

第二个事情，我们的方案客户总是不执行，无论你怎么说，他都不执行，而且你跟他说，他也搞不清楚。所以后来我们就有了终端持续改善的标准作业。

提案视频、持续改善之后我们又增加了"品牌道场"，就是每次品牌提案的时候，会把整个的方案布置成一个展览，那一次展览整个配下来大几万块钱，所以我在2020年整个提案的成本，应该有七八百万；2021年光提案的成本就超过1000万，这1000万完全是用来买体验的。当客户走进一个提案道场，置身于他的品牌展厅的时候，首先那肯定是很漂亮的、很刺激的，还有氛围音乐。其次他知道这个花了很多钱，而且他知道这个花了很多的工夫，这些钱和工夫都是你在他身上下的注，这些人家会看得到的。

有两位老板，一位是洽洽董事长陈先保看了持续改善，他说你们做的这个工作我们的人都做不到。

他说这个是什么意思，他们的人做不到是他们的人笨吗？不是，没人愿意去替你那么卖命干活儿，因为他看到那个后面是多大的付出。

还有一位是六个核桃的董事长范召林，他说你们能做到这样说明2个到位：

第一，钱给到位了。

第二，企业文化到位了。

都是买体验，实际上我通过增加在品牌体验上面的这一千万的投资，我因此增加的收益，我认为就是上亿。因为你不投入，就越来越节省，它就会萎缩；你投入就越来越好。

现在我们的客户都知道华与华的道场，一来就说道场呢，特别是有老客户介绍来的，他说他走进道场的时候，他都已经接受了95%了，他在这儿看PPT的时候，你讲，他也只是看看而已，他没感觉。进去的时候他就有场景感了。所以，体验也是在自己的产品上去想，这个里面可以创造的价值很多。

（4）知识价值：企业是经营知识的机构，也是为人类创造新知识的前沿。

所有行业都是咨询业，所有公司都是咨询公司。只是狭义的咨询公司收咨询费，广义的咨询公司把咨询转化为产品和服务收费，或者提供免费咨询，以产品收费。

比如宝洁公司的洗发水品牌，就是为不同发质和需求的消费者提供头发清洁和护理的咨询服务，只是它没有收咨询费，咨询费包含在产品的价值里了。

而B2B的公司，比B2C的公司更接近咨询业，因为B2B的公司往往需要给客户研发产品。比如香精公司为牙膏公司研发产品，它的目的并不是收取研发费用，而是销售新产品将要使用的香精。B2B公司不仅为下游客户提供产品开发服务，还要为下游企业提供管理咨询服务，实际上所有的制造商企业，基本上都要为经销商提供管理咨询和培训服务。有的公司并没有有意识地做，但也不自觉地在做，如果提高到理论层面来理解，就会大不一样。

企业的本质，往宏观说，是为社会解决问题；往微观说，是为顾客解决问题。无论解决什么问题，首先都是提供解决方案，这就是咨询。

时刻让全体员工有解决方案的整体意识，而不是只关注狭义的产品和服务，能让他们发挥出更大的创造力。因为为顾客解决问题是我们的最终目的，要养成"始终服务于最终目的"的思维习惯。

华与华的客户立高食品是为烘焙店提供原辅材料的公司，但它不能只是提供原辅材料给顾客，而是投入大量资金和研发人员，为烘焙店研发畅销的终端产品。然后这个产品以及产品的包装销售方案，都是由立高免费提供给下游烘焙连锁店，烘焙店向立高采购制作该产品的原辅材料就可以了。在这里，立高实际上为下游企业提供了两种咨询服务：一是产品开发咨询服务，二是营销传播咨询服务。从后一个服务来说，立高担当了一个管理咨询公司的角色。

实际上，上游企业为下游企业提供管理咨询服务，可以说是适合所有行业企业，特别是制造商对销售商的服务，比如晨光文具对它的销售商，实际上就提供了管理咨询服务。因为经销商企业规模小，它没有能力像制造商那样采购咨询公司的服务，就靠制造商去辅导它们，制造商要满足销售商日益增长的发财和发展的需要。制药企业对医生提供的培训服务也在这个范畴。

企业的知识价值，我们还要放到更高的高度去理解，它可以说是企业的基础价值、根本价值、终极价值、最高价值。

为什么呢？因为企业本身就是经营知识的组织，企业不仅经营知识，还要承担为人类创造新知识的责任和使命，这样才能够成为全球领先的企业。所有的领先都是知识的领先。

前面我们说到奇安信转型互联网安全，说企业战略就是一个学习计划，就是学习互联网安全的知识，并经营这些知识。举办北京网络安全大会，也是创造一个知识交流、学习和创造的平台，把从事同一领域工作的全球精英聚集在一起、联结在一起，他们就能创造出新的知识，这是人类社会进步的基本原理——足够规模的群体之间的相互学习，带来快速的进步。

在知识经营和创造的征途上，有一个圣杯，就是成为人类在某一领域的"首席知识官"。这方面就你懂得最多，遇到这方面的问题和挑战，大家都会看着你，你就成为这个领域的英雄。能力越强，责任越大，在竞争中，你的优势也就越大，这叫压倒性的知识优势。

企业是经营知识的机构，奇安信经营互联网安全的知识，由于有这个知识经营的商业模式，它拥有6000名互联网安全工程师，这就是知识的积累和壁垒。哪个企业可以拥有这么大的"知识兵力"呢？把互联网安全的任务交给它，就符合社会的效益和效率。

人类社会是知识驱动，知识需要专家。在每一个领域，我们都需要一个首席知识官和权威发言人。华与华文库的目标，也是成为全球品牌营销的首席知识官，成为普及中国历史文化和战略智慧的首席知识官。

企业要在自己的专业领域建立最高的社会公信力，不要妄自菲薄，更不要趋炎附势。不需要拉别的公共机构来给自己背书，企业本身就是社会的公器，这就是致良知。

（5）梦想价值：所有的企业都是梦工厂。最伟大的企业，是在某一方面代表着人类的梦想。

华与华方法企业价值之轮的最后一轮，是梦想之轮。伟大的公司，为人类承载伟大的梦想。我们回想一下，过去20年"全球首席企业"是谁？

20世纪90年代的时候可能是微软，后来变成谷歌，再之后是苹果，现在是埃隆·马斯克的公司。

今天IT业的梦想，一是全球互联，联结每一个人、每一个物、每一棵草，形成一个阿西莫夫科幻小说《银河帝国》里的盖亚星球；二是开发宇宙空间，还有人工智能，解决所有疾病，等等。正是这些梦想，推动着人类不断向前。

华与华给顾客提供什么梦想呢？我们的使命是让企业少走弯路，最高的效率是不返工，最快的进步是不退步，兵法不是战胜之法，而是不败之法，我们所代表的梦想，就是一生不败，传诸后世。

如果服务的顾客都是一些大银行、大保险公司、央企、大机构，它们要代表的梦想，就是永不出事儿，只要不出事儿什么都好，为了确保不出事儿的话，价钱是好说的，没有人在这个上面省一点那个钱的，这就是你代表哪方面的梦想。

所以说从产品、服务到体验、知识、梦想，就构成企业价值之轮。

所以我们规划企业的品牌价值的时候，我们可以从以下几方面规划：我的拳头产品是什么，是提供解决方案；我的增值服务是什么，是提供附加价值；我创造的这个体验是惊喜的情绪，体验主要是创造一种惊喜，是创造一种情绪，因为有了情绪就有决策，没有情绪就没有决策。知识是你真正的经营根本，因为总是说流量做得好，掌握流量入口的是知识，知识是根本，最后你能代表这个顾客的梦想。

从中心到外围的关系是皮之不存，毛将焉附。

如果没有产品，其他一切都不存在。产品是一，后面是零，后面是附加的，它越来越宏大。

你可以把它理解为从物质到意识的一个过程。首先有物理的东西，它是产品。然后有服务是人的行为，然后有体验是顾客的情绪，然后到知识，就是说真正支撑我们的东西是什么，而且在支持这里，我特别强调的是，你要形成社会对你的习惯性资讯依赖。

比如说你想到一个品牌或者说战略的问题，"内事不决问张昭，外事不决问周瑜。战略不决问华与华"。所有人都想到这句话，我的业务就是最好的了。如果你想到的是这个事儿应该问麦肯锡，那麦肯锡就是首席知识官，那就是他最好，其实就是这个道理。都是因为知识在那个地方，他才会奔着那个地方去，实际上就是你成为这个领域的发言人。

要成为行业的权威发言人，就得一直有替大家做免费的咨询服务知识。这就是奇安信为什么要做中国互联网安全大会，它其实就是通过大会，建立起知识的话语权。

最后梦想就是我们终极的价值，最高的价值。

它是一个从物质到意识形态的过程。华与华特别看重的一个图，因为它也是我在创业的第一年画的。在我们这么多的案例里面，好像还很难有一个案例能够把每一个层面都做得那么的结实，因为做到这个就需要我们的人和客户的人，都熟悉、理解这个体系，才能配合起来。

知识也不是说掌握就掌握的，那是巨大的投入和长时间的坚持。所以我把这个图再简化一下，我就有这个说法：拳头产品、权威专家和梦想化身。分别代表先进的生产力，代表先进的文化和代表顾客的利益。产品就是先进的生产力，服务、体验和知识上面就是先进的文化，梦想上面就是代表顾客的利益。所以一理万殊，所有的道理都是一个道理，然后一个道理分出所有的事情。

华与华企业战略三角形

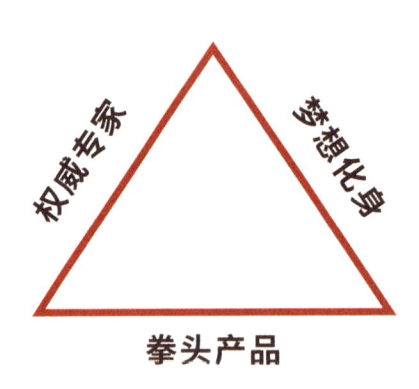

权威专家　　梦想化身

拳头产品

华与华代表的梦想就是"少走弯路，一生不败"，我希望在知识沉淀上成为中国品牌营销的首席知识官。我觉得体验叫华与华的人格，我经常听到客户跟我说一句话，你们华与华每个人都一样，都是一样的态度、一样地尽心、一样地卖力，我觉得这个是作为咨询公司给人很重要的一个体验。麦肯锡对每个人的穿着都有严格的管理。在服务上面，产品是我们提供的解决方案，服务主要是在执行的管理顾问和执行督导上面服务，我们没有接待的服务。有的公司把接待的服务搞得很厉害。北京有一个广告公司，养了很多行业内的精英，还配一个司机，客户去北京就给一台车、给一个司机跟着他用。其实我觉得他们没算这个账，这个公司一年也没挣几个钱，我说你们养这一堆车得多少钱，而且你养的人多了，以后他还事儿多。所以我都是尽量不要客户接待，客户来我这里也尽量一切自便。这样你就减少了接待成本，去车站机场捧着鲜花接的服务我们就不弄了，我们把服务放在解决方案和执行督导地方。

3. 华与华品牌三大理论

3.1 目的哲学与华与华品牌三大原理

在《华与华方法》一书里，我归纳了品牌三大原理：社会监督原理、品牌成本原理、品牌资产原理。

社会监督原理，是指品牌是为社会监督而生，是企业为赢得消费者的信任和选择，给消费者惩罚自己的机会而创造的一种重复博弈机制。根据社会监督原理，我又提出了"品牌出事论"，品牌就是为出事而生的，没有不出事的品牌，当品牌出事的时候，企业接受惩罚，则品牌有效；企业推诿责任、躲避惩罚，则品牌失灵。消费者对品牌最轻的惩罚，就是下次不买了。比较重的惩罚，是索赔。企业往往可以通过主动加大对自己的惩罚，来赢得终身顾客。

品牌成本原理，是指品牌的功能，是降低三大成本：一是社会监督成本，二是顾客选择成本，三是企业的营销传播成本。

品牌资产原理，在本书前面也讨论了，品牌是能给企业带来效益的资产，其效益包括两个方面：买我产品，传我美名。买产品需要购买理由，传美名需要言说，需要提供识别、记忆、言说的词语、符号、话语和故事。所以，品牌资产及品牌言说，具体表现为消费者口语报道。

品牌三大原理的提出，基于华与华方法的目的哲学，就是凡事始终服务于最终目的。

亚里士多德说："研究的首要主题，那最主要的知识，乃是对目的的认识；而目的是每一种事物的善，而一般说来，是整个自然中的至善。目的就是美、善，是'第一性的东西'。所有的东西都是以某一种方式安排好的，按照普遍的规律、思想、理性行事，才是最优越的，因为每一事物的原理就是它的本性。"这段话可以作为"止于至善"的解释，就是止于事物本来的目的。品牌的目的，在本书第一章，就从品牌的11个目的开始，而这些目的，都基于两类，就是成本和资产，降低成本，形成资产。这也是华与华看一切品牌营销传播问题的两大视角。

亚里士多德说："经验的东西，在它的综合里面被把握时，就是思辨的概念。在自然的理念里面，主要有两个规定：目的的概念和必然性的概念。"

事物有其自身的目的，能把握自身的目的，始终服务于最终目的，就能获得必然性，就能排除动作浪费，获得最高效率。

目的是最古老的哲学问题之一，阿那克萨哥拉说："目的是一个自为的固定规定，然后这规定又为活动性的规定所设定，再向前活动以实现目的，给予目的以实际存在。但这实际存在是为目的所统治的，而目的又在这实际中保持着自己。这就是说，目的是真实的东西，是一个事物的灵魂。"

苏格拉底说："事物的本性必须依照它的概念去认识，则概念就是那自立的、独立的对事物的看法。概念就是事物自在自为的本质。它实现它自己，它变化；但却在这种与他物错综缠结中保持它自己。在控制着各种自然原因之间的关系，这个概念就是目的。事物是有用的，是为了一个目的而存在的。但这个规定却不是事物自身所有的，而是外在于事物的。"

从这里我们得到第二个概念，事物有它的目的，而它之所以存在，却可能是因为它自身之外的目的，世界的目的。草原上的羚羊生存着，欲求着，它的欲求就是它的目的。但是，世界对它却另有目的，就是给狮子和豹子等猛兽提供食物。

所以，品牌自身的目的是成本和资产，而外部目的是社会监督和惩罚；企业自身的目的是永续经营和盈利，外部目的则是为社会解决问题，降低社会交易成本。始终把握和服务于内外部两个目的，就是华与华方法的基础哲学。

3.2 口语哲学、文化的定义与华与华品牌三大理论

在本书，我提出品牌三大理论，是因为我认为目前没有完整的品牌理论。营销有4P理论，品牌则没有奠基性和构造性的理论，是一个没有得到解决的问题。

华与华的品牌三大理论是：品牌三角形理论、品牌资产理论、品牌文化理论。

品牌三角形的三条边，分别是产品结构、话语体系、符号系统。产品是物质，话语是意识，符号是潜意识，分别是唯物主义的、唯心主义的和先验唯心主义的。

如果要给这三条边定义一条最重要的、第一性的，我认为是话语体系。因为一切存在者存在的基础，乃是语言，是言说。唯有言说，能让事物存在。品牌营销的工作，是沟通和交易，更是一切都基于言说。产品通过言说，才能推广；符号必须可言说，才能播传。

当我们把话语体系作为品牌的第一性要素，我们就把事业理论、产品科学、

企业文化、企业家……把企业的一切，都纳入了品牌管理。

如此，我们进入华与华品牌资产理论，仍然定义为品牌言说，而且一定是口语，华与华称为"口语第一性原理"，任何语言都是先有口语，然后才有书面语。书面语是在口语的基础上发展的。口语是第一性的，书面语是第二性的。书面语只有五千年历史，口语则有数万年。口语有自己独特的规律和特点，多用俗语、谚语、叹词、语气词、拟声词、儿化词、叠音词。为什么华与华方法把超级口号称为"品牌谚语"？是因为俗语不设防，能绕开消费者的心理防线，而书面语是高度设防的。营销传播必须使用口语，也只能使用口语，因为口语才能让人行动。怀特海在《思维方式》一书中说："我们必须努力回到心理学，因为心理学造成了语言的文明。我们运用两种不同形式的语言，口语和书写语，书写语的历史不过一万年，作为一种具有广泛影响的思维的有效工具，顶多五六千年（我想汉语的白话文，只有一百年），而口语的历史和人性本身一样悠久，是构成人性的基本因素之一。口语就是人性本身。口语在它表现于动物和人类的胚胎阶段，其变化是在情感表达和信号之间发生的，它很快成为二者的混合物。在语言越来越精确的发展中，口语保留了这三个特征，即情感表达、信号及二者之间的相互结合。"

华与华在2010年为厨邦酱油创作了著名的广告口号："晒足180天，厨邦酱油美味鲜！"而在此之前，他们的品牌口号是"金品质，味生活"。无独有偶，就在前几天，我偶然看到一个冷鲜肉品牌的口号是"金品质，鲜生活"。这两句口号非常典型，代表了一种普遍的、独特的广告语言风格，当然，也是无用的、错误的。

为什么大家都会弄出这样的口号呢？华与华称为"专业人士陷阱"。人们首先不愿意用口语，认为显得"没文化"，一定要用书面语，才"有文化"。在经济发展起来之前，识字率很低，书面语、文字是精英阶层垄断的，所以，使用书面语，就是精英阶层的一种身份象征。现在识字率已经接近100%了，但是精英病还病根未除。而广告"专业人士"，如果只使用一般的书面语，只能彰显他们是精英，还不能彰显他们是"广告专业精英"，所以，他们创造出一种独特的语言风格，既不是口语，也不是书面语，而是一种独特的广告语言。由于这种语言不是口语，它不具备口语沟通功能；由于这种语言不是书面语，它也不具备书面沟通功能。大多数人创作广告语的标准，就是消灭句子的口语和书面语沟通功能，达到一种和自己的专业灵魂沟通的独特感觉,都是自娱自乐,自欺欺人,俗称"自嗨"。

这是一种独特的广告文化现象,表现出广告人真正的没文化。关于"文化"的问题,我们下文会专门讲。

在这里,我们要强调的是品牌的口语哲学。品牌资产就是品牌言说,就是消费者口语报道,这是华与华的品牌资产理论。

需要补充的是华与华品牌文化理论。

什么是文化?不是你能写出"金品质,味生活"那样的句子就是有文化,恰恰相反,那是你没文化;不是说"晒足180天,厨邦酱油美味鲜"这样的句子"没文化,简单粗暴直接,但是有效",恰恰相反,这句话才是真正的文化,它是因为有文化,所以才有效。为什么呢?"晒足180天"传达的就是广东南派酱油的文化,和北方的酱油以及日本的酱油文化都不一样,消费者因为接受这个文化才接受了厨邦品牌。

分不清什么是有文化、什么是没文化,就是没文化的表现。而因为他没文化,对文化的事特别紧张、敏感和焦虑,就特别喜欢拿文化来说事。

华与华把品牌分为有文化的品牌和没文化的品牌。什么是有文化的品牌呢?先找到文化的权威定义。《现代汉语词典》对文化的定义是"人类在社会历史发展过程中所创造的物质财富和精神财富的总和,有时特指精神财富"。华与华对品牌的定义,就是一套物质财富和精神财富的集合。每一个品牌,都是一套物质财富,但是,有没有为社会创造精神财富,就是有文化和没文化的区别。

所以,品牌文化就是品牌创造的物质财富和精神财富的总和。

有文化的品牌,成为文化母体;壮大文化母体,就能根深叶茂,成为百年品牌。蜜雪冰城、西贝、华与华,都是有文化的品牌。

精神财富主要分为三大类:情绪财富、人生财富、知识财富。

首先是情绪财富,就是创造愉悦,这是一切说服的捷径,西贝的"I LOVE 莜",就是即刻创造了愉悦,"晒足180天""我爱北京天安门正南50公里""爱干净,住汉庭""新东方,老师好",都创造了愉悦。蜜雪冰城的歌,"你爱我呀我爱你,蜜雪冰城甜蜜蜜"当然也是强烈的愉悦,没有愉悦,就没有播传。田七的拍照喊"田七",也是愉悦。在讲广告语创作的时候,我引用亚里士多德的《修辞学》,他提出的4条原则:简单的字词,普通的道理,运用特殊的句式或押韵，使人愉悦。亚里士多德也把愉悦作为修辞说服的不二法门。

其次是人生财富，这是最深刻的，因为你进入了消费者的生活，成为他们生活的一部分，甚至成为他们人生的一部分、生命的一部分。2022年第四届蜜雪冰城520领情侣证活动，一对情侣的访谈让我感动，他们说以后每年520都要来领，领一辈子！这句话触动了我这个"始作俑者"，是啊，结婚证一辈子只领一次，但是，成为夫妻之后，要每年520都来蜜雪冰城领情侣证，为你们的爱情做证。

最后是知识财富，企业是经营知识的机构，也是为人类创造新知识的前沿。莆田餐厅"掌握好食材，原味福建菜"，掌握的是什么呢？就是关于好食材的知识，以及创造好食材的知识。华与华文库的所有写作，包括本书，都是知识财富的创造，也是华与华作为专业咨询公司最大的推广，推广我们的知识，我们的知识的全球化，就是我们品牌和市场的全球化。奇安信经营网络安全，更是掌握知识、经营知识、创造知识财富。在知识财富的创造上，有一个皇冠上的明珠，就是社会的首席知识官，在这个领域，全社会认你为权威，这是企业经营的根本。比如奇安信的推广目标就是要成为中国网络安全的国家队，承办北京网络安全大会，赞助2022北京冬奥会，并实现冬奥会网络安全零事故，获得奥组委表彰，都是服务于"中国网络安全首席知识官"的推广目标。

以上是华与华三大品牌理论，不是本书主题，算是另一本书的预告。

4. 百年品牌的养成和管理

如果说超级符号是品牌一战而定的方法，华与华品牌五年计划就是百年品牌的养成和管理方法。

写下"百年品牌"这四个字，是沉甸甸的，因为华与华自己才二十年的历史。如何成为百年品牌，也是我每天思考的问题和努力工作的意义所在。品牌是与消费者的立约，当你与全社会所有人达成了心理契约，达成了熟悉、了解和信任，融入了大众的生活，成为人类文化、文明的一部分，才可以说你已经成为一个品牌。

我想强调的是，我所指的是全社会所有人，而不是"目标消费者"。品牌是文化现象，是人类文明，只靠目标消费者，是建不成品牌的，品牌也不是仅仅属于目标消费者的。比如劳斯莱斯，如果只有目标消费者知道劳斯莱斯，就没有人买劳斯莱斯了，因为如果不是所有人都知道，它就失去了它的社会符号性。品牌必须被所有人熟悉和欣赏，才能让目标消费者引以为豪。

华与华历来反对"目标消费者"这个词，华与华自己也没有"目标消费者"。我们的顾客是谁，由我们的产品决定，在顾客当中，我们不做细分，来的都是客。华楠说："我不用'消费者细分'这个词，这是一套说法，并没有实际的用处。我对消费者的定义是，母体购买、体验的执行人，我不做男女老少的筛选。这是一个比细分消费群深刻得多的工具，既然我们能够找到更加本质、更加深层的人类行为的动机，我们为什么还要用浮在表面的年龄、性别、职业、教育程度去细分消费者呢？给你一把牛刀，你就不要再用铅笔刀。"他所说的"母体"，就是文化母体。我们思考一切品牌营销传播的问题都基于文化母体。

要建成华与华百年品牌，更不能只考虑目标消费者，而是要对全社会有贡献，要成为某一方面的权威专家和梦想化身。所以，品牌必须是一个杰出的社会公民，必须成为社会的文化风俗，我把这称为品牌风俗论。2022年6月，蜜雪冰城又制造了一个营销事件——黑化雪王。为了推广新的桑葚产品，蜜雪冰城品牌中心想了一个创意，将雪王形象通体变成黑色，像黑炭一样看不清脸上五官的黑色，先从所有社交媒体和线上外卖平台头像开始，再到制作黑色雪王气模在线下与白色雪王共舞。事件迅速登上微博热搜，说是不是天太热了，把雪王晒黑了。蜜雪冰城官方回复说是去采桑葚晒黑的。

▲ 蜜雪冰城黑化雪王

这个创意不是华与华想的,是蜜雪冰城品牌中心的杰作。蜜雪冰城比较符合华与华品牌五年计划的标准,迅速成长为成熟品牌。成熟的标志,就是想怎么玩就怎么玩,怎么玩怎么有,怎么玩都不会出格,都符合品牌文化,达到最高境界——从心所欲不逾矩。而且迅速卷入大众,跟谁都能玩到一起!这就是长腿的创意自己会跑!这也是打造品牌的方法论。

华与华方法是三门学问,消费者行为学、大众传播学、品牌社会学。华与华方法首先是行为主义的,我们把超级符号方法定义为行为主义符号学。其次,品牌传播一定是大众的,对所有人的,是大众传播,不是"针对目标消费群体传播"。再次,品牌社会学则是在华与华学术规划中将要创立的一门新学科。总之,我们把品牌视为一种文化现象、社会现象,也视品牌为社会公民。

对百年品牌的打造和管理,我们还在实践中,我希望再过10年,补齐这一章。

德鲁克说:"人们往往过分高估了一年所能取得的成绩,而大大低估了30年、50年所能取得的成绩。"做企业,永远要站在30年、50年的时间长度上去看你的事业,30年就能看到你的整个职业生涯,50年你就看到了传承,这样你才能够做出有价值的事情。

华与华在企业社会责任方面的突破主要是学术上,这是基于我们的特点。2020年我们跟浙江传媒学院成立了超级符号研究所,我们合作的教材《超级符号理论与实例》已经出版了。我们还要编写《华与华简明营销教程》。这两本书都是本科教材,我希望我们在这里能形成一批本科教材,从根本上、从教学上解决我们的理论和实务问题。外面总是评价说,华与华作为本土营销公司,代表着本土营销思想。但其实,华与华根本不是本土营销思想。华与华就是全球品牌营销思想的前沿,我们讲的理论、我们哲学的根,是儒家思想和孙子兵法,但是我们在战略营销传播的方法论上,是集成了全球先贤的绝学。我还专门画了华与华方法的先贤图,我们的使命就是不断地发扬他们的思想。

我觉得这是一种特别踏实的治学态度,我们在先人先贤已经耕耘过的地方,继承他们的学问,发扬光大,形成华与华方法的整个模型。

我自己也会围绕他们的理论,结合我们做的案例,进行写作,这是我做学问的基本态度。

| 华与华品牌五年计划

华与华文库 系列图书

战略营销品牌

讲透孙子兵法

讲透儒家经典

讲透资治通鉴

▲ 华与华文库

第五章

四大"五年品牌管理"实例

本章目录

一 厨邦酱油 　　265

1. 厨邦500万大奖赛现场演讲 　　265
- 1.1 厨邦奇迹——从地方酱油品牌到全国一线重量级品牌 　　266
- 1.2 厨邦食品王国的百年品牌基石 　　266
- 1.3 产品战略围棋模型，助力企业实现持续增长 　　269
- 1.4 华与华产品整理术，打造厨邦7大过亿品类 　　271
- 1.5 营销经典侧翼战，开辟厨邦to B餐饮渠道 　　272
- 1.6 建立厨邦酱油文化博览馆，为社会提供精神财富 　　274
- 1.7 厨邦×华与华12年合作总结 　　275
- 1.8 获奖理由 　　275

2. 厨邦×华与华12年咨询合作总结 　　277
- 2.1 成功关键靠决策，超级符号奠定厨邦品牌基业 　　278
- 2.2 厨邦包装极致开发，一个包装设计价值一个亿 　　290
- 2.3 持续改善12年，经营持续改善，获取管理红利 　　295
- 2.4 打造营销日历，开拓餐饮渠道 　　303
- 2.5 多品类产品齐爆发，构建厨邦绿格子食品王国 　　308
- 2.6 打造鸡粉第二超级品类，产品本质就是购买理由 　　314
- 2.7 建立美味鲜品牌储蓄罐 　　319
- 2.8 建立厨邦食品王国，罐头产品开发策略 　　321
- 2.9 绿格子镰刀，开拓食用油品类市场 　　323
- 2.10 再造两大过亿品类，构建厨邦绿格子食品王国 　　329
- 2.11 金奖购买理由，进入复调市场 　　332

    2.12 厨邦酱油文化博览馆怎么建？　　　　　　　　　　　　336
    2.13 厨邦×华与华合作10周年庆典　　　　　　　　　　　　342
    2.14 坚守12年，厨邦品牌资产一以贯之　　　　　　　　　　343

二　奇安信　　　　　　　　　　　　　　　　　　　　　　　　345
  1. 奇安信500万大奖赛现场演讲　　　　　　　　　　　　　　345
    1.1 奇安信——B2B品牌特色案例　　　　　　　　　　　　346
    1.2 企业战略——聚焦网络安全的社会问题　　　　　　　　347
    1.3 价值之轮每一轮的输出，都是为了让客户更好地了解你的品牌　　349
    1.4 成果物思维——事先设计好成果，先胜而后战　　　　　353
    1.5 所有的事都是一件事，五个市场是一个整体　　　　　　355
    1.6 华与华×奇安信并肩构建中国网络安全第一品牌　　　　357
    1.7 获奖理由　　　　　　　　　　　　　　　　　　　　　358
  2. 奇安信×华与华10年持续合作总结　　　　　　　　　　　　360
    2.1 网络安全进化论：从"互联网安全"到"网络安全"　　362
    2.2 奇安信战略破局之道，华与华"三位一体"模型　　　　363
    2.3 华与华品牌三角形，助力奇安信品牌传播"解码器"　　367
    2.4 华与华企业公关产品开发，助力奇安信构建品牌传播"信号塔"　374
    2.5 超级符号就是超级品牌，助力奇安信积累"奥运品牌资产"　378
    2.6 华与华创意持续改善，助力奇安信构建品牌传播"弹药库"　381
    2.7 奇安信，网络安全的国之重器　　　　　　　　　　　　383

三　西贝莜面村　　　　　　　　　　　　　　　　　　　　　　387
  1. 西贝500万大奖赛现场演讲　　　　　　　　　　　　　　　387
    1.1 西贝×华与华的9年咨询合作总结　　　　　　　　　　388
    1.2 西贝成功的真因是4P的成功　　　　　　　　　　　　　388

       1.3 华与华品牌三大理论是品牌的全部和全部的品牌　　391
       1.4 西贝4P的持续创新　　396
       1.5 转动4P，就是1P发动3P协同　　397
       1.6 获奖理由　　398
   2. 西贝 × 华与华9年持续合作总结　　401
       2.1 笨蛋，关键是创意！"I ♥ 莜"奠定西贝品牌资产　　401
       2.2 "闭着眼睛点，道道都好吃"，聊天创造价值，品牌谚语决策　　415
       2.3 西贝莜面村，走进联合国，一举奠定品牌位势　　418
       2.4 不讲失败的案例都是耍流氓，《舌尖1、2》火了，《舌尖3》哑了　　419
       2.5 产品主题化，主题产品化，用营销日历的方法把产品重新生产一遍　　422
       2.6 临大事，决大疑，定大计——西贝蒙古牛大骨的诞生　　425
       2.7 转动西贝4P，创新获得利润　　433
       2.8 菜单战略：三个购买，让菜单自己会销售　　438
       2.9 "家有宝贝，就吃西贝"：终身顾客从娃娃抓起　　441
       2.10 持续9年的品牌管理，西贝成为中国正餐第一　　453

四 莆田餐厅　　456

   1. 莆田500万大奖赛现场演讲　　456
       1.1 莆田餐厅 × 华与华品牌五年计划的教科书级案例　　457
       1.2 莆田的"华与华品牌五年计划"第一阶段——品牌筑基年　　457
       1.3 莆田的"华与华品牌五年计划"第二阶段——营销日历年　　463
       1.4 莆田的"华与华品牌五年计划"第三阶段——社会公民年　　466
       1.5 华与华 × 莆田7年合作总结　　467
       1.6 获奖理由　　468
   2. 莆田餐厅 × 华与华7年咨询合作总结　　470
       2.1 品牌定心，让企业少走弯路　　471
       2.2 莆田水波纹是人类学的成功！　　472

2.3 中国设计，全球统一，超级符号下南洋！ 476

2.4 华与华营销日历开山之作，莆田食材节，7年坚持不动摇 482

2.5 品牌的背后是文化，文化的深度决定品牌的根基 501

2.6 品牌管理全球化，一举制胜海内外 510

一

厨邦酱油

1. 厨邦500万大奖赛现场演讲

▲ 厨邦500万大奖赛现场演讲（周庆一）

1.1 厨邦奇迹——从地方酱油品牌到全国一线重量级品牌

华与华的经营理念是"悦近来远，终身服务"。所以品牌五年计划并不是说要合作5年，5年只是一个起点，目标是终身服务。那么今天的4个案例谁最接近终身服务呢？听说另外几个项目最少的才几年，而厨邦是12年。

在这12年的合作中，华与华助力厨邦从一个地方酱油品牌发展到全国一线重量级品牌，销售额从10亿发展到超50亿，成为厨邦绿格子食品王国。无论从企业本身的增长，还是从行业的影响力，厨邦案例堪称一个奇迹。

1.2 厨邦食品王国的百年品牌基石

◎ 1.2.1 超级符号"绿格子"，让厨邦一夜之间成为亿万消费者的老朋友

2010年，当厨邦找到我们的时候，酱油市场竞争十分激烈，厨邦酱油的原包装在货架上很难被发现，品牌名也不易传播。

厨邦作为一个地方酱油品牌是如何异军突起，成为全国一线的超级品牌？

2013年第一版《超级符号就是超级创意》里说：有没有一种创意能够让一个新品牌在一夜之间成为亿万消费者的老朋友？说的就是厨邦。可以说没有厨邦案例，就不一定有华与华超级符号的理论体系。

华与华就是为厨邦创意的餐桌布绿格子的超级符号。消费者可能不知道厨邦，但却都知道绿格子。看到绿格子，消费者就立刻觉得这是一个熟悉的、亲切的品牌。首先，绿格子极大地提高了产品的能见度。因为人在超市里是在两排货架中间穿行，所以看货架商品是从45度视角往前看。我们用绿格子包着厨邦酱油，这样包装就在45度角视线上连成一片绿格子的阵列，创造了鹤立鸡群的优势。其次，绿格子极大地提高了品牌的传播效率。在华与华，我们要求超级符号能被描述，被描述才能被转述。很多品牌设计出一个logo，说都说不出来是什么，那怎么传呢？比如我家小孩可以打酱油了，即使不认识字也没问题，可以说：去打一瓶绿格子的酱油。

这样，绿格子就一举解决厨邦酱油被发现、被传播的问题。

◎ 1.2.2 用品牌谚语释放产品优势

但问题又来了，当消费者走到厨邦酱油面前，怎么让产品自己就把自己卖出去呢？这就要靠我们的品牌谚语和产品包装。

品牌谚语要求一句话说动消费者，并绕开消费者心理防线。所以品牌谚语不仅要是口语，还要是顺口溜。就像"饭后百步走，活到九十九"让人无可辩驳，没有心理防线。而厨邦原来的广告语叫"金品质，味生活"，这句话是书面语，不是口语，消费者听了就没反应。

厨邦的话语哪里来？我们到厨邦工厂来看看。在厨邦工厂，最吸引人的就是宏大的沿江大晒场。和北方酱油工艺不同，厨邦传承南派酱油老传统。酱油全靠太阳晒。这也是厨邦最大的价值。

所以我们提出"晒足180天，厨邦酱油美味鲜"的品牌谚语，用一句话释放厨邦酱油的优势。有人就说："我在电视机里听过，我并没有看见，只是听过你的'晒足180天，厨邦酱油美味鲜'。这句话好像一下子就印在我心里了，一下子就记住了。"

◎ 1.2.3 包装即媒体，把包装当海报用

有了品牌谚语，我们还把包装当作海报用，包装即媒体，要让产品自己会说话。

在厨邦酱油的颈标印上"有图有真相，晒足180天"的酱油大晒场。到了2018年，消费者越来越懂酱油，我们就把他们关心的"氨基酸态氮含量"1.3毫升放到正面标签上，侧面放上生产工艺。这样每年数亿个酱油瓶就是数亿个免费的广告位，这是多大的价值啊！所以一个好包装，胜过1亿元广告费。

厨邦酱油，它的符号是餐桌布绿格子，它的谚语是"晒足180天，厨邦酱油美味鲜"。这两样在电视广告中爆发出巨大的传播能量，让厨邦酱油一炮而红。

▲ 品牌谚语和包装

品牌资产就是品牌言说，品牌要活在大众的口语报道里。让我们看看消费者是怎么报道的。在哔哩哔哩上有人说：军训180天，全部晒成美味鲜。李立群老师在直播间分享，有人看见他就打招呼：嘿，180天。代言人本身也成为品牌的活资产。

所以，为什么要把大奖颁给厨邦？因为厨邦绿格子就是超级符号理论的奠基之作。所以大家别看莆田花边说得那么厉害，其实都是以厨邦作为标杆来设计的。

◎ 1.2.4 厨邦——践行华与华价值观的典范案例

厨邦是践行华与华价值观的典范案例。

首先是决策的典范。

12年前，华与华第一次给厨邦酱油提案，很多人不敢接受这么大的改变，大家担心改变了之后，原来的消费者不认识。

但厨邦当时的董事长张卫华先生顶住所有人的劝阻，拍板决定了。在短短一个月内，将绿格子铺到产品、渠道的各个媒体上。厨邦的工厂，也就成了"绿格子"工厂。

在此，我们非常非常感激厨邦的张董。没有他这英明的决策，就没有今天我们在这里所说的一切。

其次，更是坚持的典范。

厨邦坚持12年，核心创意不动摇。

很多企业是年年想搞新创意，拍新广告。品牌部感觉今年如果没拍个新片子，像白拿了工资似的。人们每年都在换新的创意，其实不知道一个创意坚持50年是什么样的效果。

有些客户也因为我们拒绝拍新广告片，甚至终断和我们的合作。这是非常痛心的损失，而厨邦没有让我们损失。

厨邦酱油的广告一个创意、一个文案，坚持了12年都没有改变。这也是我们最感激厨邦的地方，能够勿忘勿助，一直以来没有忘记是如何成功的，也不急于求成而拔苗助长。

1.3 产品战略围棋模型，助力企业实现持续增长

超级符号，百年企业。百年企业从超级符号开始，绿格子超级符号奠定了厨邦食品王国可以发展百年的品牌基石。那下一步该怎么走？

这也是我跟大家分享的第二点：如何实现企业持续增长？

其实就是一件事，下围棋。

大家知道，华与华是一家代表中国智慧的咨询公司，我们的企业增长模型也是运用中国智慧的战略游戏——围棋，将企业增长战略的路线可视化。

对厨邦来说，中国4500亿的调味料市场就是我们的棋盘，产品就是我们的棋子。我们就是通过这盘棋，助推厨邦实现12年连续增长，打造出超50亿的厨邦绿格子食品王国。

这棋怎么下？战略就是下围棋，金角银边草肚皮。厨邦酱油作为第一个棋子，点出了金角制高点，建立了绿格子的品牌资产和知名度，为其他的调味品类创造了优势的平台与条件。再围绕金角拉出一条银边，这里的产品放上符号就能卖，收割边际效益。最后中间的草肚皮市场，就用超级符号镰刀来实现反复的收割变现。

所以在2010年，做活了厨邦酱油的金角之后，我们就要思考：拉出哪一条银边来释放边际效益？

产品开发往往是一个4P的再平衡。我们有两个顾客，消费者是我们的顾客，渠道商也是我们的顾客。而我们发现厨邦卖酱油的经销商同时也卖粮油。我们是不是也可以通过为渠道商开发产品，来开拓市场？

那如何为渠道商开发产品？有一个著名广告词叫"没有中间商赚差价"。

这就是绝对的伪命题。如果没有中间商赚差价维持该平台的运营，它一天也开不下去。

华与华和高校合作编撰的《简明营销教程》中提出：渠道的本质，就是相互依存的组织统一体。渠道在词典中的原意是"河道"。对企业的营销而言，水源就是产品，开发河道就是建设渠道。产品的利润越大，水流更强，河道也就越宽。所以一定要让中间商赚差价才是正确的商业思维，而且要让中间商赚得更多。

于是我们就避开和大型粮油企业在低端调和油市场进行价格竞争，开发出中高端"100%纯花生油"。"100%纯"就是不调和的油，"100%纯"就是高贵的，"100%纯"就是高利润的。就这样我们用绿格子包上产品，放上货架就卖货。

推出第二年，"100%纯花生油"销售额轻松过亿。到了2021年，这条银边市场收割了5亿的销售额。华与华通过为渠道商开发产品，不仅让渠道商赚取更多利润，更重要的是不断加深渠道商对厨邦的依赖，积累出厨邦渠道的竞争优势。

收割了银边市场，接下来我们说说，华与华如何帮助厨邦再点出第二个金角。

2010年，鸡精粉是厨邦的第二大品类。但当时所有的品牌鸡精粉都宣传鲜："鲜味科学""尝到真正的鲜""鲜满天下"。

那我们就是要让厨邦鸡精粉，在这个"鲜"的红海里脱颖而出。

产品开发就是开发购买理由，关键靠创意。百鸡谁最鲜？土鸡！所以我们不是厨邦鸡精粉，是厨邦土鸡粉！接下来，创造土鸡的形象。

很多人说华与华土。而我们被客户否掉的方案，没有一个是说方案无效的，甚至说："我知道这方案会有效，但是太土太Low！"土不土和创意根本没关系，是自己土，所以怕别人说自己土。所以华板也生气地说：土Low症是中国企业不可救药的绝症。

土鸡形象就是要土，于是我们就画了个最土的土鸡，而且包着绿格子头巾；并且用"土鸡妈妈"统领厨邦鸡精粉所有产品。只要创意做到位，土鸡也能下金蛋。就是这样土得掉渣的创意，让我们在这个棋盘上又点出了一个超过6亿的金角市场。

▲ 厨邦鸡精粉

1.4 华与华产品整理术，打造厨邦7大过亿品类

通过点金角、拉银边包围了草肚皮，那么小品类市场我们怎么收割呢？这就要靠华与华的产品整理术。

有很多客户请我们做了像绿格子这样的超级符号后，就觉得一切搞定了。但同时很多品牌，特别是快消品品牌，他们有几十个甚至上百个产品，但品牌自觉得不太重要，产品就得不到关注。

所以，单品要过亿，关键靠整理。每个品种都有过亿的潜力，大的品种可以卖几十亿，小品类也可以卖过亿。有没有想过去整理呢？厨邦有100多个品种，如果每个产品都整一个亿，不就100多亿了吗？

12年以来，华与华就是用产品整理术，从命名到话语、从包装到瓶型，整理出一个又一个过亿品类。

2014年，我们开始整理料酒品类。像这样的小品类市场，没有绝对的龙头企业，消费者也不知道哪个品牌的料酒最好。同时料酒在货架的位置也很差，料酒两个字还很小，经常是一大堆产品挤在一起，消费者根本就找不到。

所以我们就让"料酒"两个字放得足够大，再用黄底黑字来凸显；再给料酒命名："葱姜汁料酒，不放葱姜一样香。"这样厨邦的料酒包装摆到货架上，首先映入消费者眼睛里的就是"料酒"这两个字,这样我们被看到的概率提高,被购买的概率也会提高。厨邦料酒就放在货架上自然销售,4年的高速发展,会整理出这个过亿的料酒品类,也就是说一个包装就价值一个亿了。

在和厨邦合作的12年中,我们就一个品类一个品类来整理,一年抓好一件事。

2015年,整理酱类品类,打造"一勺搞定一个菜"品种价值,实现过亿销售。

2017年,整理蚝油品类,建立浓浓海鲜味蚝油品种价值,创造3亿销售。

2019年,整理食醋品类,创建米字标战略,获取陈列优势,实现过亿销售。

2020年,整理更高端无添加酱油。怎么把一瓶酱油从10元卖到20元呢?

我们从瓶型工业设计入手,学习广州小蛮腰,设计"厨邦小蛮腰"曲线瓶,打造出工艺品级的产品造型和使用体验。

2021年,整理推出金奖小龙虾调料,向复合调味料市场发起进攻。

12年的时间,华与华通过产品整理术,为厨邦从2大过亿品类整理出了7大过亿品类。就是通过这盘棋,打造出厨邦超50亿规模的绿格子食品王国。

1.5 营销经典侧翼战,开辟厨邦to B餐饮渠道

接下来,华与华还要下另外一盘棋,就是占据调味料市场50%份额的餐饮渠道。

刚才奇安信说自己是B2B,我们是B2C。大错特错,厨邦是B2C加B2B,很明显我们难度更高。

但是在2013年,我们开拓餐饮渠道的时候就面临着龙头企业"资源垄断"的严峻挑战。他们在渠道、聚焦厨师办大赛、办会销方面已经做得十分成熟。厨师和餐厅资源很难撬动,因为厨师一旦习惯了用哪个品牌来做菜式,就很难说动其进行品牌的更换。渠道打不开,我们那么多品类产品也就很难进入。

厨邦作为新进入者该如何进行战略突围,还能有什么新战略?

答案是:侧翼战。

面对大企业的垄断,营销的侧翼战不一定要推出与众不同的产品,但必须有创新和独到之处。这也是华与华所说的,要找到战略决胜点,创造出决定性机会。包装设计是C端的决胜点,那B端的决胜点是什么呢?

"酱油好不好,凉菜最知道",凉菜最能体现酱油色泽鲜亮、鲜香入味的产

品优势。所以我们开发凉菜大赛营销日历：5万现金，只奖凉菜。

各种热菜大赛厨师可能已经参加太多了，但是凉菜大赛的出现，为厨师开辟了另一个荣誉的赛场。让大赛成为盛世，让厨师成为英雄，同时也巩固了厨邦酱油在凉菜界的霸主地位。

开拓to B市场，奇安信说要成为首席知识官，我们也要成为首席知识官。所以我们整理出版《凉菜年鉴》，让厨师对厨邦形成知识的依赖。这就是华与华营销日历，让品牌活动形成品牌资产，并重复积累，持续精进。

▲ 厨邦6届凉菜大赛

华与华通过凉菜大赛，成功开辟to B餐饮渠道，找到了几乎是唯一可行的道路。

500万大奖颁给谁？华板的意见还不知道，但是我知道西贝和莆田客户都已经投出了他们神圣的一票，因为他们都选择使用厨邦作为餐厅的调味料。厨邦获奖就是众望所归。

12年间，华与华就是下了to B和to C这两盘棋，实现厨邦业绩持续增长。而厨邦和华与华合作的更大价值，是让企业增长出发展的能力。

百年企业，年轮经营。年轮经营是华与华终身服务的理念。企业的成长不必太快，反而应该像树木的年轮稳扎稳打，慢慢生长。在12年间，我们和厨邦共同成长，每年进步一小步，每年都在这个年轮上壮大一圈，发展出一个拥有全国领先的研发、推广、渠道能力的品牌，为厨邦绿格子王国百年的发展构建了坚实的根基。

1.6 建立厨邦酱油文化博览馆，为社会提供精神财富

最后跟大家分享在厨邦酱油文化博览馆陈列的《百年香山酱园图》，厨邦就诞生于图中的泰茂酱园。100年前，厨邦酱油的创始人胡邵先生，进入酱园做学徒，研制出了酱香浓郁的南派酱油。100年后，他的后人邓振铃先生作为著名画家，画下这幅画，将南派酱油老传统的光荣与历史传承了下来。

▲ 百年香山酱园图

但很多中国的老传统并没有那么幸运。在纪录片《寻找手艺》中，导演拍下了144项即将消失的传统手艺。云南有一位叫坎温的80多岁老人，他也是村子里唯一会做傣族油纸伞的手艺人，但导演再去回访的时候，老人已经不在了，傣族油纸伞的技艺也就此失传。南派酱油很幸运，因厨邦而发扬光大。

在华与华，我们把企业社会责任、公关和公益都纳入品牌管理。2011年，厨邦提出让我们为其策划品牌博览馆。而我们一上手就制定厨邦博览馆不是品牌的博览馆，而是弘扬南派酱油文化的博览馆。

如今厨邦酱油文化博览馆已成为广东省中小学生教育基地、工业旅游精品线路。从古代酱园到酿造器具、从沿江晒场到现代工厂，一代一代人在此见证，原来南派酱油真的这么鲜。而厨邦百年的发展也将在这博览馆慢慢谱写。

西贝说要做一个有文化的品牌，莆田也大谈品牌文化，奇安信说到了成果物，那么品牌文化的成果物是什么呢？厨邦给出的回答——酱油文化博览馆，这就是厨邦为整个社会提供的精神财富。

1.7 厨邦×华与华12年合作总结

晒足4300天，持续合作12年。终身服务，百年企业。厨邦×华与华12年合作总结：从2010年到2021年，销售额从10亿发展到超50亿的厨邦绿格子食品王国。持续合作12年，一年抓好一件事，华与华为厨邦转动两轮品牌五年计划，打造教科书级别的超级案例，从超级符号到持续改善，从品牌广告到营销日历，从产品开发到公民品牌。厨邦12年，坚持核心创意不动摇，勿忘勿助，滴水穿石，缔造厨邦绿格子食品王国，将绿格子铺遍大江南北。开发凉菜大赛品牌日历，撬动to B餐饮渠道；通过企业增长围棋模型、产品整理术，厨邦实现连续12年增长，从2大过亿品类中整理出7大过亿品类。12年11大品类，打造厨邦企业增长路线图。

感谢厨邦合作伙伴，并肩作战12年。

1.8 获奖理由

最后，我来陈述厨邦荣获500万大奖的三大理由：

第一，厨邦是华与华超级符号理论奠基式案例。可以说没有厨邦案例，就没有华与华超级符号的理论体系。

第二，厨邦是践行华与华价值观的典范案例。厨邦持续12年勿忘勿助，滴水穿石，是决策的典范，更是坚持的典范。

第三，厨邦是华与华品牌五年计划的标杆案例。从超级符号到广告创意，从围棋模型到产品整理，从营销日历到品牌文化，厨邦项目交出了完整的答卷。

百年企业，终身服务。2022年是华与华为厨邦持续服务的第十三个年头，离100年还很远，但我们的所有动作都是为了成为百年企业而去做的。华与华将和厨邦一起朝着百年目标，继续第三个五年计划新征程，一起再晒个4300天！

华板现场点评：

"晒足180天，厨邦酱油美味鲜！"厨邦和华与华已经晒足4300天，是华与华合作最久的客户，12年合作不间断。我主要说4点：

第一，厨邦完美演绎了华与华的经营理念"悦近来远，终身服务"，也体现了华与华品牌三大财富中的人生财富。

第二，厨邦用绿格子超级符号统一产品包装，体现了商品即信息，包装即媒体，是华与华超级符号奠基性的代表案例。

第三，用华与华围棋模型规划整理产品结构，12年时间打造50亿厨邦绿格子食品王国。

第四，聚焦凉菜，打响"凉菜大赛"侧翼战，开拓to B餐饮渠道。

滴水穿石12年，坚持就是运气。谢谢庆一！

华杉的弟点评：

在华与华我们讲滴水穿石，一个案例真正厉害的地方就在于滴水穿石。而且滴水穿石没有哪"滴"大，也没有哪"滴"小。其实大家都知道滴水穿石是真理，很多人也都相信真理，但往往觉得真理对自己不适合，就想一把搞个大的，或者滴了三天以后，觉得没有效，就不坚持了。

很多人说，"人生的道理懂得那么多，还是过不好自己的这一生"。其实人生的道理很少，你抓住一个并且去相信它，这辈子就成功了。你抓哪一个都可以，抓滴水穿石、勤劳致富都可以，重点在于你要真正相信它，知行合一，然后滴水穿石，坚持10年、20年，自然能成功。厨邦客户的成功就是因为有这样的坚持。

2. 厨邦×华与华12年咨询合作总结

晒足4300天，持续改善12年，打造超50亿厨邦绿格子食品王国！

厨邦和华与华咨询合作12年的24大核心成果总结：

（1）品牌超级符号，让厨邦一夜之间成为消费者的老朋友。（2010年）

（2）厨邦电视广告扎金角，建立品牌资产。（2010—2018年）

（3）厨邦财富训练营，领导经销商的思想，做强渠道品牌。（2010年）

（4）厨邦土鸡粉：抓住两个"鲜"！（2010年）

（5）厨邦鸡粉再开发，创造超级代言人。（2012年）

（6）美味鲜品牌回归了，没有4P投入就没有品牌成功。（2011—2012年）

（7）基于南海水产丰富的阳西资源，开发罐头产品。（2012—2014年）

（8）为渠道开发产品，绿格子镰刀开拓食用油品类市场。（2011—2013年）

（9）规划产品结构，完善产品体系。（2016年）

（10）建设品牌道场，宣传酱油文化。（2011—2014年）

（11）像创作广告片一样创作厨邦企业宣传片。（2014年）

（12）抓住餐饮渠道核心群体，会议营销积累厨师资源。（2013年）

（13）聚焦凉菜，开办大赛，开拓餐饮渠道。（2013—2021年）

（14）掌握关键放大技术，厨邦料酒脱颖而出。（2014—2019年）

（15）牢牢占据海鲜味，构建厨邦蚝油品类价值。（2017年）

（16）酱料产品再开发，真材实料做好酱。（2013—2016年）

（17）占领米字标，建立"米"醋家族。（2019年）

（18）脚踏实地做终端——厨邦终端生动化方案。（2013年）

（19）厨邦餐批门店持续改善，单店销量提升30%。（2019年）

（20）厨邦天猫旗舰店持续改善，下单转化率提高154%。（2021—2022年）

（21）点出厨邦酱油金角，拉出厨邦酱油品类银边。

（22）厨邦高端0添加、头一道酱油产品开发。（2019—2022年）

（23）金奖购买理由，进入复调市场。（2021—2022年）

（24）坚守12年，厨邦品牌资产一以贯之。

厨邦是广东省中山市以酱油为主要品类的调味品企业，主要销售市场在广东、浙江、海南等华南、华东地区。2010年，厨邦和华与华开始合作。12年来，华与华秉持"凡事彻底"的企业文化，持续为厨邦服务，输出我们的战略和创意，助推厨邦企业从酱油品类发展成覆盖11大品类的绿格子食品王国。12年间，销售额从10亿发展到超50亿，12年增长400%，从2大过亿品类打造出7大过亿品类，一跃成为全国一线的重量级品牌。

2.1 成功关键靠决策，超级符号奠定厨邦品牌基业

◎ 2.1.1 品牌超级符号，让厨邦一夜之间成为消费者的老朋友（2010年）

2010年，厨邦还是一个地方调味品品牌，双方合作面临的首要课题就是如何让更多的消费者认识厨邦，并且愿意因为厨邦这个品牌而购买厨邦的产品。

建立厨邦品牌就是构建品牌三角形，打造品牌符号、话语体系，构建品牌的产品结构。

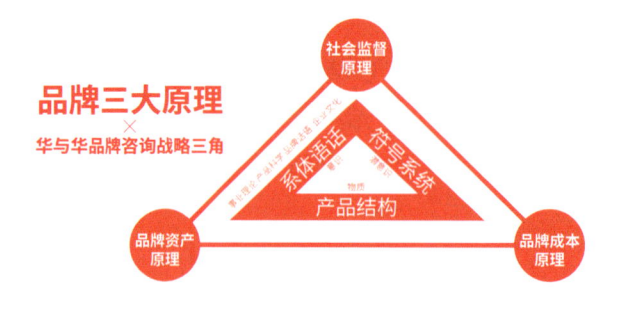

**厨邦企业战略
绿格子调味品王国**

厨邦讲良心 产品更放心
为公众提供安全美味的食品

超级符号要解决的问题，是让一个新品牌在一夜之间成为亿万消费者熟悉的老朋友，帮助消费者迅速建立新的品牌偏好，并发动大规模购买。要做到这点，我们就要嫁接消费者本来就熟悉、喜欢的符号。

厨邦的超级符号——绿格子，是从与厨邦有天然联系的文化符号、生活场景中而来的，绿格子是餐厅的符号、餐桌的符号、吃饭的符号、食欲的符号。

餐桌布绿格子是什么？是原力，是公共符号、文化符号，是全世界每个人都熟悉的餐厅的符号、吃饭的符号。我们将"绿格子"的原力、象征、感情，以及它的权力、指令，统统注入厨邦品牌中，让"绿格子"成为厨邦的超级符号和品牌资产。

符号设计要极致，用视觉符号激发触觉体验

餐桌布绿格子设计很简单，但是什么样的绿格子最美？什么样的绿格子才更贴近文化母体？这是个问题！美的设计，不是一个简简单单的绿白色块，而是不同大小、粗细和间距要有不同比例。最好的符号就是最贴近文化母体的符号。

在做绿格子的时候，我们还原了真实桌布上面细腻的花纹。你把桌布放大以后，就会看到上面有很多细腻的横线和竖线，然后在它上面又切分了更细的小块，我们让设计师们尽量地做到还原桌布布纹的效果。绿上面还有浅绿，白上面也有一点浅灰，这样它看起来更像一个针织纹的餐桌布绿格子符号，用视觉激发触觉。

▲ 厨邦的绿格子设计

◎ 2.1.2 厨邦品牌谚语：一句话打动消费者购买

厨邦是广东省中山市的酱油企业。广东省的酱油工业十分发达，因为亚热带的光照时长和温暖气候，广东地区自古以来适宜晒制酱油。广东酱油的工艺，与中国北方以及日本的酱油工艺都不同。北方光照时间短且低温时间长，而广东省的南派酱油完全是天然晒制，保留了传统、天然的风味。广东人饮食清淡，但吃什么都爱蘸酱油，酱油让食材焕然一新。三杯鸡的第一杯就是酱油。

创意来源于现场，从厨邦工厂老师傅的话里，从当地老百姓厨房的锅里，从茶餐厅食客的嘴里……华与华在市场调查中发现消费者对酱油的"鲜"有强烈诉求。"金品质，味生活"是厨邦原有的广告语。这是书面语，不是口语。书面语是"视觉语言"，不是"听觉语言"，消费者听到书面语没反应，看到了字才知道是什么。而口语就不同，眼睛、耳朵、嘴巴都被用上了。

品牌谚语，不仅要是口语，还要是"套话"

大多数广告语的缺点——搞"文学创作"，说没有意义的话、没有事实的话，没有行动要求的话。没有事实，没有行动，就没有结果。

品牌谚语，不仅要是口语，而且要是"套话"。在口语文化里，已经获得的知识必须经常重复，否则就会被人遗忘。口语套话更能被记住。口语套话能储存知识，并且要么用陈述句，陈述一个事实；要么用行动句，要求人行动。要有具体内容，事实是什么就说什么；想要人买什么就说买什么，不要什么要求也没提。

"晒足180天，厨邦酱油美味鲜"，这是一个事实，这就是华与华方法中的品牌谚语。

晒足180天
厨邦酱油美味鲜

▲ 厨邦的品牌谚语

品牌超级话语的心理学就是突破心理防线。没有心理防线，更能被人接受和信赖，华与华方法称之为"说话不设防"。在创作厨邦品牌谚语的过程中，反复读，反复喊，现在请你也大声读三遍，感受下我们在2010年的最终选择。

▲ 品牌超级话语

厨邦酱油，它的符号是餐桌布绿格子，它的咒语是"晒足180天，厨邦酱油美味鲜"。这"一符一咒"，就是它蕴含巨大传播能量的品牌信息压缩包。于是，酱油界跟风涌现出很多关于180天的传说。

厨邦酱油超级包装：商品即信息，包装即媒体

包装就是产品，包装设计就是产品设计。要用产品开发思维设计包装。包装设计，就是产品再开发。

之所以说包装就是产品，是因为这才是消费者的视角和语境，而包装是企业的视角和语境。消费者在逛商场的时候，看到的不是一个个的包装，而是一个个的商品。产品是货架上的一个符号。首先不是在包装上如何突出信息，而是在货架上如何突出产品，所以要重视产品包装整体的符号性。厨邦酱油的包装设计，不是突出标志而是突出一个绿格子的整体包装，在货架上创造了鹤立鸡群的优势。

人在超市，主要是在两排货架中间走。所以他不是正对着货架走，他的视线是45度角斜着往前看。商场的端架之所以很值钱，要花钱买陈列，是因为端架是正对着看的。

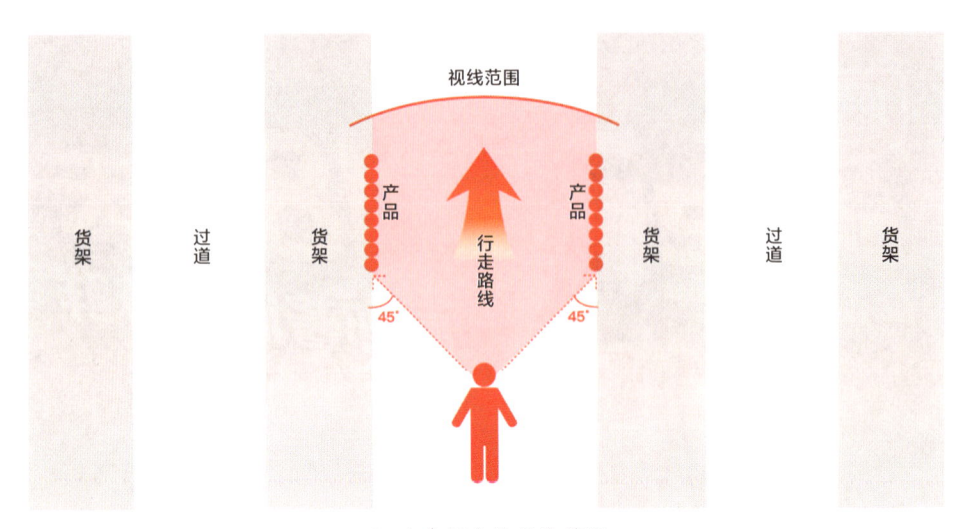

▲ 人在超市的视线范围

厨邦酱油的包装设计，是用绿格子包着一个圆柱形瓶子，陈列一排之后，就在45度角视线上连成一片绿格子，会给人强大的视觉冲击力，把普通货架陈列做出了端架的效果。在陈列优势方面，厨邦包装设计的一个细节，是45度角集中陈列面。

▲ 厨邦酱油的包装陈列

▲ 厨邦酱油的新旧包装

好了，现在顾客走到我们的货架面前，这时候我们用什么迎接他呢？

把包装当海报用，产品自己会说话

让产品自己会说话，让厨邦产品的包装在货架上自己把自己卖出去。根据购买者拿起产品之后怎么看，指导我们将产品包装打造为一个超级推销员。

人的视线流程是有规律的，这个流程是信息输入的过程，相应的是购买者做出决策的过程。最先看到的当然是瓶子中间的肚子，产品名称——厨邦酱油。在颈标上放上我们的酱油大晒场，写上"有图有真相，晒足180天"。

▲ 把包装当海报

283

2016年，在上海某超市走访，我们发现厨邦酱油品类少了，忙着上货的厨邦业务主管解释："超市不让我们厨邦几种酱油摆一起。""为什么？"一米八的汉子腼腆地答道："效果太好，那样顾客就看不到别家酱油了。"

▲ 超市里摆放的厨邦酱油

厨邦食品的符号，不是厨邦的标志，而是餐桌布的绿格子。

绿格子符号的识别度远远超过厨邦标志。绿格子是厨邦的品牌符号，是厨邦品牌形象的核心。

华与华在设计厨邦食品格子符号的时候，曾有人提出用不同颜色的格子，比如酱油用绿色、醋用红色、食用油用蓝色等诸如此类。理由是方便区分不同类别的产品。很多企业在设计品牌系统时也采用这种办法。这种提议忘了一个问题：为什么要区分？谁需要区分？我们产品的品类数会比赤橙黄绿青蓝紫的颜色更多，要多少颜色才够分？

我们有数百个产品，但是在一个夫妻老婆店的货架上，能陈列我们几个产品？如果能放三个，那我们太成功了。但如果就三个，我们还分了三个不同的颜色，那如何能建立集中陈列优势？

还有一个根本问题，消费者记得厨邦是什么颜色吗？品牌即言说，统一用绿格子，大家就都会说"那个绿格子的"。如果用多个不同的颜色，人家不知道怎么说，就没人说，就形成不了播传，就全得自己花钱去说，那传播成本就太大了。所以我们将全部品类、规格、大小的包装，统一用绿格子形象，这奠定了厨邦超级品牌的基础。

◎ **2.1.3 厨邦电视广告扎金角，建立品牌资产（2010—2018年）**

厨邦酱油是第一支拳头产品，为厨邦的下一个产品创造了一个品牌印象"老传统都很笨"，一个超级符号"绿格子"，一个超级话语"有图有真相，晒足180天，厨邦酱油美味鲜"。在传播推广时，我们需要一支电视广告片，为厨邦打下了扎实的"金角"，建立起大规模的销售。

电视广告不是"讲故事"，而是"耍把戏"，是"产品演出"。

电视广告是品牌的一场秀，要让产品成为英雄。我们不要"创意总监"，要"能用15秒钟让人掏钱买其第一次听到的产品的人"。就算我们的品牌拥有了相当的知名度，我们在任何一次创作的时候，仍然假设人们是第一次听说我们，这是我们的创作秘诀。

华与华方法15秒电视广告的创作标准

① 让人记住品牌叫什么名字。

② 让人记住商品长什么样子。

③ 给人购买理由和冲动。

④ 建立品牌符号和企业战略优势。

这4条的前两条是最低要求，其中第一条是前提，后两条是最高要求。在15秒钟以内这四条要全部做到，这就是标准。

▲ 华与华方法15秒电视广告

重复，是建立品牌资产的"天条"

重复就是主旋律。维特根斯坦说："一首乐章的主旋律，就是反复、重复的那一部分。"品牌资产，就是人们所熟悉的"品牌的旋律"，不断重复的"旋律"。

在厨邦酱油的广告中，从第一个镜头到最后一个镜头，我们都能够看到"绿格子"的身影。不仅在包装上、最后一个镜头的尾板上，我们还让代言人李老师穿上了绿格子围裙。甚至在厨邦酱油的晒罐上，都包上了绿格子，还让它动起来，从晒罐上飞到了酱油瓶上！

厨邦酱油的超级符号"绿格子"和超级口号"晒足180天，厨邦酱油美味鲜"，已经成为华与华"超级符号就是超级创意"的代表案例。

品牌代言人是产品推销员，突破消费者心理防线

厨邦酱油的广告片，邀请了台湾的老戏骨李立群老师作为代言人。第一次请李立群，是三精制药董事长姜林奎要求的，他拿几条李立群的广告片给华板看，有金门高粱酒的，有柯尼卡胶卷的，他说，李立群这个演员太能感染人了！

看了他的广告，他那种实诚劲儿，那种热情，那种对产品的溢于言表的热爱和自豪，真是让观众毫无心理防线。三精制药请了李立群拍摄了一系列的广告片，都非常好。后来在做厨邦酱油的时候，我们第一个就想到了李立群。

心理防线，是广告创作时刻要考虑的。前面我们说要用顺口溜，因为俗语不设防，只要押韵了，心理防线就会解除。同样，在演员的选择上，也要选择那些热情的、有亲和力的、有销售天赋的，因为代言人就是销售员。

所以我们要明确，品牌代言人是产品推销员，他的任务是来推销的，他是配角，而不能是主角，这一点必须是清醒意识到的。所以我们选择代言人，不是看谁最大牌，而是看谁才是最佳广告推销员。

10年3部广告片，坚持核心创意不动摇

讲持续改善时说的八个字：知行合一，凡事彻底。凡事彻底，重复做一件事，就是把平凡的事做彻底，做到不平凡。厨邦酱油电视广告在过去12年内3次翻拍持续改善，每年都只是在做微调而已，并没有做大的动作。

围绕厨邦核心品牌资产，不断增加创意细节。厨邦从地方品牌开始做起，投放广告规模远远比不上全国性竞品，但是我们的广告却红遍大江南北，甚至在哔哩哔哩上被网友自发加工传播。

这背后还是华与华的人生哲学——积累！这都是在年复一年的过程中，不断生发出来的。德鲁克说："人们总是高估了一年所能取得的成绩，而大大低估了30年、50年所能取得的成绩。"这句话太深刻了！

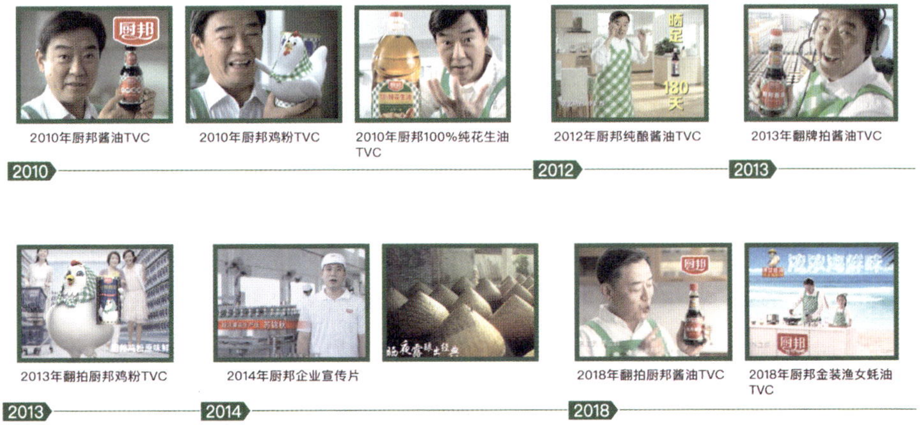

▲ 厨邦酱油广告片

成功关键靠决策

12年前,华与华第一次给厨邦酱油提案的时候,绝大多数人觉得过于冒险。但是厨邦当时的董事长张卫华先生力排众议,没有左顾右盼,逡巡犹疑去看,而是直观地去看、直觉地去看、本质地去看、心无旁骛不受干扰地去看。他顶住所有人的劝阻拍板了。在短短一个月内,将绿格子铺到"产品、渠道、终端"的各个媒体和企业工厂上。厨邦的工厂,也就成了"绿格子"工厂。在今天看来,他的这个决断英明无比。这是华与华的福气。

▲ 厨邦工厂

◎ **2.1.4 厨邦财富训练营,领导经销商的思想,做强渠道品牌**

厨邦是一个强渠道驱动型的品牌。早些年每年就开两次经销商会议,培训经销商能力,加强经销商的管理。2010年,我们建议厨邦系统性加强经销商的培训教育,提升经销商的发展能力,让经销商发财,厨邦才会更好地成长。那如何建立经销商的培训教育体系呢?

当时我们提出以厨邦一年两次的经销商会议为节点,设立"厨邦财富训练营"。面向全体经销商举办训练营,每年定期的经销商会议同时开展经销商培训,逐步让经销商对厨邦形成依赖。渗透到全国渠道网络中,有组织、有计划、分区域地对经销商培训。

同时，我们还开发了财富训练营工具——《厨邦财富》内刊，从思想上领导经销商，改造经销商思维。企业定期发行《厨邦财富》刊物，提供先进的销售理念、调味料市场资讯等内容。

▲ 厨邦财富训练营

我们所做的这一切，积累下来，就能够获得经销商的认同和忠诚，这是竞争对手无法复制的核心价值。

在2010年为厨邦设立了渠道管理的策略和思想后，厨邦以强大的执行力一直执行至今，并且在每年的基础上不断持续改善。作为公司层面的管理内刊，从理念、动作到经营管理，提升经销商经营管理和营销的实力，成为厨邦管理培训经销商的重要经营活动。

在华与华为客户服务的第一年，我们开始绘制品牌三角两翼，12年持续构建厨邦绿格子食品王国。

构建品牌三角形，不是1年的事情，也不是12年的事情，是品牌终生的事业。华与华在为厨邦服务的12年里，持续构建品牌符号、话语和产品体系。

12年形成了11大品类，超50亿的产品结构，积累出"绿格子""有图有真相""晒足180天"等一系列脍炙人口的品牌符号体系；梳理出从品牌谚语、事业理论，到产品科学一系列的品牌话语体系。

2021年 11大品类 51亿

- **品牌谚语**
  厨邦酱油美味鲜 晒足180天
- **事业理论**
  老传统都很笨
  厨邦讲良心 产品更放心
- **产品科学**
  （以厨邦酱油为例）
  有图有真相
  晒足180天 晒出美味晒出鲜
  采用传统老方法 酱油就靠太阳晒

▲ 厨邦品牌话语体系

2.2 厨邦包装极致开发，一个包装设计价值一个亿

◎2.2.1 快消品最大的元媒体是产品包装和货架，放上货架就开卖

设计一个产品包装，就是建立一个企业的品牌基站。品牌基站的信号覆盖范围决定品牌能见度。信号越强，能见度就越高，这个基站就是品牌最大的元媒体。

包装是消费品品牌的战略工具和最大元媒体。元媒体解决销售转化问题。我们开发媒体通过对刺激信号的编码与解码，使包装的能量信号快速高效地触达消费者，从而提升转化率。

快消品包装设计，不是"包装设计公司"的工作。除非，这个包装设计公司是一个全案公司，能够懂得一切，因为包装设计里面包含了品牌策划工作的一切。否则，单独进行包装设计工作，从理论上就不成立。而能够把一切工作都做了的公司就不是一个包装设计公司，也不会按包装设计来收费。这又是一个哲学问题——每一个局部都包含了全体，而不是所有的局部加起来组成全体。

◎2.2.2 掌握关键放大技术，厨邦料酒脱颖而出

2014年，料酒还是一个很小的品类市场。厨邦看到了品类未来的发展趋势，决定开发料酒产品。

成功就是时间现象，2014年华与华对料酒产品进行开发，经过4年的持续高速发展，料酒品类已经成为厨邦过亿的明星品类。2014年我们对厨邦的料酒产品进行再开发。在当时，料酒相比于酱油、醋来说，还是一个小品类，有产品需求意识以及品牌意识的家庭才会购买。

所以在终端，料酒的放置位置就会很差。而且很多料酒的产品包装上的"料酒"两个字标得都很小，却将别的信息比如葱姜放得很大。经常一大堆产品堆在一起。消费者去超市的时候要到处找，不像酱油、醋放在显眼的位置。

▲ 超市货架上摆放的料酒产品

基于这样的观察，我们就思考怎么样让厨邦的料酒产品在超市货架上脱颖而出。

掌握关键放大技术，让厨邦料酒脱颖而出

首先，我们给料酒产品命名——葱姜汁料酒，并给出明确的购买理由"不放葱姜一样香"，只要放上料酒也一样香。

其次，关键就是把"料酒"两个字放得足够大，能放多大放多大。放大以后再摆到货架上，消费者一眼就能看到包装上写着"料酒"这两个字的产品，看到我们的概率会提高，被拿起的概率也会提高。我们用黄底黑字来凸显我们的货架优势，既有食欲又十分明显。

▲ 料酒包装上的黄底黑字

2016年，开发厨邦中高端年份料酒

▲ 厨邦中高端年份料酒

2020年厨邦横向延伸，做细分功能料酒产品开发。年份料酒包装翻新，放大小品类产品价值。

▲ 年份料酒包装翻新

抢占海鲜味，建立品种价值

2017年厨邦蚝油生产技术突破，产品的口感有很大提升。借此机会需要重新梳理蚝油产品结构，扩充产品线。

我们发现竞争品牌都在打"一招定鲜""传统秘方"等卖点，依然在强调蚝油的品类价值，而没有真正建立品种价值。

厨邦由于生产技术进步，生产的蚝油是有海鲜味的蚝油。从消费者的原话来看，"海鲜味"是广大消费者已经充分认知并且广泛使用的口头语。所以厨邦蚝油抢占"海鲜味"，建立品种价值，厨邦蚝油就等于海鲜味。

创意厨邦蚝油口号"浓浓海鲜味，做菜就是鲜"，用此口号统一厨邦蚝油及厨邦渔女蚝油口号。同时翻新厨邦蚝油及渔女蚝油产品包装，全新开发"瓶颈广告位"。

这是除瓶身包装外的二门头，即第二个媒体广告位。我们把这个媒体广告位放到最大，提升产品的陈列优势。

厨邦渔女蚝油于2017年5月上市，一经推出快速增长。蚝油品类从2017年开始的几千万发展到2020年超过3亿的超级品类，成为厨邦明星产品，打造厨邦全新增长极。

2018 产品开发新升级
持续改善 翻新老产品

厨邦渔女蚝油：**瓶颈就是广告位**
超大颈标更醒目，刺激信号更加强

2015年
厨邦蚝油包装

2018年
厨邦蚝油包装

▲ 翻新渔女蚝油包装

2020—2021年推出细分品类蚝油，炒菜鲜蚝油、鲜味蚝油，进一步拓展蚝油产品线。

▲ 抢占海鲜味，建立品种价值

2.3 持续改善12年，经营持续改善，获取管理红利

◎ 2.3.1 学习丰田生产方式，再用持续改善技术服务厨邦

从2015年开始，华与华请了日本管理顾问——尚和管理咨询公司给我们做咨询，每个月辅导我们学习丰田生产方式，至今已经持续了五六年。

今天如果你走进华与华的办公室，就像走进丰田汽车的生产车间，墙上全是生产管理看板。华与华能做到今天的品质和规模，主要是靠这套生产管理方式。

而华与华与尚和管理咨询公司的结缘，正是来自厨邦。2014年，华板在参加厨邦酱油阳西新厂的落成典礼时，遇到了厨邦的TPS顾问，也就是尚和管理咨询的桥本正喜和胡光书老师。时任厨邦董事长的张卫华先生向华板介绍说，桥本老师和胡老师辅导了他们最大的酱油瓶供应商——华兴玻璃，而且合作持续了很多年，现在，也给厨邦食品做TPS管理辅导。

晚宴时，华板就提出请他们给华与华做辅导。桥本老师说："我是咨询公司，你也是咨询公司，你为什么还要请我做咨询呢？"

华板回答说："咨询公司也要请咨询公司做咨询！我有'两个不可理喻论'，一是广告公司不打广告，不可理喻；二是咨询公司不请咨询，不可理喻。为什么呢？因为广告公司最懂得广告的价值，所以一定会给自己打广告，如果广告公司不打广告，证明他不相信自己的广告有效果；同样，咨询公司最懂得咨询的价值，而他只是某一方面的咨询专家，在其他方面，他就会请别的咨询公司，如果他不请，证明他不相信咨询有价值。以后您就了解了。"就这样，我们达成了合作。

华与华在学习丰田生产方式的过程中，也将TPS的精髓"持续改善"的技术打造成我们为客户服务的产品，深入客户的经营终端，改善门店、包装、渠道的转化效率，帮助多个项目取得巨大成果。我们与厨邦学习同一种管理方式，又通过学习丰田管理方式的成果再给厨邦提供管理咨询的服务。

而在给厨邦服务的12年中，华与华在四大终端提供持续改善服务，提升转化效率，获取管理红利。

① 11大品类包装持续翻新（2011—2021年）。

② 终端物料持续改善（2013年）。

③ 餐饮批发渠道持续改善（2019年）。

④ 天猫旗舰店持续改善（2021年）。

◎ 2.3.2 厨邦酱油包装，持续改善就是一次比一次做得更好（2011—2021年）。

华与华的管理顾问桥本正喜老师说："重复做同样的动作，每一次做，都比上一次做得更好，并且能说出来好在哪里，这就是持续改善。"

厨邦酱油如今的包装，其实也不是一下子就设计出来的，我们也是经历了8年的持续改善。目的就是放大超级口号的能量，积累超级口号品牌资产，这个就是华杉说的"机关算尽"。8年5次改善，怎么让这瓶酱油越来越好卖？

▲ 厨邦酱油包装的改善

上图中①是厨邦原包装。

②是包上了绿格子，获得了终端陈列的绝对优势，并且把颈标放大，又重复一遍品牌名称。

③是在瓶颈的广告位放上了厨邦酱油大晒场。

④是瓶身部分去掉了"厨邦酱油"产品名的白圈，改变字体，放大加粗，在终端更容易被发现；我们在颈标上直接强化了超级口号"晒足180天"，并且把"180"再放大，变得更醒目，瓶身的"厨邦酱油"字号再放大，产品名上方的"晒出美味晒出鲜"和产品名下方的"特级鲜味生抽"放大，降低沟通成本。

⑤是在颈标面积不变大的情况下，进一步放大"晒足180天"的超级口号，其实和左边这个颈标相比，图片缩小了一点，但是口号变大了，总面积却没变，这个叫无所不用其极。然后再进一步放大产品名称下面的"特级鲜味生抽"。

⑥是直接把消费者关心的"氨基酸态氮含量≥1.3g/100ml"放到正面标签，并

且非常醒目地突出了"1.3"。因为现在的消费者其实越来越懂一些专业知识,很多人知道酱油的品质就是以氨基酸态氮含量作为评测标准的。

厨邦logo旁边增加"原创经典鲜味"。这就是前面提到的机关算尽,每一个产品上面都有小机关,一旦被这些小机关触动了,你就拿起来直接滑向收银台。

◎ 2.3.3 11大品类包装持续翻新(2011—2021年)

在12年内,不仅为厨邦酱油的包装改善翻新,我们每年根据市场反馈为厨邦全品类产品进行翻新。我们不断地通过将字体变得更清晰、字号变得更大来获得陈列优势,传达超级口号,吸引消费者看到我们、购买我们。

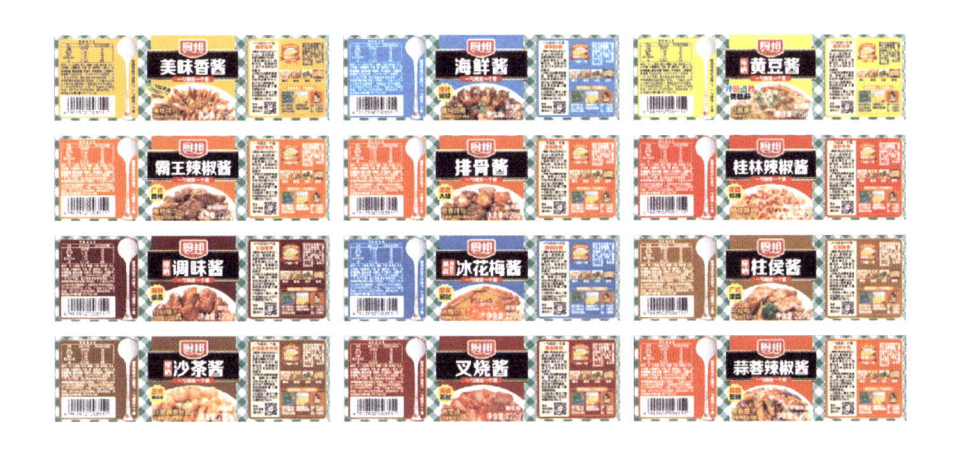

▲ 让包装更有食欲

◎ 2.3.4 脚踏实地做终端——厨邦终端生动化方案

2013年，我们在观察客户线下终端物料的时候发现品牌元素使用不规范、格子大小不统一、可使用的物料单一、插板和价格贴以及物料执行和维护不到位、海报没有平整地贴好、没有及时维护等问题。

▲ 厨邦终端发现问题

课题对策：打造统一的、标准的厨邦终端形象，高效积累品牌资产。

① 通过超级符号，占领一种颜色。

② 超级符号超级物料：胶带随处贴。

③ 全面媒体化物料：跳跳卡、雨伞、门头。

④ 特殊陈列道具：端架包柱。

⑤ 基准化手册：业务员实战手册和品牌生动化手册。

▲ 打造统一的、标准的厨邦终端形象

◎ 2.3.5 厨邦餐批门店持续改善，单店销量提升30%

2019年，厨邦相较于竞争品牌，发展短板在餐饮渠道，发展潜力也在餐饮渠道，由此需要打造1200家可复制的厨邦餐批旗舰店。

调研问题：目前餐批门店存在的问题。

存在问题：

① 门店形象无特点，不能及早被发现，不能吸引人进店。

② 厨邦货架不显眼。

③ 产品陈列杂乱。针对现有的问题，制订可复制的解决方案。

明确课题：

提高货架发现率和产品浏览率，最终提高厨邦产品销量。

设定打造的关键动作：

① 门店导视及全媒体化提升发现率和进店率。

② 打造有销售力的餐批专项货架。

③ 打造门店内厨邦陈列销售专区。

④ 打造有销售力的割箱堆头。

改善方案：

① 店外引流2件套，吸引消费者发现门店，提升进店率。

② 货架助销5件套，提升货架发现率和产品浏览率，最终提升厨邦产品的销量。

③ 店内氛围4件套，打造店内厨邦销售氛围。

1个月改善2家店，单店销量均提升30%以上

- 建设餐批旗舰店1300家，单店月均销售6800元，增幅38.5%。
- 建设流通样板店2330家，单店月均销售3200元，增幅31.6%。

▲ 门店持续改善

厨邦餐批门店打造，带来3大效果：
① 不管新店、老店都可提升销量。
② 门店能够多进货、进新货。
③ 增进客情，老板愿意多推荐。

改善后路遥味业三天共有11 073人经过门口，发现门店3718人，进店1033人，发现货架915人，查看货架768人；门店发现率同比提升81.6%；进店率同比提升24.8%；货架发现率同比提升334.6%；浏览率同比提升315.4%。

改善后更多的人发现了门店，进店率是改善前的1.2倍，货架的查看率是改善前的3.2倍。对比发现改善后的销售额提升了40.3%，多卖了1608元，是改善前的1.4倍。

基准化：

制定《厨邦餐批门店打造执行手册》，在其他市场进行复制，并推广至全国，让厨邦产品在餐饮渠道快速上量。

按照《厨邦餐批门店打造执行手册》，零基础沟通，就能让业务员看了100%复原。2个人2次就能实现店外物料持续改善，让门头物料100%可落地。在其他市场进行复制，并推广至全国，让厨邦产品在餐饮渠道快速上量。

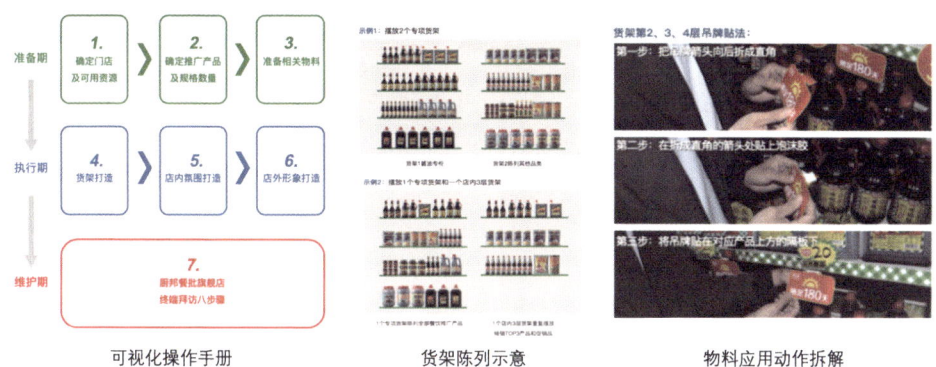

▲ 在其他市场的复制

◎ **2.3.6 厨邦天猫旗舰店持续改善，下单转化率提高154%**

2021年厨邦重点开拓电商渠道，华与华用持续改善的技术提升线上各个环节转化效率，最终提升线上销量。针对线上顾客旅程转化关键节点进行改善，促成购买转化。

▲ 持续改善，促成购买转化

提高线上终端的转化率，最终实现产品销量的增长

改善前后效果对比：改善产品金品生抽的点击率提升30.2%；2款改善产品的平均停留时长分别提升35.01%、26.50%；下单转化率同比分别提高154.99%、82.83%。

301

▲ 线上改善动作

形成线上陈列设计基准，指导电商公司多平台进行复制执行

建立厨邦电商陈列作业标准，将工作经验转化为共享知识，方便后续电商公司进行多平台复制，帮助客户用好代运营公司；提案过后，厨邦100%全面实行。全面落地后，2021年，厨邦天猫年货节预热金额转化同比增长47.62%，并逐步统一全线上平台。

▲ 线上陈列设计基准

2.4 打造营销日历，开拓餐饮渠道

营销日历是华与华提出来的重要观念，就是把企业的行销活动，不管是公关活动还是促销活动，都固定下来，并且长期或者说永远重复做同样的事。这样固定下来有两个好处：成本和投资——华与华方法的每一句话，都是从这两个方面出发，成本和投资，降低成本，形成资产。

营销日历和品牌生物钟，就是给品牌形成固定的营销节拍和主题，重复积累，把营销活动也做成品牌资产，形成品牌生物钟，是在内部形成所有员工一年的工作节拍，自动重复，精益求精；在外部，则是在顾客脑海里形成消费生物钟，到时间他就来。

而我们也用华与华方法为厨邦餐饮渠道开发营销日历。从2013年起，华与华开始和厨邦共同推进，经过8年时间的不断改善推进，帮助厨邦从0到1开拓餐饮渠道。2021年厨邦餐饮渠道的市场销量占厨邦整体销量近30%，至今西贝、蜀海供应链、全聚德、莆田餐厅、客语、味千拉面、丰泽园、外婆家等均使用厨邦品牌。

◎ **2.4.1 抓住餐饮渠道核心群体，会议营销积累厨师资源**

厨邦原先的市场一直偏重于大流通和批发市场，经销商们在给餐饮渠道供货的时候发现很难进入。我们没有专门针对餐饮渠道的产品，也没有在餐饮市场有过多投入。在合作的第三年，厨邦就和我们探讨如何能够开拓餐饮渠道。

洞察——进入餐饮渠道，厨师是决定品牌的主要决策者

在调研时我们发现，餐饮渠道和大流通渠道完全不同，水深难以进入。在这个渠道中，厨师才是整个采购的核心。总厨师根据成本、预算确定品牌的采购执行。

而且厨师对品牌的忠诚度相对较高,因为要保持菜式口味的统一性,已经受到认可的知名菜肴,其配料、调味品不能轻易改变,否则会影响整个菜品的印象、销量和知名度,一旦用习惯了哪个品牌,就很难被说动进行品牌的更换。同时,在选择调味品品牌时会在很大程度上受到学徒时师傅用的调味品品牌的影响。

所以要开拓餐饮市场,品牌供应商都会对厨师进行联系和公关。而厨邦之前从没有积累过任何厨师资源。如何做出针对餐饮渠道的特色渠道产品,打响厨邦全面进军餐饮的第一炮,并通过一系列针对厨师的活动和公关,不断提升品牌在餐饮渠道的影响力?

当时我们提出围绕厨师群体制定六大营销方式,积累厨邦厨师的营销资源。在提出后的第一年,厨邦从顶级厨师峰会开始入手,建立起厨邦餐饮市场开拓的起手式,打造一个厨师交流会,后来改成"厨邦顶级厨师峰会"。

▲ 厨师群体营销方式

◎ **2.4.2 聚焦凉菜,开办大赛**

2013年,华与华提出聚焦厨师,以顶级厨师交流会开拓餐饮渠道后,厨师市场的开拓速度仍然很慢。因为聚焦厨师资源的活动,同行业竞品已经深耕多年,举办大赛、开办交流会、开设俱乐部都已经做得十分成熟。同时厨师资源也是有限的,一旦维护住便很难再撬动。于是,华与华和厨邦仍在共同研究如何更高效快速开拓餐饮渠道。

2015年,总经理肖征和厨邦张总一起走访福建市场的时候,讨论要给厨邦的厨师活动找一个更好的切入点。基于我们对服务餐饮客户的理解,就自然想到用凉菜作为切入点开拓餐饮市场。

酱油好不好,凉菜最知道!

我们发现,凉菜在餐饮体系中有着特殊地位。凉菜是消费者接触的第一道菜。对于餐厅来说，凉菜的毛利润更高，同时可以大量备货。而厨邦酱油在凉菜的调味上又有酱香浓郁、上色天然、鲜咸适中的产品优势。我们就决定用凉菜这个点切入市场，用这个来吸引厨师，从而提高我们在厨师心目当中的地位。

消费者	餐厅
·**接触的第一道菜**。具有先声夺人、突出筵席规模和水平的作用 ·**激发食欲**。烘托美食气氛，为之后愉快用餐做铺垫 ·**增强适食性，营养保健**。凉菜荤素搭配，不仅调和口感，而且营养全面	·**较高的毛利率**。一般热菜的毛利润只有凉菜的一半 ·**可大量制作，便于提前备货**。灵活性高，上菜速度快，缓和烹饪方面的紧张 ·**市场欢迎度高**。凉菜基本上保持了原来的色泽，随着人们对食品安全的重视，新鲜的凉菜能带来天然的视觉体验，更能勾起食欲，受到食客的欢迎

▲ 凉菜在餐饮体系中的特殊地位

于是我们提出策略：把餐饮渠道当产品开发，并启动"3个1"工程，即1个厨师俱乐部、1场厨师盛会、1本专业杂志。

1个厨师俱乐部：顶级厨师俱乐部和厨师IP

打造厨邦顶级厨师俱乐部的平台，成为活动发起组织平台、权威发布信息平台、厨师联盟交流平台、游学切磋学习平台。以顶级厨师俱乐部为平台，不断积累厨师资源。

▲ 顶级厨师俱乐部和厨师IP

1场厨师盛会：厨邦凉菜大赛

如何把我们现在开的厨师会议效率翻倍？如何切入这个被竞品已经开拓很深的厨师市场？

我们聚焦凉菜，打造厨师业内凉菜大奖：3万现金，只奖凉菜。

让赛事成为盛事，让厨师成为英雄，让厨邦产品成为超级凉菜的亮点，让我们的餐饮渠道会议成为厨邦和凉菜的主场。

▲ 厨邦凉菜大赛

通过该赛事的常年积累，巩固厨邦产品在凉菜界的霸主地位，从而增强厨师及餐厅对厨邦品牌的黏性，帮助经销商更易开拓餐饮渠道。

1本专业杂志：《凉菜年鉴》

常年积累厨邦资源，巩固厨邦产品在凉菜界的霸主地位。我们做一本杂志，让厨师替我们传。

▲《凉菜年鉴》

2017年开设顶级厨师训练营产品，培育厨师群体

开发顶级厨师俱乐部培训产品，聚焦大师资源，为厨师群体开设训练营。通过菜式的培训，不断建立和培养厨师群体对厨邦产品的认知。一年5场，将大师讲课形成大师精讲笔记，分发给厨师进行学习。

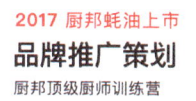

▲ 顶级厨师训练营

2021年开设顶级厨师大师私房课，培训产品

背靠餐饮大师资源，开设大师私房课培训产品，依托大师资源培养厨师同门师兄对厨邦的认知和使用习惯。

▲ 厨邦大师私房课

我们要做的是不断地形成新的经验，而不是每年都要换新的事来做。在这样不断地磨炼中，用成功消化失败，在过程当中进行复盘和改善，你就能够越做越精。

至今，厨邦餐饮渠道已形成一赛（凉菜大赛）、一营（训练营）、多会（交流会、品鉴会、茶话会）的组合配置。超级凉菜万元大奖赛至今连续举办六届，在餐饮界有较高影响力。

2018年5月，厨邦与东方美食合作，在国家会议中心盛大举行了第四届厨邦超级凉菜万元大奖赛，共有来自全国60余位大厨同台竞技，并且有诸多大师评委进行评判，在餐饮界引起轰动。同时厨邦凉菜大赛、顶级厨师俱乐部已经成为厨邦的品牌资产，每年厨师群体对此有期待，而且有美好的回忆，成为厨师人生的一部分。

2.5 多品类产品齐爆发，构建厨邦绿格子食品王国

产品结构就是企业战略路线图，涉及三大课题：产品结构、每一支产品扮演的战略角色和承担的战略任务、推出的战略次序。

产品结构流量，就是产品和产品之间互为流量入口，每一个产品都能促进其

他产品的销售，每一支产品都为彼此带来流量。

在华与华服务厨邦的12年时间里，帮助厨邦围绕华与华围棋模型规划产品战略及进行新产品开发创意，同时管理产品结构流量。12年时间，打造厨邦绿格子食品王国，助力厨邦实现从2大过亿品类发展到7大过亿品类。

▲ 多品类产品齐爆发

◎ 2.5.1 开发厨邦高端酱油，建立高端品牌认知

2011年，厨邦酱油大获成功。产品推出后作为酱油品类业务的第一支金角产品，成功为厨邦建立了"绿格子""晒足180天"等品牌资产认知，为今后厨邦其他产品创造了平台与条件。

在之后的12年中，华与华根据中国市场酱油行业的发展阶段和趋势，引导厨邦逐步往健康化、功能化方向开发产品，补充从中低端到高端的全系列产品结构，形成从鲜味酱油、高鲜酱油、淡盐酱油、纯酿酱油到有机酱油完整的产品结构。

普通酱油 → 生抽老抽 → 鲜味酱油 → 高鲜酱油 → 淡盐酱油 → 零添加纯酿酱油 → 有机酱油

厨邦企业战略围棋模型【第一条银边】

■ 厨邦酱油的「银边产品」

厨邦酱油银边产品

随着第一支金角产品的成功，华与华和厨邦共同在12年时间为厨邦酱油品类打造从高端到中低端完整产品结构，收割边际效益。

▲ 打造全系列完整产品结构

◎ **2.5.2 厨邦高端0添加、头道酱油产品开发**

2019年，逐步推出的0添加酱油系列抢占市场份额，而厨邦当时在高端0添加、头道等概念上还缺乏高端产品。

华与华需要为厨邦全新开发高端系列产品，建立高端酱油产品认知，从瓶型设计、产品开发、包装设计，建立独特的购买理由，从市场的中高端高鲜酱油中脱颖而出。

① 重新打造厨邦高端酱油的价值标杆，强化厨邦在中高端领域内的布局占位。
② 自己把自己卖出去，卖得更多，为厨邦其他高端产品的成功创造条件。
③ 持续积累，增值绿格子的品牌资产。

厨邦高端酱油：创意购买理由

产品的本质是购买理由，发现一个购买理由就意味着创意了一个新产品；产品开发，就是先提出一个购买理由，然后用一个产品去实现它。产品开发从洞察一个购买理由开始。由此，华与华为厨邦开发两大高端酱油产品。我们把两大系列高端酱油命名为"零添加原汁""头一道"，同时用数字符号"0"和"1"放大产品购买理由，获取货架陈列优势。

头一道酱油：采用头一道榨取的酱油原汁。

零添加酱油：只用6种原料，释放无添加健康价值。

▲ 头一道酱油与零添加酱油

厨邦包装工业设计，设计高端酱油瓶型

为了释放高端酱油的产品价值，华与华对产品瓶形进行了工业设计的产品开发，开发了新瓶型——厨邦小蛮腰。

我们为酱油瓶增加腰线，让瓶型更加优雅时尚，灵感来源于广州小蛮腰，增加产品自身的原力。所以我们也为这个瓶子取了个小名，叫厨邦小蛮腰。

▲ 厨邦小蛮腰设计

在腰线设计上，我们通过控制腰线的变化来控制瓶身重心的移动，腰线靠上，重心下移，使整体视觉更加稳定，同时腰线靠上方便消费者抓握，与产品的高端定位也更加契合。在货架上，瓶体高度相比同样装量的产品，要更加显眼。在瓶盖上，实现凸印上色"180天"。这不但是在瓶口积累品牌资产，同时也是包装生产工艺上的竞争壁垒，让竞争对手难以模仿。

华与华为厨邦高端酱油包装设计五大体验：

① 流线小蛮腰，抓握更舒适。

② 厨邦防盗掀盖，开盖省力零残留。

③ 倒油口菱形尖嘴，精准用量好把控。

④ 刻度条贴心包装，判断余量不慌张。

⑤ 食品级PET材质，便携防摔更安全。

第五章 四大"五年品牌管理"实例

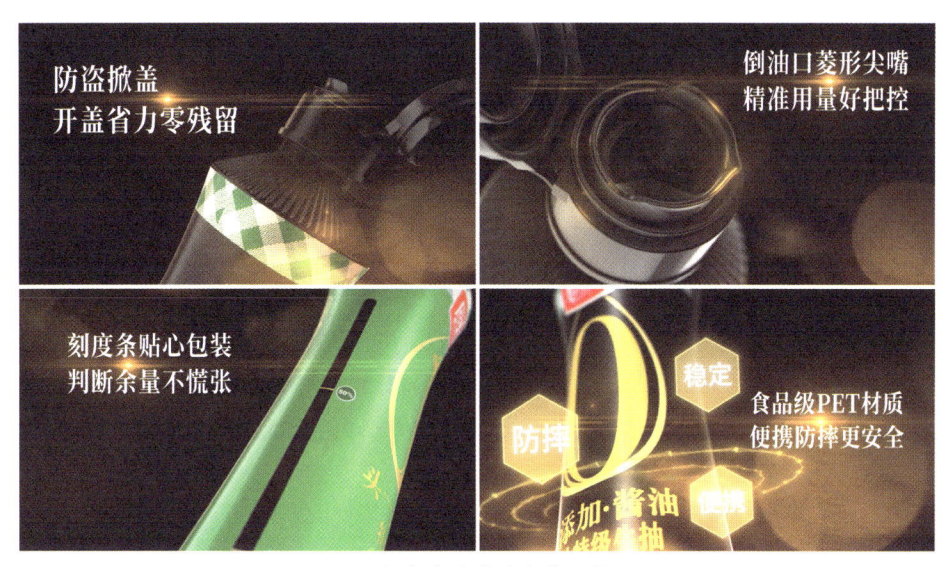

▲ 厨邦高端酱油包装设计

采用新包装设计的厨邦高端酱油产品在2022年4月正式上市。厨邦高端酱油在终端货架上获得极强的陈列优势,实现了产品放上货架就开卖。

▲ 货架上的厨邦高端酱油

313

| 华与华品牌五年计划

2.6 打造鸡粉第二超级品类，产品本质就是购买理由

2021年，厨邦鸡精粉品类产品销售超6亿，是继厨邦酱油后的第二大拳头品类。而厨邦鸡粉的故事要从2010年说起。

厨邦酱油金角产品在大获成功后，成功扎根酱油品类，建立厨邦品牌和绿格子的超级符号资产。同时也承接起在厨邦调味品行业拳头产品的战略角色，为厨邦今后其他的产品创造平台与条件。

在做活第一支金角产品后，我们要开始拉银边，开发厨邦第二大品类产品：厨邦鸡粉。用符号的编码和解码为厨邦成功开发鸡粉的产品包装，释放出品牌边际效益。

▲ 厨邦企业战略围棋模型

当时在调味品类货架，味精、鸡精产品远超鸡粉。而在鸡粉品类中，家乐品牌一枝独秀。在这样的竞争态势下，我们如何化解竞争对手品牌成熟的优势，建立厨邦鸡粉独特的购买理由，实现产品更大的销售？

在市场调研中我们发现，不管是家乐还是太太乐，都始终以"鲜"为策略，对"鲜"进行品牌积累，如"鲜味科学""尝到真正的鲜""鲜满天下""鲜得有一套"；同时"不口干"这一附加诉求作为补充，逐步实现取代味精的战略。如何让厨邦鸡粉的"鲜"脱颖而出呢？

◎ 2.6.1 厨邦土鸡粉：抓住两个"鲜"。

第一鲜：类别鲜，创建鸡粉新类别，消灭思考。

百鸡谁最鲜？土鸡！我们不是鸡粉，是土鸡粉！

我们重新命名产品：厨邦土鸡粉。

创意话语体系：厨邦土鸡粉，土鸡做的鸡粉；土鸡粉才够鲜美！

第二鲜：符号鲜，占据土鸡符号。

鸡粉包装一定要画只鸡，土鸡粉包装一定要画只土鸡。鸡的特征是头上系一个绿格子头巾，这只土鸡也成为厨邦土鸡系列的注册商标。

厨邦土鸡粉产品推出后，在没有广告投放的情况下获得了很好的销售成绩，成功拉出了厨邦鸡粉品类的银边。

▲ 厨邦土鸡粉

◎ 2.6.2 厨邦鸡粉再开发，创造超级代言人

2012年，客户跟我们说厨邦土鸡粉命名不能使用，需要翻新。因为它叫"土鸡粉"，土鸡没有国标，没有企标，如果被查的话，可能会给企业带来负面影响。厨邦是一个特别谨慎的企业，随后就放弃土鸡粉的创意。

在厨邦土鸡粉产品命名不能使用后，我们又对厨邦鸡粉产品进行再开发。当时厨邦鸡粉已有2亿的销售基础，那我们如何保持原有成功产品的资产，再去放大新包装的优势呢？

首先，在话语上我们仍旧锁定鲜味，提出"原汁原味才是鲜，厨邦鸡粉原味鲜"的产品话语体系，给出"你一闻就知道"的消费者行动指令。其次，我们打造低成本、低风险、无绯闻的超级代言人——厨邦鸡妈妈。

原先，厨邦土鸡粉绿头巾鸡妈妈的形象已经在市场上积累了一定的品牌资产。而这次翻新，我们把厨邦土鸡的形象从二维变成三维立体的形象，它就是厨邦鸡粉鸡精品类的超级角色，在我们的产品包装、电视广告（TVC）、海报上成为我们的品牌代言人，为厨邦建立了一个全新的品牌资产。

2013年，创意拍摄厨邦鸡粉电视广告。

2015年，对厨邦鸡粉包装持续改善，提升"鸡妈妈"三维形象的表现力和产品排版，提升产品货架陈列优势。

厨邦鸡粉 TVC 拍摄
重复强调原汁原味才是鲜

鸡粉，就用厨邦鸡粉！
原汁原味才是鲜
厨邦鸡粉原味鲜。
这真正原汁原味的鲜香味
你一闻就知道
现在，我们都用厨邦鸡粉！

持续改善 翻新老产品
厨邦鸡粉 拉银边

原厨邦鸡粉

2015年新厨邦鸡粉包装

▲ 厨邦鸡粉包装持续改善

2018年，厨邦鸡粉第三次翻新，增加产品包装食欲感。

持续改善 翻新老产品

厨邦鸡粉：增加食欲感

包装正面放上菜
产品更卖货

2015年厨邦鸡粉包装　　2018年翻新后厨邦鸡粉包装

▲ 厨邦鸡粉第三次翻新

2016年，厨邦味精产品翻新。"玉米发酵出的自然鲜味"，放大"100%玉米发酵"的技术价值。

2018年，开发中低端鸡精鸡粉产品，补充产品结构。

▲ 厨邦味精产品翻新

2020年，开发三鲜鸡精、调味粉。（拓展全国鸡精市场，从区域推向全国。）

2020年，厨邦进行全国区域鸡精的拓展。但在非主销区域，以往用中低端产品开拓市场的手段并没有取得非常好的成效。因为中低端产品在和小品牌竞争时，在价格上没有特别的优势。所以厨邦和华与华共同决定开发一款中高端鸡精产品，提升产品价值。

产品命名：三鲜鸡精。

产品话语，突出产品价值：鸡鲜、香菇鲜、海带鲜，三鲜合一鲜上鲜。

同时采用全新旋盖自立袋，随心控量超方便。

2021年，三鲜鸡精全面上市。推出后，渠道经销商接受度高，动销快，新品销量远超预期。

▲ 厨邦三鲜鸡精

2.7 建立美味鲜品牌储蓄罐

◎ 2.7.1 美味鲜品牌回归，没有4P投入就没有品牌成功

在和华与华合作的前10年，厨邦其实不叫厨邦，而是叫"美味鲜"。但因为当时"美味鲜"品牌无法注册商标，很多公司争相使用。公司申请商标时，又被竞品提出异议，进而陷入了"美味鲜"商标无法自我保护的窘境。所以才注册了"厨邦"这个品牌，相当于厨邦另起炉灶重新开始。

2011年，"美味鲜"的商标注册成功，确认美味鲜这个品牌归厨邦所有。于是这个时候企业就有两个牌子，一个厨邦，一个美味鲜。这时，厨邦决定把美味鲜这个品牌再用起来，打造一个中低端品牌，和厨邦配合变成一个高低搭配的组合。厨邦打中高端市场，美味鲜做低价市场。

为什么美味鲜品牌还可以做？因为美味鲜在华东市场的知名度依然很高，比如浙江市场就认美味鲜品牌。厨邦有一款产品叫厨邦美味鲜酱油，这个产品主销华东市场，即便品牌改了名字叫厨邦，这个产品也要把美味鲜带着，所以我们就重新策划了美味鲜的品牌策略。

◎ 2.7.2 打造超级符号：美味鲜大厨

大厨，是公认的烹饪专家。我们设计出一个留着白胡子、戴着厨师帽的大厨形象，同时大厨的眼睛在货架终端，能够提升品牌的货架优势，加速和消费者的沟通；并创意"特别美味特别鲜，大厨爱用美味鲜"的品牌谚语。

▲ 打造超级符号：美味鲜大厨

2012年，美味鲜超级符号持续改善，开发头一道生抽。

▲ 厨邦头一道生抽

美味鲜品牌销售至今，一直作为边际品牌在销售，且并没有非常大的销量，原因有两点：

第一，企业的投资资源是有限的。当把所有的精力和资源都放到了厨邦品牌上，要再培养出第二个品牌，其实是非常难的。虽然美味鲜品牌名比厨邦品牌名更好，但在后期对美味鲜品牌没有什么大投放。只是拿美味鲜品牌直接去销售，包括推广、铺货、促销员的配比都不高，没有投入就很难形成品牌资产的积累。

第二，没有把美味鲜的销售体系跟厨邦的销售体系分开。渠道混在一起，渠道经销商就不可能发力去做美味鲜，大家肯定是优先做厨邦，因为厨邦能卖得动，而美味鲜需要培养。

一个销售团队操作两个品牌，大家肯定优先操作厨邦，因为操作厨邦能够完成任务，操作美味鲜不能完成任务。所以，企业品牌的成功是营销4P的成功。要想建立一个品牌，产品、推广、渠道、定价缺一不可。

2.8 建立厨邦食品王国，罐头产品开发策略

2012年，厨邦"绿格子"品牌战略大获成功。于是，我们提出要打造厨邦绿格子军团食品王国，让厨邦从调味品王国向食品领域进军。

当时正值厨邦在阳西建新厂，而阳西有丰富的水产资源，所以考虑依托阳西

原产地的资源优势，开发原产地食材产品。而开发蚝罐头，就是厨邦进入食品领域的起手式产品开发。当时厨邦并没有罐头的产品开发经验和设备，一切都是从零起步。一次偶然的机会，厨邦张董出国看到国外独特的蚝罐头盒型，他就拿了一罐回来给我们参考，于是我们就开始了罐头产品的开发。

◎ **基于南海水产丰富的阳西资源，开发罐头产品**

当时我们发现厨邦蚝原材料产自阳西，阳西海域属于南海，"南海"是人们最为熟知和便于记忆的超级词语。"南海"一词也容易引起美好的联想，一片美好的蓝色海域等。

于是我们给产品命名：南海蚝。话语体系：南海蚝罐头，精选9只优质完整南海蚝，突出产品品质。而在产品包装设计上，符号跟着绿格子统一，跟着厨邦卖。同时独特的南海蚝罐头，打破罐头行业常规包装形态，把产品包装竖起来，扩大正面陈列面，让产品迅速被发现，"站着就把钱挣了"。

▲ 厨邦罐头产品

经过几年的尝试，厨邦罐头产品于2014年上市，销售了6年之后，又于2020年全面退市。但这让我们收获了产品开发的经验：第一，缺乏罐头产品生产优势，产品生产、包装成本过高；第二，罐头品类市场规模小，消费者品牌转换成本高。

以豆豉鲮鱼罐头为例，当时市面上的豆豉鲮鱼都卖得很便宜。厨邦原先没有开发经验，但真正开始研发才发现，严格按照我们的生产工艺流程来制作成本就会非常高。为了保证食品品质，厨邦就找鱼塘按照厨邦的标准要求定点养殖，但也因此产品成本就非常高。当时市场上，罐头价格带基本在8~9元，而厨邦鲮鱼罐头定价到12~13元。同时蚝罐头、鲮鱼罐头市场容量不超过10亿，我们又要去抢老牌产品市场，竞争的难度也大大提高。

所以，产品开发能否成功，取决于对品类的选择和成本运营能否有充分的认知和把控。

2.9 绿格子镰刀，开拓食用油品类市场

◎2.9.1 为渠道开发产品，绿格子镰刀开拓食用油品类市场（2010年）

厨邦企业战略围棋模型【食用油完整产品结构】

■ 厨邦的第三支「金角产品」

2010—2018年 厨邦食用油

2010年厨邦酱油一炮而红，当时公司高层随即提出是否依托品牌的知名度，充分利用现有渠道开拓食用油品类，收割边际效应，快速提高销售额。

厨邦第三支金角产品

▲ 厨邦食用油完整产品结构

厨邦食用油品类，2021年销售额超5亿。而早在2010年，厨邦还没有一款食用油的产品。而这一品类的成功，源自对渠道的认知和品牌符号的使用。

2010年，厨邦酱油一炮而红，当时厨邦提出依托品牌的知名度，充分利用现有渠道开拓食用油品类，收割边际效应，快速提高销售额。因当时渠道和知名度都具备了一定的规模，厨邦在华南沿海已经是知名品牌，渠道也有一定的积累，而卖酱油也是卖粮油的渠道，基于这样的契机开始做食用油产品向全新品类进攻。

但当时食用油品类本身已经被市场巨头牢牢占据，新品牌很难进入。我们如何开发一款食用油产品，既具有足够吸引人的购买理由，还能促进经销商渠道的销售？

当时市场调研，包括金龙鱼在内的大型粮油企业，都是以调和油销售为主。

调和油通常是以大豆油、花生油为主要油脂，然后加入少量的玉米油、菜籽油、芝麻油、亚麻籽油、橄榄油等调和而成的油。而有些调和油，却是以菜籽油为主，配以一定比例的大豆油、棕榈油等，价格比较低，营养价值也相对较低。

为了避开和大型企业的竞争，厨邦需要走中高端高价值差异化的产品开发路线。我们就想着一条产品策略的思路：只做高端的、纯正的、不调和的油。因为纯正就是高贵，且消费者有选"纯正油"这一常识。而高端的纯正油产品也可以提升产品定价，让经销商有利润的空间。

所以我们给厨邦食用油产品命名为：100%纯花生油。提出"纯的，不是调和的"话语体系，获得对"100%纯花生油"类别的解释权。

最关键的是用绿格子把我们的食用油给包装上，利用在厨邦酱油上积累的品牌资产，让这个在食用油市场的新产品一夜之间成为消费者熟知的品牌，同时也邀请李立群为我们拍摄了产品广告片。

在100%纯花生油推出的第二年，销售额直接过亿，为厨邦开拓食用油品类市场迈出成功的一步。

第五章 四大"五年品牌管理"实例

花生油	我只用厨邦	100%纯花生油
纯的	不是调和的	这真正100%纯花生油的香味
你一闻就知道	现在我们都用	厨邦100%纯花生油

**产品名就是购买理由
用100%纯**
放大非调和的价值

▲ 厨邦100%纯花生油

▲ 2012年100%纯花生油新旧海报对比

2012年，100%纯花生油产品翻新，提升花生食欲，侧面增加"有图有真相"食材背书及话语体系。

厨邦食用油包装：让包装更有食欲

旧包装　　　2015年翻新后包装

▲ 新旧包装对比

◎ 2.9.2 规划产品结构，完善产品体系（2012—2016年）

在100%纯花生油产品销量逐步提高后，单一的产品已经不能满足经销商的需求了。这就需要规划产品的结构和发展路线图，设计好渠道的利润体系，完整产品梯队。在2012—2020年的8年中，华与华和厨邦共同规划设计，开发出从中低端到高端食用油产品5大系列。

2011年，开发厨邦100%纯玉米油，进军全国市场。

产品开发

厨邦100%纯玉米油

100% 纯系列，从单品到品类用同一个**购买理由**，卖更多产品，降低产品开发风险。

▲ 厨邦100%纯玉米油

2012年，开发厨邦100%纯芝麻油，增加新品类，切入区域细分市场。

货卖一张图：包装设计没有使用普通芝麻油和芝麻的符号，而是使用"芝麻开花节节高"的符号，提升产品价值。

用同一个购买理由
卖更多产品，
降低产品开发风险。

▲ 厨邦100%纯芝麻油

2014年，开发中低端调和油，厨邦五谷调和油从南到北进军全国中低端粮油市场。

在调和油品类创意独特购买理由：五谷调和油。
话语体系：五谷互补合理调和（花生+玉米+白芝麻+葵花籽+大豆）。标出每种油类配比，呈现产品证据。

开发新产品
厨邦五谷调和油，
打造新的增长点。

▲ 厨邦五谷调和油

2017年，包装改善：非转基因五谷调和油、芝麻调和油。
厨邦非转基因五谷调和油包装改善：增加产品食欲感，五谷产品图片放大。

1. **厨邦五谷调和油（转基因）**

▲ 五谷调和油新旧包装对比

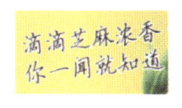

▲ 厨邦浓香芝麻调和油包装改善

2.10 再造两大过亿品类，构建厨邦绿格子食品王国

◎ **2.10.1 酱料产品再开发，真材实料做好酱（2013—2016年）**

2013年开发厨邦佐餐酱系列，收割银边边际效益。用绿格子统一酱料类产品，放上货架就开卖。

产品包上**绿格子**，放上货架就开卖

▲ 厨邦佐餐酱系列

◎ **2.10.2 厨邦黄豆酱产品开发（2015—2019年）**

2015年，华与华为厨邦开发黄豆酱产品。厨邦黄豆酱因采用优质东北非转基因大豆，通过晒制天然发酵而成，所以命名为原晒香黄豆酱。提出"一勺搞定一个菜"的话语体系，以及"拌蘸卤炒原晒香"的产品使用指南。

▲ 厨邦黄豆酱

◎ 2.10.3 像卖果汁一样卖番茄酱（2016年）

2016年，番茄沙司在酱类里面自然销量增长明显。因此我们就对产品包装进行翻新和二次开发。番茄沙司的翻新要像卖果汁一样卖番茄酱，突出产品食欲感，释放产品价值。

① 提出购买理由"这瓶用掉60个熟红小番茄"，释放料多实在的产品价值。
② 货卖一张图，突出产品食欲感。
③ 利用颈部标，放上"有图有真相"图标，持续积累厨邦的品牌资产。

▲ 厨邦番茄沙司

◎2.10.4 占领米字标，建立"米"醋家族（2019年）

2019年，我们对醋类产品进行翻新升级。我们发现在中国市场，消费者对醋有了更高的要求。健康化和功能化成了食醋产品品类的升级方向。

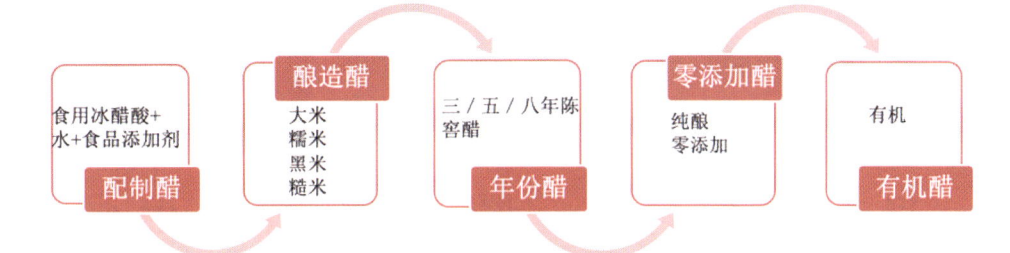

▲ 醋类产品翻新升级

对此，我们要建立厨邦食醋的独特品类价值。谷物醋的原料又以"米"为主，传统四大类型"白醋、米醋、香醋、陈醋"的原料都离不开"米"。"米"醋是一个完全可以做大的概念，占领食醋原料"米"的认知是我们的机会点，从而构建厨邦食醋的整体品类价值，积累品牌资产。

用"米"统一厨邦食醋的品类价值，建立厨邦"米"醋家族。米字标，突出放大每个醋的酸度，提供购买理由和购买指南，降低消费者选择成本。

用"米"统一 厨邦食醋的品类价值
建立厨邦"米"醋家族

品类符号　　　品类价值

好米酿好醋
真有米香味

▲ 建立厨邦"米"醋家族

2.11 金奖购买理由，进入复调市场

2021年复合调味品市场快速增长，市场规模预计1660亿元，维持15%左右高速增速。其中，中式复合调味料、火锅底料增速最快。整体市场形成一超多强的竞争格局，餐饮企业、传统复合调味企业、调味品公司三分天下。

厨邦要开拓复合调味料市场，开发复合调味产品，切入这个快速增长且竞争激烈的复合调味料市场，占有一席之地。

但我们在调研中发现，复合调味料企业，要么是传统的复调企业，要么是像海底捞这样原先就有火锅资源禀赋的企业。而厨邦作为广东传统调味品企业，没有复合调味料的基因和消费者认知，如何切入这个以川调为主的品类市场，让消费者认可并选择呢？

◎ 2.11.1 打响厨邦品牌，实现终端动销

厨邦作为一个渠道型品牌，我们需要让经销商帮我们卖。要打造一个成功的品类，很大程度上依托经销商帮我们卖货。所以要切入一个全新市场，首先是给

予经销商强大的信心，让每个经销商都认为这个商品是有价值的。

而在复合调味料中，要集中优势兵力打歼灭战。通过单一品类小龙虾调料产品推出，建立起厨邦整个复合调味料的市场地位和品牌认知，再逐步开发火锅底料和其他产品。

我们给厨邦小龙虾调料创意：金奖小龙虾调料。

"金奖"这个词语本身就具有强大的信号能量，金奖就是绝对的权威、绝对的美味，不容置疑的购买理由。我们这个小龙虾就是金奖口味，金奖作品。

▲ 厨邦小龙虾调料创意

那金奖如何来实现呢？依托顶级厨师俱乐部，举办厨邦全国小龙虾大赛。

厨邦因为开设顶级厨师俱乐部和凉菜大赛，聚集了非常多的厨师资源和赛事举办经验。而要实现"金奖"购买理由，我们可以发动厨邦厨师的资源禀赋，联合中国烹饪协会举办全国小龙虾大奖赛。

每个口味一个金奖，金奖获得者联合大师进行厨邦小龙虾调料的研发，不但可以为产品提供购买理由和背书，还能卷入厨邦的to B业务市场。

2021年提案过后，厨邦立马进行产品的研发和赛事举办工作，于当年9月24—25日，联合中国烹饪协会开展"2021年全国小龙虾烹饪大赛"和"2021年全国火锅锅底烹饪大赛"。

▲ 厨邦进行赛事举办工作

2022年3月1日,厨邦金奖小龙虾调料正式推出。

▲ 厨邦金奖小龙虾调料正式推出

◎ **2.11.2 建立流量主权，构建品牌流量结构**

品牌必须建立自己的流量主权、流量结构。这一结构，必须是时间上、空间上、文化上、物质上的多层级复合结构。华与华在制定厨邦产品结构、设计产品开发的过程中，不断经营品牌流量主权，形成流量大开发、大生长、大循环。

这一复合流量结构包括：

① 母体语词流量。

② 产品流量。

③ 产品结构流量。

④ 元媒体流量。

⑤ 广告流量。

母体语词流量，就是对语词的流量保持高度敏感，从"晒足180天，厨邦酱油美味鲜""有图有真相""老传统都很笨，就靠太阳晒"，再到"厨邦讲良心，产品更放心"，只使用流量最大的语词，也就是有最大文化契约的语词。关键是企业、品牌的文风，要保持母体语词的文风，才能获得文化流量。

产品和元媒体流量，就是产品和元媒体本身应该自带流量，就是顾客奔着产品来的。厨邦三鲜鸡精、葱姜汁料酒、渔女蚝油就是我们培育的能带来顾客流量的产品和元媒体的开发，这就带来了流量。

产品结构流量，就是产品和产品之间互为流量入口，每一个产品都能促进其他产品的销售。比如厨邦酱油开拓北方市场，就开发"原晒鲜"酱油、黄豆酱采用相同工艺，命名"原晒香黄豆酱"。所有相关的产品都聚焦投资在同一个资产上。

而从厨邦纯酿酱油、纯酿米醋到100%纯花生油，虽然是不同品类，但又共同投资厨邦在"纯"上的母体词语，这就是一个流量结构，而且是一个复合流量结构，形成互动循环。

▲ 构建品牌流量结构

广告流量，关键是累积效应、雪球效应，靠长期积累。长期积累，则事半功倍；狂轰滥炸，则可能崩盘。广告投资，是建立品牌，让品牌流量成本持续走低。

厨邦通过从2010年至今持续12年不间断、不挪窝的广告投放，累计投入不到海天的十分之一，但是积累了巨大的品牌效应。如果把1.5亿集中到一年内投入，即便是放到2010年，也是过眼烟云，什么也不会留下。

2.12 厨邦酱油文化博览馆怎么建？

◎ 2.12.1 建设品牌道场，宣传酱油文化

华与华首个博览馆规划设计项目，品牌道场——厨邦酱油文化博览馆。

2011年，在厨邦董事长的主持下，厨邦酱油文化博览馆正式立项。厨邦酱油文化博览馆是华与华全程参与策划设计的博览馆项目。整个项目历时三年，从2011年到2013年两年策划，2014年建成，并于当年11月7日举行了开馆仪式。

而整个项目的起因源自2011年，厨邦在日本进行企业走访时看到日本的调味品企业都会在工厂建有自己的品牌博览馆，既是一个旅游目的地，又是一个企业文化宣传的道场。当时正值厨邦新建厂房和大楼，厨邦就和我们提出，能不能给厨邦也做一个这样的博览馆。于是我们做了厨邦博览馆全程的策划和设计。

华与华做所有课题都有一条准绳：始终服务于最终目的，永远回到原点思考。策划博览馆项目也是如此，我们首先要明确厨邦酱油文化博览馆的社会使命及对品牌的目的。

华与华把企业社会责任、公关和公益都纳入品牌管理，并视之为企业战略的上层建筑。围绕华与华价值之轮模型帮助企业实现社会公民的价值，对企业而言，不仅拥有顾客黏性，更有社会黏性，更加根深叶茂，基业长青。从经营的伦理而言，更是实现企业的最终目的：推动社会进步和人的成长。

企业的生意就是一方人民的生计，文化需要传承，寻找母体，强化母体，成为母体，为恢复和弘扬地方传统文化做贡献。

◎ 2.12.2 厨邦酱油文化博览馆，对厨邦品牌及厨邦公司的价值和意义

第一，厨邦酱油文化博览馆是厨邦品牌公关产品。

关于调味品和酱油的一切百科知识都在这里，是树立厨邦品牌在酱油这个品类，甚至是调味食品领域权威专家形象的一个公关产品。

第二，厨邦酱油文化博览馆是厨邦的品牌道场。

厨邦酱油文化博览馆，是公众认知厨邦品牌最好的窗口，在这里可以最全面、最深入地了解厨邦品牌的一切信息，可以接待政府机关的访问考察，可以向大众充分展示厨邦品牌的形象和内涵。

第三，厨邦酱油文化博览馆是厨邦公司文化及价值观的最佳体现空间。

每一个厨邦的老员工、新员工都应该熟悉我们所从事的事业，应该熟悉我们的品牌、我们的历史。让每一个员工感受到厨邦的企业文化和价值观，深刻认知和感受厨邦企业使命。新员工入职后可以在博览馆当几天义务讲解员。

第四，厨邦酱油文化博览馆是厨邦公司的一个档案馆。

厨邦酱油文化博览馆是记载厨邦发展史的一个载体，我们不断地深入研究，挖掘调味品的历史和文化，不断探索新的技术，创造新的产品。厨邦酱油文化博览馆将见证和记录厨邦的历史进程。

◎ 2.12.3 我们希望参观者参观完之后记住什么？带走什么信息和记忆？

我们就是要让参观者形成厨邦是酱油领域积淀最深、研究最全的品牌，是酱油品类权威专家的认知。能够在参观完记住四大要点：

① 南派酱油是更好的酱油。
② 厨邦酱油美味鲜，晒足180天，厨邦江边的大晒厂。
③ 厨邦绿格子超级符号。
④ 世界最大的酱油瓶。

◎ 2.12.4 设计参观者的参观路线和品牌体验

博览馆大门外，绿格子将游客的视线锁定在7.8米高的天下第一大酱油瓶上。厨邦酱油文化博览馆大门，绿格子包着天下第一酱油瓶。

厨邦酱油博物馆策划
占领千年南派酱油话语制高点

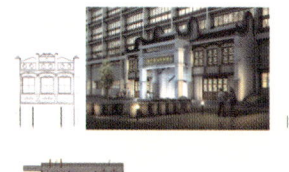

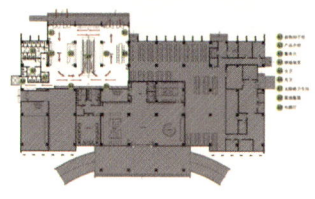

▲ 厨邦酱油文化博览馆设计

博览馆内，厨邦坚持了百年的传统酱油工艺面纱一幕幕揭开。当导游述说酱油文化时，游客会发现原来老传统真的这么笨，厨邦坚持了100年，这么有良心，这么鲜。博览馆共4层：

第一层用前店后坊的形式，展现古代酱园的工人生活、工作场景。

第二层为导览区体验中心，以黄豆为主题，用多媒体地幕模拟豆子满地的场景，并设"踩豆子"情景，增强趣味性。

第三层为厨邦酱油文化博览馆的主展区，利用古代画卷的卷轴形式，向游客娓娓道来酱油的发展历史。

第四层为厨邦酱油生产流水线，可以现场观看到厨邦沿江大晒场及酱油入瓶包装的过程。

从香山酱园历史到传统工艺
"酱油文化历史展" "酱油工艺与器具展" "南派酱油工艺展"

从沿江晒场到生产体验

厨邦大晒场　厨邦酱油生产工厂　厨邦酱油冰激凌体验

▲ 厨邦酱油文化博览馆

经过多年经营，厨邦酱油文化博览馆成为中国饮食、调味品历史和文化传承的载体，可以为整个社会保存和传承一份调味品的历史和文化，是对人类文明的传承和贡献。

· 2015年，获国际生态设计奖·最佳生态地域文化博览馆设计提名奖。
· 2015年，首批"中山市食品药品安全科普教育基地"。
· 2016年，成为"中山市青少年实践教育基地"。
· 2020年，荣获"中山市文明旅游景区""广东省工业旅游精品线路"。
· 2020年，成为"广东省中小学生研学实践教育基地"。

厨邦酱油文化博览馆成为中山这座城市的一部分，是中山市城市发展历史的一个组成部分，是中山市的一张新名片，是中山市的一个新的旅游景点，也成为学生素质教育基地、科普教育基地。

厨邦酱油文化博览馆是社会大众了解酱油及其历史的一个最佳场所，为大众提供知识服务。

◎ 2.12.5　像创作广告片一样创作厨邦企业宣传片（2014年）

2014年，随着厨邦的发展，越来越多的经销商会议和厨师交流会需要开设。而在这些会议上，一直缺少一条宣传片，用来跟客户和厨师介绍厨邦品牌。这时候我们便开始了宣传片的策划和拍摄工作。

以广告片的思维创作厨邦企业宣传片

宣传片如何拍摄？很多企业往往不知道如何拍摄宣传片，只是说有多少员工，多少生产能力，但是看完什么都记不住，也没有留下可以记忆的内容。而在华与华，华板就提出要"以广告片的思维创作厨邦企业宣传片"。

让人留下一个整体印象：厨邦坚持传承老传统，用最笨的方法做最天然的产品；让人记住一句话，一个场景，一个符号，即"晒足180天，两个大晒场场景，绿格子符号"。而文案力求通俗化、口语化、说人话；总时长控制在3分钟以内；邀请李立群串起整个片子。

所以厨邦的这条宣传片就是从头到尾只说一件事：厨邦酱油美味鲜，晒足180天。厨邦酱油是怎么晒的，横过来晒、竖过来晒、在工厂晒、在晒罐晒。所以这条宣传片体现了华与华拍摄宣传片的思路。

再飞一遍，创造客户惊喜体验

厨邦宣传片拍摄，还有一个故事。当时拍摄阳西大晒场需要动用无人机，但大晒场还没有全部建好，所以为了画面好看就避开没有建成的部分，只拍好看的部分。之后宣传片剪出来，正值阳西开工仪式。那时张董就提了一句说：你们宣传片确实是拍得不错，但是阳西没建的地方为什么不记录下来呢？有点遗憾。听了客户的话后，当时的项目总监夏晓燕决定，让无人机拍摄团队再飞一次，把阳西大晒场还未建造的地方也拍摄了下来，为客户留下珍贵的影像资料。

▲ 创造客户惊喜体验

这也体现了华与华的服务理念，诚意正心，提供超出客户期待的惊喜服务体验。

2.13 厨邦×华与华合作10周年庆典

晒足3600天，厨邦酱油10周年。2020年是厨邦酱油与华与华日日不断合作的10周年。

仪式即文明，记忆是最有价值的资产，共同的记忆是最紧密的纽带。2020年9月27日，厨邦和华与华共同举办"厨邦×华与华合作十周年庆典"。这样一方面激励项目团队，10周年庆典是比夺得百万大奖赛更人的荣耀；另一方面，也是对不离不弃宽容我们的客户表达最高的感恩！

李翠旭总经理发表了热情洋溢的讲话，对华与华过去10年的工作给予了充分的肯定，也对下一个10年提出了新的要求。华与华董事长华杉汇报了华与华方法的最新进展。项目团队提报下一个10年战略提案。

▲ 厨邦与华与华合作十周年庆典

2.14 坚守12年，厨邦品牌资产一以贯之

华与华方法，用超级创意撬动企业战略，一战而定，建立厨邦品牌资产。而"绿格子"形象为厨邦奠定了决定性的竞争优势，并成为每天增值的品牌资产。"晒足180天"的厨邦标准，成为行业典范和同行膜拜模仿对象。"厨邦讲良心"成为企业经营哲学，为厨邦产品开发坚定了方向。

12年提供持续服务的价值：从产品开发创意、包装设计、广告与推广创意，到企业战略、品牌战略、品牌资产管理。12年坚守的价值就是因为华与华在，厨邦能够一以贯之，12年没有改广告语，也没有改绿格子。把品牌资产能够延续下来，它就有了12年持续改善的价值。

华与华从第一年开始就是在持续改善，一直改到今天。从产品包装到品牌物料，从电视广告到渠道运营，华与华把持续改善的价值深入厨邦的管理运营中。

2022年是华与华为厨邦持续服务的第十三个年头，这是华与华的福气。华与华与厨邦的12年，是华与华方法帮助一个地方酱油品牌成长为调味品行业领军企业的一次成功实践。

12年持续服务，持续改善从超级符号、产品开发、品牌战略，坚守厨邦品牌资产，不断积累厨邦品牌资产，打造成如今超50亿的厨邦绿格子食品王国。未来也将继续帮助企业，开启第三个五年计划新征程！

第五章 四大"五年品牌管理"实例

二

奇安信

1. 奇安信500万大奖赛现场演讲

▲ 奇安信500万大奖赛现场演讲（杨传涛）

1.1 奇安信——B2B品牌特色案例

各位线上的朋友，各位同事大家下午好！我是奇安信项目汇报人杨传涛。

这是一张北京冬奥会门票，从开幕式到结束的两个月时间里，含社会面在内，冬奥会共遭受了3.9亿次网络安全攻击，每秒就是75次。但是我们的网络从头到尾都很安全，没出过一次翻车事故，这背后为北京冬奥会保驾护航的就是奇安信。

▲ 北京冬奥会门票

奇安信是2022年北京冬奥会网络安全的服务商，同时也是赞助商。这是百年奥运历史上，第一次设立"网络安全"的赞助商类别，奇安信的当选创造了奥运会和网安行业的双第一。名气是要靠实力来支撑的，奇安信是中国最大的网络安全公司之一，被媒体称为"网安一哥"；主要向政府、大企业提供网络安全产品和服务，是典型的B2G、B2B的生意。

说到B2B的生意，一般公众知道得比较少，所以大家就认为华与华的客户都是B2C，其实我们对B2B的咨询量是非常大的，而且我们最擅长的恰恰是B2B。正如华板说的，B2B才是我们的专业，因为华与华本身就是一家B2B的公司。

到现在华和奇安信团队的合作已经10年了，而且中间没有间断过，我们十年磨一剑，今天就和大家分享一下，B2B企业怎么做品牌。

1.2 企业战略——聚焦网络安全的社会问题

奇安信的品牌计划是从企业战略开始的。

华与华讲企业战略，我们首先否定风口论，我们不要找风口，真正要找的是社会问题。

这就是华与华企业战略三位一体模型，企业社会责任、经营使命和企业战略三位一体。企业社会责任，讲的是企业的创办要基于我们能解决某一个社会问题，这个问题没人解决，我来把它解决，或者有人解决，但解决得不好，我能解决得更好。

奇安信董事长齐向东先生在10年前就洞察到了网络安全这个社会问题的变化，当时中国信息化重心逐渐从to C转向to B，具体表现在从个人网民转向政企机构，从消费互联网到产业互联网升级。那么网络安全是和信息化一起联动的，信息化的变化，让网络安全也迎来了B2B的时代。当时齐总还预测未来的网络安全一定不是to C的生意，而是to B的业务。

华与华参与协助奇安信团队，确立了企业战略。把保护中国网络安全作为我们要承担的企业社会责任和经营使命。经营使命决定战略，企业战略不是企业的战略，而是企业为解决某一社会问题，为社会制定的战略。所以，奇安信就要拿出一套保护中国网络安全的战略，其实就是一套业务组合和产品结构。我们回到常识来思考，主要分为三大块：国家网络安全、企业网络安全、用户网络安全。

◎ **用词语和符号的创意引爆企业战略**

确定了企业战略之后，华与华就用词语和符号的核心技术、用创意来引爆战略。

第一个问题，B2B品牌谚语怎么想？往往业务越复杂，讲的就越要通俗易懂。网络企业一旦遭受攻击，就像我们突然生病，情况紧急要拨打120。对于120，我们最关心的是快、速度！所以政企机构对安全的响应速度是最强的需求，我们就创作了"奇安信，安全快一步"这句品牌谚语。

第二个问题，B2B品牌符号怎么做？往往业务越抽象，符号就要越形象具体。在人类历史的长河中，代表安全的文化符号有很多，而其中原力最强的就是虎符。虎符是中国古代帝王授予兵权和调发军队的信物，最早出现于春秋战国时期，到目前已经有2000多年的历史了。虎符分成两半，一半在皇帝手里，一半在将军手里，只要虎符能匹配、能合上，那就有权力调动兵权，所以虎符代表着中国古代历史上最高的权力——兵权，同时又代表着最机密的安全认证。

我们把奇安信品牌嫁接到虎符身上，就激发了虎符身上蕴藏两千年的文化原力。而且我们还修改了虎符身上的铭文。大家看这三组数字，从左到右是1101、01、1001。这是和网络安全有关的摩尔斯密码，就是奇安信拼音的首字母QAX。这样奇安信的超级符号——虎符就诞生了。

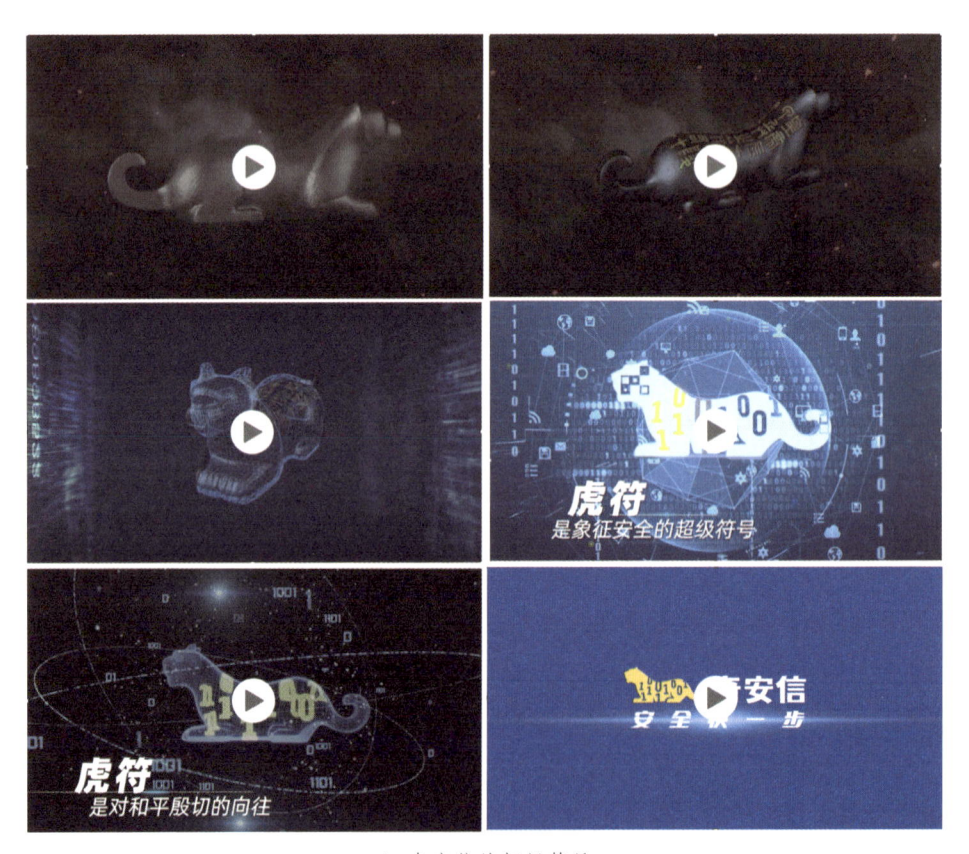

▲ 奇安信的超级符号

我们说B2B企业不能只卖冷冰冰的产品，还要能传达有温度的、人格化的品牌形象。比如华与华，如果我们只传播一个"华"字标，大家对我们的记忆还会有这么深刻吗？不会，只有在我们的广告画面上，每次都出现真实的、有血有肉的华与华兄、华与华弟，大家对我们的记忆才会深刻。所以我们创作了一个品牌角色叫"网安一哥"，现在奇安信上下都非常喜欢"网安一哥"这个角色，在线上线下很多场景中应用，它已经成了奇安信的终身品牌代言人。

这样就有了品牌谚语，有了超级符号，又有了品牌角色。B2B品牌就做完了吗？不！这只是前菜，下面我要再讲三个方法论，对B2B品牌有重大的价值。

1.3 价值之轮每一轮的输出，都是为了让客户更好地了解你的品牌

第一个叫价值之轮！价值之轮从最中心开始是产品价值，往上是服务价值、体验价值、知识价值、梦想价值，共分成5个轮次。

◎ 1.3.1 产品价值

首先是产品价值。我们说企业即产品，B2C的产品往往比较直观，但是有的B2B产品就相对抽象，尤其是奇安信的安全产品，有几千个，都存在于数字空间内，看不见、摸不着，而且很难描述清楚，所以能把奇安信的业务产品描述清楚是品牌传播的关键。在这里又回到常识，在应对网络安全的一个真实攻击事件的时候，一般会分成三个步骤。第一，发现预警；第二，规划部署；第三，真刀实枪地对抗。经过这三个步骤，我们就可以把产品分成三大类别，分别是发现类、规划类和攻防类。把几千个产品分成三大类别，非常了不起，这个是奇安信市场

部做到的。

在把产品分类之后，华与华就用刚才讲到的"安全快一步"的品牌谚语，分别为三个类别赋予了购买理由。第一，"发现快一步，守好安全第一线"。第二，"规划快一步，让安全少走弯路"。第三，"攻防快一步，掌握安全主动权"。这样就形成了"三个快一步"的话语体系。当时我们提完案后，齐总非常高兴，反复说这代表了华与华的水平，华与华方法应该有它的江湖地位。我们说做B2B品牌要贴近客户的业务，理解客户的业务，双方团队用共创的模式来产生作品。这其实是做B2B品牌的一个特点。

◎ **1.3.2 服务价值**

我们再看服务价值。服务创造什么？服务创造附加价值。很多B2B品牌提供附加价值有个诀窍，召开一个重量级的大会。比如华与华每年都有百万大奖赛，而2022年更是加码了500万大赛。奇安信也开了一个大会，这个大会叫BCS北京网络安全大会，它是一个世界性的公关大会。

说到公关，华与华怎么理解公关？公关行业的创始人爱德华·伯奈斯说："公共关系是一项管理功能，通过制定政策和程序来获得公众的谅解和接纳。"这个定义太负能量了，因为它的前提是假定企业有错，需要特意做一些好事来赢得公众的谅解和接纳。庄子说"行贤而去自贤之行"，就是我们做好事，但是不要去做那些为了"让别人认为我好"而去做的事，这是伪君子的思维方式。所以华与华重新定义了公关，即"企业的社会服务产品"。要用产品开发思维来做公关，为社会开发公共服务产品。

"全球网络安全，倾听北京声音"这句口号是华与华为BCS大会创造的，而在整个大会上，奇安信也没有唱独角戏，而是广泛集合全球的安全智慧，来为中国的网络安全同行提供一个世界级的交流研讨的服务平台。这就是创造了服务价值。

所以每年的BCS大会我们团队都要过去驻场，那时候就要和奇安信的小伙伴兵合一处，组成一个特战队，要在短时间里产生很多的策略、设计。

▲ 服务价值

◎ **1.3.3 体验价值**

那么体验价值创造什么？体验创造惊喜。客户都知道，在华与华听提案的时候，我们有参观品牌道场的环节，品牌道场是我们华与华把在提案中用到的策略、设计，都打印出实际的样品，并在华与华内部做一个真实的门店，这就创造了体验。让我们能在第一时间看到符号的落地，看到门店的效果。然后我们会引领客户参观华与华公司，看我们墙上的看板管理，看我们的十亿创作咨询大厂。最后回到公司前台赠送华与华书籍以作留念，这就是我们设置的，叫"来之前有期待，来之中有惊喜，而走之后有回忆"。所以我们做B2B企业的朋友们，一定要高度重视这个事，我们要在自己的企业内部去开发这样的体验价值。

奇安信作为B2B厂商也时常有领导和客户来参观考察集团总部。他们做了一个特别好的超实物道具，叫乐高虎符。这个乐高虎符由56万块乐高组成，造价一百多万，放在他们一楼大厅非常震撼。每次领导们参观完公司都要到这儿来合影留念，并把照片打印出来，便于他们回忆、谈论。现在乐高虎符已经成了客户参观、领导视察的首选打卡地。

▲ 乐高虎符

◎ **1.3.4 知识价值**

我们现在再往上一层，来到了企业价值之轮的知识价值。

其实所有的企业都在经营知识，但这个事对B2B企业更重要。因为B2B企业的采购决策，往往是决策人很多，有很多大领导可能没有时间看到我们的产品价值、服务价值、体验价值，我们要升高维度，输出知识价值。比如华板著书立说，就是华与华在输出知识价值，文史作家、专业智慧带来了信任感，能加速企业家们尽快和华与华合作。那最优秀的B2B企业，要掌握人类在这个领域最前沿、最先进的知识，要做社会中这个领域的首席知识官。比如华与华，营销理论人类已经解决了，品牌理论谁来解决？华与华把它解决了，那华与华就是品牌营销咨询的首席咨询官。

奇安信也要做网络安全的首席咨询官，所以在2019年提出了内生安全的事业理论，这是一个不同于传统理论的新一代网络安全理论，一经提出就引领整个行业进入了内生安全时代。

我们说传统的网络安全理论是在外在构建一个防火墙，就像让你穿上一层防弹衣，属于一个被动防御。而内生安全理论，就直接变被动防御为主动防御，它是把一个安全能力植入我们的体内，和我们自身的体系相结合，就能生长出自身的安全能力，最后形成安全的免疫力。

所以提出之后，就让行业震惊，大家都跟随内生安全理论，促成了内生安全时代的产生。所以奇安信是当之无愧的新一代网络安全领军者。

◎ **1.3.5 梦想价值**

现在我们来到了知识价值的最上面一轮，叫梦想价值。

一个企业一定要有代表的梦想。华与华的梦想是一生不败。因为我们的价值观就是不败兵法，少走弯路，让企业、客户一生不败。和华与华类似，奇安信的梦想叫作"网络安全零事故"。2022年奇安信通过护航北京冬奥会实现了网络安全零事故，可以说奇安信的梦想价值有一个真实案例了。

那这个点怎么来封装？怎么表现出是奇安信的梦想价值呢？我们做了一系列设计。

第一，做了一块"零事故"的大金牌和奥运直接契合。

第二，做了"网安一哥"手拿大金牌，这个化身叫"网安一哥金牌虎"。

第三，高喊一句口号"冬奥标准奇安信，网络安全零事故"。这样"零事故"的梦想价值就封装了。

现在整体看一下这个价值之轮：从产品价值三个"快一步"话语体系，再到服务价值BCS北京网络安全大会；体验价值是乐高虎符；然后是知识价值，内生安全理论；最终到代表人类的梦想价值"网络安全零事故"。这个价值之轮并不是一天促成的，需要慢慢经营。

价值之轮每一轮输出的知识，都是为了让客户更好地了解B2B的品牌。一旦我们输出的知识足够多，客户对我们的记忆就会更加深刻，在做同类别产品的选择时，可能会优先考虑我们。这才是品牌价值之轮的诀窍。

1.4 成果物思维——事先设计好成果，先胜而后战

下面带领大家进入第二个重要方法论，叫成果物思维。

华与华说做任何事首先要有成果，管理就要有管理成果。德鲁克第一本管理学书籍就是《成果管理》，可能你会说"难道我不知道成果吗？还需要你教吗"，可能你还真不知道。因为咱们常常所说的成果，是说事业、工作的收获，属于一个事后结果概念。

而华与华要强调的是一个事前的计划，事前的制定。就是我们在做任何事之前，都要提前界定好我们的成果是什么。这在《孙子兵法》里叫先胜而后战，而不是事后有了什么成果，我们再把它总结出来。这就是华与华对成果物的定义。

对于很多没有产品实物的B2B企业，这个更加重要。因为我们本来产品就是虚拟的、抽象的，如果我们每项工作的成果再不确定、不清晰，那就等于抽象加

抽象，这工作没法干了。以今天的大奖赛为例，我带领大家认识一下什么叫成果，什么叫成果物。

今天大奖赛的成果是什么？一方面我们表彰激励员工，希望他们能为客户提供持续的价值输出；另一方面也为我们的客户释放强烈信号，希望你至少要在这儿留5年，这样才能得到更大的价值，这是成果。而成果物是真实的、看得见摸得着的，首先就是500万奖金支票，然后就是冠军奖杯。我们有了这些成果物就结束了吗？没有，我们要的成果物不只是让看比赛的人知道就算了，我们还要留下最核心的一句话，那句话就会成为我们的品牌言说、品牌资产，最终会形成大众口语报道，希望你们在更大范围内口口相传。比如，今天的500万大奖赛留下的那句话是什么？是"华与华颁发500万奖金，奖励持续合作5年以上的品牌案例"。这就是我们的成果思维，而且500万大奖赛的这些成果物，都是我们在事前已经想好的，今天只是顺道执行出来。

奇安信也是这样的，在做任何事之前，它都要清晰地界定好自己的成果物。比如说BCS北京网络安全大会，作为B2B的大会，最核心的成果是什么？是大会主题，也是最核心的一句话。我们双方团队每年都要花费大量的精力、智力去研究这句话，去研究、界定这个成果物，这是B2B大会最核心的工作。比如2019年我们做的主题叫"聚合应变、内生安全"，到2020年我们做的叫"内生安全，从安全框架开始"，到2021年叫"经营安全，安全经营"。这些大会主题一经发出，即刻成为网安行业的整个风向标。在这里要引入传播学的概念，叫"议程设置"。其实现在奇安信正是通过BCS北京网络安全大会，为行业设定议程。现在整个网安行业都在关注BCS大会的开展，如果今年到了这个时间还没有公布大会主题，大家都会紧张，不知道今年的行业热词是什么，不知道今年的趋势是什么。通过这个事，奇安信能为行业设定议程，它也就成为行业无可争议的领袖。

第五章 四大"五年品牌管理"实例

▲ 北京网络安全大会的成果物

一句话总结成果物思维，就是事先设计好成果，先胜而后战。

1.5 所有的事都是一件事，五个市场是一个整体

现在我们进入第三个方法论，叫华与华五个市场。五个市场包括顾客市场、资本市场、政策市场、人才市场、公民社会。

▲ 华与华五个市场

从理论上来说，每个企业都会面对这五个市场，但是从实际操作来看，B2C企业更关注的是顾客市场。那我们这五个市场的方法论对谁更有价值？主要是三类企业：第一类是B2B企业；第二类是相对敏感的企业，比如奇安信做网络安全；第三类是上市公司，资本市场非常关注。

现在很多大公司的典型做法是把五个市场分给5个部门去管理，比如顾客市场就有市场部、品牌部；投资者就有投资者关系部；政策市场，是政府事务部；人才市场就是人力资源的雇主品牌部；公民社会就是公关部。因为分开了五个部门的管理，常常把一件事拆成若干的琐碎小事项，而且每个部门之间还存在厚厚的部门墙，华与华认为这样做会产生巨大的浪费。所以我们五个市场是希望在品牌层面要全部统一管理。就像我们的手抓饼，五个市场都要抓，哪个都不能放掉。

奇安信在定位中国网络安全战略之后，五个市场的作用就让它的品牌公关发生了巨大变化，在顾客市场目前已经覆盖了90%以上的政府、大企业，已经成为国家网络安全的保障主力军。而在资本市场，2020年奇安信科创板上市，当天募集的资金就创了新高。在政策市场，中国电子这样的大央企入股奇安信，北京市政府投资奇安信，这个本身就说明我们的事业赢得了巨大的支持。在人才市场，现在奇安信已经成为网络安全人才向往的圣地，目前已经拥有了亚太地区最顶尖的技术团队，并且奇安信和很多大专院校还在联合起来增设网络安全的专业。在公民市场，奇安信早已化身成了网络安全守护者的形象。

所有的事都是一件事，这五个市场是一个整体。我们做好五个市场带来的结果是成为五好公司。"五好"是顾客认为我们是好公司、政府认为我们是好公司、资本认为我们是好公司、人才认为我们是好公司、社会认为我们是好公司。例如，奇安信2022年的北京网络安全大会，由于疫情，在北京召开规模就受到了限制。正当一筹莫展的时候，各地政府纷纷打电话表示邀请奇安信BCS到他们的区域去办，希望学习北京冬奥网络安全零事故的经验，从而和自己已有的安全体系相融合。相应地，我们2022年北京网络安全大会的规模反而前所未有地扩大了，高级别的峰会从北京扩展到全国，整个时间也比以前拉长了很多。这就是五个市场、五好公司带来的价值。

▲ 北京网络安全大会

1.6 华与华×奇安信并肩构建中国网络安全第一品牌

现在我们回到开篇讲的那张北京冬奥会的门票。2022年大年初四晚上8点，北京冬奥会在鸟巢盛大开幕。从二十四节气倒计时到"黄河之水天上来"，从迎客松烟花到微火炬被点燃，美轮美奂，想象浪漫。大家看得也很兴奋，但是同一时间，奇安信有上千位技术团队人员没有时间看冬奥会，而是死死地盯着屏幕，抵御着一次又一次的网络攻击。他们是真正的默默无闻的背后英雄。

到今天这个时代，网络安全已经像空气一样看不见摸不着，但我们所有人一刻也不敢怠慢。我为奇安信所从事的网络安全行业而骄傲，我代表华与华为能服务奇安信10年而自豪。

10年时间，奇安信与华与华并肩奋战，从零到一，构建起了中国网络安全第一品牌。10年时间，两家企业分别在各自领域里成为领导者和佼佼者，这不仅是两家企业的成功，也是两个团队的成功，更是两位企业家的成功。10年时间，我们只是刚刚开始，奇安信、华与华未来将走向终身服务、终身伙伴。

以上是向大家汇报的奇安信B2B品牌特色的案例，请大家重点记住三个方法论：

第一，价值之轮。

第二，成果物思维。

第三，五个市场。

1.7 获奖理由

今天我们有两个获奖理由，第一个理由是《基业长青》的作者柯林斯曾提出一个问题，在华与华也成为"基业长青之问"：假如我们企业明天不幸消失，社会是否会因此若有所思？请大家思考这个问题，把奇安信带入，相信你会有自己的答案。第二个理由，我再次强调，获奖案例不能没有B2B，最好是第一，因为这对华与华拓展业务更有利！

最后，打个广告，有需要网络安全的朋友们，请尽快拨打95015服务热线，这个就是网络安全界的120，能在第一时间赶过来抢救企业的网络安全。

"奇安信95015，安全应急快一步"！谢谢大家！

▲ 奇安信网络安全服务热线

华板现场点评：

奇安信确实是我们公司非常重要、非常了不起的一个案例。华与华讲的战略重心、决胜点、关键动作、时间节点，在这个案例里面都非常突出。

从2012年开始，华与华和奇安信团队合作至今，华与华提供品牌管理、营销传播的咨询服务，并提供企业发展战略的咨询建议。和B2C相比，奇安信作为科技类B2B企业，其产品和业务是一个复杂体系，加上网络安全有很高的专业性和技术性，受众理解门槛高。华与华则通过词语和符号的技术，在每个传播点上不断降低传播成本，让大家更好地理解网络安全、理解奇安信。华与华方法一直服务于奇安信的快速发展，诠释了"华与华＝战略咨询公司＋产品开发公司＋广告公司"的价值。尤其体现了华与华B2B策划的三个方法论：价值之轮、成果物思维、五个市场。

我特别强调一下成果物思维，一个虚拟的、没有装在瓶子里的产品，该怎样去定义、去封装它的成果物，这一点很重要。

谢谢传涛！

2. 奇安信×华与华10年持续合作总结

从2012年开始，华与华和奇安信团队合作至今，华与华提供品牌管理、营销传播的咨询服务，并提供企业发展战略的咨询建议。和B2C相比，奇安信作为科技类企业，B2B产品和业务是一个复杂体系，加上网络安全有很高的专业性和技术性，受众理解门槛高。

华与华的工作就是通过词语和符号的技术，在每个传播点上不断降低传播成本，让大家更好地理解网络安全、理解奇安信。华与华方法一直服务于奇安信的快速发展，诠释了"华与华=战略咨询公司+产品开发公司+广告公司"的价值。

▲ 华与华的价值

奇安信企业案例，分享以下7个方面。
1. 网络安全进化论：从"互联网安全"到"网络安全"
2. 奇安信战略破局之道，华与华"三位一体"模型，助力企业"定大计"
（1）企业家独到的战略判断。
（2）保护网络安全的企业战略构想和三大业务分类。
（3）奇安信，新一代网络安全领军者。
3. 华与华品牌三角形，助力奇安信构建品牌传播"解码器"
（1）符号系统：找到文化母体，创作"数据虎符"超级符号和"网安一哥"超级角色。

（2）话语体系：共创"三个快一步"，成为销售最强话术。

4. 华与华企业公关产品开发，助力奇安信构建品牌传播"信号塔"

（1）重新定义公关：企业的社会服务产品。

（2）网安行业首席知识官奇安信，持续积累BCS大会高势能。

5. 超级符号就是超级品牌，助力奇安信积累"奥运品牌资产"

（1）奥运前和奥运中：网络安全中国代表队。

（2）奥运后：冬奥标准奇安信，网络安全零事故。

6. 华与华创意持续改善，助力奇安信构建品牌传播"弹药库"

（1）以门店改善思路，助力奇安信展会营销降本增效。

（2）核心创意支持："网安一哥"广告片核心创意和文案。

7. 奇安信，网络安全的国之重器

项目背景

（1）网络安全，是数字经济发展的压舱石。

2021年3月，国家发布《"十四五"规划和2035年远景目标纲要》。该《纲要》明确提出，"加快数字化发展，建设数字中国"，把网络安全与人工智能、大数据、区块链、云计算共同列为五大新兴数字产业。网络安全被提到了一个前所未有的国家战略高度。

2021年6月，国家颁布新的《数据安全法》。该法和2007年颁布的《信息安全等级保护管理办法》、2014年成立的中央网信办、2015年颁布的《国家安全法》、2016年颁布的《网络安全法》互相呼应。网络安全作为一种顶层设计，成为国家战略的一部分。

没有网络安全，就没有国家安全。在今天这样一个时代，网络安全已不是一道要不要做的选择题，而是一道如何答好的必答题。

随着数字化浪潮的加速发展，互联网开始从消费端向生产端、政府端渗透。数字化浪潮带动了云计算、物联网、智能制造等各个产业的发展，安全是发展的前提，没有安全保障，再大的经济成果也可能毁于一旦，全面数字化后对于网络安全的需求激增。

2020年以来，我国网络安全产业进入爆发期，2025年有望超3400亿。加上2022年的俄乌冲突，愈演愈烈的网络空间战，更是将网络安全和国家安全紧密捆绑，我国的网络安全产业迎来更大的发展机遇。

（2）"网安一哥"奇安信，十年合作华与华。

奇安信科技集团成立于2014年，是中国最大的网络安全公司（与上市公司相比，人员规模、收入规模、增速和产品覆盖度，行业第一），专注于网络空间安全市场，向政府、企业用户提供新一代企业级网络安全产品和服务，主营to G、to B业务。

2019年5月，中国电子信息产业集团战略入股奇安信（中国电子是中央管理的国有重要骨干企业和国务院认定的以网信产业为核心主业的中央企业，连续多年跻身《财富》世界五百强），奇安信正式成为"网络安全国家队"。

2019年12月，奇安信更是成为奥运会历史上第一个网络安全和杀毒软件官方赞助商，国际影响力快速提升。

2020年7月，奇安信科技集团股份有限公司（简称"奇安信"）成功上市，登录科创板，被媒体称为"网安一哥"。

2022年3月，奇安信圆满完成北京冬奥会、冬残奥会的网络安全保障任务，兑现了"零事故"承诺，创造了奥运会历史和网安行业的历史，国际品牌影响力大幅提升。

2.1 网络安全进化论：从"互联网安全"到"网络安全"

2014年后，中国信息化的发展重心逐渐从普通网民转向政企机构，从消费互联网向产业互联网升级。互联网安全的概念也进一步扩展至网络安全。

相比于互联网安全，网络安全的涵盖范围更加广泛。数据安全、内网安全、专网安全、工业网络安全、供应链安全、关键信息基础设施保护、国家的网络空间主权利益等，都属于网络安全。

总体来看，人们对网络安全问题的认知范围可以用三个转变来简单概括：

从I到C：Internet Security（互联网安全）—Cyber Security（网络空间安全）。

从C到B：Customer（个人、消费者）—Business（组织、商业）。

从S到C：Surface（外部）—Core（内部）。

网络安全问题的三个转变

I 从I到C C 从C到B B 从S到C C

Internet Security 互联网安全 — Cyber Security 网络空间安全 — Customer 个人、消费者 — Business 组织、商业 — Surface 外部 — Core 内部

其中，转变核心是从"互联网安全"向"网络空间安全"的全面演进。在互联网时代，我们主要防止数据被破坏、被泄露和网络瘫痪；在网络空间安全时代，安全目标是包含设施、数据、用户、操作在内整个网络空间的系统安全。攻击物联网，就等于攻击物理世界。

伴随着从"互联网安全"向"网络空间安全"的全面演进，要求人们必须从更高的维度、更广的视角来审视网络安全问题。因为在物联网时代，除了要关注信息安全，更要思考如何保障关键信息基础设施和众多物联网设备的运行安全。

在物联网时代，网络攻击的目标已经升级到了政府、企业等机构和组织，以达到破坏社会稳定的目的。安全公司服务的客户也变成了政府和企业，维护政府和企业的安全直接关系到社会稳定和国家安全。

为什么奇安信能保护好中国的网络安全，为中国社会解决数字化转型时代的大难题？

2.2 奇安信战略破局之道，华与华"三位一体"模型

◎2.2.1 企业家独到的战略判断

早在10年前，齐向东董事长就预言了当今的B2B时代："互联网安全不会是to C的生意，而是to B的业务。互联网B2C的红利已经过去了，流量变现的红利已经被瓜分完毕，未来是B2B的时代。

"物联网时代，所有的设备都被网络连接起来，所有的设备都需要互联网安全的保护；互联网安全的保护，一定是由终端产品厂商向消费者提供，而不会是消费者自己去购买。那么，终端产品厂商就要向互联网安全企业购买安全产品和

服务，这是一个B2B的事业。"

◎ 2.2.2 华与华"三位一体"模型，助力奇安信"定大计"

华与华认为企业战略不是企业的战略，而是企业为解决某一社会问题为社会制定的战略。根据社会问题，我们制定企业经营使命，并由经营使命制定企业的业务战略，由此形成了华与华方法企业战略"三位一体"模型。

该模型明确指出，企业的诞生首先是"无我"的，为社会解决问题，降低社会交易成本。找到了"网络安全"的中国社会问题后，根据华与华企业战略"三位一体"模型，为奇安信提炼出社会分工——保护中国网络安全，奇安信的企业社会责任和经营使命——保护中国网络安全。

华与华方法企业战略"三位一体"模型

网络安全问题
选择、承担解决某一社会问题的责任，并将之作为企业的经营使命

保护中国网络安全

中国网络安全解决方案
国家网络安全
企业网络安全
用户网络安全
BCS北京网络安全大会

业务组合和产品结构，就是社会问题的解决方案

社会问题 企业社会责任 → 经营使命 → 企业战略

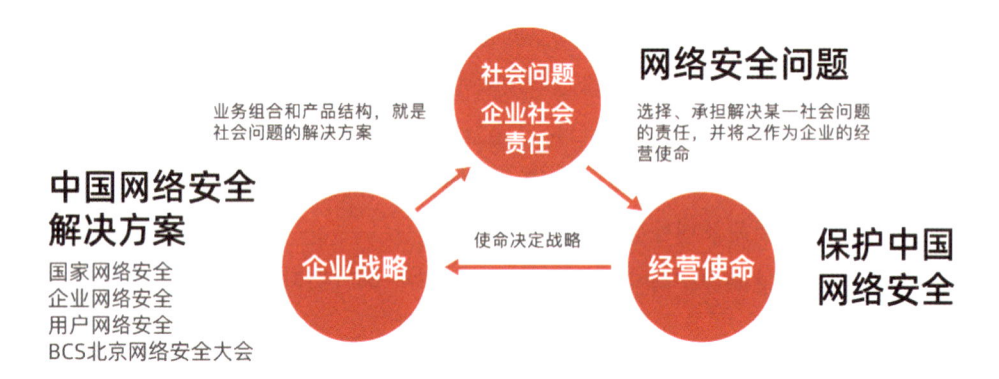

使命决定战略

使命决定战略，那么奇安信的企业战略，就是为了解决中国网络安全的社会问题而为社会制定的战略。奇安信的产品和服务，就是关于网络安全社会问题的解决方案。

以保护中国网络安全为经营使命，规划三个业务领域：国家网络安全、企业网络安全、用户网络安全。

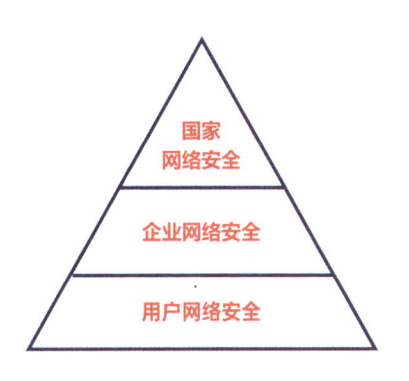

▲ 奇安信的三个业务领域

为什么这么分？因为世界就是认识，认识就是分类，分类就是命名和标签，命名和标签就是词语和符号。这样的分类，就把保护中国网络安全的经营使命落实到了三个具体的方面，也就分出了我们的客户和业务：国家、企业、用户。

国家网络安全，是解决国家层面的网络安全问题。网络安全已上升到国家战略层面，与国家关键信息基础设施息息相关，成为总体国家安全观的重要组成部分。没有网络安全，就没有国家安全。

企业网络安全是解决企业级网络安全问题的，包括为政府、企业各个行业提供安全产品、安全服务和解决方案。

在全球互联的今天，用户的安全不只是用户自己的事情，而是附属于国家网络安全和企业网络安全的事情。解决了国家和企业方面的安全，用户自然就安全了。

这三层，实际上是网络安全的金字塔，从国家到企业再到用户。奇安信在国家网络安全层面建立了高度后，在企业和用户层面的势能就越来越强，并且能更好地反哺国家。

◎ **2.2.3 奇安信，新一代网络安全领军者**

2014年，奇安信成立，目标是研发新一代企业级网络安全产品、技术和服务，业务由个人级安全（C端）拓展到企业级安全（B端）。

▲ 奇安信：新一代网络安全引领者

相比于to C，to B涉及的互联网多场景对企业的定制解决方案能力提出了更高要求，网络安全领域尤其如此；同时，to B更看重原始技术的创新，通过与企业沟通融合达到互利共赢，这也使得to B市场的创新创业空间足够大。

为此，从创立之初，奇安信就锚定to B目标设定组织架构、服务方式、商业模式、管理办法、业务团队，提出并成功实践"数据驱动安全""内生安全"等安全理念，以及面向新基建的新一代网络安全框架。

其中，"内生安全"框架能帮助企业建立完整的网络安全体系，化解"没思路、没方法"的难题。在此基础上，奇安信研发出以"天狗"系列第三代安全引擎为代表的颠覆性安全技术，推出零信任、"天眼"等创新的安全产品，形成了一套完整的攻防演习、安全众测、安全运营等实战化安全服务模式，成为国内领先的企业级网络安全产品和服务提供商。

时势造英雄，在"一带一路"国际合作高峰论坛、金砖国家峰会、上合峰会、上海进博会等重大国际会议上，奇安信作为主要技术保障单位参与了网络安全保障工作。

2019年12月，奇安信更是成为奥运网络安全服务与杀毒软件官方赞助商，为2022年举行的北京冬奥会和冬残奥会提供系统的网络安全保障。2020年11月，奇安信推出的新一代企业网络安全框架（内生安全框架），荣膺2020年世界互联网领先科技成果。

2.3 华与华品牌三角形，助力奇安信构建品牌传播"解码器"

华与华认为：所有的品牌工作，都是产品结构、话语体系、符号系统这三件事。没有任何一件关于品牌的工作，不在这三件事之内；而在这三件事之外，也没有任何事情与品牌有关，这就是"完全穷尽"。

绘制品牌三角形，是品牌一生的工作。因为品牌不断在丰富，在发展；在华与华品牌五年计划的第一年，我们会为客户画出基本的品牌三角形，之后每一年的所有工作，都不断地从品牌三角形出发，再回到品牌三角形。

确定奇安信企业战略和"网安一哥"的品牌位势后，双方团队合作，绘制出奇安信品牌三角形。

华与华品牌三角形

（事业理论 产品科学 品牌话语 企业文化／话语体系／符号系统／意识 潜意识 物质／产品结构）

◎ **2.3.1 符号系统：创意"数据虎符"超级符号**

数据虎符：蕴藏两千年文化原力的超级符号。

所有的传播都是符号的编码和解码，超级符号就是编码和解码效率最高的符号，它所蕴含的人类文化原力，能够激发人们的集体潜意识，让一个新品牌在一夜之间成为亿万消费者的老朋友。

我们说品牌是一种商业思想，也是一种文化现象。文化符号，是指人类文化的原型符号，比如金元宝的形象是中国人代表财富的文化符号，而餐桌布的绿格子是全人类的饮食文化符号。

奇安信是做网络安全的，在人类历史的长河中，和安全有关的文化符号有很多。但要配得上"网络安全国家队"的品牌位势，就要是国家级的安全符号。其中原力最强的就是虎符！

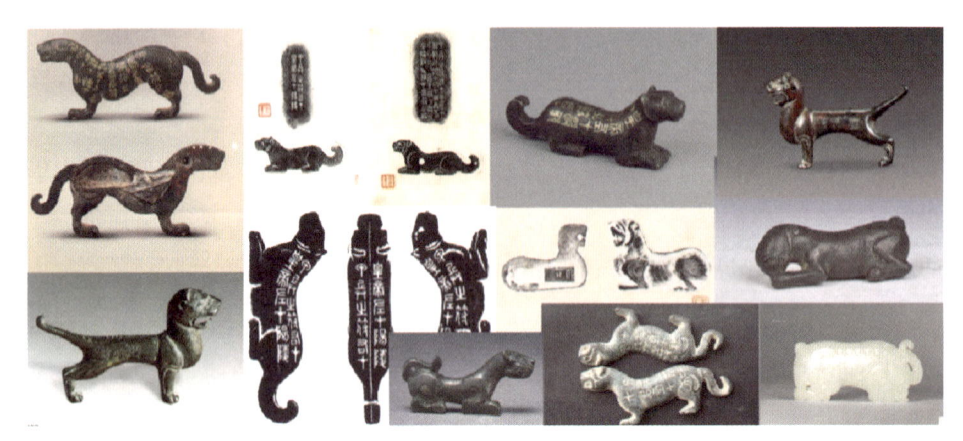

▲ 虎符

虎符是中国古代帝王授予兵权和调发军队的信物，最早出现于春秋战国时期。虎符分成两半，一半在皇帝手里，一半在将军手里，只要虎符能对上，就有权力调动军队。所以虎符代表着中国历史上最高权力——兵权，又代表着最机密的安全认证。

虎符有着2000多年的历史文化传承，是中国古代安全智慧的结晶。奇安信将品牌嫁接到虎符上，就能激活虎符身上蕴藏两千多年的安全之力，从而自身也一下子有了"两千年历史"。

除此之外，华与华用二进制编码替换虎符身上的铭文，完成了虎符的私有化，奇安信品牌的超级符号——"数据虎符"就诞生了。

▲ 奇安信的数据虎符

奇安信作为B2B厂商，常有领导和客户来集团总部考察交流，奇安信把超级符号做成了超级实物道具，在大厅里放置一只乐高虎符——用56万块乐高拼成，造价100多万。

▲ 乐高虎符

每次有访客问到为什么使用虎符时，奇安信同事就将虎符代表的安全文化津津乐道地讲述一遍，而每一次的讲述都是对品牌的二次传播。

并且，在访客将要离开时，奇安信都会安排在乐高虎符前合影留念，并把照片发送过去，这样访客就带走了一份品牌信物，便于回忆、谈论。现在，奇安信大堂的乐高虎符已经是领导视察、客户参观的首选打卡地。

◎ **2.3.2 超级角色：品牌终身代言人"网安一哥"**

B2B企业不能只卖冷冰冰的产品，更要传达有温度的人格化品牌形象。比如华与华公司，如果只传播一个"华"字标，大家对我们的记忆就不会这么深刻。正因为我们广告画面上都会出现真实的有血有肉的"华与华兄弟"，才会让大家记忆深刻。

所以，奇安信以超级符号"数据虎符"为基础，创作了一个品牌角色——"网安一哥"。"网安一哥"在线下展会、线上传播、广告片中广泛应用，成为奇安信的终身代言人。

▲ 奇安信品牌代言人："网安一哥"

◎ 2.3.3 话语体系：奇安信"三个快一步"，成为销售最强话术

世界就是一个话语体系，没有话语体系，就没有世界。品牌当然也是一个话语体系，没有话语体系，就没有品牌。词语破碎处，无物可存在。建立和维护话语体系，是品牌永恒的工作。

安全响应速度是政企用户最强的需求，网络一旦被入侵，时间就是生命，早一秒钟补救，就能早一秒钟阻止网络安全事故的发生。

例如2021年2月，美国佛罗里达州一家水处理设施的系统被黑客攻击，攻击者试图改变控制水酸度的NaOH（也被称为碱液，具有高腐蚀性）的浓度，准备将NaOH浓度从百万分之一百提高到百万分之一万一千一百。所幸的是，此次网络攻击被及时发现，并进行了逆转，否则全市人民都将会有生命危险。

政府机构或大型企业一旦被攻击，所有的工作都瞬间停止，这将是多大的灾难。所以时间和速度是网络安全最需要的，也是奇安信一直在追求的。奇安信可以做到24小时应急，具备全行业反应最快的网络安全急救能力和体系，被称为"网安120"。

▲ 奇安信：网安120

很多科技品牌的广告语都是优美而不知所云。华与华为奇安信创作的品牌谚语坚持要让每位销售代表、宣导员都能说出，说出后，客户一听就能记住，记住后还能回去告诉别人。"快一步"是奇安信的独特购买理由，所以我们创作出"奇安信，安全快一步"这句品牌谚语。

▲ 奇安信品牌谚语

B2C品牌，产品都存在于物理空间，可以通过不同的实物包装来区分；但对奇安信这样的B2B品牌来说，产品存在于网络空间，没有实物包装，如何区分并讲清楚奇安信产品，历来都是一个销售难题。

以品牌谚语"安全快一步"为基础，奇安信、华与华两个团队配合，通过模拟处置一个网络安全事件，在发现、规划和攻防三个步骤里创作出"三个快一步"的话语体系。

第一类产品，日常态势感知：发现快一步，守好安全第一线。

第二类产品，内生安全体系：规划快一步，让安全少走弯路。

第三类产品，实战攻防产品：攻防快一步，掌握安全主动权。

"三个快一步"把奇安信复杂的业务归纳为三条产品线，将上千个产品都装进去。完成产品正确的分类和封装，是做好B2B业务品牌传播的关键。

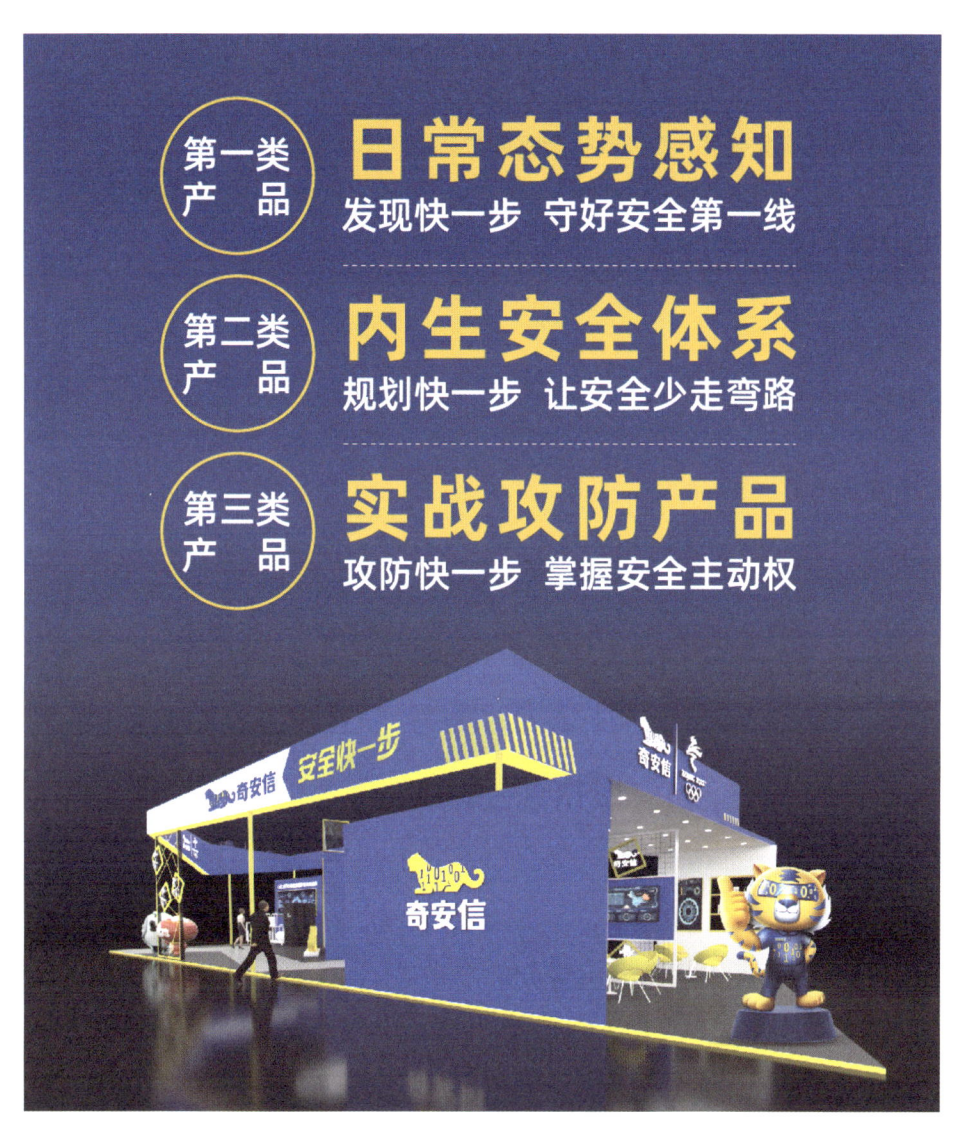

▲ 奇安信三条产品线

企业是经营知识的机构，也是为人类创造新知识的前沿。"三个快一步"的产品科学，就是奇安信的产品之所以先进的科学理论。因为这个科学，奇安信产品领先于竞争对手；奇安信产品科学得到广泛传播，得到更多客户更大的支持，也是对社会的知识贡献。

2.4 华与华企业公关产品开发，助力奇安信构建品牌传播"信号塔"

◎ 2.4.1 重新定义公关：企业的社会服务产品

公关行业的创始人——爱德华·伯奈斯说：公共关系是一项管理功能，通过制定政策和程序，来获得公众的谅解和接纳。

这个定义的前提是假定企业有错，需要刻意做些好事，来获得公众的原谅和接纳。庄子说："行贤而去自贤之行。"意思是做好事的时候，不要去做那些为了让别人认为我好的事，因为那是伪君子的思维方式。

所以华与华重新定义了公关，即企业的社会服务产品。要用产品开发的思维做公关，开发公关产品。

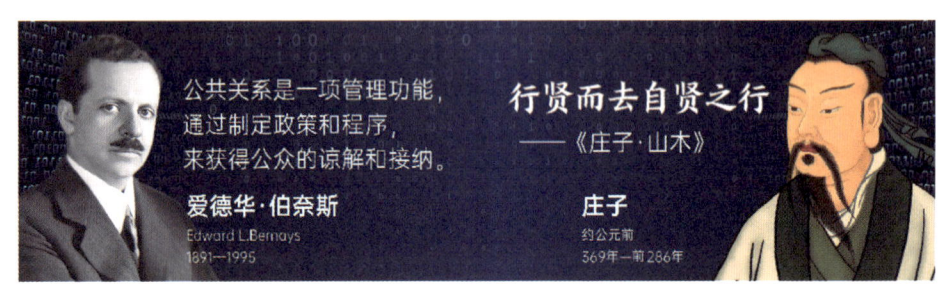

▲ 重新定义公关

奇安信科技集团主办的"BCS北京网络安全大会"就是一个免费的社会服务产品。奇安信在整个大会中没唱独角戏，也没有任何具体的营销和销售目的，而是广泛集合全球的网络安全技术、专家、机构和智慧，为中国网络安全提供一个世界级交流和研讨的服务平台。

为了传递这是一个国际盛会的认知，华与华为北京网络安全大会创意了口号"全球网络安全，倾听北京声音"。

"全球网络安全"表明大会是世界规格的，又是关于网络安全的大会；"倾听北京声音"，放大了"北京声音＝中国声音"的概念，代表大会既是中国的，又是世界顶尖的网络安全大会，这样就能够把全球网络安全的势能都卷入北京网络安全大会。

▲ 北京网络安全大会

◎ **2.4.2 网安行业首席知识官奇安信，持续积累BCS大会高势能**

2019年BCS北京网络安全大会

2019年8月21—23日，第一届BCS北京网络安全大会在北京国家会议中心圆满召开。三天参会人次超5万，超300家媒体全程关注。

大会联席主席、奇安信集团董事长齐向东首次提出"内生安全"概念，呼吁构建"内生安全"体系，引发了业界热烈讨论和共鸣，进一步彰显奇安信"网安一哥"的行业地位。为更好地聚焦"内生安全"理念，大会主题定为"聚合应变，内生安全"。

▲ 2019北京网络安全大会主题

2020年BCS北京网络安全大会

2020年8月7—16日，第二届BCS北京网络安全大会成功举办。大会邀请来自中、美、英、德、荷、以等11个国家及联合国等国际组织的500多位政要、两院院士、安全行业领袖、产业精英，以及全球知名安全研究机构和知名企业，共同探讨并推进"内生安全"理念的落地与实践。

大会首次采取"线上+线下"超融合云会议形式，历时10天，开创了网络安全大会时间最长的纪录。

奇安信致力于打造的"内生安全框架"，是用系统工程的方法建成内生安全体系，将安全能力统一规划、分步实施，逐步建成。基于"内生安全框架"，并承接2019年的"内生安全"理念，大会主题定为"内生安全，从安全框架开始"。

▲ 2020北京网络安全大会主题

2021年BCS北京网络安全大会

2021年BCS北京网络安全大会于8月26—28日通过线上的形式举办，大会共开展3场峰会、18场论坛活动、22场产品发布。

大会邀请了多位专家学者、产业顶级技术专家出席。2008年北京奥运会火炬手、院士及相关主管部门领导和奇安信集团董事长齐向东一起，共同宣布了"网络安全中国代表队"的正式组建，推动中国的网络安全产业以"更快、更高、更强、更团结"的奥运精神取得更大突破。大会主题定为"经营安全，安全经营"。

第五章 四大"五年品牌管理"实例

▲ 2021北京网络安全大会主题

齐总说:"我们要像经营企业一样经营网络安全,才能实现企业的长久安全经营。如果某打车平台没有经营它的安全系统,它是不是就不能安全地经营?同样,咱们看任何一个企业,尤其是涉及国计民生的企业,如果不能够像经营企业一样,构建企业的网络安全系统,是不是就不能够持续稳健地安全经营?"

2019年的"聚合应变、内生安全"、2020年的"内生安全,从安全框架开始"和2021年的"经营安全,安全经营",这三届大会主题从理论,到方法,再到动态构建,共同组成了政企实施网络安全的"三部曲"。

▲ 网络安全的"三部曲"

377

奇安信决定做这件事的时候，只是基于一种"战略企图"——成为中国权威性的网络安全公司，没有这么多年奇安信的坚持，包括新冠肺炎疫情期间依然能召开两届时间更长、规模更大的大会，那么BCS大会的影响力不会有这么巨大。

可见事情都是干出来的，时间积累来的，自己涌现出来的，如果开始时不去行动，或者中间不能坚持，这一切都不会发生。

2.5 超级符号就是超级品牌，助力奇安信积累"奥运品牌资产"

2019年12月，北京冬奥会组委与奇安信正式签约，奇安信成为北京2022年冬奥会和冬残奥会官方网络安全服务和杀毒软件赞助商。

这看起来是普通的奥运赞助，但意义非凡，因为这是自1896年雅典首届现代奥运会以来，百年奥运历史上首次设立"网络安全"这一赞助商类别。奇安信当之无愧地成为首位赞助商，同时创造了奥运历史和网络安全行业的历史。

守护北京冬奥会的网络安全，既是奇安信服务国家发展大局的光荣责任，又是提升品牌知名度、展现产品优势的宝贵机遇。如何实现营销价值最大化便成为奇安信和华与华共同面临的课题。

◎ 2.5.1 奥运前和奥运中：创意超级符号"网络安全中国代表队"

网络安全是隐秘战线，作为守护北京冬奥会的幕后英雄，同样是赞助商身份的奇安信不为公众所知，因为安全产品是存在于数字空间的，不像安踏有衣服的实物、盼盼有食品的实物、可口可乐有饮料的实物，奇安信的产品和服务都是大众看不见、摸不着的。

奇安信和华与华共同创作了一个概念——"网络安全中国代表队"，成为奇安信永久的品牌资产。

"中国代表队"是一个文化母体。大家看奥运会最期待的就是中国队能获得多少块金牌，中国队能破多少纪录。"网络安全"是奇安信的行业属性，等于把行业属性放在前面，把隐形冠军变成公众英雄。

▲ 网络安全中国代表队

把"网络安全"四个字框在中国印章里，方方正正，展示出安全责任感，再和虎符联合视觉呈现，这就是华与华为奇安信创作的超级符号。此外，这也打破了奥运赞助商的版权时间限制，奥运会后可继续使用，这就为奇安信积累了永久品牌资产。

▲ 奇安信品牌资产

"网络安全中国代表队"由15位队员组成，代表了北京冬奥会15个大项目，以15个运动员带出15个冬奥大项目，再对应奇安信15个大单品，一一映射形成15张系列海报，用越来越多人喜爱的冰雪运动，带动观众理解网安抽象产品。

从超级符号"数据虎符"，到品牌角色"网安一哥"，再到网络安全中国代表队，符号、角色、冬奥项目代言人加在一起，大大提高了奇安信的品牌传播效率。

"网络安全中国代表队"这个概念，天生具有号召力，能让更多的人感受到鼓舞和能量。随着越来越多的人加入，他们每一位都是网络安全中国代表队的一分子。让更多人关注网络安全，保护网络安全，这是"网安一哥"奇安信的社会责任和领导者格局。

◎ 2.5.2 奥运后：冬奥标准奇安信　网络安全零事故

随着北京冬残奥会闭幕，奇安信圆满完成任务，实现北京冬奥会网络安全"零事故"，兑现了当初的承诺，向冬奥会组委和全国人民交上了满分答卷。

冬奥会组委发来感谢信，希望奇安信认真总结相关经验，形成珍贵的"冬奥遗产"。"北京冬奥会做到网络安全'零事故'，具有里程碑的意义"，中央网信办以及冬奥会网络安全专家研判组组长、中国工程院院士方滨兴给了了充分肯定。

奇安信和华与华共同规划了后冬奥时期的品牌营销工作。

战略重心：放大冬奥会成绩，放大零事故战果，奇安信从隐形冠军到大众英雄。

决胜点："网安一哥"化身金牌虎，高举"零事故"金牌。

推广口号：冬奥标准奇安信，网络安全零事故。

一、战略重心
放大冬奥会成绩　放大零事故战果
奇安信从隐形冠军到大众英雄

二、决胜点
"网安一哥"化身金牌虎　高举"零事故"金牌

三、推广口号
冬奥标准奇安信　网络安全零事故

▲ 后冬奥时期品牌营销工作

2022年3月20日，奇安信集团召开"零事故，庆凯旋，再出征"主题年会，后冬奥时期"零事故"的品牌传播就此全面展开。

▲ 奇安信集团召开主题年会

2.6 华与华创意持续改善，助力奇安信构建品牌传播"弹药库"

◎ 2.6.1 以门店改善思路，助力奇安信全年展会营销"降本增效"

和to C不同，to B品牌门店不是在卖场里或者专卖店里，而是在每年的行业展会上。以年为单位，奇安信形成固定了会议营销日历，并在网安行业的客户脑海中形成了生物钟。

比如2021年奇安信共举办参与21场线下国家级品牌活动，每到数字中国展会、首都安全周、BCS北京网络安全、服贸会、乌镇世界互联网大会等时间，客户自然会关注奇安信的展出活动。

奇安信、华与华双方团队合作，将全年展示内容标准化、组件化；形成"冬奥标准奇安信，网络安全快一步"和"我们是网络安全中国代表队"等主题展示，"网安一哥"形象高强度重复曝光，共计6大类150多项标准化展示场景内容，展位每平方米搭建成本下降54%，实现成本降低、效果提升。

▲ 奇安信展示内容标准化、组件化

◎ **2.6.2 核心创意支持："网安一哥"广告片核心创意和文案**

以京剧形式开场，运用快板戏《沙家浜》名段，结合冬奥会场景，完成品牌角色首次亮相。

▲ 奇安信品牌角色

2.7 奇安信，网络安全的国之重器

企业是手段，社会是目的。企业是一种社会分工机制，是社会的器官，企业的宗旨必须是在企业之外的，要从有我走向无我。

奇安信的企业战略是解决中国网络安全问题，这是我们的品牌承诺。当我们的承诺越完整，社会通过我们解决问题的交易成本就越低，这就是公民品牌。

德鲁克说："人们往往过分高估了一年所能取得的成绩，而大大低估了30年、50年所能取得的成绩。"做企业，永远要站在30年、50年的时间长度上去看，这样才能够做出有价值的事情。奇安信从成立至今，构建出了五个市场的价值。

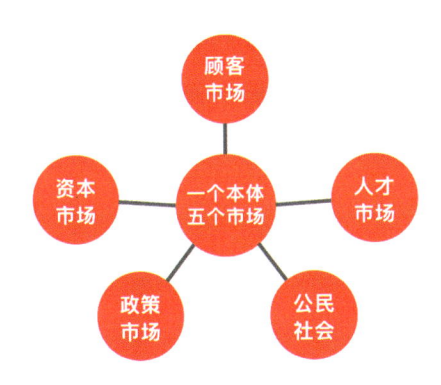

华与华"五个市场"模型

◎ 2.7.1 顾客市场

顾客第一，没有顾客，就没有企业。德鲁克认为经营的任务就是创造顾客。如今，奇安信产品已经覆盖90%以上的政府部门、央企和国防军队，已成为国家

网络安全保障的主力军，同时，为超过4000家工业互联网企业及工业关键基础设施提供安全防护、监测和托管服务。

◎ 2.7.2 资本市场

在网络安全领域，奇安信逐渐发展成为综合实力最强的公司，投资奇安信，就是投资中国网络安全产业，内生安全框架正在发挥越来越大的作用。

奇安信帮助政企机构完成数字化转型中的网络安全体系规划，把网络安全投资在信息化中的占比从1%～3%，提升到了5%～10%，接近美国现在10%的水平。奇安信把中国网络安全市场变大了。

2020年7月，奇安信在科创板成功上市，受到资本市场青睐，原计划募资45亿元，实际募资达57.19亿元，创同类型企业A股募资额度新高。

◎ 2.7.3 政策市场

从2019年开始举办的北京网络安全大会，已成为极具影响力的全球网络安全盛会及交流平台。大会代表了中国网络安全最高水平和前沿声音，每年提出的最新观点都会成为产业发展的风向标，对产业政策的制定和行业治理产生重大影响。

奇安信在网络安全领域已经代表了先进生产力和先进文化，代表顾客利益和社会价值，成为行业首席知识官，得到了政府的信赖和支持。

◎ 2.7.4 人才市场

奇安信是网络安全人才心中向往的圣地，目前已拥有亚太地区顶级的安全人才团队，员工规模达10 000多人。

奇安信致力于推动中国多所大专院校开设网络安全专业。作为网络安全领军企业，奇安信一直在网络安全教育领域深化布局，是唯一一家同时在研究型人才、应用型人才、继续教育、特殊人才培养、国家安全意识教育等方面提供完整解决方案的安全企业。

◎ 2.7.5 公民社会

没有网络安全，就没有国家安全，奇安信已成为中国网络安全的守护者，守护着我们身边的每一个重大时刻。在北京冬奥会、"一带一路"国际合作高峰论坛、金砖国家领导人峰会、建党100周年庆典、新中国成立70周年庆典、全国两会等重大活动中，奇安信都是保障网络安全的守护者。

作为奥运会历史上首个网络安全官方赞助商，奇安信实现了冬奥会网络安全"零事故"的历史性突破，为全球观众呈现了一场安全、精彩的盛会。

2022年，奇安信已支持全国31个省市、2个特别行政区的现场应急响应服务。随着"奇安信95015，安全应急快一步"的24小时服务热线的开通，奇安信就像争分夺秒、救死扶伤的120急救人员，做好利国利民的"网安120"。

▲ 奇安信24小时服务热线

10年时间，奇安信、华与华并肩奋战，以"保护中国网络安全"战略为起点，从0到1构建了今天的中国网络安全第一品牌。

10年时间，两家企业分别在各自领域里成为领导者和佼佼者。这不仅是两家企业的成功，也是两个团队的成功，更是两位企业家的成功。

10年时间，我们只是刚刚开始；未来，奇安信、华与华将走向终生服务，终身伙伴。

▲ 奇安信与华与华

案例总结：

最后，回顾双方团队相互配合、共同成长的主要成绩：

① 基于企业家的独到判断，结合华与华企业战略"三位一体"模型，明确保护中国网络安全的企业战略构想，规划三大业务分类，即国家网络安全、企业网络安全、用户网络安全，助力奇安信企业"定大计"。

② 建立了奇安信品牌三角形。找到文化母体，创作以"数据虎符"超级符号和"网安一哥"超级角色为核心的符号系统；奇安信"三个快一步"为核心的话语体系，助力奇安信构建品牌传播"解码器"。

③ 共同打造世界级BCS北京网络安全大会，助力奇安信构建品牌传播"信号塔"。

④ 超级符号就是超级品牌。奥运前和奥运中——网络安全中国代表队；奥运后——冬奥标准奇安信，网络安全零事故；助力奇安信积累"奥运品牌资产"。

⑤ 共同持续改善，助力奇安信全年展会营销"降本增效"，华与华创作TVC核心创意、新品发布、年会的主题、主视觉等长效品牌工作，助力奇安信构建品牌传播"弹药库"。

三

西贝莜面村

1. 西贝500万大奖赛现场演讲

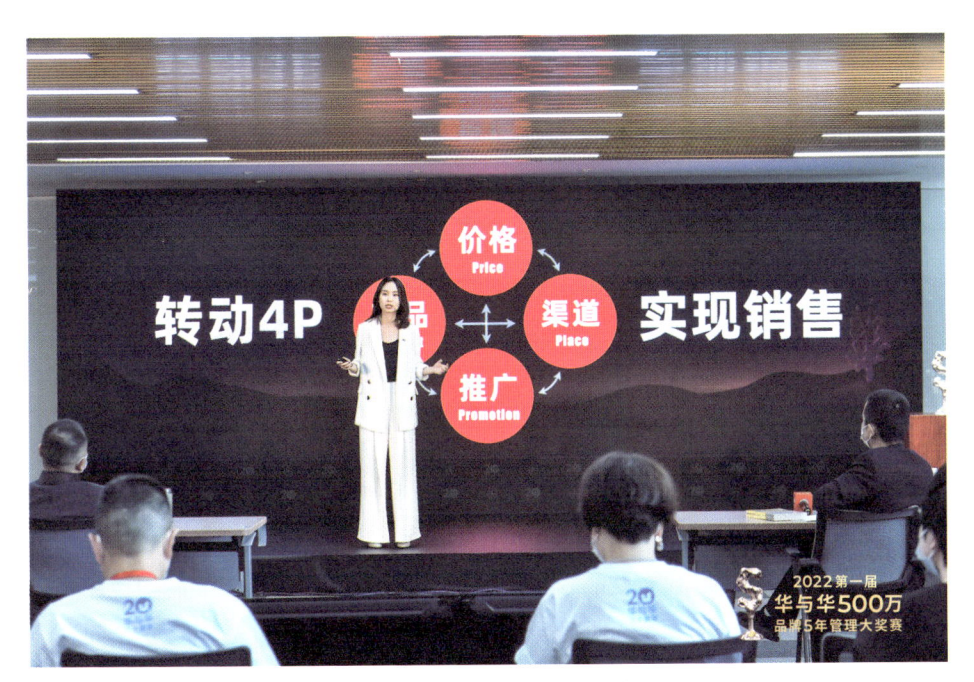

▲ 西贝现场演讲回顾（黄慧婷）

1.1 西贝×华与华的9年咨询合作总结

2022年是我们和西贝合作的第九年。9年间我们有太多太多的成果,那么接下来我先带大家快速回顾一下华与华和西贝走过的黄金九年。

2013年西贝和华与华开启品牌战略合作,华与华创作超级符号"I ❤ 莜",一举奠定百年品牌资产;同年,西贝莜面村走进联合国,品牌火爆全国。

2014年,"舌尖上的张爷爷空心挂面"成为餐饮行业现象级爆品,一年卖出一个亿。

2015年,品牌谚语"闭着眼睛点,道道都好吃"创造超级播传。

2016年,开启营销日历,建立品牌生物钟,创造不可撼动的品牌文化;持续7年,"2·14西贝亲嘴打折节"超过60万顾客在西贝亲嘴表达爱,门店排队亲嘴,创造餐饮奇迹。

2017年至今,"主食吃莜面,贾国龙推荐"累计卖出2458万份莜面菜品。

2018年至今,"蒙古牛大骨"上市即火爆,累计销售1275万份,创收超26亿,成为西贝第一招牌。

2020年,"家有宝贝,就吃西贝"终身服务从娃娃抓起,带来一年超500万儿童客流,儿童餐销售翻倍增长,家庭客流同步提升。

2022年第一季度,北上深区域接连静止,儿童餐逆势上扬,同比提升98%。9年品牌管理,从7亿到60亿,西贝从地方菜品牌到正式正餐第一品牌。

1.2 西贝成功的真因是4P的成功

走过了这个硕果累累的9年,我们来到了上海华与华营销咨询公司的"品牌5年管理大奖赛",大家可以听到两个关键词,一个是"营销",一个是"品牌"。那什么是营销?什么是品牌?我想这两个问题大家都不敢轻易回答。其实华板说"营销"这个问题全人类已经有了合格的答案,但是"品牌"这个问题全人类还没有合格的答案,需要华与华来完成。

那什么是营销?我们的标准答案是美国市场协会的一个定义"市场营销是对思想、货物和服务进行构思、定价、促销和分销的计划和实施的过程,从而产生能满足个人和组织目标的交换"。这样的定义听起来有点复杂,其实用4个关键词可以概括，就是"产品、价格、渠道、推广"，也就是4P理论。

那么判断一个理论是否合格，我告诉大家两个标准，首先是完全穷尽，然后是相互独立。康德在《纯粹理性批判》中写道："我将建立起纯粹理性批判的哲学，当我建立起哲学的大厦，所有关于纯粹理性批判的事情都在这个大厦里面，而且这个大厦里面的事情，没有一个和纯粹理性批判无关，这个叫作完全穷尽。我们还要把这个大厦切割成不同的房间，形成科学的架构，每个房间之间的概念都互相不重叠，这个叫作完全独立。"

所以营销4P理论就是这样一个完全穷尽、相互独立的合格理论。因为你说不出任何一个营销的事情和产品、价格、渠道、推广无关。我们说4P是营销的一切和一切的营销，就是当你思考一个营销问题的时候，你永远有4张牌可以打，有4个变量可以调节，而且这4个变量之间会互相影响，所以我们说营销就是这样一个转动4P实现销售的过程。

今天我要跟大家分享的第一点，就是"西贝成功的真因是4P的成功"。

◎1.2.1 销售渠道的变革——西贝将餐饮街边店开进Shopping Mall

2013年西贝在找华与华之前，贾总第一次将自己定位为西北菜，第二次将自己定位为烹羊专家，第三次还想重新定位，这个时候华与华来思考西贝的定位问题，首先思考西贝的课题到底是什么。

在2013年的时候，其实西贝的主要业态都是3000平方米的街边大店，这个时候有个趋势，就是Shopping Mall如雨后春笋般地出现，实际上就形成了一个新的销售渠道。那么将餐饮的街边店开进Shopping Mall，这是一个渠道变革。

我们要思考的实际上是一个4P的问题，之前4P从渠道上来说，街道是我们的渠道，3000平方米的店是我们的产品，当新的Shopping Mall起来了之后，我们的渠道变成了Shopping Mall。那么是不是就要为这个渠道去设计新的产品了呢？这也就是我们2013年的课题。需要从一个渠道去发动，并要求对另外三个P进行协同设计。

◎1.2.2 渠道变革带来的产品研发创新

当渠道变成Shopping Mall之后，产品该怎么变化呢？就像我刚刚说的，西贝的产品是一个店，所以我们首先应该思考到的不是西北菜、羊肉，或者莜面这样的产品。那西贝产品的构成有哪些呢？门店的大小、有包房还是没有包房、大分量还是小分量的菜，以及菜单应该用大菜单还是小菜单、要不要桌布、上菜的速度、厨房的大小等这些全是产品，甚至连服务员的微笑其实也是西贝的产品，如果服务员的微笑变了，那么西贝的产品也变了。以上这些思考构成我们的产品，这才是我们2013年要解决的西贝的4P课题。

正当我们在思考这个课题的时候，实际上我们设想的是一个500平方米的店，但是北京的分部率先做出了尝试，直接选了288平方米的门店。以前我们街边店只算厨房就有300平方米，现在整个店288平方米，这个情况怎么办？西贝就把厨房改成了明档厨房，在这样的一个厨房里面他们就做不了这么多复杂的菜，贾总就拍板把100多道菜直接砍到了33道菜，这样也能保证道道好吃。

整个产品的研发创新，让西贝获得了后来的一个成功，所以我们说认识自己的产品并不是那么简单。产品就是购买理由，也是顾客选择西贝的方方面面。

所以，西贝的成功，首先是渠道红利带来的整个产品的变化。

◎ 1.2.3 渠道变革带来的品牌推广创意

而让西贝更加成功的推广创意，就是华与华创造的"I ♥ 莜"。这个超级符号首先解决了品牌名的传播问题，同时也非常适合西贝全新的产品，它让西贝变得非常时尚。"I ♥ 莜"改变了产品，改变了产品的外观、包装、体验，等等。因为体验变了，产品也就变了，顾客来西贝的理由也就随之变了。

可以说从"I ♥ 莜"诞生开始，西贝就进入了一个品牌飞速发展的时期，从2013年到2018年，短短5年时间，西贝基本上就成为中式正餐第一品牌。

但实际上我们不是从"I ♥ 莜"去发动的，而是从渠道发动的。这也是我们第一次转动4P的成果，从渠道这个地方发动，带动了产品、价格、推广这三个P的变化。

这个时候渠道就变成了Shopping Mall，产品就变成了小店、小吃、小喝的一个产品，推广上我们做了"I ♥ 莜"去掉了土腥味，走向了品牌正道，同时也带来价格上的一个定价权。所以在第一个五年计划里面，西贝成功的真因是4P的成功，核心是渠道红利的影响。

1.3 华与华品牌三大理论是品牌的全部和全部的品牌

营销理论是4P，那品牌理论是什么呢？这也是我跟大家分享的第二个点，华与华品牌三大理论是品牌的全部和全部的品牌。

实际上在"品牌"这个词提出以来，全人类还没有一个合格的答案。华与华提出品牌三大理论，主要包括三个方面："品牌三角形理论"、"品牌资产理论"和"品牌文化理论"。华与华是希望建立一个奠基性的和构造性的品牌理论体系。

◎ 1.3.1 西贝的品牌三角形理论

▲ 西贝品牌三角形理论

我们来看"品牌三角形"理论，这样满满一张图是我们与西贝合作9年以来创作的成果，我们是如何创作这样一个"品牌三角形"的呢？

先要来看它的产品结构，我们说品牌是产品的牌子。那这个品牌下面包含哪些产品？实际上我们这9年的时间也在不断地思考西贝的产品，从门店到菜品等。

那么贾总现在听我说，他可能也在思考他的一个新产品，可能是一个新的厉害的店或者是一道厉害的菜品。我们说伟大的企业家都是伟大的造物者，乔布斯创造了苹果，贾国龙创造了西贝。那么有了这样的一个产品之后，我们要通过话语把它表达出来，这样你才能告诉你的消费者，甚至你才能告诉你内部的人怎样去把这个产品做出来。

我们以牛大骨为例，贾总在构思这个产品的时候，肯定首先想到我要做一个牛大骨，他先有了这个意识。在试菜会上的时候，西贝把它叫作"幸福牛大骨"，那么到华与华这儿，我们重新梳理把"幸福牛大骨"重新命名为"蒙古牛大骨",等于是一键切换了母体,让牛大骨回到草原母体里面去,同时也是建立了顾客对牛大骨来自草原这样一个意识。那我们说"牛大骨,一牛九吃,过足肉瘾"这个话语体系,对内部来说实际上是厨师的一个产品研发的标准,对顾客来说是则是购买理由,我们其实也是通过这个话语重新塑造了这个产品。

▲ 西贝牛大骨

所以我们说产品结构是物质，话语体系是意识，那物质决定意识，意识对物质有能动作用。我们右边这条边是非常重要的符号系统，因为意识可以通过语言来表达，而符号系统是调动人类的潜意识，是我们感官所接触到的一切的显现。作为消费者，看到的、听到的、触摸到的所有一切，都是这个符号系统。

广告片里，通过搏克手的符号、通过肉山的符号，包括吃筋、吃肉、吃骨髓那种非常有食欲感的镜头，直接让顾客感知到大口吃肉的过瘾感，这就是符号系统发挥的作用。所以我们说产品只有通过话语才能产生，只有通过符号才能显现。

以牛大骨为例，实际上大家看到了整个品牌工作就是围绕这样一个三角形去展开的。那么这样一个三角形，我们说是一个品牌的格局，也是一个品牌的完整架构。

牛大骨现在大家都知道是西贝非常知名的第一招牌菜，其实当年大家差点就吃不到这么一个厉害的产品，为什么呢？其实在2018年试菜会上的时候，西贝同时做了"风生水起捞莜面"和"幸福牛大骨"两大菜，两个新品要同时推。因为贾总有莜面情结，他非常希望推广莜面，那牛大骨也会一起卖。但是在试菜会后的总结上，华与华就强烈建议一定要把牛大骨作为主推，因为我们作为顾客的视角能看到这个产品的魅力。经过华总和贾总现场一番激烈的辩论之后，贾总就拍板要把牛大骨作为压倒性的投入，之后就有了今天的一个成果。

贾总这一个决策值多少钱呢？26亿！从2018年上市至今，牛大骨累计销售了1275万份，相当于是1亿人次的家庭都在西贝吃过牛大骨。所以单单一个牛大骨就整整卖出了26亿，这个也是我们从0到1创造了一个销售占比超过30%的投入产品。有了牛大骨之后，西贝就有了这样一个招牌产品。

◎1.3.2 西贝的品牌资产理论

西贝的品牌资产理论，西贝的品牌资产太多了，前面提到的符号、话语、牛大骨这些全部都是。总之，品牌资产即品牌言说，就是品牌大众口语报道的集合。

◎1.3.3 西贝的品牌文化理论

我先进入其他选手可能没有的部分，就是我的"品牌文化理论"。

要理解什么是品牌文化，首先我们要理解文化。文化是人类历史上形成的物质财富和精神财富的总和，有时特指精神财富。华与华对品牌的定义就是一套物质财富和精神财富的结合。

那么西贝的物质财富是什么？门店、菜品、明档厨房，都是物质财富。像"I ❤ 莜"、服务员的笑容，包括草原文化这些非物质形态，但是具有文化价值的东西，就是精神财富。

所以我们说，创造一个品牌，既要创造它的物质财富，也要创造它的精神财富。但是有没有为社会去创造精神财富，就是这个品牌有没有文化的区别了。所以我们把品牌分成两种，一种是有文化的品牌，一种是没有文化的品牌。西贝和海底捞在餐饮行业都是有文化的品牌，西贝有非常好的爱的文化，海底捞双手改变命运，则有奋斗的文化。莆田也有他们的文化。

品牌经营的最高境界，是经营品牌的文化。华与华把品牌文化创造的精神财富分成情绪财富、人生财富和知识财富。听起来有点难懂，我待会儿给大家解释。

首先，品牌要创造情绪财富。那什么是情绪财富？"I ❤ 莜"其实就是情绪财富，因为它让人愉悦，你一看到它就感觉到很温暖、很开心。那西贝的"I ❤ 莜"就是创造愉悦，而且跟企业文化"如果爱没有增加，一切都不会改变"的核心价值观一脉相承。

"I ❤ 莜"饱含了这种情绪财富，令人看到就愉悦，因为愉悦所以就记住了，因为愉悦所以就愿意去购买，因为愉悦所以就愿意更多地传播它，所以我们说创造愉悦，也是一切说服的捷径，那这就是我们的情绪财富了。

那人生财富是什么？品牌要创造人生财富，每年的"2·14"西贝会举办"亲嘴打折节"，到现在已经持续了7年，那么"亲个嘴，打个折""I ❤ 莜"也是把西贝这个品牌寄生到人类"2·14"情人节的文化母体里面。我们为什么要做这个事情？大家可以想想，如果一对情侣从谈恋爱的时候就去西贝亲嘴了，然后结婚领证的时候，再去西贝亲个嘴，生孩子的时候，带小孩来西贝亲嘴，甚至他见证了白发的父母在西贝亲嘴，那么他人生的重大时刻全部都是在西贝发生的，我们这个品牌为大家创造了一个什么样的人生回忆呢？这就是我们说的人生财富，是西贝为顾客创造的独一无二的人生财富。

自从西贝有了"亲嘴打折节"之后，我就再也没有过过情人节，而且每次情人节都是我吃得最饱的一天，吃"狗粮"吃饱的。

第三层就是说品牌要为社会创造知识财富，那么西贝在这方面传播莜面的知识可以说是一个典范。

2013年那会儿很多人还不认识"莜"这个字，很多人会把它念成"xiǎo"，那我们通过了"I ❤ 莜"，教大家从发音上认识了莜面的"莜"。2014年西贝莜面村走进联合国，让更多的人认识了莜面，还有顾客以为西贝餐厅开到了联合国。之后有了每年只卖45天的香椿莜面，"吃过香椿才算春天"，那么喜欢吃香椿的人也喜欢吃莜面了，通过口味扩大了莜面的主食文化。2020年，我们提出"主食吃莜面，贾国龙推荐"，把贾总请出来亲自为莜面代言。为什么主食吃莜面？因为莜面是燕麦面，膳食纤维是米饭的10倍，以前大家不知道这些，现在我们普及了莜面的营养知识。但这还不够，西贝还做了很多亲子莜面营的活动，5年80万组家庭带自己的孩子在西贝亲自做莜面，让孩子一边玩一边认识莜面。

所以我们说就像桂格教会中国人吃燕麦一样，通过一年一年的驯养，西贝不仅让全国人民认识了莜面，还普及了主食吃莜面的知识，成为社会的知识财富。现在每个来西贝吃饭的人都是点个牛肉、羊肉、杂粮，主食就是莜面。

但是华板表示还不太满意，因为莜面还没有成为所有人的主食选择，还没有形成米饭、莜面、白面这样三足鼎立的主食文化，让全国人民主食都吃莜面任重而道远。

我们说品牌文化就是品牌教化，那"化"其实就是同化、教化、感化的意思。所以我们说真正驱动社会运转的是知识，要让全国人民未来主食都吃莜面，那首先要让我们的莜面知识全国化。

那有了品牌文化之后干什么？有了品牌文化之后，就能把品牌真正地扎根到消费者的生活中，让顾客到点就来。现在每年2月14日的时候，顾客去西贝亲嘴打折；4月份的时候他们跟西贝有个春天之约，要去吃香椿莜面；6月份的时候，儿童餐上新就带孩子去西贝吃儿童餐；到了秋冬的时候，就去西贝吃草原的牛羊肉。这个事情实际上形成了品牌一年的行军节奏，也形成了顾客到点就来西贝的节奏，这个是华与华营销的最高境界。

1.4 西贝4P的持续创新

通过9年的品牌建设,我们有了这么完整的品牌架构和深厚的品牌文化,大家以为就能躺着赚钱了吗?贾总有句话说得特别好,"百年老店百年忙,稍有懈怠站一旁",企业的基业长青不仅要靠文化,还要靠持续的创新。

所以第三,我要跟大家分享的就是4P的持续创新。

熊彼特说,只有创新才能赢得利润,因为创新的利润是短暂的,对手会学习,所以你需要不断地创新,这也是华与华的创新利润原理。那么西贝创新的红利期,从2013年到2018年,大概5年的时间就消失了。主要是小店、小桌、小吃、小喝的模式被广泛地模仿,Shopping Mall在以前是一个渠道红利,现在也越开越多了。单个Shopping Mall的客流下滑,也成了整个餐饮行业共同面对的课题。我们如何持续创新,创造新的顾客呢?

◎1.4.1 用修辞占领消费者心智的便宜

我们发现,随着几年的经营,西贝餐厅的家庭顾客特别多,很多家长会带小朋友来吃西贝,因为他们觉得食材放心又好,小朋友吃得也很开心。

这个时候我们跟西贝有了一次讨论,西贝提出到底是定位"家庭友好餐厅"还是"儿童友好餐厅"?

那这是一个定位的问题吗?此时华与华提出"家有宝贝,就吃西贝",我们不是通过一个定位去占领消费者的心智,而是希望通过一个修辞去占领消费者心智的便宜。这个事情就很微妙。"家有宝贝,就吃西贝",普通的道理、简单的字词、有节奏的句式,并且令人愉悦,这个事情其实就能占领消费者心智的便宜。

◎1.4.2 通过产品创新,赢得利润

我们营销的问题还是回到4P,这次主要是从产品的这个P出发。通过产品的创新,再去赢得利润。这个时候我说的产品就不是前面那个门店了,而是我们的菜品、服务、体验,从这里去创造和设计我们的产品。

在产品上,我们持续7年有4次迭代,研发了1岁到12岁的专业儿童餐。什么是专业儿童餐?就是每道菜品都是为小朋友开发的,不是大人餐分量的减半。另外还有7大儿童友好服务,儿童餐优先上桌和免费的小米粥,更重要的是我们开

发了一个超级元媒体——宝贝围兜，四年送出去1388万条，相当于是植入了1388万个免费的广告位到别人的家里。

在菜单上，儿童菜单通常都是在大人菜单的一个角落里。而且能有一个儿童菜单，都已经算是非常先进的了。为什么小朋友不能有自己的菜单呢？基于这个思考，我们创作了全球的第一本儿童识字菜单。

怎么做呢？首先我们找到了儿童识字绘本这样一个母体。普通的绘本是教会小朋友认识蔬菜、水果、小动物，我们的识字菜单是教会小朋友识字点餐。小朋友通过点一道菜能认识4种食材，同时也是把自己的第一次点菜经历留在了西贝，也成为小朋友在西贝的一个知识财富，从来没有见过哪个餐厅不仅有菜单还能识字点菜的。现在"六一"儿童餐的产品已经上市，就能看到门店有很多小朋友捧着书在那儿读。

在推广上，我们创造了专门的儿童美食节。大家经常看到，有西班牙美食节、意大利美食节，但就是没有专门的儿童美食节。所以我们专门策划了首届西贝儿童美食节，找到了儿童和美食节两大母体，这个美食节现在也成为西贝新的重大品牌资产。

德鲁克说企业有且只有两项基本工作，就是营销和创新。那么企业的全部工作就是要创造顾客，而我们创造顾客了吗？首先2021年儿童菜卖出686万份，同比2019年增长173%，2021年儿童客流500万，带动家庭客流提升30%，在2022年一季度的时候，依然同比增长98%。这个是我们现在的一个成绩，我相信儿童餐在未来还会给西贝带来更多的影响。

1.5 转动4P，就是1P发动3P协同

华与华说转动4P，就是1P发动，3P协同。

我们第一次转动4P，是从渠道这个P发动，带动了产品、价格、推广这3P的变化。那第二次转动4P，是从产品带动的，在创新儿童餐的产品上、服务上、体验上做出一些动作，在推广上抓住了宝贝，成为孩子点名吃饭的首选餐厅。

总的来说，转动4P就是1P发动，然后3P协同，这就是我们讲的4P的转动。所以说我希望今天所有的观众，如果你们只能记住一句话，你们要记住这句"4P是营销的一切和一切的营销"。因为每一年都要对你的4P进行管理，每一年都要划

出你的4P是怎样平衡和变化的。

那有人说今天不是"品牌5年管理大赛"吗，怎么你一直在说营销和品牌的两个理论？因为管理品牌，关键就是管理好营销和品牌。

西贝的成功是4P的成功，更是品牌管理的成功。如何成功我们说了不算，我们来听大众的口语报道。

▲ 大众的口语报道

1.6 获奖理由

我们服务西贝9年，从2013年到2022年，从60家店到360家店，从7亿到60亿，见证了西贝从地方菜品牌到中式正餐第一品牌。所以我认为西贝莜面村获得品牌5年管理大奖的第一名有三大理由。

第一，持续9年我们是品牌管理的标杆案例，所有的经营动作都是标杆。第二，不是奇迹就没有意义，"第一"是检验品牌5年管理大奖赛的唯一标准，我们认为9年的品牌管理，西贝成为中式正餐第一，因为第一值得第一。第三，华与华餐饮行业的开山之作，对华与华方法有巨大贡献。还有一个最最重要的是，西贝项目是华与华"悦近来远"经营理念的最佳实践。我们做好了西贝，带来多少餐饮的客户呢？粗略算了一下，2.5个亿的合同金额。2.5亿分500万给西贝，不算过分吧！

最后我要感谢贾总、张总，感谢西贝所有家人般的战友，未来华与华会和西贝一起开启更加精彩的黄金十年。

华板现场点评：

西贝应该说是华与华历史上最重要的案例之一。

华与华是一家咨询公司，咨询是企业家的生活方式，咨询的价值也在于长期陪伴品牌的成长。从2013年以来，西贝已与华与华持续合作9年，基于品牌五年计划，助力西贝完成了超级符号、持续改善、营销日历、品牌公民的品牌管理工作。从2013年到2022年，从7亿到60亿，经历了品牌黄金九年，见证西贝从地方菜品牌到中式正餐第一品牌。这完美地体现了华与华的核心能力，是创造长期价值的能力和长期创造价值的能力。

确实，西贝的成功也给我们带来了很多的客户，我觉得慧婷说得非常对，西贝确实是华与华"悦近来远"的标杆案例。

谢谢慧婷！

2. 西贝×华与华9年持续合作总结

西贝×华与华9年咨询合作，9大核心成果：

（1）笨蛋，关键是创意！"I♥莜"奠定西贝品牌资产。（2013年）

（2）"闭着眼睛点，道道都好吃"，聊天创造价值，品牌谚语决策。（2015年）

（3）西贝莜面村，走进联合国，一举奠定品牌位势。（2013年）

（4）不讲失败的案例都是耍流氓，《舌尖1、2》火了，《舌尖3》哑了。（2014年）

（5）产品主题化，主题产品化，用营销日历的方法把产品重新生产一遍。（2017至今）

（6）关键是决策！临大事，决大疑，定大计——西贝蒙古牛大骨的诞生。（2018年）

（7）4P是营销的一切和一切的营销，转动西贝4P。（2020年）

（8）菜单战略：三个购买，让菜单自己会销售。（2021年）

（9）"家有宝贝，就吃西贝"：终身顾客从娃娃抓起。（2017—2022年）

2.1 笨蛋，关键是创意！"I♥莜"奠定西贝品牌资产

西贝莜面村，从内蒙古一个不足20平方米的街边小吃店起步，贾国龙带着家乡的特色美食莜面和羊肉杀入北京。经过34年的发展，现已成为全中国最大的西北菜餐饮连锁企业。截至2022年，全国开出近360家门店，营业额近60亿。

如果你曾经去西贝用过餐，走到店门口就会听到这样的迎接话语："I♥莜（I love you），西贝请您用餐了！"同样不会陌生的还有下面这个品牌符号。

"I love you"是表达爱意的句子，它也是西贝的超级符号，在西贝变成一句顾客进店问候的话语，可以脱口而出传达心意的话语。自"I♥莜"的诞生开始，西贝的品牌进入了飞速发展的时期。

▲ 西贝品牌符号

◎ **2.1.1 创造一个超级词语，向70亿人传播，让所有人都能听懂**

在华与华方法里，超级符号是人们本来就记得、熟悉、喜欢的符号，并且还会听它的指挥；超级符号是蕴藏在人类文化里的"原力"，是隐藏在人类大脑深处的集体潜意识。将超级符号嫁接给品牌，就得到超级创意、超级产品、超级品牌、超级企业。

▲ 西贝新店、老店对比

西贝莜面村在2013年找到我们之前，陆陆续续请过几家咨询公司，前期从"西贝莜面村"改名"西贝西北菜"，又从"地道西北菜"改名成"烹羊专家"，西贝不断调整自己的战略。最终，西贝坚定地走"莜面"这个健康品类的路线，品牌名就叫西贝莜面村。

我们接到这个课题的时候，连华总这么有文化的人都把"莜"（yóu）念成了"筱"（xiǎo），可见这个字有多生僻。品牌名是第一品牌资产，所以华与华的第一个课题，就是教会所有人念"莜"（yóu）。怎么做呢？

◎ **2.1.2 超级符号就是超级品牌**

超级符号的本质是嫁接文化原型，人们往往只认识他们已经认识的东西。占领一个文化原型，就相当于占领了这个文化所代表的所有财富。

有人说"I ❤ 莜"解决了顾客认识"莜"字的问题，因为很多人都不认识"莜"，不知道它念yóu；也有人说，这个借用"I love you"这句每天被全世界重复几千万遍的超级话语，让人脱口而出，不胫而走。

当然，更直接的说法是，借用"I ❤ NY"这个文化原型打造了"I ❤ 莜"这个拥有强大冲击力的超级符号，创造了全球共享、无与伦比的品牌时尚体验。"I ❤ 莜"就这样诞生了。

▲ 西贝的超级符号

为了进一步降低消费者的"转换"难度，西贝莜面村还在"莜"字的上方，加上了拼音"yóu"。在品牌符号上加"拼音"，堪称一种"前无古人"的做法。这种突破常规的做法，以极低的成本普及了"莜"字，破解了"莜"字读音这个营销传播的障碍。

当然，它不仅让大家能够看懂，而且让大家可以"看图说话"，随口一句——"I LOVE 莜（yóu）"，普及了"莜"字的读音，也推广了中国"莜面文化"，进而让西贝莜面村成了家喻户晓的餐饮品牌。

◎ 2.1.3 超级符号和顾客接触点，就是品牌的元媒体系统

重塑品牌的第一步，并不是铺天盖地打广告，也不是急着找一堆KOL和网红做宣传。华与华主张启动元媒体工程、商圈明星工程，打造最强品牌道场。基本功做足，才能对外亮相。

品牌有哪些元媒体呢？这要视行业而定。对于餐饮品牌来说，最大的元媒体就是门店，门店就是品牌的"CCTV"。

西贝每年要接待6000万名顾客，进了门店之后，品牌的方方面面都是我们可以"全面媒体化"的元媒体系统。基于这样的思想，我们从0到1重新开发设计了西贝的店招以及店内菜单、宝贝围兜、湿纸巾、手提袋等一系列元媒体。

▲ 西贝的元媒体系统

◎ **2.1.4 电视成为空间预制件，也是西贝气氛组，帮家长叫孩子吃饭带节奏**

以前的西贝门店只有店外的位置有2台电视，启动元媒体工程之后，我们提出门店的电视也是免费的CCTV，后来西贝就把电视作为空间的元媒体预制件植入了门店。以顾客入座就能看广告为目标，重新设计了门店电视比例和摆放的位置。

现在去门店，在门店外有2~4台电视，让人走过路过别错过，顾客等位的时候可以看，进店后入座，一抬头就能看到电视，循环播放我们产品的纪录片、广告片等。有什么好吃的、西贝菜品是怎么做的，不用服务员介绍，顾客自己都一目了然，甚至还能对着电视机点菜。

更有趣的是，2021年儿童餐的推广，我们精心拍摄了一支干饭宝贝大口吃饭的视频在门店播放，引来无数家长的羡慕："你看人家小哥哥，都是这样大口大口吃饭的。"

还有更多宝贝一看到儿童餐就指着电视说："我也要吃那个。"吃饭就全程对着电视机吃，给家长省了不少心。电视成为西贝气氛组，帮家长叫孩子吃饭带节奏。

▲ 电视成为空间预制件

虽然说华与华为西贝创造了很多吸睛的元媒体，但是西贝的红白格子桌布并不是华与华创意的。西贝餐厅里亮眼的红白格桌布是西贝创始人贾国龙先生出国考察时在餐厅里看到的，他发现这个桌布在餐厅里很温馨又亮眼，带给人用餐时的好心情，就把红白格桌布大胆地引入了西贝。

▲ 红白格餐桌布

西贝一年有6000万名顾客，每个顾客用餐就要看到红白格；每个顾客在西贝餐桌前拍照，必定会拍到红白格，照片传播后，只要看到红白格桌布就知道是在西贝；甚至于只要看到红白格，大家就能想到西贝，这就是超级花边的超级传播力。

◎ **2.1.5 如果爱的行动没有增加，一切都不会改变，"I ❤ 莜"是超级符号，也是企业文化实力**

这句来自一线店长的话语，是当时西贝项目组在创作"I ❤ 莜"时受到的启发，今年也被重新修订写入西贝蓝图。

为什么要加上"如果爱的行动没有增加，一切都不会改变"这句话？因为"爱"不是口号，是行动。如果爱顾客、爱伙伴、爱家人、爱自己的行动没有增加，一切都不会改变。

西贝蓝图是用来指引企业内部行动的，"爱"只有与自己的行动链接，把口号转化成一个个具体的行动，才能带来积极的改变。

爱顾客，我具体的行动是什么？

爱伙伴，我具体的行动是什么？

爱家人，我具体的行动是什么？

爱自己，我具体的行动是什么？

对西贝来说，只要爱的行动持续不断，西贝的事业就会生生不息！一个充满爱的行动的人，也是最有力量的人！

因为西贝是这样以"爱"的企业文化为核心价值观的企业，浓缩为"I ❤ 莜"，就爆发出巨大的超级符号的力量。

◎2.1.6 决断才是生产力，所有的胜利都是企业家的胜利

华与华第一次提案后，贾总评价："华与华的提案和盘托出，今天的第一次提案就值一千万！"

华板说："所有的事都是一件事，一次做对，一次做全，我们的盘子深不见底，希望能够为您终身服务！"

贾总："华与华这个'I LOVE 莜'的创意，太精彩了！一下子去掉了以前西贝的土腥味。"

华板："是你的决断精彩！换一个人，换成其他老板可能会觉得'I ❤ 莜'做个服装品牌还行，放在餐饮品牌不太合适吧？再改来改去，最好的创意就没了！"

一个好的创意能够充分展示它的价值，靠的就是老板排除争议，赋予组织强大的执行力。所以决断才是生产力，所有的胜利都是企业家的胜利。

◎2.1.7 笨蛋！关键是创意

西贝也是这样，一开始大家搞那么多，定位这个定位那个，老是在讨论策略问题。但是策略是多选题，是企业家在经营过程中的实践。最后就像踢足球那样，关键是进球。

华与华最终创意了"I ❤ 莜"，这是解决问题的关键。所以我们说，笨蛋，关键是创意！

◎2.1.8 2016年，创意亲嘴打折节，把爱的文化寄生到消费者的生活场景中

超级符号，不仅要生，还要养。如何养？就是品牌寄生。

超级符号在西贝全国落地之后，如何让大家玩起来，感受到西贝爱的文化，自动自发地传播？我们的品牌策略由"生"转到"养"，提出了超级符号，品牌寄生。

品牌寄生，这个理念是华与华的创始人之一华楠先生最早提出的，后来也成

为华与华方法里面一个重要的部分。

品牌寄生就是嫁接文化，也可以是嫁接生活，把品牌植入消费者的生活，寄生在消费者的生活行为中。如拍照大声喊"田——七——"，就是把田七品牌寄生在照相的行为中；再如，"送长辈，黄金酒"就是寄生到中国的孝道送礼文化中。

这种方法，能让品牌更加生动深入地参与到人们的日常生活中，在人们生活中扮演一个重要的角色，日积月累，从而形成一种习惯和文化。

如何把爱的话语寄生到顾客的使用场景中？——让全中国的人都热烈亲吻起来。通过营销日历，每年一次的"2·14西贝亲嘴打折节"，驯养消费者说出"I LOVE 莜"表达"I love you"。

母亲节你要送花，端午节你要吃粽子，苹果发布会你要考虑换手机，"双11"你要甩开买……强大的寄生是为人们设置议程。所以我们要打造一个属于"I ❤ 莜"的盛大仪式。

每年2月14日情人节，一个天生有爱的基因的节日，举办西贝亲嘴打折节。活动主题"亲个嘴，打个折，I ❤ 莜"。亲嘴怎么亲？当然是吻得越深，折扣越大，带爱的人去西贝！这个活动让大家知道，"I ❤ 莜"不仅是品牌符号，更是一个巧妙的表达爱意的话语。

亲个嘴 打个折 I ❤ 莜(yóu)

▲ 活动主题

西贝亲嘴打折节，是华与华基于品牌资产观和营销服务观，为西贝从无到有创造的品牌节日，已经成功连续举办7届。

从华与华为西贝创作的超级符号"I ❤ 莜"开始，这样一个动作就把具有非常浓厚西北菜历史的餐厅改造成了一个时尚休闲餐厅，变成了一个国际化的时尚品牌，也为西贝这个品牌注入了爱，创造了爱的体验。

品牌寄生让超级符号"I ❤ 莜"寄生在"2·14"情人节，寄生在人们爱的表白场景中，放大爱的体验，这也就是为什么我们要创造亲嘴打折节。

2016年，第一届西贝亲嘴打折节，一开始就十分火爆。

▲ 第一届西贝亲嘴打折节

2017年，西贝董事长贾国龙说："哎呀！平时是吃饭排队，今天是亲嘴排队！"

▲ 第二届西贝亲嘴打折节

2018年，第三届亲嘴打折节，营销不是为了"爆"，而是诚意正心服务好顾客。

西贝提出，2018年情人节和春节假期重合，2月14日在放假期间，北上广都是空城，这个活动肯定没人来，要不要把亲嘴打折节改到七夕或者"5·20"？我们并没有同意这个想法。

回到原点思考，从超级符号"I ❤ 莜"，到情人节提出"亲个嘴，打个折，I ❤ 莜"，就是一个简单的想法，我们并不以举办一场轰动的活动、让人排队为目的。

如果情人节刚好遇上春节，城市冷清，我们就给那冷清中的顾客，注入一点热闹。只有两三桌，就让这两三桌开心一下。我们不排除由于有这个活动，在全城空城的时候，大家都知道到西贝来才有热闹，只有西贝最热闹，那就都到西贝来。

实际上2018年我们的活动更轰动了，更多的顾客到店参与，大家也更热情了。但其实我们事先并不确定，也并不"期必"一定要"制造一个轰动效应"，轰动效应是自己来的。我们就靠正心诚意来经营，靠"闭着眼睛点，道道都好吃"，从菜品、环境，到服务，各方面都做好，其他的只是不断给品牌增光添彩。

▲ 第三届西贝亲嘴打折节

2019年，第四届亲嘴打折节，行业媒体纷纷报道："经过4年，西贝愣是把情人节变成了自己的节日。"

▲ 第四届西贝亲嘴打折节

2020年，第五届亲嘴打折节——跨越山海，飞吻传爱。

遇到特殊时期，全国停摆，保持社交距离。越是艰难的时候，爱越显得尤为重要。我们创造了"跨越山海，飞吻传爱"——把"亲嘴"换成"飞吻"。并将活动从线下搬到了线上，在抖音用西贝定制特效拍摄并发布飞吻视频，即可领取7.7折飞吻券！

结果所有奋战在一线的西贝家人，也纷纷以自己的方式，戴着口罩，隔空飞吻，互相加油打气：这个吻很轻，轻到触碰不到你的唇，却蕴含着人类最伟大的爱的能量。

活动信息发布之后，后台也收到了许多鼓励和支持的声音，尤其是那些曾在西贝留下过珍贵的爱的回忆的顾客，纷纷表达了亲嘴打折节在他们心中的独特意义。

最终，通过此次线上传播获得3亿次曝光，形成了有声有色又有爱的151万条飞吻传爱的视频，这不仅是重要的品牌资产，也是这个历史时期的宝贵记录。

411

▲ 第五届西贝亲嘴打折节

2021年，第六届亲嘴打折节——新年第一吻，爱的传递由内而外。

西贝一直是一个有爱的企业，内部有200多对夫妻员工。这一年的情人节，由10对西贝内部员工拍摄"新年第一吻"的宣传片，连西贝的神仙眷侣董事长及夫人都带头亲嘴秀恩爱。这样由内而外的爱的文化，是对"亲个嘴，打个折，I❤莜"的最好诠释。

▲ 第六届西贝亲嘴打折节

2022年，第七届亲嘴打折节，已经做了7年的营销活动，如何持续改善，创造更热烈有爱的亲嘴氛围呢？我们想到一招"亲10秒，6.6折"。亲的时间更长，亲吻的氛围也更加热烈了。

▲ 第七届西贝亲嘴打折节

举办了7届，在餐饮行业是头牌活动，好多客户来华与华都点名要创意——做一个像西贝那样的亲嘴打折活动。

为什么呢？因为餐饮的体验是多元的，不只是产品，体验的价值大于产品的价值，并且创造附加价值。在西贝，顾客们除了喜欢牛羊肉、莜面、儿童餐这些具体的菜品之外，对连续举办了7届的亲嘴打折也是记忆深刻。

西贝的微信公众号有1000万西贝忠实粉丝，在每一年的公众号活动推文的留言里，我们都能看到许多顾客对亲嘴打折节的美好记忆。

▲ 西贝微信公众号留言

"前年去年都参加了,今年还要来。"

"见证了白发的父母在西贝的亲吻。"

"第一届就参加啦,那时候是两个人,现在准备继续参加,带着3岁的娃,娃最喜欢吃的就是西贝了。"

"要是每年都留下亲嘴的照片该是多么美好的回忆呀!"

这也是凡事彻底的思想,重复做一件事,就是把平凡的事做彻底,做到不平凡。

比如西贝亲嘴打折节,2016年第一次办的时候,亲嘴规则是按不同姿势和吻的深度,有不同的折扣;到2022年做的时候,则是亲吻时间满10秒钟,有服务员在旁边倒计时,统一折扣,气氛更热烈。还有很多细节的创意,都是在年复一年的过程中不断生发出来的。

德鲁克说:"人们总是高估了一年所能取得的成绩,而大大低估了30年、50年所能取得的成绩。"这句话太深刻了,特别是后一句,人们不懂得积累的原理,不能以30年为时间长度来安排自己的计划。

第七届亲嘴打折节,玩法更简单,顾客参与度也越来越高。顾客只要亲10秒,当餐就打6.6折,还能获得一份带有亲吻照片的亲吻证。2022年2月14日当天,西贝全国门店累计亲吻人数达67 278人,近60%的顾客都在西贝亲吻表达爱意。

▲ 亲吻证

西贝爱顾客和员工，员工爱顾客，顾客爱西贝，这是永远不会变的西贝传递爱的公式。亲嘴打折节也是西贝把品牌超级符号寄生到顾客日常生活中的超级仪式，是超级符号的最佳体验。

超级符号源于文化母体，最终通过一年年地积累成为母体。华与华方法就是耕耘不问收获的方法、坚持就是运气的方法、连续坚持的方法。这可能也是华与华客户中持续时间最长的营销日历了。

2.2 "闭着眼睛点，道道都好吃"，聊天创造价值，品牌谚语决策

很多客户以为华与华在第一年合作的时候就会给企业重新创造一个品牌谚语，超级口号。但是西贝的品牌谚语并不是第一年就创造出来的，也不是华与华创作的。

当时在第一次与客户开会的过程中，贾总提到西贝的目标，说西贝菜品就是要坚持好吃，做到"闭着眼睛点，道道都好吃"！华总听到后拍案而起，说这句话好！然后这句话就成了西贝的品牌谚语。

415

随后我们创意了TVC，西贝带着"闭着眼睛点，道道都好吃"的品牌谚语登上央视春晚广告，在刺激信号能量最大的平台发送了信号。贾总说，好像一下子全国都知道西贝了。

咨询的价值在过程中，甚至企业的宝藏就在企业家随口说出的一句话里，但是不知道价值的人听过就过了，而华与华知道那就是闪闪发亮的金子！

▲ 西贝品牌谚语

口号不是口号，是一整套经营的逻辑和方略，特别是企业自己的行动。当我们喊出一个口号，不仅是因为我们认为这个口号有传播效率和打动力，而是与顾客立约，承诺我们会像我们的口号那样工作。改变口号，就是改变行动纲领，不是营销传播问题，而是价值问题。

要落实"闭着眼睛点，道道都好吃"，就先得把菜品减少，多了不好控制。那还是做不到，再加一个承诺："不好吃不要钱！"为此，西贝专门设立"红冰箱制度"，顾客说不好吃的马上免单放进红冰箱研究反思。

▲ 2015年的时候，西贝门店都有这样的红冰箱，华与华为红冰箱制度写了口号，叫作"消灭不良品，道道都好吃"。

海德格尔说的就是语言不仅说事，而且做事。我们的口号，就是行动，要像我们的口号那样去工作。那么"闭着眼睛点，道道都好吃"背后有3大管理抓手，创造顾客惊喜体验。

（1）产品结构的变化，从100多道菜砍到33道菜，保证道道都好吃。

（2）品牌承诺就是和消费者立约，如果违约怎么办呢？

华与华方法品牌三大原理之一——社会监督原理：当品牌违约的时候，消费者有权处罚；这个时候品牌主动加大对自己的处罚，就是不好吃不要钱，以及研究退菜品质的红冰箱制度。

（3）退菜这个事情是管理的博弈，如果总部愿意退，下面不愿意退怎么办？

我们在品牌管理中发现很多无法上传下达的规定。所以矫枉必须过正，西贝就设计了一个退菜率1%的硬指标。一旦顾客提出对菜品的意见，可能服务员都等不到顾客说退菜，直接就把菜给端走了，这样积极的退菜态度在大众点评上成为顾客常常写到的惊喜体验。

来自大众点评的消费者口语报道："快结账时，我随口说了句羊排有点老，服务员就爽气地退！搞得我们一桌一脸蒙！服务也太好了吧！"

"服务员看到我们没吃的菜一个劲儿要退掉，其实我们只是吃饱了而已，下次还要去！"

"服务挺好的，很主动，结账看我剩菜很多问原因，我说菜心煮过了，不是我要的味道，服务员马上说那我帮您退掉吧！我本来还想说说烤羊排，也就此打住，生怕被误会是想退菜。"

闭着眼睛点，道道都好吃！西贝莜面村TVC在2019年开始持续在电梯广告、机场广告投放1年。这条广告片是在2015年以前拍摄完成的，在央视投过一次广告后就雪藏了4年，2019年又开始大规模投播了。不过华与华的作品都按管用100年的标准设计，不怕放的时间长，就怕被人改动。

▲ 华与华为西贝创意的TVC

2.3 西贝莜面村，走进联合国，一举奠定品牌位势

◎ **抓住传播机会，放大传播机会**

2013年，西贝莜面村被选为年度中华美食代表，走进联合国，向各国媒体与包括联合国秘书长在内的高层，进行为期5天的表演与宣传。西贝莜面村走进联合国，完成"I ❤ 莜"的第一次全面亮相。

有影响力的品牌大事件通常不是造出来的，而是本身具有大事件的势能。有了这样的势能，我们抓住并放大这个传播机会，邀请《纽约时报》、《华盛顿邮报》、人民网、新浪、搜狐等国内外多家主流媒体报道了此次活动。这是西贝在国际平台上的一次亮相，也是完成品牌升级后的第一次品牌符号高调亮相。

通过本次传播，西贝首次在商圈投放广告，整体建立了品牌传播的标准件。

▲ 西贝首次在商圈投放广告

2.4 不讲失败的案例都是耍流氓，《舌尖1、2》火了，《舌尖3》哑了

2014年，借势《舌尖上的中国》引发的民间美食热，西贝先后远赴西北乡村拜师学艺，传承黄老汉的黄馍馍，与西贝合作前，黄老汉的黄馍馍一年卖1万个，与西贝合作后，黄馍馍一年卖出1000万个；传承空心挂面的手艺，以600万独家买断包销张爷爷家的手工空心挂面，2个月卖出1700万，1年卖出一个亿，成为2014年最火的一碗面……

◎ **企业社会责任是企业的业务，而不是义务**

华与华重新定义了企业社会责任，提出企业社会责任是企业的业务，而不是义务。企业社会责任是说企业不是去捐款，而是通过做好自己的产品，把好产品质量关来服务社会。

商业化是保留传统手工美食生命力的最佳方式，对于商业和传统手艺的合作，有媒体评论："现在这些民间手艺人他们一个村子都有事做了，能赚钱了。授人以渔。这就是最好的慈善。"

随着西贝的全国化扩张，在全国各地的西贝门店，顾客都能吃到好吃的传统美食。

"西贝莜面村，走进联合国。"
"去西贝，吃舌尖上的黄馍馍。"
"去西贝，吃张爷爷手工空心挂面。"
....

通过一个个的产品，西贝让更多民间手艺得以延续和传承。经典的产品在西贝一直延续至今，张爷爷手工空心挂面、黄馍馍、莜面鱼鱼等也成为顾客进店必点美食。

▲ 西贝张爷爷手工空心挂面

借势《舌尖》，连续点了两炮，黄馍馍和张爷爷挂面都火了，成为中国餐饮行业现象级爆品。《舌尖上的中国3》上映的时候，西贝和华与华团队又开始摩拳擦掌准备再选一款适合西贝的舌尖爆品出来。

那一年大家从大年初一就开始开会,讨论传播工作、研发工作。大年初四《舌尖上的中国3》上映,开始一集集寻宝,找适合西贝的产品,最终锁定了水盆羊肉。团队紧锣密鼓开始创意—提案—拍摄出街的动作,经过2个月反复打磨。

我们满怀信心地拍摄了极具食欲感的广告片在门店播放;我们提出了比《舌尖1、2》更具有传播力的产品购买理由:去西贝吃舌尖上的水盆羊肉,汤最值钱,肉算白送,关键是喝汤!

▲ 西贝水盆羊肉

4月1日,水盆羊肉上市之后在门店正常售卖,但是远不如《舌尖1、2》产品那么火爆。许多顾客尝鲜之后开始对产品有质疑,"你这个水盆羊肉,肉实际上只有一两片,还叫什么水盆羊肉"。

水盆羊肉是个喝汤的产品,500斤肉才熬出一锅汤,售价在59元左右的一个汤菜,但是名字却像个肉菜。整体来说,由于水盆羊肉产品本身的产品价格和价值感不对等，最终第三炮就是点不燃。

所以营销就是4P，产品、价格、渠道、推广的影响缺一不可。同样的渠道，同样的推广，因为产品和定价的问题，没能留在西贝的菜单上。所有的产品，最终都需要经过市场和顾客的检验。

为什么水盆羊肉最终没火，也是因为《舌尖3》的势能也远不如《舌尖1、2》。观众对产品的兴趣也远不如前了，所以舌尖系列纪录片草草收场，再无续集。

由此可见，品牌借势，本身不是一件可持续的事情。要碰运气，但是持久的品牌管理，不能靠运气。

之后，我们和西贝开始探索基于产品主题化传播，开启了营销日历的时代。

2.5 产品主题化，主题产品化，用营销日历的方法把产品重新生产一遍

◎ 2.5.1 营销日历是安排品牌一年的行军节奏

营销日历是华与华提出来的重要观念，就是把企业的行销活动，不管是公关活动还是促销活动，都固定下来，长期或者说永远重复做同样的事。西贝的营销日历经过几年的打磨，节奏是特别好的。

对品牌来说，一年之计在于春。2月14日在一年伊始之时，一次活动，就为全年的营销起势，拉起一个好的势头。之后是4月份的香椿莜面上市——吃过香椿，才算春天，和顾客立了一个春天之约。

6月是儿童主题，家有宝贝，就吃西贝；"六一"打响，持续整个暑假。9月开始是那达慕草原美食节，秋冬开始吃牛羊肉，年度大菜登场。

这一年的营销节奏就安排得明明白白。这样固定下来，有两个好处：降低成本和形成资产。华与华方法的每一句话，都是从成本和投资这两个方面出发。

先从投资来说，我们的每一个动作都是对品牌的长期投资，都是品牌资产的重复和长期积累；如果不能重复，就没有积累，不能形成资产，只做一次的事情，我们就不做。

从"2·14亲嘴打折节"到春天就去西贝吃香椿莜面，"六一，家有宝贝就吃西贝"，秋冬"那达慕草原美食节"要去西贝吃牛羊肉，这一个个营销日历已经形成了消费者口语报道，也就是品牌言说。这就是西贝的品牌资产，每年顾客对它有期待，而且有美好的回忆，成为顾客人生的一部分。

经过年复一年做同一个品牌营销活动，内部的培训成本也降到最低。西贝在全国有将近400家连锁店，每创意一个新的活动，培训员工的成本远高于生产一个创意的成本。

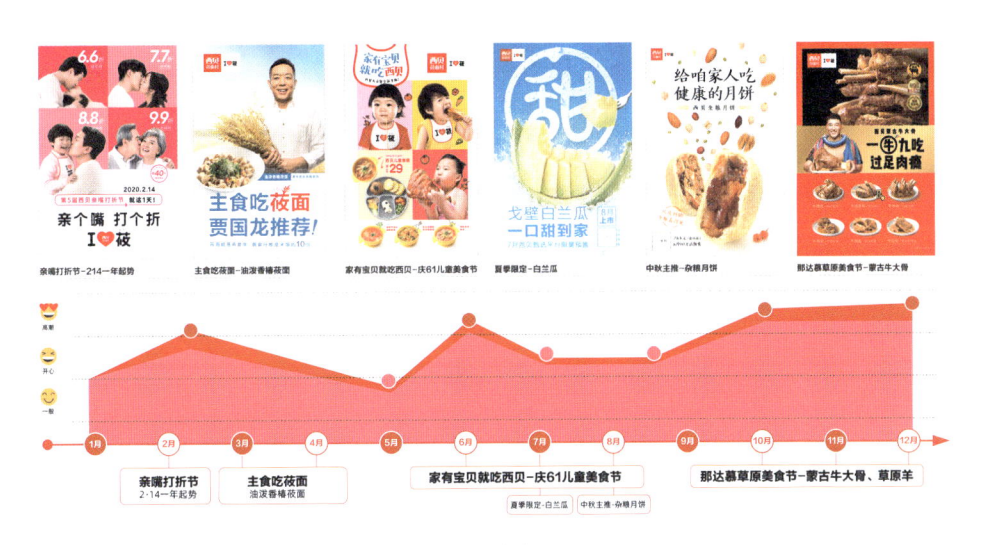

▲ 西贝营销日历

同时，我们也通过营销日历把产品重新生产一遍。为什么是重新生产？因为我们重新设计了产品命名、购买理由、推广道具，让其成为固定的信息炸药包，通过符号和词语的重新编码来重新生产产品。

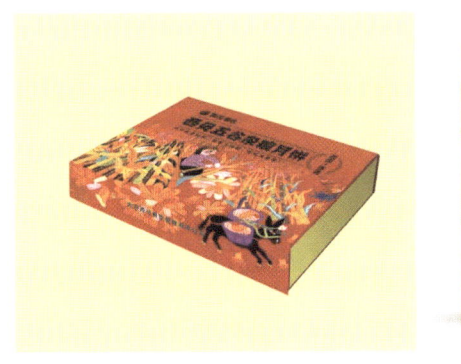

华与华前

华与华后

华与华前　　　　　　　华与华后

◎ **2.5.2 产品主题化，主题资产化，把产品都变成资产固定下来**

营销日历推的产品，大多非常成功，但过程中当然也有不理想的。比如有机莜面节，一次性推了多款莜面，最后发现顾客根本不在意是否有机，顾客就想吃香椿莜面。

后面我们就回归到"香椿莜面"的主题推广，毕竟吃过香椿，才算春天。现在香椿莜面依然是莜面中最受顾客欢迎的单品，一年就卖45天。

2016年
滚油一泼，香到入魂

2017年
滚油一泼，香到入魂

2018年
每年春天就吃香椿莜面

2019年
每年春天就吃香椿莜面

2020年
主食吃莜面，贾国龙推荐

2021年
吃过香椿，才算春天

▲ 西贝香椿莜面

2.6 临大事，决大疑，定大计——西贝蒙古牛大骨的诞生

西贝莜面村不是定位莜面成功的。相反，华与华一直认为，不管是西贝西北菜，还是西贝莜面村，招牌菜才是金字招牌。我们要推哪一个产品，取决于这个产品的产品力和叫客力。

2018年，是西贝品牌高速发展时期，有时候每周十几家新店齐开，甚至一天有8家门店齐开的节奏。西贝在全国商圈开了300多家店，店店生意火爆。

那个时候，贾总在思考一个重大课题：3.0的西贝没有头部产品，莜面村里羊肉最香似乎对品牌来说是有点苦恼的一件事。因为贾总有莜面情怀，所以一直希望能够打造一个莜面拳头产品，奈何西贝的牛羊肉太好吃，太抢戏了，五谷杂粮的健康莜面，在见台率上始终不如牛羊肉。

牛大骨原本是西贝菜单上畅销的十大招牌菜之一，以前只卖1个部位（牛脊骨），只有一种吃法。2018年，贾总带领西贝大厨团队研发了全新版本的牛大骨。

新版牛大骨源于蒙古的经典吃法，多个部位一起吃，能吃到牛脊骨、牛拐骨、牛棒骨等。吃筋吃肉吃骨髓，一次吃到9个部位！

在试菜会后的总结会上，华与华强烈建议打造牛大骨作为招牌菜品。因为我们看到牛大骨这个产品的魅力，绝对能打爆。经过华板和贾总现场一番直抒胸臆的辩论之后，贾总拍板决定把牛大骨作为主推，在门店、广告、商圈等地方做压倒性投入。

在企业家的决策中，聚焦是非常重要的。如果你有足够的钱，你什么都可以推，但是资源是有限的，门店的精力是有限的，顾客的注意力也是有限的。所以，临大事，决大议，定大计！我们从最初的决策点说服贾总，把牛大骨一次干成，一次干好，一次干对。

为什么华与华能够果断提出要做牛大骨？我们说修身在正心。所谓修身在正其心者，身有所忿懥，则不得其正；有所恐惧，则不得其正；有所好乐，则不得其正；有所忧患，则不得其正。心不在焉，视而不见，听而不闻，食而不知其味。此谓修身在正其心。——《华杉讲透大学中庸》

只有诚意正心，才能格物致知。因为我们是旁观者，对产品本身没有任何偏好。旁观者无所恐惧，无所好乐，无所忧患。我们的角色代表消费者，所以能够做到旁观者清。

▲ 西贝牛大骨

◎ 2.6.1 如何从0到1打造销售占比超30%的头部产品

（1）关键动作1：产品即购买理由。

产品命名即购买理由，我们把"幸福牛大骨"重新命名为"蒙古牛大骨"，建立新品类，一键切换母体。让牛大骨回归到真实的草原母体中，发挥更大的信号能量。

巴甫洛夫的刺激反射原理：人类的一切行为都是刺激反射。所谓刺激反射，就是我给他一个刺激，他给我一个行动反射。我说蒙古牛大骨，一牛9吃，过足肉瘾，顾客就会对吃肉过足肉瘾有反射。

所有的营销动作，我们都基于研究信号放出去顾客会有什么反射，只有顾客的反射是可以测量的，而这是我们的最终目的。

（2）关键动作2：文化母体，超级符号。

在传播上，我们用"蒙古"的符号——蒙古搏克手，加上"食欲感"的符号——超级肉山，设计了蒙古牛大骨的广告画面。

▲ 蒙古牛大骨的广告画面

（3）关键动作3：提出店中店策略，设计蒙古牛大骨档口的热卖氛围。

以前吃牛大骨是在菜单上点，点好了上桌，一人一根自己啃。现在西贝打造了一个全新售卖场景，牛大骨肉卖堆山，肉香十足。刚出锅的牛大骨，热乎乎的，现挑现吃，特别过瘾。9个部位任您选，爱吃肉的挑肉多的，爱吃筋的挑筋多的，还有有筋有肉搭配好的。

基于这样的产品体验，在门店人流的必经地，我们和西贝团队共同设计了一个"蒙古牛大骨的店中店"售卖场景。这里就是蒙古牛大骨的主战场，"牛老板"热火朝天推荐，顾客热火朝天挑选。人来人往，吆喝不断。

▲ "蒙古牛大骨店中店"售卖场景

门店的热卖道场就在这里，最强的销售信号就从这里发射。产品不仅是购买理由，更是使用体验。蒙古牛大骨创造了完全于不同以往的现场体验，让这个产品更有魅力了。

（4）关键动作4：设计菜单就是设计消费者的选择逻辑，营销日历专题菜单。

基于门店三现主义的观察，一头牛有9个部位，牛脊骨、牛棒骨、牛拐骨、牛肋排骨……对普通消费者来说可能分都分不清，也就不知道怎么点单。

为了解决这个问题，我们在现场蹲点，以客户视角观察发现，大家买肉还真不是按照部位点的。在肉铺前，消费者选择逻辑是"我要肉多的""我要筋多的""我要有骨髓的"……根据这些，我们立即重新设计菜单，把菜单做成了3大分类"爱吃肉必点""爱吃筋必点""有筋有肉必点"，让顾客一目了然，对号入座，降低消费者选择成本。

▲ 新式菜单

同时，我们建立了一个菜单摆放原则，即"站立在桌面摆放"。顾客一进店，一眼看到菜单，马上注意到新菜，从商圈到进入餐厅入座，一切动作都是机关算尽。

（5）关键动作5：体验大于服务大于产品，那达慕草原美食节为蒙古牛大骨提供独特产品体验。

体验＞服务＞产品
那达慕草原美食节的价值之轮

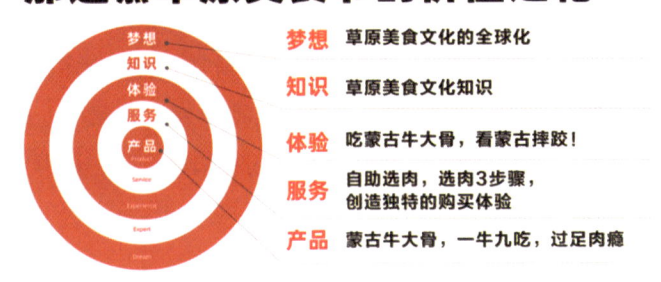

- 梦想　草原美食文化的全球化
- 知识　草原美食文化知识
- 体验　吃蒙古牛大骨，看蒙古摔跤！
- 服务　自助选肉，选肉3步骤，创造独特的购买体验
- 产品　蒙古牛大骨，一牛九吃，过足肉瘾

产品：产品就是购买理由。蒙古牛大骨，一牛九吃，过足肉瘾。

服务：服务创造附加价值。顾客自己在档口选肉，现挑现煮现吃，创造独特的购买体验。

体验：为城市顾客创造丰富的草原文化体验。

吃蒙古牛大骨，看蒙古摔跤，绝配！

在蒙古，摔跤不叫摔跤，而叫搏克。起源于公元12世纪，由游牧民族在战场上的搏杀技巧演变而来，包含300多种投技和摔技。2005年5月20日，搏克运动正式列入第一批国家级非物质文化遗产名录。

通过那达慕草原美食节，我们把看"蒙古摔跤，吃蒙古牛大骨"两个动作绑定起来。同时，我们还把原汁原味的蒙古歌舞表演、美食市集等搬到北京，让顾客对蒙古牛大骨、那达慕草原美食节拥有更加立体的体验。可以说是绝配了。

知识的价值：形成消费者对品牌的知识依赖。

草原美食文化知识传播，独特的蒙古包草原体验，搏克手、草原奶食文化。

梦想：草原美食文化的全球化。

企业的生意就是一方人民的生计，通过西贝那达慕草原美食节，挖掘出众多的草原美食：蒙古牛大骨、草原羊肉串、烤羊排、羊蝎子、全羊汤、蒙古奶酪饼、草原酸奶……草原的美食文化、民间娱乐活动、那达慕文化、独特的摔跤运动都被带到城市，被全国人民熟知，这也是品牌积德反哺地方文化。

◎ **2.6.2 源于母体，成为母体，壮大母体，公民品牌**

文化母体有4重境界。

第一重境界：从母体中来（源于草原）。

第二重境界：到母体中去（寄生到草原那达慕文化母体）。

第三重境界：成为母体的一部分（西贝那达慕草原美食节）。

第四重境界：壮大母体（把草原文化和美食扩大化）通过销售创造流行，让母体更强大。

每年的那达慕草原美食节，西贝就邀请草原的搏克手比赛，为第一、二、三名颁发现金奖励，还为搏克比赛设计专属奖杯，邀请搏克手在城市巡回演出，为蒙古牛大骨代言。

一时间，草原上小众的、独特的搏克活动为全国人民所熟知。2018年之后，很多顾客对西贝的印象都是那个憨憨的草原大汉的样子。

▲ 草原搏克手比赛

从西贝西北菜改回莜面村不是华与华的建议，而是贾总的决定。西贝的文化母体是蒙古，不是西北。西贝有蒙古文化，没有西北文化。

西贝是内蒙古的企业，贾总是内蒙古人，西贝是内蒙古美食，所以整个这一波蒙古草原美食主题产品的打造，我们的起手式就是回到母体中吸收原力，所以才有了蒙古牛大骨和那达慕草原节。也正因为回到了母体，我们才能源源不断地挖掘出精彩的蒙古草原文化符号。

431

▲ 西贝的蒙古草原文化符号

◎ **2.6.3 "没有创意，策略等于零；没有手艺，创意等于零；没有执行，一切等于零"**

整个蒙古牛大骨的产品打造，从2018年持续到2020年，从草原到门店，贾总带领全员开展超过10次的标准化大会。项目组持续三年改善，手把手、肩并肩和西贝团队一起优化蒙古牛大骨，打造销售占比30%的第一头部产品。

每年秋冬的那达慕草原美食节，就是吃牛羊肉的季节，蒙古牛大骨成为西贝经久不衰的经典拳头产品。从2018年上市至今，牛大骨累计销售1275万份，相当于全国1亿人次家庭都在西贝吃过蒙古牛大骨。

◎ **2.6.4 营销日历创造顾客，并且创造品牌言说**

通过年复一年的营销日历，西贝积累了大量真实的品牌资产。

品牌资产，就是品牌言说。品牌资产包括品牌名字、标识、产品、包装、店面、广告、促销活动、公关活动、社会活动等。和品牌有关的一切当中，能被消费者言说，从而给品牌带来购买和传播效益的部分都是品牌资产。

所谓买我产品，传我美名，能创造"美名"的，就是这些消费者的口语报道：

① 西贝莜面村。

② I LOVE 莜。

③ 闭着眼睛点，道道都好吃。

④ 蒙古牛大骨、面筋、烤羊排……

⑤ 25分钟上齐一桌菜。

⑥ 红白格子桌布。

⑦ 每年情人节亲嘴打折。

⑧ 家有宝贝，就吃西贝。

⑨ 每年春天有香椿莜面。

⑩ 每年秋天那达慕草原美食节。

…………

2.7 转动西贝4P，创新获得利润

◎ 2.7.1 4P是营销的一切和一切的营销，西贝成功的真因是4P的成功

西贝来找华与华之前，第一次定位是西北菜，第二次定位是烹羊专家。如果定位为西北菜，它的推广就是西北的土窑风格，找西北菜的文化母体、品牌寄生、超级符号，它的母体就是西北农村。那么西北菜和烹羊专家，是4P里面的哪个P？它其实是在讲产品定位。

第一次定位，这个很快作为著名案例炒作起来，但是实际上西贝并没有得到什么效益，所以贾总才会做第二次定位。第二次定位烹羊专家，贾总就把产品改了，把不是羊肉的都砍掉，向羊肉集中，集中之后客单价提高了，毛利率却降低了，情况很严重，于是就被叫停了。

后来，贾总找到我们说要重新定位，因为感觉前两次定位没有达到预期。那么，要不要重新定位？

这时候我们用"华与华课题循环工作法"来思考这个问题。重要的是明确课题，还要找到其中真正的原因，因为我们做很多事情时，一出手课题就搞错了。所以西贝的产品到底是什么？西贝的产品既不是西北菜，也不是烹羊专家，而是整个店。

产品是整个店，包括菜单、服务等一切都是产品，而不是简单的羊肉或面条才是产品。一家店成功的真因是产品的成功，从大店到小店，从有包房到没包房，从大桌到小桌，等等，都被囊括其中。

◎ **2.7.2 营销4P之间相互影响，以渠道为原点带来其他3个P的创新**

2013年，我们明确提出西贝的课题是基于全新渠道的变革，需要重新设计4P的问题。

▲ 4P营销组合

我们要从原来在街边开店，到商圈开店，要根据新渠道开发新产品。2014年，西贝北京分部的王龙龙总经理在财富广场开了一家288平方米的店。当时正常的厨房就要300平方米，288平方米的店要怎么开？那只能把厨房改成一个明亮的小厨房了。

这么一个小厨房，也做不了那么多复杂的菜，原来100多道菜肯定没办法制作，那么就硬改成了33道菜，后来就成功了。

产品变化一：3000平方米到300平方米。

产品变化二：有包房到没有包房。

产品变化三：大桌到小桌。

产品变化四：130道菜到33道菜。

产品变化五：大分量变成小分量。

后来问贾总是什么原因定的33道，而不是44道，是经过什么科学的市场调研得出来的呢？贾总说："科学个什么，我总要做个决定，我定44道也可以，你要问我为什么定了33道，我也不知道。"

总之，做选择的原则是选择能够在中央厨房标准化做出来，然后到门店方便操作，能保证好吃的菜，最后选出了33道，我们才敢说"闭着眼睛点，道道都好吃"。如果是133道不敢说，33道就有把握，这是一个改变。

产品的第五个变化，是把原来北方人的大分量变成了小分量，我们的牛大骨也论根卖了，一个人你就要一根，两个人你要两根，不像原来一下子就上一大盘。这个时候，贾总就提出了"小吃，小喝，小贵"，就是产品变了，价格变了，渠道也变了。

所以是因为产品开发的成功，才有西贝这几年的扩张，开了300家店。小吃小喝从60元客单价到90元客单价，渠道从街边到Shopping Mall，赶上了Shopping Mall的红利。

西贝过去是西北菜，母体是西北农村，所以，在这次改变中，西贝的形象一定要去掉西北化。因为所有有风情的东西都是小众的，有人喜欢，也有很多人不喜欢。所以，一定要把它变成大众的、简单的，所以我们做了"I ❤ 莜"。

营销即4P，当你要解决一个营销问题，你手里永远有4张牌可以打，有4个变量可以调节，就是产品、价格、渠道、推广，而且这四个变量之间会相互影响。营销是实践，是在尝试中前进，不是一开始全都计划好了去执行，机会和创意是在进行中自然涌现出来的。

◎2.7.3 2013—2018年，西贝创新的红利是短暂的，再次进入新一轮的创新时期

熊彼特创新理论，讲创新的红利是短暂的，因为竞争对手会迅速模仿学习，创新的优势就没有了，需要再次创新、不断创新。

西贝从2013年开始，到2014年基本成型的创新，红利期有多少呢？观察的结果是到2018年，大概连续5年时间。5年之后，从2018年开始显现出来，到2019年比较明显，这个创新红利消失了。从产品创新来说，除了菜品特色还在，"小店、小桌、小吃、小喝、小贵"的模式被广泛模仿，就不是特色了。

从渠道来说，5年前的新渠道——Shopping Mall越来越多了，单个Shopping Mall内的人流下降，成为餐饮行业面临的共同问题，我们需要重新转动营销4P，再次进入新一轮的创新时期。

◎ 2.7.4 重新转动营销4P，西贝营销4P再平衡

华与华咨询服务工作的两个起点：找对课题，找到真因。4P理论是华与华解决营销问题的最高纲领。4P就是营销的全部和全部的营销，因为它能够做到完全穷尽、相互独立。

2021年，项目组用2个月的时间重新走访一线和访谈高层，对西贝4P现状梳理总结并提出新的对策。

（1）产品1：菜品精致小份化创新。

走访门店观察顾客点菜情况发现：西贝菜品菜量大，缺少小分量的菜，西贝特色的菜品致使桌桌都是大菜，偏离"小吃、小喝、小贵"。

西贝桌均人数2.3人，2~3个人点菜，点菜多了吃不了，点菜少了吃得不够丰富，尤其是在主食杂粮上，一个西贝大花卷，3~4个女生分吃也会剩下打包带走。

我们提出菜品小份化。哪些菜品有机会小份化？以"大"为特色的菜不能动，比如牛大骨和大盘鸡等，大就是西贝的特色。西贝特色的主食杂粮类和顾客多次反映菜量大的产品，如黄米凉糕和烤羊排，实施小份化、精致化。

同时，菜品小份化也是外卖的需求，早在2018年外卖刚起步的时候，华与华就提出外卖不是直接把门店的菜搬到线上，而是要为渠道重新开发产品，要做"西贝外卖一人食"。什么意思呢？就是把部分在门店特别大的菜品在外卖平台上重新开发，变成"一人食"的分量。经过西贝连续几年发力迭代，外卖已经超10亿的规模，其中组合套餐类产品（一人食套餐，40元以下订单）订单占比最大，是外卖渠道上的主打产品。

（2）产品2：固定菜品上新节奏，聚焦牛羊莜持续开发新品。

产品的第二个现状是，菜品上新不足，尤其是很多西贝老顾客表示"去西贝不知道吃什么"，我们提出标志性的新菜创新、及时上新季节菜、有价值的老菜翻新，推新菜的目的不是创造更多菜，是创造新顾客和老顾客的新期待。

（3）产品3：儿童餐及儿童友好服务成为西贝的新资产，要抓住优势，放大优势。

现在带宝贝去西贝门店吃饭，宝贝就餐服务4件套——宝贝围兜、宝宝椅、宝宝餐具和西贝儿童套餐，获得很多宝贝的喜爱！

走访门店我们收获了很多"宝贝爱西贝"的故事。一位门店店长分享，他家顾客表示："很多家长这么说，自己不想吃（西贝），但拧不过孩子，只能来

吃,那孩子就要吃西贝,我陪他吃。"

▲ 西贝儿童餐及儿童友好服务

价格:定价要分级。特色菜要溢价,普通菜市场价,并强化菜品价值输出。

之前网络上有一波西贝价格的讨论,我们内部分析原因,一是源于西贝对菜品的高标准和高要求,贾总表示:闭着眼睛点,道道都好吃!二是所有菜品定价采用一刀切的成本定价法,成本涨,价格就跟着涨,缺乏对菜品价格的精细管理。

第一,一切为了好吃,对食材的品质要求"没有上限",用的都是高标准的原料。就拿西贝手工大馒头来说,使用的是河套雪花粉与河套麦香粉,光面粉的成本就是一般面粉的4倍,生产要求复杂,牛奶和面、三次发酵处理、必须手工揉制38下成型,才能吃到传统馒头的嚼劲和麦香。

极致食材和好手艺,是西贝对每一道菜品的要求,无法撼动。但是这些隐藏在背后的价值缺乏输出。之前在西贝点菜常用的点菜方式:一是折页菜单,二是扫码点单。

折页菜单和扫码点单价值是类快餐化的点菜体验,价值输出受限,门店生意忙碌的时候可以提高点菜效率,但是影响对点菜环节的价值输出的体验。

除了部分西贝铁粉,很多新顾客都不知道西贝菜品好在哪儿、为什么好吃,只能拿西贝馒头跟普通的发酵粉馒头比价格。

第二，所有菜品定价采用一刀切的成本定价法，成本涨，价格就跟着涨，缺乏对菜品价格的精细管理。

为此我们提出的对策是：特色菜要溢价，牛羊莜等西贝特色菜，接受度高；普通菜市场价，市面上常见的，如炒青菜等，就是市场价；西贝手工大馒头，重新开发推出小分量的馒头，性价比更高；同时所有菜品强化价值输出，要把西贝菜好在哪儿，真真切切、有图有真相地在菜单上展现出来。

推广：聚焦儿童餐推广，补强商圈广告。

商圈广告是对品牌的投资，也是拦截顾客的重要环节。在实际走访中发现，以前商圈是门店的核心阵地，但是现在还在坚持投放商圈广告、侧重商圈广告的门店已经很少了。我们提出重回商圈广告的策略，在商圈核心位置坚持长期投放，力争商圈第一。

▲ 商圈广告

2.8 菜单战略：三个购买，让菜单自己会销售

◎ **2.8.1 通过购买理由，购买指南，购买指令，重新设计了令贾总拍手叫好的iPad菜单**

恰逢西贝门店菜单升级为iPad电子菜单，除了上面提到的菜品价值输出，还有哪些可改善的点？西贝项目组一起去一线门店找答案，在门店观察、记录不同门店不同人群对iPad点餐使用体验情况。通过采访和行为观察，我们发现：

① 竖屏菜单，顾客在使用iPad点餐时左滑右滑使用起来非常不方便，也不知道怎么点。

② 顾客不知道怎么用，是点击还是滑动，交互方式不明显，点击翻页浏览模

式非常影响阅读体验。

③ 看不到自己点了什么菜、多少钱。

④ 菜品价值、促销信息等缺乏输出，顾客在使用iPad时会多次寻找服务员帮忙点菜。

◎ 2.8.2 如何通过菜单的改善，现场就能提高顾客的点餐效率，甚至让顾客一次点更多

发现问题，才能解决问题。通过在门店蹲点感受顾客点菜体验和亲身实践点菜过程，我们绘制出顾客点菜的整体"路线图"，拆解服务员操作动作。

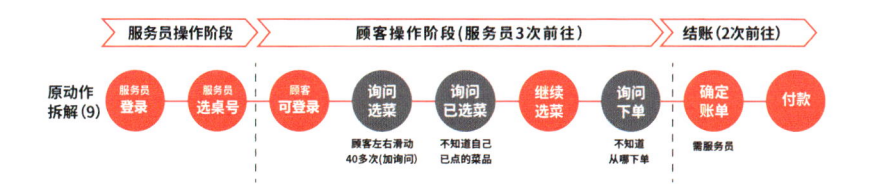

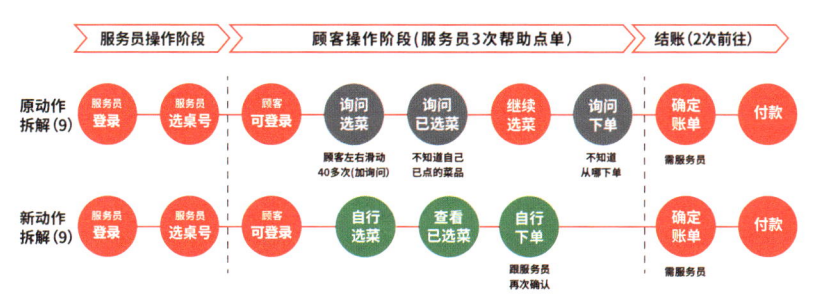

▲ 顾客点菜整体线路图

点餐环节9个动作中，顾客使用阶段，有三次去寻求服务员帮助点餐，我们要做到的是让顾客自己浏览菜品，自行下单，尽可能地减少服务员操作，降低顾客选择成本，降低门店沟通成本。

针对上述发现，我们明确改善目标，提出西贝iPad菜单8大改善机关。

◎ **2.8.3 为什么iPad菜单如此成功？——菜品拍摄是关键！**

因为通过对iPad菜单重新梳理，不仅输出了产品价值感，高清电子屏幕也把食欲感最大化。所有西贝菜品图片的优势也得到最好的呈现。

大家可能不知道，菜单是一切运营活动的重心。当年的餐饮行业，几乎没有人真正地重视菜品拍摄，华与华认为：货卖一张图。

早在2018年，我们给西贝请到了日本工匠摄影师和食品造型师（据说造型师祖传三代都是干这个活，专注食品造型100年），连续7天在西贝北京六里桥地下室工作，完成了上百道菜品的重新拍摄。

iPad菜单的显著优势是画质高清、颜色准确，还具有动态视频功能，我们敏锐地抓住了这些特色功能，结合iPad电子化界面的优势，创造性地实现"视频+图片"结合的动态化设计，用来呈现重点菜品最诱人的瞬间和高清的食欲感。

西贝 iPad 菜单 8 大改善机关

1. 竖屏变横屏，分类一眼可见
2. 新增当季新菜置顶
3. 新增西贝10大招牌菜
4. 价值可视化，让顾客知道好在哪
5. 小份菜优先，让亲民的价格最先被看到

西贝 iPad 菜单 8 大改善机关

6 西贝儿童餐，儿童友好服务新升级
7 发挥 iPad 优势，增加动态页面体验
8 已点菜品自动统计总价，加菜减菜方便顾客

2.9 "家有宝贝，就吃西贝"：终身顾客从娃娃抓起

◎ **2.9.1 华与华品牌五年计划第三阶段：承担企业社会责任，成为社会公民**

第三个阶段，我们叫作企业社会公民年，这一点其实是最重要的。企业是社会的公器，要为社会解决问题。企业要想真正的基业长青，就一定是要扎根社会。那么，怎么样才能让我们的经营融入社会的事业？

这里用到的是华与华企业战略三位一体模型。我们重新定义企业战略：企业战略不是企业的战略，而是企业为了承担某一社会责任，解决某一社会问题，而为社会制定的战略。企业的产品和服务，即组成该社会问题有效的、全面的、可持续的解决方案。

◎ **2.9.2 2015—2022年，西贝连续7年投入，为中国2亿多儿童做好专业儿童餐**

在儿童餐和儿童服务上，西贝一直都是先行者。2015年，西贝就开始提供免费儿童餐，可能是国内最早提供免费儿童餐的正餐餐厅。西贝第一个提出为中国2亿多儿童做好儿童餐并持续7年优化，为儿童提供一个可以安心吃好饭的选择。

西贝为什么这么早就关注儿童餐，并且层层深入、持续不断？是来自企业家的初心，西贝创始人贾国龙提出"爱孩子，就给孩子吃更好的儿童餐"，立场鲜明地提出：儿童餐不是大人菜分一半给小孩吃，而是为孩子量身定做菜品。而这个观点的提出，来自对社会问题的敏锐洞察。

◎ 2.9.3 社会问题：儿童食品是底线行业，儿童餐不等于成人餐的一半

中国是人口大国，也是儿童人口大国，儿童数量位居世界第二位。儿童食品和儿童药品一样，都是底线行业。2017年，除了洋快餐，市场上的中式正餐餐厅没有真正的儿童餐。那孩子吃到的都是成人餐的缩小版。

在研究中我们发现：中国没有3岁以上儿童食品的国标，儿童食品用的是成人标准，3岁以下的食品标准聚焦在配方食品和辅食食品。也就是说，所谓的儿童专用食品，比如儿童酱油、儿童牛奶、儿童面条、儿童饼干等，其相关针对性标准，目前基本空白。

对于餐厅提供的儿童餐，一般都是成人餐的小份化，多从外观上迎合小朋友，造型多且可爱，并以送玩具、配置游乐设施等方式迎合家长和小朋友。

但在本质上与普通成人餐无异，还在用成人餐的调味方式做儿童餐，这种多盐、多油、多糖的"营养乱配"，对还处于成长发育阶段的小朋友是十分不友好的，甚至可能会有不好的影响，可以说：抛开糖盐油含量说健康营养，都是要流氓！

◎ 2.9.4 打造专业儿童餐，7大关键动作！

（1）关键动作1：建立产品科学，7年4次产品迭代，"1~12岁专业儿童餐"破茧而出。

专门为中国2亿多儿童研发菜品的可能只有西贝。在儿童餐产品开发上，西贝一直不遗余力，从研发团队配置到食材选择、营养搭配，不断突破自己。从2017年到2022年，历经4次迭代。

2017年，第一代"无添加味精"儿童餐。西贝推出的第一套儿童餐，就考虑到宝贝的健康，提出无添加味精儿童餐；使用了儿童友好的环保稻壳餐具。

2020年，第二代"给孩子吃更好的"儿童餐。第二代儿童餐，同时获得许多年轻女性的青睐，一份主食或套餐，就是一份营养全面的工作餐。

2021年，第三代全新"七彩儿童套餐"。源自"七彩搭配开发法"，选用7种不同颜色食材搭配，涵盖主食、杂粮、水果、蔬菜、奶制品等，让宝贝一次可以吃到7种以上食材营养，整个套餐色彩缤纷，让孩子爱上吃饭。

2022年，是西贝深耕儿童餐的第七年，我们提出"西贝1~12岁专业儿童餐"。以底线思维建立"西贝专业儿童餐产品开发金字塔"，专门为不同年龄段儿童提供更合适的儿童餐选择，坚定不移地为中国2亿多儿童做好专业儿童餐。

第一代"无添加味精"儿童餐
2017年

第二代"给孩子吃更好的"儿童餐
2020年

第三代"全新七彩"儿童餐
2021年

▲ 打造专业儿童餐

华与华底线思维：取法乎上，下不保底；取法乎下，上不封顶。

很多公司的核心价值观，就是卓越、创新。但我们是否有一个很明确的标准去判断做到什么程度算卓越，什么程度算创新？当我们把价值观的高度提得很高的时候，其实行为就是下不保底。而在华与华，核心价值观的九个字"不骗人、不贪心、不夸大"是个基准，是底线。

用底线思维设置西贝专业儿童餐开发的底线原则：明确底线"轻盐、轻糖、轻油的三轻原则"；食材选择上，继承西贝禀赋和高标准，"好食材"上不封顶；营养搭配、美味好吃，建立起西贝专业儿童餐产品科学金字塔，产品科学就是西贝对社会问题的独特解决方案，是产品开发的最高纲领。

▲ 儿童餐开发底线原则

（2）关键动作2：关键是修辞！"家有宝贝，就吃西贝"生长在小朋友和家长的"消费者口语报道"中的口号。

亚里士多德说："修辞是说服人相信任何东西，以及促使他行动的语言艺术。"这句话可以理解为：说服人行动的语言艺术，目的在于行动。所以修辞的关键在于要找到一种能够绕开人心理防线的句子。

因为我们去打广告、卖东西，消费者天然会对我们产生心理防线，但是有一些语言的艺术形式能够绕开人的心理防线，让消费者自动接受、自动行动，所以我们把它称为品牌谚语，也叫品牌口号。

因此，我们为西贝提出了"家有宝贝，就吃西贝"的创意口号。"家有宝贝"是条件、是刺激，让家长和小朋友对号入座；"就吃西贝"是反射、是行动指令，目的是用条件反射式的方式将消费者的购买决策成本降到不假思索的低。

而且这一创意口号朗朗上口，易记、易传播，押韵就创造了一种事实感，让人不假思索、脱口而出，接受指令并行动。这句话放在别的品牌上就不成立，因为没有押韵，没有绕开心理防线。

"家有宝贝，就吃西贝"实现指名购买，成功创造大量小朋友和家长的"消费者口语报道"。

▲ "家有宝贝，就吃西贝"

（3）关键动作3：超级元媒体，一个围兜就是一个超级广告位，4年送出1388万条宝贝围兜。

超级符号是我们工作的起点，也是我们工作的终点。一切产品价值，都是通过符号来表达的。那我们如何表达并建立"家有宝贝，就吃西贝"的价值呢？

西贝一直非常在意顾客的就餐体验，尤其是在儿童体验上，准备了儿童围兜、宝宝椅和宝宝餐具。我们将"家有宝贝，就吃西贝"的品牌资产，寄生在每个宝贝吃饭都会用到的围兜上，创造超级元媒体。

2018—2021年，西贝儿童围兜累计送出13 887 318条，每一次使用宝贝围兜

445

都是对西贝儿童餐超级符号的一次免费传播。

▲ 一个围兜就是一个广告位

（4）关键动作4：品牌就是恒定价值的稳定输出，隐性价值显性化，倒逼门店标准化。

现在越来越多餐厅已经增设儿童餐和儿童服务，可以这么说：儿童餐和儿童服务现在不是有没有的差别，而是质量和品质的差别。

西贝在儿童餐和儿童服务上拥有好口碑，已经成为众多家长"带娃出门首选餐厅"。为了盘点西贝在儿童领域的投入，我们做了一张西贝服务体验布局图，从这张图中可以清晰地看到西贝服务重点投入在哪里，创造出的显性服务价值在哪里。

▲ 西贝服务体验布局图

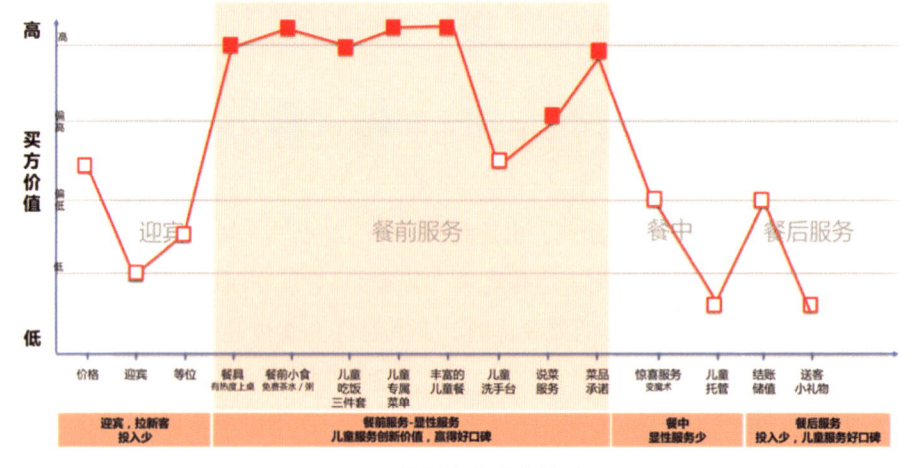

首先介绍一下整个布局图，这个图的架构来源于蓝海战略，不要盯着竞争对手，模仿他们只会进入红海竞争。用这样一张战略布局图来检视自己，看清每个动作的投入，在哪些地方兴废增减。最终实现有明确差异化价值的同时，实现了低成本，而不是在所有地方、所有环节出类拔萃。

怎么看这张图？

首先，横轴是企业的关键竞争元素，对这次来说是西贝提供的所有服务动作，这些动作都意味着成本的投入。

其次，纵轴是买方价值，并从低到高地将顾客的体验价值进行显性和隐性的分级。

再次，红色实点是显性价值，判断标准是顾客准确提及得比较多。

最后，提到少的，感受不深的，用空心的点表示。

通过对西贝服务体验的梳理，我们发现，餐前服务是儿童体验的高峰，赢得了众多家长的好评。但是，消费者在为西贝儿童服务点赞的同时，我们也接收到了很多顾客的吐槽。比如免费餐前小米粥，好评提及率很高，消费者说家里熬不出这个口感，但不足是有的门店有，有的门店就没有。

华与华方法：品牌就是恒定价值的稳定输出。为了让隐藏在顾客口碑之间的儿童服务让更多人知道，为了让西贝儿童服务品质从参差不齐到稳定输出，我们提出一定要把隐性服务显性化，显性服务标准化。

针对儿童在外用餐的关键时刻，将存在妈妈口碑间的西贝儿童友好服务显性化，提出儿童友好7大服务，并在海报、菜单上广而告之，让更多家长了解西贝提供的优质儿童服务。同时倒逼门店做到7大服务的标准化，不断增强西贝儿童服务壁垒。

西贝儿童友好服务新升级，和您一样宠爱宝贝，西贝在行动！

7大服务：10分钟优先上齐儿童餐 | 儿童专属餐具 符合美国FDA安全标准 | 一客一用 宝宝围兜 | 母婴专用喷雾 消毒宝宝椅 | 免费 燕麦小米粥 | 可涂鸦 儿童餐垫纸 | 1-12岁专业 儿童餐

▲ 西贝儿童友好7大服务

现在，儿童友好7大服务是门店服务好儿童顾客的最佳抓手，各大区和门店认真执行，收获更多顾客点赞，成为独具西贝特色、让顾客念念不忘，甚至口口相传的服务壁垒。

（5）关键动作5："干饭宝贝"计划，创意引爆市场，一年热销680万份。

2021年6月，西贝七彩儿童套餐上市，新的广告画面一并升级。本次方案的核心创意，紧紧抓住了一个洞察：妈妈最开心的事，就是看到宝贝大口大口吃饭。运用广告创意的3B原则（Beauty美女、Beast动物、Baby婴儿），让三位大口吃饭的可爱宝贝成为主角。吃啥都香的干饭宝贝，是每一位家长都愿意看到的画面，直接击中家长的心。

我们也为"家有宝贝，就吃西贝"西贝儿童餐创意拍摄了TVC和"宝贝吃饭小剧场"宣传片，分别在电梯广告、门店播放。

▲ "宝贝吃饭小剧场"宣传片

整个宣传片没有别的创意，就是宝贝大口开心吃饭。在门店播放的时候，家长可以指着电视对孩子说："看那个哥哥吃得多香！"我们在门店也看到小朋友们模仿着宣传片大口吃饭，这就是家有宝贝，就吃西贝！

（6）关键动作6：上市就是盛事，"庆六一，西贝儿童美食节"，2022年再开新局。

"家有宝贝，就吃西贝"是我们的品牌承诺。当我们的承诺越完整，社会通过我们解决问题的交易成本就越低。随着"1～12岁专业儿童餐"全套产品上市，市场上没有的、家长在家不好操作的儿童就餐问题，都能在西贝解决。

借新菜上市契机，结合"六一"和暑假，转动词语的魔方，同时占领"儿童"和"美食节"两大母体，为西贝创意打造"庆六一，西贝儿童美食节"营销日历。每年一次，让新品上市成为盛事，更重要的是，专门打造一个属于孩子的美食狂欢节。

本次美食节，我们基于文化母体四部曲创作了全球第一本儿童识字菜单，找到儿童识字绘本母体，普通的识字菜单都是教小朋友认识水果、蔬菜、小动物等。

所以我们创意全球首本儿童识字菜单，第一次以识字菜单的形式，教小朋友识字点餐，把孩子人生第一次自己点菜经历留在西贝，让孩子拿着菜单点菜识字。

西贝儿童餐是西贝创造的物质财富，识字菜单是西贝创造的精神财富，拿回家小朋友还说妈妈我要吃西贝，成功地把品牌寄生到消费者的生活场景中。识字菜单也是开创了一个菜单的新品类，可以持续不断地出下去，持续用100年。创意一定要有母体，才能发扬光大。

商业动机不是要被掩饰，而是要被放大，要与人类的宏大叙事相结合。企业经营一切思考的出发点就是两个目的：一是顾客的目的，二是社会的目的。西贝以商业化方式，为中国2亿多儿童提供专业儿童餐，真正实现了公民品牌。

德鲁克说，企业有且只有两项最基本的职能——营销和创新。企业的全部工作就是创造顾客，连续7年打磨，西贝创造了一批忠实的家庭顾客。

新冠肺炎疫情之下，西贝儿童餐的销售不降反升，2021年西贝儿童餐总销售份数是2019年的2倍，销售额破亿，是2019年的2倍。

2021年儿童客流近500万人，带动家庭客流提升30%。

2022年第一季度，在上海、深圳、北京市场接连"静止"的情况下，全国儿童餐依然同比增长98%。

创造大量消费者口语报道，"家有宝贝，就吃西贝"深入人心。

▲ 西贝儿童美食节

（7）关键动作7：回归母体，品牌积德，从儿童餐到亲子搓莜面。

家有宝贝，就吃西贝，西贝为宝贝提供的不仅是儿童餐，还有风靡全国的受到家长和小朋友欢迎的"亲子搓莜面活动"。

从2016年开始，西贝在全国门店举办亲子莜面体验营，现场教小朋友搓莜面，让小朋友品尝莜面美食，希望他们从小受到莜面文化的熏陶。仅在2019年一年，西贝就举办了22 000场亲子活动。2017—2021年，一共举办了6.5万场亲子搓莜面活动。

▲ 西贝亲子搓莜面活动

这也是莜面的一个魅力："它本来就是个手工，很适合小孩爱玩的天性，和小孩爱玩橡皮泥一样，孩子可以凭自己的想象，捏出各种造型。"

莜面做到今天受到非常多顾客的喜爱，亲子搓莜面活动可能是很多家庭难得的亲子时光，所有这些都源自西贝贾总作为内蒙古人对莜面的情怀。这么多年，西贝一直在执着做好莜面。要做好莜面，有三大难点。

一难，莜面的工艺难以传承。为此，贾总建立千人莜面妹队伍，企业自己从培训、带教、琢磨手艺，传承三生三熟非物质文化遗产，成为餐饮行业一道亮丽的风景线，不仅把家乡美食带到全国，还带到联合国，莜面妹成为西贝最具骄傲感的一个岗位。

二难，莜面品质难以标准化。2017年开始自建莜面基地，种植有机莜面，化了6年时间完成莜面有机升级；投资6000万自建工厂，使用瑞士进口布勒设备，做到100%纯莜面，不掺杂一点白面。

三难，莜面难以传播。因为对莜面的热爱，贾总把品牌名改成西贝莜面村。过程中苦于"莜"作为生僻字的传播问题，华与华创造超级符号"I ❤ 莜"，一招解决品牌传播难题。

从西贝莜面村，到走进联合国，再到每年春天就吃香椿莜面。这还不够，2020年，西贝莜面全新升级有机，提出"主食吃莜面"的行动：主食吃莜面，贾国龙推荐。

贾总亲自为莜面代言，并拍摄了一个简单洗脑的电梯广告。贾总从画框里跳出来，对着电梯里的顾客说："主食吃莜面，莜面就是燕麦面，膳食纤维是米饭的10倍。"

▲ 贾总亲自为莜面代言

执着21年，莜面偏执狂。截至2022年，西贝凭借一己之力带动全国5亿顾客认知并爱上莜面。贾总也被任命为"武川莜面推广大使"。

为什么西贝这样执着推广莜面？贾总说："莜面是我记忆中的美好味道，我想把自己记忆中的美好味道，通过自己开的店，分享给您。"这样的事情，如果西贝不做，如果我们不做，全中国就没有人敢做、会做、能做了吧？

▲ 西贝执着推广莜面

2.10 持续9年的品牌管理，西贝成为中国正餐第一

咨询是企业家的生活方式，咨询的价值在于长期陪伴品牌的成长。基于品牌五年计划，完成西贝从超级符号、持续改善、营销日历和品牌公民持续9年的品

牌管理。

但是，五年品牌计划并不是一个个按顺序一步一步前进的，甚至说，有些品牌一上来就是做第五年的事情；超级符号、品牌谚语未必在第一年就能挖掘出来，而是在第二年，甚至第三年才确定下来。

五年品牌计划，每一年都是第一年。华与华服务西贝9年，从2013年到2022年，从7亿到60亿，经历了品牌黄金十年，见证西贝从地方菜品牌到中式正餐第一。（数据引自2021年度中国餐饮品牌力100强）

总结西贝"品牌五年计划"

时间	第1年	第2～3年	第4～5年
重心	超级符号 持续改善	营销日历管理	社会企业 公民品牌
产品	模块1：超级符号及品牌三角两翼模型 模块2：元媒体开发及全面媒体化 模块3：持续改善 模块4：品牌传播策略及广告创意	模块5：内部路演及营销教练 模块6：品牌营销日历 模块7：企业战略洞察	模块8：产品结构及新产品开发 模块9：公关及公益战略
效果	1. 创意"I ❤ 莜"超级符号与品牌谚语"闭着眼睛点，道道都好吃"传达核心的品牌认知，建立品牌资产 2. 开发餐饮元媒体系统"店招、电视、围兜、菜单、餐巾纸、外卖包装"降低传播成本，加速购买决策，提升销售效率 3. 品牌大事件：西贝莜面村，走进联合国；"舌尖爆品传播"	1. 营销日历建立品牌一年的行军节奏：2·14亲嘴打折节、春天吃香椿莜面、6·1儿童美食节、那达慕草原美食节等 2. 通过内部路演及教练，以及持续改善的方式，打造蒙古牛大骨、儿童餐等产品，降低内部沟通成本 3. 重新转动4P，创新获得利润	1. 家有宝贝，就吃西贝，首创1～12岁儿童餐，成为儿童餐首席知识官，为品牌积德，为企业定心 2. 通过开发蒙古牛大骨，从0到1打造头部产品营销，通过那达慕草原美食节把草原文化带到全国，造福一方百姓 3. 死磕莜面21年。把难以标准化的传统手艺标准化，持续5年推广亲子搓莜面

第五章 四大"五年品牌管理"实例

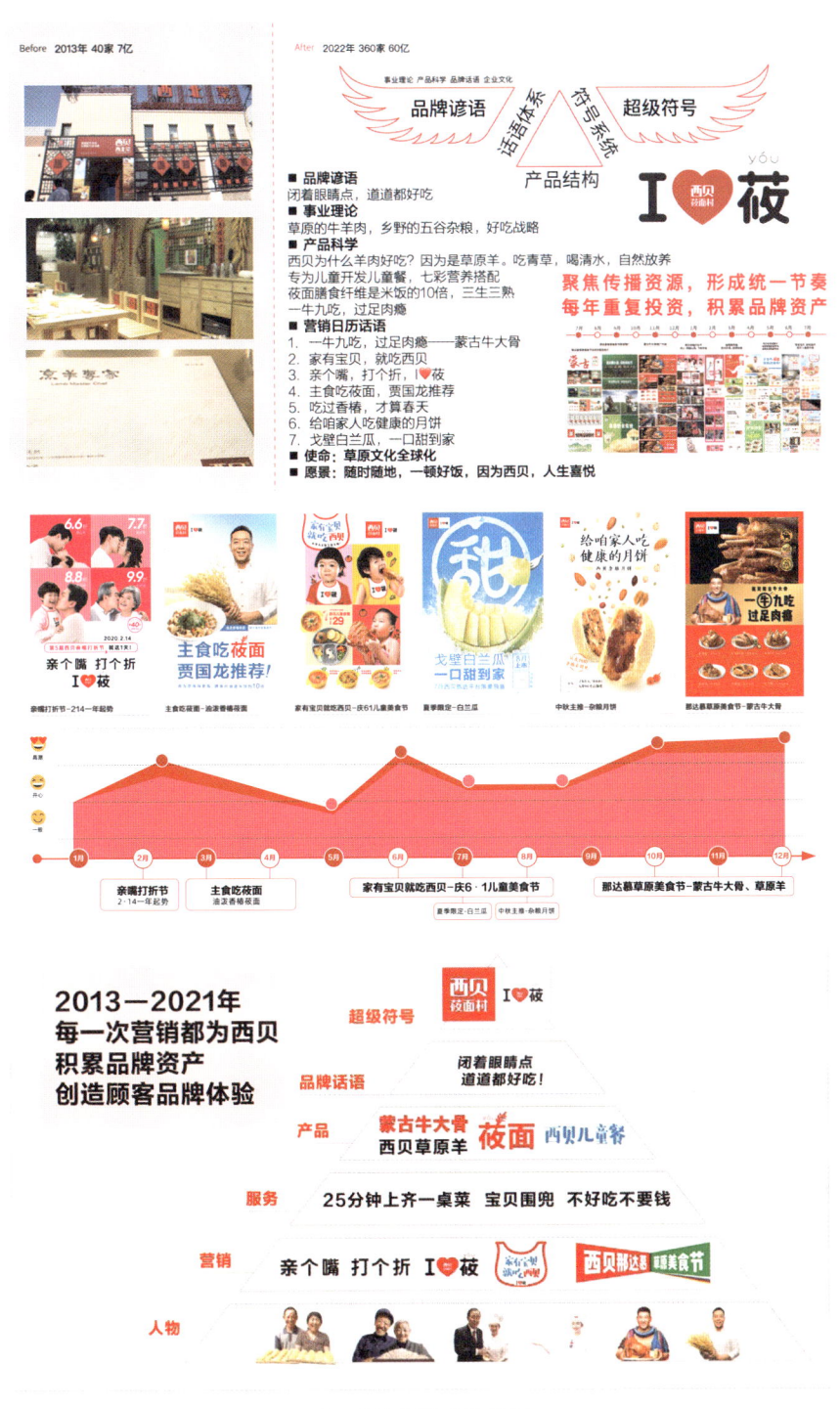

Before 2013年 40家 7亿

After 2022年 360家 60亿

事业理论 产品科学 品牌话语 企业文化

品牌谚语　超级符号
话语体系　符号系统
产品结构

I ♥ 莜 yóu
西贝莜面村

■ 品牌谚语
闭着眼睛点，道道都好吃
■ 事业理论
草原的牛羊肉，乡野的五谷杂粮，好吃战略
■ 产品科学
西贝为什么羊肉好吃？因为是草原羊。吃青草，喝清水，自然放养
专为儿童开发儿童餐，七彩营养搭配
莜面膳食纤维是米饭的10倍，三生三熟
一牛九吃，过足肉瘾
■ 营销日历话语
1. 一牛九吃，过足肉瘾——蒙古牛大骨
2. 家有宝贝，就吃西贝
3. 亲个嘴，打个折，I♥莜
4. 主食吃莜面，贾国龙推荐
5. 吃过香椿，才算春天
6. 给咱家人吃健康的月饼
7. 戈壁白兰瓜，一口甜到家
■ 使命：草原文化全球化
■ 愿景：随时随地，一顿好饭，因为西贝，人生喜悦

聚焦传播资源，形成统一节奏
每年重复投资，积累品牌资产

亲嘴打折节——214一年起势　　主食吃莜面——油泼香椿莜面　　家有宝贝就吃西贝——庆6·1儿童美食节　　夏季限定·白兰瓜　　中秋主推·杂粮月饼　　那达慕草原美食节——蒙古牛大骨

亲嘴打折节 2·14一年起势　　主食吃莜面 油泼香椿莜面　　家有宝贝就吃西贝——庆6·1儿童美食节　　夏季限定·白兰瓜 中秋主推·杂粮月饼　　那达慕草原美食节-蒙古牛大骨、草原羊

2013—2021年
每一次营销都为西贝
积累品牌资产
创造顾客品牌体验

超级符号　西贝莜面村　I♥莜
品牌话语　闭着眼睛点 道道都好吃！
产品　蒙古牛大骨 莜面 西贝儿童餐 西贝草原羊
服务　25分钟上齐一桌菜　宝贝围兜　不好吃不要钱
营销　亲个嘴 打个折 I♥莜　家有宝贝就吃西贝　西贝那达慕草原美食节
人物

▲ 西贝品牌五年计划

455

四

莆田餐厅

1. 莆田500万大奖赛现场演讲

▲ 莆田500万大奖赛现场演讲（于戈）

1.1 莆田餐厅×华与华品牌五年计划的教科书级案例

各位朋友，大家下午好！接下来我就给大家带来一个完整的、标准的"华与华品牌五年计划"教科书级案例：莆田餐厅！

说起莆田的故事，我想用三个第一给大家做个介绍：华与华第一个以中国为基地服务的全球品牌，华与华第一个营销日历开山之作，华与华第一个品牌五年计划教科书级案例。

莆田餐厅成立于2000年，是一个来自新加坡的餐饮企业，创始人为方志忠先生，我们也称他为方叔叔。2000年他从福建莆田移居到新加坡，创建了莆田餐厅。20多年来，他在亚洲5个国家19个区域开设了90多家分店。2015年，莆田餐厅决定进军中国餐饮市场，那个时候他听说中国有个华与华，所以他进入中国的第一站就是从华与华开始的。7年的合作过程，从大中华的品牌管理，到统一管理亚洲5个国家的品牌工作，包括中国、新加坡、印度尼西亚、马来西亚、菲律宾。华与华为莆田提供的咨询服务，受到了新加坡企业发展局中国区负责人的肯定，他是这么说的："新加坡的其他品牌和企业进入中国大陆市场，首推华与华。"所以今天我就告诉大家一个秘密，新加坡的企业进入中国市场找华与华，政府是给咨询补贴费的。

我觉得我们这个项目，给公司带来了国际声誉，能够得到国际市场的认可，让新加坡政府用钱投票，支持品牌来中国。莆田案例可谓开场即巅峰。

1.2 莆田的"华与华品牌五年计划"第一阶段——品牌筑基年

"华与华品牌五年计划"的第一阶段：品牌筑基年。

说到品牌，华与华提出了"品牌三角形理论"。我们始终围绕着话语体系、符号系统、产品结构这三件事构建出品牌的大厦。

▲ 华与华品牌三角形

◎ 1.2.1 战略纹样"水波纹",引爆大规模的市场效应

我们先说符号。超级符号是我们一切工作的起点,也是我们管理全球品牌的起手式。对于一个国际品牌来说,拥有一个个性鲜明、记忆深刻的符号,至关重要。莆田在跟我们合作之前,它的符号是一朵祥云。我们觉得它是一个装饰性的符号,所以给它去掉了。我们给莆田设计了一个决定性的超级符号,战略纹样——水波纹。

之所以选用水波纹,是因为它具备高识别性的战略价值。水波纹是一个全球都认识的图形,也是一个带有魔力的图形。从陶器时代开始,水波纹就作为文化符号被广泛应用至今,是积蓄了一万年的原力。今天,无论你走进全世界的任何一家博物馆,纽约的大都会博物馆、中国的国家博物馆,这些民族之间可能没有任何的联系,但是在盛装食物的陶器罐上都会有水波纹的纹样。毕加索说,优秀的艺术家模仿,伟大的艺术家剽窃。我们所有的艺术创作都是对原始艺术的剽窃。所以原始艺术是怎么设计的,我们就怎么设计。

超级符号的纹样设计看起来很简单,但其实很难。美的设计不是一个比例的拉大、放小,而是在不同的大小、粗细比例之间又有不同的间距。超级符号的纹样设计可以说是抽象美的第一名。黑格尔在美学艺术中首先就讲抽象的美,在抽象的美里面,他又把平衡对称、整齐一律列为第一。莆田水波纹就是这样的符号,这种统一性、重复性具有阵列感的视觉效果,就像国庆节的阅兵仪式一样,能够带来巨大的视觉冲击力和强制力,释放出巨大的心理能量,而且自带货架优势。

货架思维是华与华的底层设计逻辑。你可能会说,餐饮行业还有货架吗?没错，餐饮行业的货架更复杂。我们知道的餐饮渠道已经发生了从街边店到贸店的变化。在贸店，你要去跟更多的人争夺顾客的注意力，它不仅是同行之间，还可能是周边的服装店、玩具店，甚至是电子数码店，这些都要考虑进去。要想跳出货架，就得把门头、店面当成快消品的包装来设计。

2016年，莆田中国大陆首店开业。如何让一个漂洋过海的新品牌，迅速地被大家认识呢？我们给门店设计了一套视觉、营销、信号系统，让整个门店铺满大面积的水波纹和醒目的莆田蓝，这样就让这个门店一下子跳出了货架，实现了秒杀一条街的效果。

在那个期间还有一个机缘，女神林青霞也特别喜欢莆田餐厅，她在第一次到莆田用餐后，就写下了"莆田好吃"这四个字。所以在大陆首店开业的时候，我们把全新的店面系统和林青霞捆绑成最强的刺激信号包，并且提出了"林青霞挚爱餐厅"的传播话语，这一下子就让一个陌生的新品牌迅速变成消费者愿意喜爱，并且愿意进去消费的一家餐厅。这也是我们给莆田打的第一场漂亮仗。

2017年，莆田启动海外市场老店翻新计划。整个海外市场的传统中餐，一般都是中式的、老派的、酒楼的风格，年轻人很难走进去。我们是以中国大陆首店为样板，一举刷新了海外中餐的新高度、新标杆，这一下子让莆田从一个新加坡老华人品牌变成年轻人愿意消费的第一中餐品牌。用莆田方叔叔的话来说，莆田在国内市场获得的成功反哺了海外市场。

那超级符号的美学就是"美"与"用"的大统一。我们说无用的设计，再美也是无用的。所以无论是建立中国品牌还是全球品牌，都需要这样的大众市场美学。把最平凡的元素用彻底，用到别人无路可走，就能获得大规模的市场效应。

◎1.2.2 以话语体系"三分靠厨师，七分靠食材，掌握好食材，原味福建菜"为基础，带动企业高速运转

我们讲完了符号的故事，再来讲讲话语的故事。品牌的话语体系是品牌的创世纪。那"世纪"是怎么创造出来的呢？是说话说出来的。神说要有光，于是就有了光，连上帝也是用说话来创造世界的。

品牌的话语体系，包括了事业理论、产品科学、品牌话语和企业文化。

事业理论是华与华最底层的经营哲学，任何一个企业要想根壮叶茂、基业长青，就一定要有事业理论。在华与华，每一个企业的战略都是量身定制的，它不

只是一企一策，更是一人一策，这里的人指的是企业家。前期在做品牌资产扫描时，我们就发现"好食材"是流淌在莆田的血脉基因。20多年前，莆田初创时的话语就叫作：用心选用当季食材，带出百分百的家乡美味。所以方叔叔本身就是这样的人。

这里我给大家讲一个小故事：在新加坡当地只要提到方叔叔，大家就会说他"只要最好的"，是最舍得出价的餐馆老板。在创业初期，每当餐厅打烊后，他就会独自去采购新鲜捕捞上来的好食材。刚开始摊贩们都不理解，笑话他傻，说他"你这中国人做生意怎么能这样，这些东西都是买给自己家里人吃的"。可他就是不改，后来摊贩们也都渐渐习惯了，开始把每天的好东西留给他，甚至有一些摊贩还变成了莆田的铁杆粉丝，直到现在都会带着家人和朋友去莆田吃饭。

基于此，我们给莆田提出"三分靠厨师，七分靠食材，掌握好食材，原味福建菜"。这是莆田的事业理论，也是它的品牌谚语，更是它的产品科学。

那有没有什么形式能够让这句话快速地被记忆、被播传呢？有什么比顺口溜更厉害的方式吗？当然有，歌曲的传达力更高。因为文字一旦被嵌入旋律当中，你甚至不用去回忆就能脱口而出！所以我们找到了福建一首经典老歌《爱拼才会赢》。这首歌也唱出了莆田20多年的初心。

▲ 莆田的广告歌

那么基于事业理论，我们为莆田提出了管用100年的好食材战略；并通过四个维度，从企业的内部行动和外部传播，实现了整个企业的高效运转。

▲ 四个维度

◎ **1.2.3 用最佳菜单实现"买我产品，传我美名"的品牌目的**

接着说产品结构，我们一般说产品结构就是企业的战略路线图。

任何一个品牌都要有自己的拳头产品，一个餐厅如果产品过多，消费者对你的印象比较消散，那就很难形成记忆和播传。菜品的价值能不能被传递出去，最关键的载体是菜单。在华与华，我们把菜单的设计置顶为战略设计。菜单的设计必须机关算尽，才能实现品牌的目的。华与华对于品牌的目的定义一共有11条，最核心的就是"买我产品，传我美名"。

莆田的菜单设计，连续三年荣获华与华最佳菜单奖。我们到底做了哪些机关呢？今天我给大家揭秘一下。

第一，打造招牌榜，一次卖更多。餐厅最关键的就是要有一个招牌菜，菜单就是要把这个招牌菜呈现出来。我们去一家陌生的餐厅总会问别人："你们家的招牌是什么？"就是这么很简单的一件事，很多餐厅都没有做出来。2015年我们首次为莆田提出了"莆田10醉",一炮打响了首个拳头产品。我们同时把产品的价值做进命名里,把购买理由写进文案里,这一下就让第一次进到莆田餐厅的顾客,不用问别人,直接照着点就可以。所以在全球,平均每家店"莆田10醉"产品的营收占比高达40%。

▲ 打造招牌榜,一次卖更多

第二,从按例卖改为按位卖,一个机关卖更多。对"百秒黄花鱼"的推广,我们只用了一招,它不仅卖得更多,还提升了桌均销售。以前大家点单的时候,一桌只点一条鱼,大家一起分着吃。这一次我们在菜单上明确地标出了"按位上",这样一来,大家是按照人头来点单的,几个人就点几条鱼,那不是卖得更多了吗?

▲ 从按例卖改为按位卖,一个机关卖更多

第三,产品搭售卖,一次卖更多。在鳗鱼节和海蛎节的推广期间,我们开发了产品搭售战略。这个搭售战略不仅是产品的吃法指南,更是产品的购买指南,让消费者跟着买、跟着吃。

▲ 产品搭售卖，一次卖更多

第四，最重要的来了，我们说这叫"一图制胜"。餐饮的拍摄和设计，其实就是食欲感的设计。一张图必须让人看到就流口水，看到就想吃。所以我们要实现一张图就能打动购买。

▲ 一图制胜

这就是"品牌五年计划"的第一阶段——品牌筑基。在这个建立品牌的关键时期，我们为每个客户构建出基本的品牌三角形，之后每一年的工作都是不断地从品牌三角形出发，再回到品牌三角形。可以说，绘制品牌三角形是品牌一生的工作。

1.3 莆田的"华与华品牌五年计划"第二阶段——营销日历年

"品牌五年计划"的第二阶段：营销日历年。我们说品牌要生，也要养，这里的养既是管理品牌，也是投资品牌。

华与华虽然是诞生在中国的咨询公司，但是华与华的方法没有国界，放之全球皆可用。为什么呢？因为我们提供的是哲学级的洞察、原理级的解决方案。

◎1.3.1 用"莆田食材节"解决全球品牌的管理问题

2015年10月，方叔叔跟华总在新加坡金沙酒店晨跑，两个人边跑边聊，方叔叔突然停下来，发出了一个灵魂拷问："华杉，全球品牌怎么管？"

在我们看来，全球市场统一一个声音，一定比不同国家有不同的声音要好。因为我们做营销传播，实际上是在管理品牌传播的声音场，让所有人在同一个时间只说一件事，只传一句话，形成统一的节奏，这样才能管理大众的集体印象，建立品牌和顾客的习惯共同体。

奥格威曾经说过，在一个国家最有效的方法，几乎在其他国家也有效。那莆田在新加坡、中国香港的成功，最重要的禀赋就是好食材。我相信全球的顾客对好食材是没有任何的抵抗力的，好食材是不分国界和文化的。所以基于此，我们为莆田提出了"莆田食材节"，这也是华与华营销日历的开山之作。我们是以地方食材为主线，每年在固定的时间推出当季时令主打食材，形成一年的销售主题。

那么在华与华方法企业第一定律，科斯交易成本定律，它把企业的交易成本分为内部交易成本和外部交易成本，那么成功的经营就是让我们的内外部交易成本都越来越低，所以我们在莆田用营销日历解决了方叔叔问出的"全球品牌怎么管"这个问题。在外部，我们让顾客形成固定的期待，每年到时间点就过来吃东西，按着点来吃就好了。在内部，我们为各区域员工建立起一年工作的节拍，你到时间点就知道干什么，这样不断地持续改善，精益求精，也是企业管理的精髓。

说到食材节，我们就不得不说莆田的明星食材：哆头蛏。你们别看现在莆田的哆头蛏称霸美食圈，2016年以前，它还是一款平平无奇的小海鲜，它是怎么称霸的呢？今天我们摊牌了，华与华的核心价值观是不骗人、不贪心、不夸大，一切成绩都是客户的成功。今天我就要跟方叔叔争一争，莆田哆头蛏的成功就是我们做的！三年时间，把一款平平无奇的小海鲜打造成享誉全球的美食名片。

莆田的哆头蛏来源于莆田当地一个名叫哆头村的地方，它至今已经有600多年的养蛏历史。哆头蛏命运的转折点是在2017年，那一年我们正式推出了莆田哆头蛏节。我们用"称霸"这个词放大了产品与生俱来的戏剧感，创造了这样的一个超级符号，并且创造了一个这样的超级句式，以及"吃饱了蛏的拼画大赛"。这样就在全球门店建立起哆头蛏传播的道场。

你以为这就爆了吗？这就称霸了吗？还没有，还差一点，差"8种吃法，一次点俩"。这一招一下让莆田哆头蛏彻底卖爆了。我们说营销是提供一种服务，广告是提供信息服务，一个完整的广告信息内容里一定要包含三个购买——购买理由、购买指令、购买指南。这是企业的生意经，也是为顾客降低其选择成本，当顾客选择你的成本越低，就有越来越多的人选择你。大家想一下，我们一起出去吃饭，如果这个时候我已经点了一道蛏，再去点第二道蛏的时候，同伴一定会拉住我说，已经有一道蛏了，咱们换个别的吧。如果这时有"8种吃法，一次点俩"，就会彻底地打消他的疑虑。再加上128元两道，就能让他快速地做出决策，所以这就是把促销转化成销售，把产品推广变成购买指令。就靠这一招，全球94%的顾客都会按照我们的指令去购买。

▲ 8种吃法，一次点俩

所有的成功都是时间现象，在华与华我们从来不鼓吹追求爆品，因为爆品是一时的，它不能一下子爆了，一下子就没有声音。所以，三年时间让莆田哆头蛏的销量跃升420%。虽然这两年受新冠肺炎疫情的影响，海外部分区域市场没有办法销售哆头蛏，但经常听店长提到很多老顾客都一直对它念念不忘。

7年坚持不动摇，一季一食材，一季一主题。我们食材节为莆田餐厅门店累计贡献了23亿的营收。

◎1.3.2 "创意"归根到底是苦力活儿，成功更在于执行

大家以为食材节是推一道就火一道的吗？当然不可能。想当年第一枪"头水紫菜节"就是个哑炮，好在方叔叔当时没有因为一次没效果就放弃了，而是让我们继续干。现在想想，这就是企业家的坚定和胆识。要是没有方叔叔的坚持，这23亿从哪儿来？华与华跟莆田的7年又从哪儿来？

在这7年的过程中，我们同时策划并创意了"莆田哆头蛏，称霸上海滩""莆田扁肉汤，皮比馅还香""莆田红菇鲜，红遍上海滩""莆田鲜海蛎，越吃越蛎害""新年吃莆田，财运旺整年"。这就是华与华和莆田的7年，也是我和莆田的7年。

估计很多人会认为，我们平时做创意的就是坐在电脑前发挥一下想象力，去编几个词、造几个句。但我要告诉大家，创意是个脑力活儿，但归根到底它是苦力活儿。所有好食材背后的一手信息，全是这7年时间里我带着团队上山下海跑出来的，因为这些信息连客户也没有。

我印象特别深的是红菇采摘的那一次，在武夷山最原始的森林里，连路都没有，那里的草长得比人都高，那天我们耗了5个小时，扛着40斤的器材，爬75度的陡坡，就是为了去找红菇背后的秘密。在这个过程中，我们经历了无数的滑坡、摔跤，甚至还遇到了蛇，简直是用生命在做项目。所以莆田食材节成功的背后不仅是这个课题的成功，更关键的是我们这帮人把它执行出来了，所以我送给大家12字的成功真言：坚持就是胜利，苦力创造奇迹。

1.4 莆田的"华与华品牌五年计划"第三阶段——社会公民年

"品牌五年计划"的第三阶段：社会公民年。

2019年我们给莆田策划了一件大事，首届莆田哆头蛏节。我们耗时90天，跟当地政府、村长、村民们一起，去挖掘并还原了600多年前的蛏子祈福仪式。活动的当天全村十分热闹，整个哆头村就像过年一样开心。

我们做的这个活动不仅得到了政府的支持，也吸引了海内外30多家媒体的联合报道，当时的莆田副市长也在现场给予了我们高度的评价。但是我们为什么要做这件事？莆田哆头蛏的历史已经有600多年，如果它就此沉寂，没有得到传承，那就太可惜了。商业反哺文化，文化需要传承，就像日本的乡祭活动，把它

做成村民共同的庆典和喜事，然后通过这样传统的乡祭活动进行文化的传承，能让现代的人和过去的人产生连带感和归属感。所以我们说经营就是服务社会，生意不仅是企业的生意，更是一方老百姓的生计。

莆田哆头蛏节打造的这样一个事件，就是这样一场跨越百年文化的庆典，不仅让当地的蛏农们获得了利益，还让地方文化得到了传承，也让海内外更多的人知道了哆头村，并且能够让消费者吃到来自原产地的好食材。我们说这就是"地方品牌，全球共享"。

对企业而言，当品牌能够成就一方百姓的生计，能够壮大一方乡土的文化，这就是华与华说的品牌积德。在华与华的眼里，品牌积德不是捐款，不是捐希望小学，不是做慈善，而是品牌最高价值的投资，是企业战略的上层建筑。我们做品牌积德的最终目的是要回到母体、成为母体、壮大母体。大家可以想一下，端午节可以让人们一直记住屈原，中秋节可以让人们一直记住嫦娥，如果莆田的哆头蛏节再做50年，它将成为一个不可撼动的品牌文化。

1.5 华与华×莆田7年合作总结

莆田和华与华的7年，是稳打稳扎、步步为营的7年。用方叔叔的话来说，感谢华与华，让莆田没有走过一步弯路。

2015年，华与华用超级符号和食材节统领全球莆田，形成统一的节奏、统一的动作、统一的声音。2018年，新加坡、中国香港站，一举去除了莆田老华人、老中餐的印记，成为新加坡年轻人愿意消费的第一中餐品牌。2019年，香港机场站为莆田全球小店开模打样。2020年，在马来西亚、印度尼西亚，新年战役创造门店新生意。2021年在菲律宾，莆田好食材建立了企业的第二增长曲线，快消品成就新收入。

我们来回顾总结一下华与华和莆田这精彩的7年。

华与华第一个以中国为基地服务的全球品牌，华与华第一个营销日历的开山之作，华与华第一个品牌五年计划教科书级案例；品牌五年计划第一阶段，品牌筑基年。战略纹样水波纹，万年原力觉醒，是人类视觉的帝王学。中国设计，全球统一，品牌资产全球开花。"三分靠厨师，七分靠食材，掌握好食材，原味福建菜"，管用100年的好食材战略。第二阶段，营销日历年。华与华营销日历开山之作，"莆田食材节"用食材节统领莆田全球市场的传播节奏，7年坚持不动摇，一季一食材，一季一主题。7年来，食材节为莆田餐厅累计贡献了近23亿的营收。第三阶段，社会公民年。2019年，首届"莆田哆头蛏节"还原600多年前的蛏子祈福仪式，成为商业反哺文化的标杆案例。"地方品牌，全球共享"，华与华与莆田的7年，稳扎稳打，步步为营。我们从0到1，完成了"全球品牌，中国管理"。这就是华与华与莆田的7年。下一个7年，我们将持续为莆田餐厅的全球化发展保驾护航。

1.6 获奖理由

"华与华品牌五年计划"是管理品牌百年的方法论，也是我们构建和形成品牌的指南针，让全球任何一个国家、任何一个地区、任何一个人都能知道如何建立品牌并投资品牌的核心方法，让全球品牌少走弯路。

那么莆田是"华与华品牌五年计划"教科书级的案例，更是"全球品牌，中国管理"的最佳实践，它代表着华与华开启海外出征和全球化服务的第一步。华与华的国际化案例，需要这样的标杆去做实践。

这是一张莆田品牌五年计划图，我想问一下其他的参赛选手，你们谁能把这张图像这么完整、清晰地画出来？如果莆田敢说第二，那真的没人敢说第一了。所以，今天这个奖我是想不出任何一个莆田不拿第一的理由，除非是华板对"华与华品牌五年计划"的方法论没有自信，要么就是华板对华与华海外国际化没有自信。那么接下来我就把时间交给华板，谢谢大家。

▲ 莆田餐厅：华与华品牌五年计划

华板现场点评：

刚才于戈讲得非常精彩，同时我也在看直播。我刚才看到有一个观众说"莆田不惊艳，但是有灵魂"。其实莆田很惊艳的，只不过它是全球的布局，在中国没有那么多店，所以好多顾客对它还没有那么熟悉。

但莆田确实有品牌的灵魂，这个灵魂就是它的扎根之处。莆田找到了两个根，一个是福建菜，一个是好食材。只要在食材上面不断地深耕，好食材加上福建的饮食文化，就是一个可以永续并且在全世界可以开店的生意。所以说品牌是有文化的品牌跟没有品牌的文化，不是说碰运气去碰一个爆品，而是要不断地往下找属于你的根，这个根一个是事业母体，还有一个就是话语体系里的事业理论。

可以说莆田餐厅是华与华从事业理论、产品科学、品牌文化到营销日历都整合到位的品牌管理代表案例。莆田案例的成功，是华与华开启海外出征和全球服务的第一步，也是我们用华与华方法孵化和培育全球化品牌的一次成功实践。

华与华与莆田的7年，稳扎稳打、步步为营。并且以坚定的战略定力，从超级符号到品牌战略，一举建立莆田品牌长效机制，在莆田的第一个五年计划上，取得了"从0到1"的开创性成果。

谢谢于戈！

华杉的弟现场点评：

刚刚我手机也一直在看直播，也看到很多网友的评论，大家都在期待一个非常精彩的创意。这让我想起以前有一个朋友对我说的话："我看你们的创意，每一个都特别普通，你这个创意我也想得到啊。"但是，就是这些很普通的创意，在年复一年的执行中会变得越来越有力量，越来越深入人心。所以我想对这些亲爱的观众说一句，不要期待在案例当中看到它多么精彩的创意，你要去看的是它扎根扎得有多深，最后这个创意经过年复一年的执行，如何成为大众生活的一部分。

2. 莆田餐厅×华与华7年咨询合作总结

在业内，大家都在说华与华是本土营销咨询的顶级公司。但你们说得不全面，华与华不仅是本土化营销咨询公司，还是全球化营销咨询公司。

今天，跟大家分享华与华明星案例——莆田餐厅。作为全球连锁餐饮品牌，我们和莆田餐厅的合作，从一开始就是一个全球化品牌管理服务。

莆田餐厅是一家来自新加坡的餐饮企业，也是"新加坡中餐第一品牌"，连续5年摘得米其林一星殊荣，深受蔡澜、林青霞、孙燕姿、张智霖袁咏仪夫妇等诸多名人的喜爱。

2015年是莆田品牌发展史上一个关键节点。这一年莆田决定进军中国大陆，选择"华与华"作为进入中国的第一站，此后展开连续7年的深度合作。

7年时间里，我们持续不断地为莆田各区域市场提供在地化服务。通过一个又一个具体的产品，一次又一次扎实的市场动作，给莆田带来切实的生意增长！

从2015年开始，莆田的版图从新加坡到印度尼西亚、马来西亚、菲律宾等地，已在亚洲5个国家19个区域开设90多家分店。华与华立足全球市场，从大中华的品牌管理到各区域品牌统一管理，我们有幸参与莆田全球化品牌建设，并见证了莆田品牌全球化的整个发展历程。

▲ 莆田的版图

全球化品牌管理是个双重挑战，既需要全球统一管理、积累品牌资产，又需要因地制宜制定对策，适应各区域文化背景和社会环境的差异性。这是所有全球品牌管理当中不得不直面的挑战。

莆田的全球化管理，不仅是品牌的输出、文化的输出，更是产品和传播的输出。长达7年的合作期间，我们是如何做到"全球品牌，中国管理"，从0到1助力莆田成为新加坡国际连锁中餐第一品牌的呢？

2.1 品牌定心，让企业少走弯路

做咨询不仅是帮企业做"战略咨询"，同时也是帮企业家做"心理咨询"。企业的很多动作，都来源于企业家的心理焦虑。合作之初，华与华为莆田餐厅提供的最大价值就是两个字——定心，为品牌定心！

莆田餐厅在刚进入中国市场的时候，面临两个突出的"品牌问题"：一是莆田商标因是行政地名，无法取得中国注册，要不要改？二是很多人说"莆田"两个字给人的印象是江湖游医，在国内会产生不大好的联想，担心这个名字会给企业带来牵累。

解决这个问题，第一步就是进行企业寻宝，这也是华与华一项非常重要的工作。我们认为一个企业能走到今天，就是因为做对了一些事。但往往学多了、想多了之后，反而走偏了，自己把好的东西丢了。

企业寻宝的过程就是帮助企业重新找回、擦亮他们多年前，甚至创业初的做法，然后把这些"宝贝"进行放大，而不是一味地求新求变。这也是华与华经营使命的体现：让企业少走弯路。

我们在进行企业寻宝时，发现"莆田"这个名字从创业初就在使用。2000年莆田餐厅创始人方志忠先生，从福建莆田移居到新加坡生活，因为思念家乡的美食决定创办莆田餐厅。在他看来家乡菜就用家乡名，不需要太复杂，这么多年已经成为重要的品牌资产之一。

在华与华方法里，我们强调"品牌资产"和"品牌资产观"。品牌资产就是给企业带来效益的消费者认知，做任何一件事，一切以是否形成资产、保护资产、增值资产为标准，对那些能形成品牌资产的就不要改动，要坚持。

所以，回答第一个问题，"莆田"既然已经在全球注册（除中国外），并且使用了那么多年，自然是要沿用的。在中国市场就把"莆田"两字和英文名PUTIEN一起使用，形成"莆田PUTIEN"绑定组合名。对第二个问题，可以说这就不是问题，如果莆田品牌联想不好，那就让这个名字因为我们的努力而变得美好，让我们重新赋予"莆田"美好、美食的联想！

▲ 莆田餐厅

2.2 莆田水波纹是人类学的成功！

◎ 2.2.1 原力觉醒，重拳出击

超级符号是我们一切工作的起点，也是我们管理全球品牌的起手式。在莆田向全球品牌转型的关键时期，我们给莆田做了一个重要的超级符号——锯齿状的水波纹。因为这就是一个人类学意义上的设计。所谓人类学意义上的设计，就是原始人的设计。毕加索曾经说："优秀的艺术家模仿，伟大的艺术家剽窃。"我们所有的艺术创作，都是对原始人艺术的剽窃。原始人怎么设计，我就怎么设计。

第五章 四大"五年品牌管理"实例

一万年前，从原始社会的陶器时代就开始运用水波纹作为符号。一万年后，水波纹成为莆田全球通用的超级符号，这是积蓄了一万年的原力！

▲ 华与华为莆田餐厅创意的水波纹超级符号

几何纹样是最原始的美，深入人类几十万年的潜意识，其审美历史远远在文字出现之前，也在绘画出现之前。锯齿状的水波纹早在陶器时代就成为必不可少的文化符号被广泛应用，这种神秘的几何图案所具有的魔力远大于其审美价值。

中国半坡时期文物　　中国战国时期文物　　中国西夏时期文物

▲ 装盛食物的陶罐

今天走进全世界任何一家博物馆，纽约的大都会博物馆、中国的国家博物馆，这些民族相互之间并没有联系。但是，他们装盛食物的陶罐碎片上面都有水

473

波纹纹样。只要是人，看见它就会原力觉醒！

▲ 从原始社会的陶器时代就开始运用水波纹作为符号

条纹设计看起来很简单，但是什么比例最美，这是个问题！美的设计，不是一个比例拉大放小，而是不同大小、粗细和间距要有不同比例。

华与华的超级符号是颠覆VIS思维的设计思想，是对设计思想和设计美学的拨乱反正。从标识设计上，超级符号设计聚焦于解决问题，始终服务于最终目的，而不是无序发挥，这就是美学的根本。

超级符号的纹样设计，首先从美学上定义，是"抽象美的第一名"。黑格尔在他的《美学》一书中，首先就讲抽象的美，在抽象的美里，又把"平衡对称，整齐一律"列为第一。这和华与华的设计方法也是一致的。

通常我们尽量使用具象的设计，而避免使用抽象的设计。因为抽象的形象不易理解、记忆和描述。在华与华的超级符号设计实践中，我们广泛地运用整齐一律和平衡对称，再加上"四方连续"，这就构成品牌纹样的设计。这是有美学理论支撑的。莆田的水波纹就是这样的符号！

▲ 不要装饰,要强势!"同一个记忆碎片,同一个品牌印象"。这就是华与华方法做品牌体验的一个重要原则,撕成碎片也认识你。

这种线条性、准确性、同一性的、可重复的形象,创造出一种盛大的仪式感,就像国庆节的阅兵仪式一样。当它作用于人的视觉,可以释放出巨大的心理和社会能量,这是巨大的"视觉权力",是视觉的帝王学。

当这个设计运用于市场,消费者并不是站在评价者的角度,他们做出的是直接的、纯粹的反应,就是接受这个美,并且按照这个美的指引行动。

◎ 2.2.2 当所有人问的是美不美,我们要的是货架

货架思维是华与华设计的底层逻辑,一切创意要以货架为导向,产品出现的一切场合都视为货架。

对于餐饮企业来说,商圈是货架,门店是产品,店招就是包装。我们的店面就是陈列在商圈货架上的一个包装,要把门头当成快销品的包装来设计,想尽办法在货架上释放信号吸引消费者的注意力,让消费者第一眼就看到你。

▲ 莆田的门头设计

莆田水波纹就是决定性、超强势的视觉战略。醒目的水波纹和大面积的莆田蓝成为品牌最具代表性的视觉符号，让门店跳出货架，在商圈陈列中获得最大的视觉冲击力，让莆田水波纹秒杀一条街。

2.3 中国设计，全球统一，超级符号下南洋！

◎2.3.1 一举刷新海外中餐新高度，成为新加坡年轻人愿意消费的第一中餐品牌

对于连锁餐厅而言，门店就是营销的主战场。每一家莆田餐厅的门店，本质上都是一套信号系统。

2015年在莆田全球首家样板店，我们为莆田设计了整套符号系统，将门店打造成品牌传播的最强刺激信号，为莆田设计了整套战斗套装——门店信息炸药包，并在中国激烈竞争的餐饮市场得到了成功的验证。我们有信心这套符号系统拿到任何一个国外市场都能所向披靡。

第五章 四大"五年品牌管理"实例

海报　　菜单　堆头　荣誉墙　形象墙

▲ 莆田餐厅的门店

新加坡是莆田的大本营，在海外市场仍然保留着最初创业时的样子，传统中式的门店空间风格，老顾客都是以家庭客为主，年轻的顾客并不多。我们如何通过超级符号帮助莆田在新加坡当地焕发新的活力？

▲ 和华与华合作前的莆田餐厅

477

2017年莆田启动海外市场老店翻新计划。我们以KR老店为首，以中国大陆餐厅为样板，联动当地12家门店率先进行了全球门店翻新工程。一时间在海外市场掀起一股水波纹的消费浪潮，让莆田餐厅彻底火爆，成为当地商场人气第一的餐厅，很多大陆来新加坡旅游的游客还专门到门店用餐打卡。

店长高兴地说："我们在当地开了六七年，已经是老店了，没想到品牌翻新之后就不一样了，现在我们不仅是商圈内客流最多的门店，连年轻人都多了起来。"

我们用华与华超级符号方法，改变了以往海外中餐在全球餐饮市场内老旧、管理落后的印象，一举刷新了海外中餐的新高度、新标杆，实现了莆田餐厅全球门店大统一。

▲ 和华与华合作后的莆田餐厅

超级符号带来超级惊喜！2018年新加坡营业额同比上涨21%，客流量同比上涨15%。最突出的一家门店营业额上涨36%，客流同比上涨35%。2019年莆田新加坡RWS店荣获大众点评必吃榜，成为大陆游客到新加坡必吃地标。

从新加坡市场的老华人品牌到新加坡年轻人愿意消费的第一中餐品牌，用莆田餐厅创始人方志忠的话来说："莆田在国内市场获得的成功，反哺了海外市场。"

◎ 2.3.2 不花钱的改善！把菜单设计置顶为战略设计

一切经营活动围绕着菜单，餐厅最主要的销售工具就是菜单，华与华把菜单设计置顶为战略设计。提高菜单的销售效率，是很重要的工作。

▲ 2022年莆田迭代第七代菜单版本正式面市

对餐厅而言，餐厅的品牌就是靠一个个菜品建立起来的，菜品的价值能不能被感知，关键的载体就是菜单。

菜单最重要的是突出招牌菜。我们去一个陌生的餐厅，总会问："你们有什么特色?有什么招牌?"这是很简单的事,但是很多餐厅都没有在菜单上突显出来。同样一张照片一个菜名一个价格,菜单上打上"必点"两个字,消费者就点了。要知道消费者更喜欢被选择引导、根据指令去购买。

产品结构是底层逻辑,是点餐的决策顺序!

合作初期我们发现莆田的菜单一共有59道菜,大多数情况下是按照销量和利润来规划整体的上架和下架,但是卖得好的产品并不突出。

在我们看来,产品是企业和顾客的联系。每个品牌都要有自己的拳头产品。一个餐厅如果产品很多,那么消费者对你的印象就比较分散,很难形成统一,也无法形成话题和播传。

2015年第一次提案时,我们就为莆田提出了产品结构的重要调整举措。通过对菜品的数据分析,我们筛选出具有独特性、故事性、消费者口碑高、销量高且保持长期稳定的10道菜品,组成"莆田10醉",打造成品牌的拳头产品推出。这不仅进一步深化了福建菜系特色,也使整个菜单主力结构更加集中。

"莆田10醉"的魔力,还在于下指令,它关掉了消费者大脑的电源,消灭他们的思考,在消费者心里形成快捷键,你照着点就行,从而大大地提高了点餐效率。

▲ 莆田10醉(图上价格为示例)

菜品"呈堂证供"越完整，顾客下单就越轻松！

菜单结构设计清晰了，产品的呈现也有机关。我们把价值做到命名里，把购买理由写进文案里，通过好食材的可视化、卖点icon（图标）化、菜品符号化，罗列出每一道菜品的"呈堂证供"。这样就能让每一个进到餐厅的顾客，哪怕一开始不知道点什么、吃什么，看完也能快速决策。

在门店高峰期，这样一本丰富的菜单还充当着"无声导购员"的角色，自己就能把菜卖出去。

▲ 莆田菜单

一图制胜！把菜品拍摄当作菜品开发的一部分。

在餐饮行业，菜品就是最重要的购买理由，是产品开发。尤其菜品的拍摄、海报的设计，不光是视觉的呈现，更是食欲的设计，要找到菜品最诱人的符号，

481

定格在那个瞬间。

货卖一张图，一张图就是购买理由，不光要刺激人的眼球，还要刺激人的味蕾，勾起人的食欲，要看到就流口水、就想去吃。

▲ 货卖一张图

事实证明这的确是非常有效的一招。在新加坡以及中国香港、上海、北京等地的市场走访时，每当我问到门店店长卖得最好的菜是什么，所有店长告诉我的都是"莆田10醉"。

"莆田10醉"的诞生，一炮打响了莆田首个拳头产品，成为全球门店的揽客利器、营收贡献主力军。目前，全球门店平均每家店的"莆田10醉"产品营收占比高达40%。

2.4 华与华营销日历开山之作，莆田食材节，7年坚持不动摇

◎ 2.4.1 决定莆田品牌全球战略的一次关键对话

2015年10月16日，华总头一天在新加坡参加完莆田15周年庆典晚宴，第二天一早就和方叔叔相约金沙酒店旁边的跑步道晨跑，两个人边跑边聊，方叔叔突然停下，发出了灵魂考问："华杉，全球品牌怎么管？"

我们说问题即答案。当你找对最终目的就能找到正确答案。全球品牌怎么管这个问题，其实问的是如何在全球市场建立起步调一致的品牌传播推广动作，同

时又能形成全球顾客对品牌的统一认知。

莆田的足迹遍布在新加坡、印度尼西亚、马来西亚、中国香港等地。在和华与华合作之前，各区域各自为政，各有各的传播动作，没有形成全球品牌一呼天下应的品牌声势。传播动作太多，浪费了大量的人力物力，在兵法原则上可是大忌。

▲ 动作多、落子少、资源分散、没有积累……

我们做营销传播，实际上是在管理"品牌传播的声音场"。让所有人在同一时间只说一个事、只传一句话，保持统一的节奏，才能形成沟通的枢纽，这样也就形成了管理大众的集体印象，在消费者心中建立统一、持久的品牌认知。相反，如果大家对品牌的印象很分散，那就无法形成话题和播传。

回答这个问题，我们要先找到莆田的事业理论。前期在做品牌资产扫描时发现"食材"是流淌在莆田的血脉基因，也是莆田独有的资源禀赋。

只选用来自原产地的好食材，只用食材最精华的部分，20多年持续不断地创造对食材讲究的文明，这也是莆田餐厅一路走来深受顾客喜爱与好评的原因。

事业理论是最底层的经营哲学，先有事业理论才有成功路径。

事业理论就两个词，一个是事业，你要给客户创造什么价值；另一个是理论，你的方法论是什么。任何一个事业要根深叶茂、基业长青，一定要找到文化母体，有事业理论。

"三分靠厨师，七分靠食材，掌握好食材，原味福建菜。"这就是莆田的事业理论，是产品科学，更是企业一生的事业！

"三分靠厨师，七分靠食材"这句话说出来一定没有任何人能反驳，而且马上就能记得住。"掌握好食材，原味福建菜"，既是事业理论也是品牌谚语，是企业家一生的志向。尤其"掌握"这个词属于强有力的词，代表企业家的决心和承诺。

找到这个事业理论后，我们为莆田提出了管用100年的"好食材战略"。莆田好食材战略是企业营销管理战略，更是战略定位的真正实践者。通过食材节统领起企业内部行动和外部传播，从战略定位、企业经营、产品研发、品牌传播四个维度领导起整个企业的运转，倒逼企业的经营管理系统。

▲ 好食材战略

基于"好食材战略"，我们制定并推出了莆田的营销日历，这也是华与华首个营销日历开山之作——莆田食材节。每年在固定时间，根据时令推出当季主打食材，形成相对固定的销售主题。

任何一个企业和消费者的联系，要尽量地集中和有节奏，最好能形成习惯的共同体。越是形成记忆的品牌，就越容易帮助消费者进行决策购买。从长久来看，消费者对品牌的主动关注甚至会潜移默化地转变为来自潜意识中的本能消费行为。

所以，品牌一定要形成自己的营销日历。为什么叫营销日历呢？一方面日历是循环往复的，另一方面日历是有固定节拍的。营销日历其实就是"品牌节日"，每年固定时间重复同一个推广活动，培养消费习惯，形成消费者"驯养"。

就这样，2015年在方叔叔和华总的一次跑步中，达成了莆田全球品牌传播管理的共识。

◎ **2.4.2 坚持就是运气，苦力创造奇迹！**

创意是个脑力活儿，也是体力活儿，归根结底是苦力活儿。食材节课题的敲定并不是成功的关键，成功的关键在于执行。

回想起来，做第一届食材节时，我们面临着两大难题——难在没人、难在没资料。那时莆田刚进入中国市场，还没有成型的团队，所有关于好食材的资料并不是现成的。

什么是好食材？好食材有哪些？标准是什么？企业内部并没有系统梳理过，当时跟我对接的，只有莆田当地一个刚上任的采购经理。一切都是从零开始摸索。

怎么办？干呗！没有条件就要创造条件，华与华精神就是拼尽全力，绝不敷衍！

▲ 食材甄选

创作没有捷径，只有下苦功，出苦力！莆田项目就是对这6个字最好的践行。从没想到作为咨询顾问的我还要上山采菇、下海挖蛏。我们去到福建的田间村头，带着客户去挖掘素材，展开了一场声势浩大的田野调查。

印象最深的就是红菇的找寻，在武夷山的原始森林里连路都没有，湿滑陡峭，草长得比人还高，上山全靠爬，下山全靠滑。

▲ 田野调查

为了揭秘野生红菇从冒头到绽开的成长过程，徒步5小时扛40多斤的设备爬75度的陡坡，中间经历了无数次摔跤、滑坡，甚至还遇到了蛇，后来下了山老乡才偷偷告诉我们红菇山的旁边就是悬崖峭壁，这简直是用生命在做项目……

上山下海，田间乡野。这几年整个莆田只要有好食材的地方都留下了我们执着的身影。7年的时间，携手莆田一步一步用脚跑出了"好食材地图"。也正是在这样的过程中，我们谱写出属于莆田版的品牌歌曲《爱拼才会赢》。

这是一首人人熟悉、一听就会哼唱的闽南经典老歌，曾被无数歌手翻唱。这首歌不但唱出了莆田20多年对好食材坚持的初心，更唱出了每一位莆田人心中的主旋律。

▲ 莆田餐厅品牌歌曲

◎ 2.4.3 打响莆田食材节第一枪，我们信心满满

2016年我们信心满满地筹备莆田首个食材节——头水紫菜节。怎么推呢？做个海报，贴个台卡，还是干脆在商圈买广告？

做任何事情，要始终围绕最终目的出发。我们首先要思考这次传播的最终目的。是希望顾客购买我们的产品和服务，并且希望他能"播传"给身边的人，让更多的人来买。

一切战略都是话语战略。品牌是一套话语体系，说出来的就存在，没说出来就不存在！用话语创造品牌价值和产品价值。我们决定前往莆田当地蒋山村找寻好食材背后的故事。

晕船、淋大雨、高温暴晒，海上找寻好食材真的太难了！凌晨5点出发到达渔村后，得到的消息是"天气阴晴不定，不宜出海作业"；苦等4小时都无法出行，我们只能先返回。刚到岸接到消息又可以出海了，不敢耽搁，我们一行人立即往回赶。

成功出海的兴奋，下一秒便被海上的风浪打了个稀烂。刚到紫菜养殖海域，大雨就劈头盖脸地砸下来，刺骨的海风吹得人脸疼，简陋的小渔船没有任何可以遮挡的地方，所有人员都变成落汤鸡，但出海的机会难得，我们只能在摇晃中艰难地完成拍摄和访谈。那一天所有人因为长时间的暴晒，全身红肿脱皮。

▲ 海上寻找好食材

就这样在莆田最偏远的海岛老区，从凌晨5点到晚上7点连续14个小时，在风浪颠簸的海上，我们见证了渔民的辛苦与不易，用镜头记录下采摘的全过程，更重要的是在现场我们"挖"到了产品的一手信息，这太令人兴奋了！

▲ 渔民采摘紫菜

回程的路上，产品故事的收获早已掩盖了身体的疲惫。原来莆田餐厅选用的紫菜大有来头，是珍贵的头水紫菜。只有每年第一次长成、头次采割的紫菜才能叫作头水紫菜，一年只有7天黄金采摘期，采摘季节人要跟鱼抢。

为了保证口感嫩滑，莆田连头水紫菜的叶片都极其讲究，每片叶片的长度要在13～15厘米，宽度还不能超过1厘米，这样吃起来才有海的鲜味。

马不停蹄地赶回上海后，围绕着食材节，我们构建了一整套传播标准件，它被我们为"莆田食材节5个1工程"：一张传播海报、一张食材节菜单、一份专题报纸、一条食材节专题片，还有一个超级堆头。在当时，我们在行业内建立了首个系统性传播推广的标杆案例。

▲ 莆田好食材5个1工程

经过紧锣密鼓的推广筹备，头水紫菜上市后却一直不温不火，点单率远低于我们的预期。后来一复盘才知道，头水紫菜虽然珍贵，但是纯素菜的吸引力远没有肉菜和海鲜力度大。这也是我们收获的第一个教训。

正当我们因为第一枪哑炮感到沮丧时，接到方叔叔的消息："继续干！经营就是实践，遇到好的机会不能因为一次没效果就立刻放弃，得坚持下去。现在想想，这就是企业家的坚定和胆识，莆田第二个食材节百秒黄花鱼登场。"

◎ 2.4.4 事业理论决定产品科学，产品科学决定产品研发，福建菜代表作"百秒黄花鱼"一炮打响

一般情况下我们吃海鲜都要吃大的，越大越好，尤其是野生的更稀罕，可莆田偏偏相反。莆田餐厅选用的是来自中国黄花鱼之乡福建宁德的小黄花鱼，而且克重必须在180~220克之间，还得是当天深夜捕捞上岸，鱼肚是金黄色的那种。

为什么呢？因为只有这个克重的小黄花鱼才能经受住百秒出鲜味的考验！

▲ 福建宁德的小黄花鱼

只用100秒蒸熟一条鱼，这是革命性的突破，也是莆田独创的烹饪手法。通常情况下蒸熟一条鱼至少需要8分钟，而莆田打破这一铁律，不多不少只用100秒就能完美出品，而且全程不加一滴水，蒸出来的汤也超级鲜美。

鱼的大小、炉灶的火力、砂锅的空间，甚至调味姜、葱品种的选择，是这道菜成功的前提，这背后是莆田产品研发团队实验数千次后摸索出的标准。这也是为什么这道菜能成为"掌握好食材，原味福建菜"的杰出代表作之一。

这道菜不但征服了不爱吃鱼的女神林青霞亲自为莆田题字"莆田好吃"，更在莆田所到之处，以鲜美原味征服各地食客，成为莆田餐厅几乎桌桌必点的"镇店之宝"。

▲ 百秒黄花鱼

在百秒黄花鱼推广期间,我们只用一招就全线提升了黄花鱼的客单价。原来点单时大家都是一桌只点一条鱼一起分着吃。既然百秒黄花鱼的个头小,那我们就在菜单上明确标出"按位上",一人一条!

这就改变了消费者原有的点餐习惯。这样一来,点单时就会按照人头来下单。把招牌变成人人必点菜,不仅能卖得更多,还能提升桌均销售。

黄花鱼成功了!后续也成为莆田进入新市场开疆拓土的战略性大单品。这对我们来说,不过是迎接莆田食材节的一场热身赛,接下来又将开始新的征途!

◎ 2.4.5 不是不爆，时候未到！擦亮金字招牌的哆头蛏

并不是所有的食材节都能一炮而成，有的时候可能需要经历几年的积累才能大获成功。在莆田，备受海内外媒体关注的除了百秒黄花鱼就是哆头蛏。别看现在哆头蛏是莆田口碑的代表，早在2016年以前这道菜还是一款平平无奇的小海鲜。

2017年在哆头蛏丰收的季节，为了更好地挖掘产品故事，项目组决定跟着蛏农下蛏田。

挖蛏是又脏又累的辛苦活。蛏子们一般"埋伏"在30厘米多深的黑泥里。为了不影响黑泥滩涂的自然环境，挖蛏仍然保留着传统的方式，不用任何机械，靠人用手来挖，挖满一盆起码要2小时。

2月初的莆田依然很冷，一脚踏入没过大腿的黑泥，冰冷的海水很快就让双腿失去知觉，不能自拔，也动弹不得。当天，我们坚持在泥里泡够6小时，只为完整地记录哆头蛏蛏霸的秘密。在2017年首次推广中我们取得了不错的成绩，受到了海内外消费者的一致好评。

▲ 记录哆头蛏蛏霸的秘密

你以为这就蛏霸了吗？并没有！真正让哆头蛏蛏霸全球的是"8种吃法，一次点俩"。这一招让哆头蛏彻底爆了！

营销是一种服务，广告是提供信息服务。一个完整的广告信息包含"三个购买"：购买理由、购买指令、购买指南。

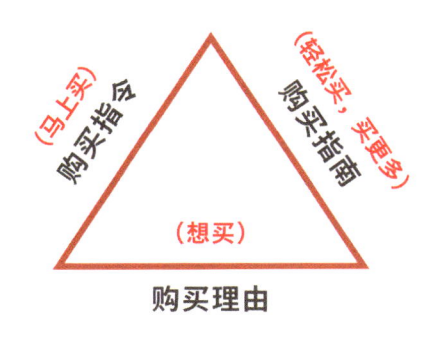

▲ 华与华三个购买

这是企业的生意经，也是在为消费者提供信息服务，降低消费者的决策成本。当消费者选择你的成本越低，就会越多地选择你。

▲ 2022年哆头蛏节又升级啦，9种吃法全线升级

创意是一个机关算尽的活儿，但你得知道机关在哪儿。大家想一下一般我们出去吃饭，如果已经点了一道蛏子，你要点第二道的时候，同伴一定会提醒你说已经有了一道蛏了，换个别的吃。

新的"9种吃法，1次点俩"就是给消费者一个购买指南，打消他的顾虑，这就是把促销转化成销售，把产品推广变成购买指令。再加上128元2道，就能让消费者快速做出决策。把产品吃法固化成品牌传播动作，形成品牌资产，莆田应该算是餐饮行业头一个。

创意为生意服务，要用创意解决生意。好的创意，一定是要对客户的业绩有贡献，就靠这一招，全球90%的客户都会按照我们的购买指南去行动。2018年大陆区百桌点击率高达95%，香港区百桌点击率高达71%。这也是为什么华与华看起来平淡无奇的创意，一到在市场上总能大获成功。

一切增长都是投资拉动，不要爆品思维，要持续投资。成熟的品牌每年应该以同样的形象、同样的话语、同样的知识，在同样的时间、同样的地点出现在消费者的面前。此后连续6年重复投资一句话、一个画面、一个符号，让蛏霸成为品牌最重要的产品资产。

▲ 连续6年重复投资

◎ **2.4.6 品牌资产来源于重复，宣传的能量来源于重复**

在华与华我们从不鼓吹要追求爆品，因为爆品是一时的，不要一下子爆了，一下子又没有声音。对企业来说，长期细水长流的持续投入，效果超过短期的大规模轰炸。

2019年莆田集团集中兵力，在传播资源上超配，让蛏霸彻底打响莆田全球市场。这也是华与华最重要的投资观。

所有成功都是时间现象——5年蛏霸！

哆头蛏是莆田所有食材节中最具爆发式的一次增长，从新加坡人都不认识的一道菜，到后来成为行业内备受关注的新品类产品。莆田餐厅从源头布局打造哆头蛏产业链基地，莆田的哆头蛏也成为一线大牌餐厅指定供应产品。

从最初寥寥几箱的运输量，三年之间飞跃至全球门店总销量130吨，4年实现销量420%的激增，让哆头蛏彻底成为莆田的名片，成为全球消费者进店的目的地产品。

▲ 蛏霸新加坡

495

▲ 蛏霸北京城

▲ 蛏霸深圳湾

▲ 蛏霸美食圈

2020年和2021年海内外市场受新冠肺炎疫情反复的影响，部分区域市场无法销售哆头蛏。听店长说很多老顾客仍然对哆头蛏念念不忘。

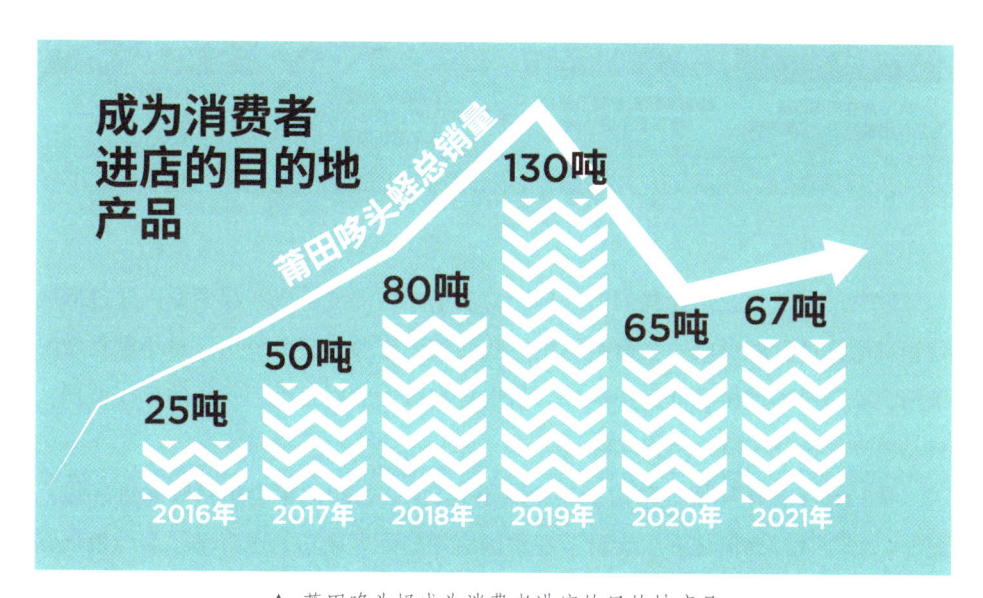

▲ 莆田哆头蛏成为消费者进店的目的地产品

◎ **2.4.7 只要路子对,坚持最可贵!经营就是实践,关键在于坚持**

记录资产、形成资产、保护资产,沉淀资产,做莆田好食材的守护者。

掌握好食材,原味福建菜的背后是我们连续7年深入一线,通过实地走访调查,为客户保留了最为珍贵的资料,这也是企业内部最重要的宝藏!持续不断为客户创造价值的前提,就需要我们比客户更了解他的生意,要做客户的"生意精"。

莆田食材节也不是推一道就火一道,7年时间我们策划并创意了11种好食材的推广,才沉淀出以黄花鱼、哆头蛏、鳗鱼、海蛎形成的小海鲜战队。也正是通过这样季节性的推广,淘汰不合适的,才能把好卖的产品筛选出来,才有了这样一批吃得住的明星产品。

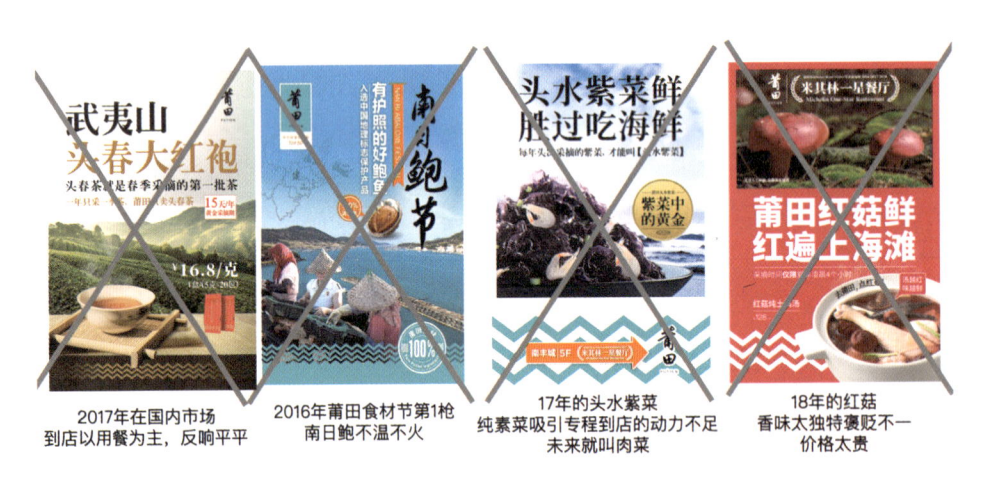

2017年在国内市场	2016年莆田食材节第1枪	17年的头水紫菜	18年的红菇
到店以用餐为主,反响平平	南日鲍不温不火	纯素菜吸引专程到店的动力不足	香味太独特裹贬不一
		未来就叫肉菜	价格太贵

▲ 从失败的食材节中复盘和改善

成功的经营,就是让我们的外部交易成本和内部交易成本都变低。通过形成营销日历给消费者形成一个节奏,也给我们的工作形成一个节拍。每年重复做的事情,就是成本越做越低,在内部,莆田食材节形成所有员工一年的工作节拍,自动重复、精益求精、持续改善。

从2015年合作初期,莆田全年营收不到2亿,到2019年全年营收接近10亿,短短4年营收增长4倍之多。食材节在中国市场的巨大成功,也带动了全球市场爆发式的增长,我们就这样一举用食材节统领了全球莆田的传播动作。

第五章 四大"五年品牌管理"实例

2016年食材节

2017年食材节

2018年食材节

499

| 华与华品牌五年计划

2019年食材节

2020年食材节

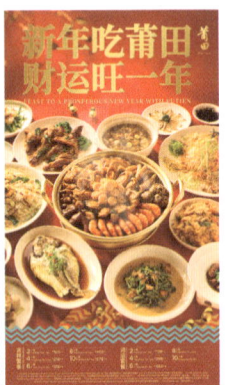

2021年食材节

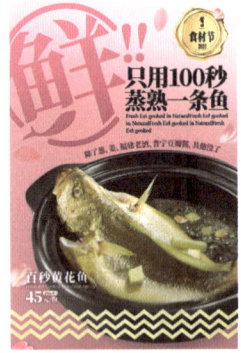

▲ 莆田食材节

2.5 品牌的背后是文化，文化的深度决定品牌的根基

什么是文化？《现代汉语词典》对文化的定义："文化是人类在社会历史发展过程中形成的一切物质财富和精神财富的总和，有时特指精神财富。"而品牌文化，就是在人类文化宝库中寻找，并嫁接人类文化，并为我所用。

人类生活是一个巨大的文化母体，衍生出人类文明中各种各样的戏剧。文化母体，是指我们的文化、生活中约定俗成的行为，是人类共同的经验和知识。这些文化母体，不仅在过去频繁发生过，在未来也必将发生。从古至今，但凡可以长久存在的现象，都是拥有强大的母体作为支撑，并且拥有相对固定的仪式。

2014年，微信以新年红包打通移动支付，就是文化母体四部曲的标准案例。不过，这不是华与华的案例。我们用文化母体四部曲的理论来总结微信红包的案例。

第一步，寻找母体：找到一个母体行为。中国人在新年、春节会给老人送红包，会给小孩子发红包，长辈也会给晚辈发红包。这是有着悠久历史的一个母体行为，微信就是找到了这个母体。

第二步，回到母体：使用母体符号。微信使用母体符号，设计了红包图标。母体的戏剧，是真实日常、循环往复，有它约定俗成的时间、仪式、道具，而且不可抗拒、必然发生，发生的形式是集体无意识、自发卷入。现在，时间、仪式、道具都有了。每当春节，全国人民以集体潜意识自发卷入微信红包的派发。

▲ 微信红包

第三步，成为母体：成为母体风俗的一部分。微信红包取代了物理的红包信封，成为红包的新母体。

第四步，壮大母体：成为人类风俗，活进文化母体。红包文化被微信弘扬壮大了，现在不是过年过节才发红包，而是已经发展到没有什么问题是红包不能解决的地步。有喜事就通过微信发红包，开会迟到也要发红包。

▲ 微信红包

有战略价值的品牌活动从来不是一时性的，而是寄生于文化母体，可以年复一年地重复去做，可以积累品牌资产的活动。

创意最值钱的地方，在于它的生命力有多长。很多创意很牛，一夜之间整个互联网都炒翻了，但那是雕虫小技，因为它们只有一个星期的生命力。我们只做那些有100年生命力的创意。

2019年6月4日，由华与华创意策划，莆田市文化和旅游局、新加坡莆田餐饮集团联合主办的"掌握好食材，原味福建菜——2019年首届莆田哆头蛏节发布会暨挖蛏仪式"在福建省莆田市涵江区三江口镇哆头村昭惠庙前隆重举行。

时任莆田副市长的陈惠黔在现场给予了高度评价："要把莆田哆头蛏节做成莆田海洋美食的一张名片！"

▲ 首届莆田哆头蛏节

这场活动不仅受到了当地政府的大力支持，也吸引了新加坡《联合早报》、马来西亚《南洋商报》、《环球时报》、《人民日报》、腾讯网、网易网、今日头条、福建电视台等30多家知名海内外媒体的传播报道，从国内火到国外！

▲ 媒体争相报道

那么这场活动是怎么做起来的呢？就是先找到了哆头蛏的文化母体，通过还原古老习俗回到母体，再通过仪式，让品牌植入仪式成为母体的一部分，通过销售、通过流行，让母体更加壮大，也让品牌活进了文化母体。

◎ 2.5.1 第一步，寻找母体：三下莆田，访老农、翻县志，17天终于挖出了600多年前的蛏子祈福仪式

莆田哆头村，是一个有着600多年养蛏历史的海边小渔村。这里的居民世代养蛏，养出的蛏子个大肥美。

▲ 世代养蛏的渔民

活动前，我们走访了整个哆头村，从村头到村尾访谈当地最年长的那批老人，拉着当地文化部门同事详细了解坊间故事，翻阅数十本古书杂文，终于让我们发现原来靠海吃海的蛏农们一直以来有着"祭拜吴圣天妃""蛏池取圣水"祈福哆头蛏丰收的古老习俗。

哆头村的老人们介绍，昭惠庙里供奉的吴圣天妃很早就开始尝试养蛏，她在莆田市兴角山上建有一处小水塘，把蛏苗放入其中，取名"蛏池"。一年后，养出的蛏子个大肥美，肉质鲜甜。哆头的渔民闻讯前来取经，吴圣天妃全部倾心相授。打那之后，每当哆头蛏播种季节来临时，蛏农们就会连夜前往兴角山拜求"圣水"，将"圣水"洒在自家蛏田祈求哆头蛏永远丰收。

找到吴圣天妃与哆头蛏圣水祭祀这一文化习俗后，哆头蛏节就有了深厚的文化根基和群众基础。

▲ 吴圣天妃像，于莆田兴角山祖宫

◎ **2.5.2 第二步，回到母体：不创造，只改造！唤醒、还原、放大具有千年文化原力的祈福仪式，哆头村再现600多年后第一场祈福仪式**

创新的前提是守旧。文化母体以仪式和符号的形式体现，并且有其约定俗成的时间、仪式、道具。

我们不创造新的东西，只是改造老的东西。给你一个看起来非常眼熟，甚至平淡无奇的东西，因为只有这样的东西它才是最有生命力的。我们的工作就是找到这个母体并回到这个母体，牢牢寄生其中。

在听取当地百姓意见，并与当地会长、村中长者反复沟通后，我们基于当地祈福的传统习俗，对有着600多年历史文化的哆头蛏节的祭祀祈福仪式进行了唤醒、还原和放大，即"凌晨蛏池取圣水、圣水巡游、圣水祭祀三献礼、蛏田洒圣水"。

▲ 凌晨蛏池取圣水：弟子们在吴圣天妃庙净洗、上香后，凌晨3点连夜前往兴角山迎取圣水

▲ 圣水巡游：大街小巷锣鼓齐鸣，圣水巡游后，被恭迎到昭惠庙前

▲ 圣水祭祀：圣水祭祀祈福仪式上，依古礼行三献礼祈福——点香、上香、行拜谢礼

▲ 蛏田洒圣水：依古礼，将圣水洒到蛏田滩涂，祈求哆头蛏丰收

说来也巧，莆田在活动前一直都阴雨绵绵，没想到活动当天天公放晴，乡民们都说是吴圣天妃的庇佑。活动当天全村都十分激动，整个哆头村就像过年一样热闹。村主任激动地说："100多年没搞的仪式，你们竟然搞成了！"

▲ 活动当天，热闹的现场

◎ 2.5.3 第三步，成为母体：让品牌成为人类的风俗

文化母体四部曲的后两步非常重要，就是成为母体、壮大母体，因为到了这一步，就已经让品牌成为人类的风俗，活进文化母体也就活进历史和未来了。在华与华方法，我们称之为"品牌风俗论"——让品牌成为一方人民，甚至全人类的风俗。

对于莆田餐厅来说，只要进入母体，占领母体中的核心仪式，就获得了生命，就能成为一个强大的品牌。

在哆头蛏节的现场，我们增加了"蛏田挖蛏""蛏地煮蛏"的环节，让它们成为整个仪式的一部分。同时莆田餐厅创始人、莆田首席食材官方叔叔现场发布了哆头蛏官方"蛏霸"标准，并在蛏田立下了莆田餐厅专属定制的哆头蛏地标及蛏霸标准的认证牌。

▲ 莆田当地政府授予莆田餐厅：福建哆头蛏指定推广机构

第五章 四大"五年品牌管理"实例

▲ 哆头蛏地标及蛏霸标准牌

▲ 莆田餐厅哆头蛏节专属道场

这样，通过一系列的仪式，整个莆田哆头蛏节就有了可传承的符号，熟悉的仪式感又得到了当地政府和群众的支持参与。"蛏霸"也将莆田餐厅与哆头蛏节牢牢绑定在一起。而且以后只要举办哆头蛏节，都会引导大家来到蛏子地标，这里也就成为当地的文化名片。

◎ **2.5.4 第四步，壮大母体：地方品牌，全球共享。年年做，重复做！让福建哆头蛏推向全国、走向世界**

任何事业都是乡土的，要留住我们品牌的乡愁。生意不只是企业的生意，更是一方百姓的生计。莆田餐厅倾力打造的哆头蛏节，不仅帮助哆头村建立起自己的"哆头蛏"品牌，帮助产业增产、蛏农增收，更是让海内外更多的人知道哆头

509

蛏,并且能够吃到来自原产地的好食材。

投资母体就是品牌积德。品牌积德不是捐学校做慈善,而是回到母体、壮大母体。当你的品牌获得了一方人民的支持,那就是品牌积德给你带来的壁垒!

把品牌植入顾客的人生,成为品牌节日和顾客的生活习惯,最终就成了人们生活中的一部分。随着时间的推移,这个节日就会成为当地的风俗。知道的人越多,购买就越多。两年多过去了,莆田哆头蛏节的品牌效能持续发酵,已成为当地网红打卡地和当地蛏农的品质背书。

▲ 莆田哆头蛏节的品牌效能

2.6 品牌管理全球化,一举制胜海内外

◎ **2.6.1 中餐里的莆田蓝,开到哪儿就火到哪儿**

为什么华与华方法能放之全球皆可用?因为我们提供的是哲学级洞察、原理级的解决方案,只要餐饮、快消行业的本质不变,不管是中国市场,还是新加坡、马来西亚、印度尼西亚、菲律宾,抑或日韩、欧美市场,华与华方法都能因地制宜,提供高效的、在地化的品牌管理服务。

从2015年超级符号水波纹的亮相,我们一举完成了莆田全球品牌的管理升级,让莆田蓝和水波纹在全球市场遍地开花。

▲ 莆田蓝和水波纹

2019年，莆田餐厅继续出征东南亚，把餐厅开进了马来西亚，并迅速开出10家店。凭借具有传播力的超级符号莆田蓝、水波纹和独有的好食材及烹饪手法，一举成为当地中餐高端品牌的翘楚。

毫不夸张地说，在马来西亚只要有莆田餐厅的地方，就会成为周边每一个马来西亚华人和新加坡人必定要光顾的地方。

▲ 马来西亚的莆田餐厅

◎ 2.6.2 中国市场能用，海外市场也管用——莆田好食材传播战

随着好食材战略的全面践行，食材节传播成为品牌全球管理的主旋律。再到海外市场在地化的产品开发、事件传播的成功实践，一路走来，也是华与华方法在全球化品牌管理工作上的成功验证。

2016年至今，我们用食材节统领莆田全球品牌传播节奏，所有门店力出一孔，成为整个集团最高行动纲领。在海外市场有节奏地展开一系列传播战役，从明星食材到门店招牌，每一次都为莆田的品牌建设添薪续力，向全球市场要销量。

▲ 用食材节统领莆田全球品牌传播节奏

◎ 2.6.3 好创意一招鲜！"莆田食材节"征服全大马，全年营收占比高达50%

食客对好食材的追求是不分国界和文化的。莆田食材节在海外不仅没有水土不服，反而成为当之无愧的吸客利器，极大地提升了门店运营和管理效率。这就是重复的力量！

在外部，消费者脑海中，每年以固定时间、固定主题，重复推广，这么一年一年地积累，也就建立起品牌对消费者的"驯养"。到时间就有行动反射，来之前会形成期待，时间长了就形成了消费者对品牌的记忆。

在内部，莆田食材节形成所有员工一年的工作节拍，从总部到各区域每个人都知道要做什么，自动重复、精益求精、持续改善。

▲ 莆田食材节

每年春节都是莆田生意最火爆的时期。这几年在春节期间我们为莆田推出了新春传播大菜——盆菜节，自打推出后就从国内一路火到海外。

2021年在马来西亚市场盆菜销售额同比增长90%。2022年整个销售期间盆菜销量同比增长163%，店长们直呼"卖爆了"！新加坡是所有区域销量增长最大的市场，销售数量同比增长了136%，销量贡献率超过50%。

▲ 莆田盆菜节

2022年4月，我们连同莆田内部一起联合策划推出了年度黄花鱼推广活动，在马来西亚市场一经推出反响热烈，短短一周就成为到店消费的明星产品，客流量环比提升10%，同时也带动当月营收提升了28%。

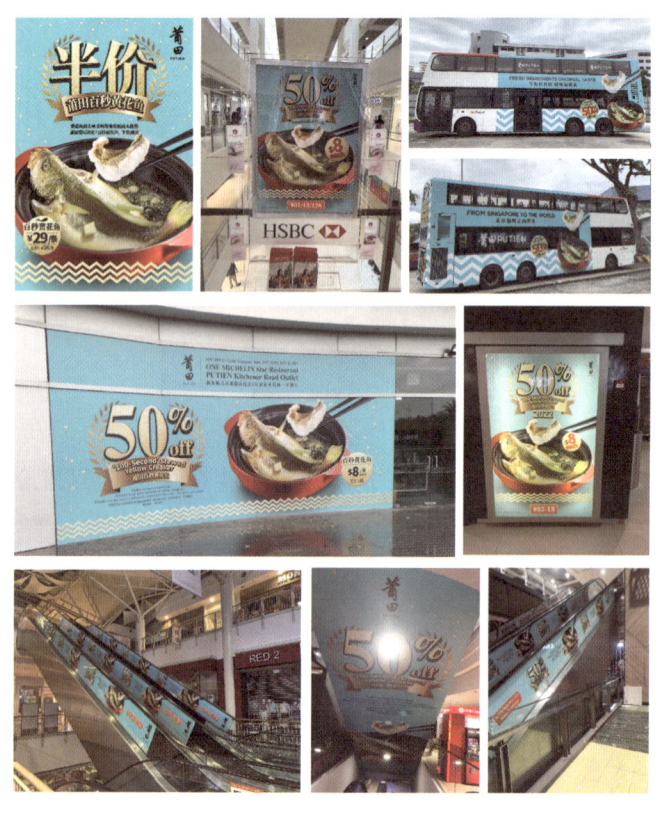

▲ 2022年黄花鱼大促

莆田餐厅食材好，早已成为马来西亚食客共同的品牌认知，并愿意为之反复买单。莆田好食材干货一经推出，立马引发消费者的热烈反响。店长告诉我们，很多消费者都是几盒几盒地买回家。

▲ 莆田好食材干货

除了直营店外，莆田在印度尼西亚、菲律宾还发展了加盟店。对加盟店来说，统一的品牌系统、品牌推广，也更加方便建立和管理品牌。目前，莆田海外加盟店一共有13家。店长说，莆田不管开在哪里，都会迅速成为当地中餐的头牌，是当地华人聚会的定点打卡点。

▲ 莆田的海外加盟店

◎ **2.6.4 品牌荣誉全球同庆，2016年打响海内外传播第一仗**

2016年是莆田餐厅引以为荣的一年，莆田新加坡吉真那路创始店荣获米其林一星殊荣，成为新加坡有史以来第一批获此殊荣的中餐品牌。同一年，莆田香港铜锣湾店也获得了香港米其林必比登推荐餐厅的荣誉。

▲ 品牌荣誉全球同庆

通常情况下，品牌获得荣誉我们就是拍个照、发个朋友圈，最多也就是把奖状挂在墙上裱起来。但当时我们就敏锐地感知到"米其林荣誉"的价值，并牢牢抓住了这个传播契机，将米其林一星荣誉写进莆田的历史里，烙印在整个集团，形成品牌永恒的资产。

米其林是什么？它不仅是荣誉，还是餐饮界的全球通行证，不受年限限制，代表着餐饮业的最高殊荣，能为品牌带来巨大的能量和效益。

最经典的案例——鼎泰丰，一直以来都以"世界十大美食餐厅"为核心传播话语，2010年后改为"米其林一星肯定的美食"，从此这句话就一直被用在各个地方，成为品牌端的固定推广动作。鼎泰丰将美国《纽约时报》评选其为"世界十大美食餐厅之一"的整版报道，作为发光的形象墙刻在店门口。

▲ 鼎泰丰的品牌推广动作

还有大家熟知的茅台酒也是，自1915年获得巴拿马万国博览会金奖，尽管已经过去了超过1个世纪，茅台依然传播并使用至今。这就是一次提名，终生受用。

如何最快释放事件的魅力呢？

《华与华方法》中提到，成功就要大声说，重复才有积累。商业动机不应被掩饰，而是要放大，要与人类宏大叙事相结合。这是米其林第一次走进新加坡，不仅是莆田的大事，更是国家的大事，要不断被重复、被放大，激发全体民众的认知。

门店是餐饮品牌最大的元媒体，要把它作为米其林亮相大众的核心阵地，放大米其林一星的声量。让米其林一星上墙！我们在门店开辟了品牌墙，把荣誉直接刻成碑文，写进品牌永恒的资产。

▲ 莆田让米其林一星上墙

　　让荣誉成为节日，让喜事成为盛事。这样也就形成了消费者口口相传的品牌言说，成为品牌信息传播的一部分，在全球市场快速形成消费者对莆田品牌及产品的一致认知。这在门店的品牌形象专区，不仅成了吸引消费者进店的最强购买理由之一，也是全球消费者的固定打卡区。

第五章 四大"五年品牌管理"实例

▲ 品牌形象转区

我们抓住这一传播时机，借助米其林势能，推出午市聚客产品——莆田午市头等餐，实现品牌经营上的巨大突破。午市头等餐上市初期门店日营业额更是创下历史新高，这就是事件带动产品推广，把传播活动产品化。

▲ 莆田午市头等餐

2019年莆田餐厅从新加坡20多万家企业中脱颖而出，入选为新加坡"企业腾飞计划"，这是由新加坡企业发展局（Scale SG programme）推出，重点扶持本地具有潜力的高增长企业向世界加速扩展。首批入选的企业只有25家，"莆田"正是其中之一。

519

◎ 2.6.5 开疆拓土打头阵,从0到1为莆田全球小店模式开模打样——香港机场之战

除了助力莆田海外市场的开拓,在新业态的探索上我们也与莆田同行。2018年12月19日,莆田香港机场店正式开业,这也是我们从0到1为莆田新业态小店模式的成功开模。以营销4P为起手式,围绕机场店中店模式进行产品开发,实现了莆田小店模式的高效运营。

考虑到香港餐饮市场的整体消费习惯和产品需求,以及机场这一特殊渠道,我们从一开始,就用运营快餐店的思维去规划整个机场店的动线,通过动线设计缩短操作时间、人力成本,优化点单的效率,确保从点单到出餐3分钟内完成。

(1)动作1:极致的门面设计,快速跳出货架,获取品牌流量主权。

香港机场被誉为全球交通及资讯枢纽,是一个大流量的消费场所。用醒目的水波纹和大面积的莆田蓝刷新门头,形成品牌最具代表性的视觉符号。

在琳琅满目的机场中,显眼的品牌标识能大大地降低消费者的发现成本,它能招呼消费者看过来并吸引其进店。这一招一出去,瞬间让旁边的门店都黯然失色。

▲ 显眼的品牌标识

同时，在门店的人流必经之地，开发并设计了扁肉汤明档。这可是品牌最佳的广告位。所有的小吃产品现点现做、现包现卖，将明档打造成产品销售的热卖舞台，既吸睛又吸客。

▲ 扁肉汤明档

（2）动作2：为渠道开发产品，围绕着"快"形成套餐化产品组合。

设计菜单就是设计消费者的选择逻辑。在机场，快速解决一顿饭才是关键，需要高效的套餐产品。我们同莆田团队一起设定了10款套餐产品，包含"主食+小菜+饮品"，满足门店3分钟出餐要求，同时聚焦产品库存量单位（SKU），解决了备货、采购的问题，降低库存的压力。

莆田机场店的亮相立刻成为航站楼内美食打卡的新地标。2019年香港地区上半年营收增长40%，机场店营收占比达到11%，很多旅客拖着箱子也要赶来吃上一口。店长说："我的品牌设计、餐具、包装，都是全场最厉害的。"

在国外开店向国际进军，莆田餐厅的全球化蓝图正在逐渐展开，一步步变成现实。云帆直挂，越山向海，从新加坡出发，开进马来西亚、印度尼西亚、菲律宾等东南亚国家，又一路凯歌到中国。今后，欧美、日韩也必将成为莆田进军的国际新市场！

▲ 向国际进军的莆田餐厅

全文总结：

成功是一种时间现象，所有的成就来源于时间积累。华与华与莆田的7年，稳扎稳打、步步为营。我们以坚定的战略定力，从超级符号到品牌战略，一举建立莆田品牌长效机制，在莆田的第一个五年计划上取得了"从0到1"的开创性成果，为企业的永续经营保驾护航！方叔叔感叹："感谢华与华，让莆田没有走过一步弯路。"

华总经常说，让我们的品牌全球化，就必须让我们的知识全球化。莆田案例的成功，是华与华开启海外出征和全球服务的第一步，也是我们立足于全球市场，用最先进的管理智慧、最先进的管理方法——华与华方法孵化和培育全球化品牌的一次成功实践！

助力莆田成为国际连锁中餐第一品牌，把福建菜开遍全球。尽管进军国际市场必将和众多国际大企业同台竞争，将面临更大的挑战，但我们有信心用华与华方法，持续为莆田餐厅的全球化稳健发展保驾护航！

▲ 莆田餐厅的第一个五年计划

第六章

华杉及华杉的弟500万品牌管理大赛演讲实录

本章目录

一　老板别跑！定心华与华，成就百年品牌
——华与华20周年华杉演讲实录　　529

1. 华与华的经营哲学　　532
2. 庖丁解牛说品牌　　533
3. 华与华品牌三大原理　　534
   - 3.1 品牌第一原理：社会监督原理　　534
   - 3.2 品牌第二原理：品牌成本原理　　535
   - 3.3 品牌第三原理：品牌资产原理　　536
4. 华与华目的哲学和问题哲学及品牌的目的　　536
   - 4.1 目的哲学和问题哲学　　536
   - 4.2 什么是品牌？品牌的目的性概念　　537
5. 华与华品牌三角形理论　　537
6. 华与华品牌资产理论　　541
7. 华与华品牌文化理论　　545

二　超级符号与生活
——华与华20周年"华杉的弟"演讲实录　　549

1. 符号与意义的结构是人类世界的基础结构　　550
2. 方法在生活中，生活在方法中　　551
3. 工作与生活本来没有界限，方法与生活也没有界限　　553
4. 浑然一体地活着，用超级符号写诗　　554

一

老板别跑！定心华与华，成就百年品牌
——华与华20周年华杉演讲实录

华与华的小伙伴和手机前的观众朋友们，大家下午好！今天是华与华成立20周年，在这个特殊时期，我们也没办法举办大型活动，就连我们现在在公司举办首届华与华500万品牌5年管理大奖赛，也就只有工作人员在会场里。这次我们就只能通过直播，给大家分享了。

我这次20周年演讲的主题，叫作"定心华与华，成就百年品牌"。这是我们发展20年的总结，也是我最新品牌理论的分享。今天的分享主要从以下五大角度来说：

① 华与华的经营哲学。
② 庖丁解牛说品牌。
③ 华与华品牌三大原理：社会监督原理、品牌成本原理、品牌资产原理。
④ 华与华的两大哲学：目的哲学和问题哲学，以及品牌的目的。
⑤ 华与华品牌三大理论：品牌三角形理论、品牌资产理论、品牌文化理论。

来华与华的企业家，很多都有一个心不定的缺点。所以，我这次演讲的主题是"定心"，定心也是华与华一个很重要的关键词。我们办品牌5年管理大奖赛，也是希望让客户看到长期合作带来的巨大价值，让客户定心。

我们公司要经历两个阶段，我们用第一个20年，完成了第一阶段，现在算是进入了第二阶段。

第一阶段是什么呢？就是进入客户的选择序列，进入客户的供应商系统。刚创业的时候，都没人知道你啊，只有一些附近的私域流量知道，你并不是"大众情人"。所以，华与华是反对目标消费者这个概念的，我们一定是要做"大众情人"，要所有人都知道我们。

我们用20年的时间成为主要的战略营销品牌咨询供应商之一。有企业要找战略营销品牌咨询，可能会在两三家或者是五六家里面选一个，那这其中一定有一个选项是我们华与华。

而我对这种状况是非常不满意的，所以我们下一个20年的目标，就是要企业在请不到华与华的时候，才会去考虑其他的咨询公司。这才是我们想要的态度。

▲ 华与华20周年华杉演讲

今天要大家定心华与华，说定心首先就需要一个定心的标准。我们每5年举办一次品牌5年管理大奖赛，就是在定一个最基本的标准——华与华品牌五年计划，企业至少要和华与华持续合作5年。

我盘点了一下，过去20年我们一共合作过237个客户。这种客户量，其实是非常少的。我们不投标、不比稿，我们的业务战略就是守株待兔，来的都是客，给钱就干，不给钱就不干，什么时候给钱什么时候开始干，什么时候开始拖钱什么时候停止干。

这5条原则是我们一直坚决坚持的底线。我们能有一个健康的经营，就是因为我们从一开始就讲了，我们要的就是钱。

有些企业为什么会"死"？就是因为客户太多，为了得到客户而损失了钱，有些客户签给你的前提就是不给钱或者是可以欠钱，但每一个客户企业都必须配备人力资源，这样的恶性循环就会拖死企业。

▲ 华与华合作年限超过5年客户

过去20年我们合作了237个客户，目前留下的还有60多个，也就是说我们20年的客户留存率大概有25%。那么，我们要求下一个20年，我们的客户留存率能够达到50%。

按照目前的发展，未来20年，我们至少会签约合作1000个客户。1000个客户，50%的留存率，就是500个客户。如果客户平均咨询费为1000万，那我们每年的咨询费收入就能做到50亿。

在这237个客户中，一共有15个客户的合作时间达到了5年，但是有的中间断过，还有几个客户，像蜜雪冰城、傣妹火锅、梦百合、爱好文具和奈瑞儿，今年刚好是合作的第五年，但是第五年还没结束。合作进入第六年，项目组才能参加品牌5年管理大奖赛，所以其他客户都不在我们这次的参赛名单里。

1. 华与华的经营哲学

我们把首届华与华500万品牌5年管理大奖赛放在华与华20周年庆，这也是华与华哲学和价值观的体现。

华与华的哲学，就是儒家哲学，主要有四点：志有定向、勿忘勿助、日日不断、滴水穿石。这是我希望传达给我们所有客户和全体同事的。

▲ 华与华哲学

志有定向，王阳明说持志如心痛，因为我有这个志向，一旦偏离了这个志向，我的心就会痛，我就要赶紧回来，因为只有回到我的志向上才是我的舒适区。

勿忘勿助，勿忘就是别忘了每天都要坚持；勿助就是不要拔苗助长。我特别喜欢德鲁克，他说过一句话：人们往往高估了一年所能取得的成绩，而大大低估了30年、50年所能取得的成就。

很多企业每年都会定一个销售目标，而且往往会定得很高。但华与华恰恰相反，我们从来没有销售目标，我们的要求就是按部就班地去做，我们的底线是不死就行。当我们的目标是不死就行，我们就能实现战略自由，就能按照既定方针去做。

就好像我们这个500万大奖赛，是4年前定的，在今年这种严峻的情况下，我们依旧顺利举办了。昨天为了防止突然被封闭，我和所有参赛选手都在公司打地铺睡了一晚，我们就是始终按照自己的节奏来。

日日不断，滴水穿石。我们每年在虹桥机场都有超过1000万的广告投入，新冠肺炎疫情期间虹桥机场没有人，刚好我们的合约也到期了，供应商就问我们是否续约。我就说："干吗不续约？虹桥机场可以没有旅客，但不能没有我！"

因为我定了那里，我就要安心地待在那里。这就是日日不断、滴水穿石，你不能说你滴几滴就停了，然后再又接着滴几滴。决定在那儿，你就要保持一直在那儿，日日不断。

2. 庖丁解牛说品牌

我用四个成语故事来说说目前品牌咨询行业的现状。

第一个故事，是盲人摸象。大家都在反复讲营销理论、品牌理论，但很多人却是在盲人摸象，今天说这个理论，明天又说那个理论。还有，现在很多品牌理论并不能完整地解剖完一个品牌，不管是独特的销售主张，还是品牌形象，它们不能像4P理论说营销那样，完整地说清楚品牌。

也正是如此，就给了华与华一个使命，当然也是一个机会，让我们来建立完整的品牌理论。

第二个故事，是小马过河。这主要是对我们的客户讲的。经常有人问："你们咨询公司，都在讲成功案例，那华与华有没有失败案例？"我说："这个问题，你问反了，你应该问有没有成功案例。因为很多都失败了，我只能告诉你我成功了。"

为什么？因为企业的成功或者失败，都是它自己的事。不是说它找哪个咨询公司，它就能成功。你来找我，我只能保证踏踏实实给你干活，然后你老老实实付钱,至于成功或失败,那都是你自己的事。

以前总有人问我:"西贝到底是不是你做的?"我的回答只有一个:"不是,西贝是贾国龙做的,华与华是我做的。"

所以我们给客户分享成功案例,并不是在告诉客户,你来找我你就一定能成功。做战略营销品牌咨询,就像小马过河,人各有命,各自为各自负责,别人过得去,不代表你就能过得去。我们只卖苦力,不卖奇迹,不想忽悠任何人。

找我们做咨询的底线,就是如果咨询费打了水漂你也认,你就来。找华与华做咨询,不需要准备其他的,准备好咨询费和做好失败的准备就行了。

第三个故事,是熟能生巧。华与华的活儿其实就是个熟练工种,就像卖油翁"唯手熟尔"。华与华是一个风险偏好极低的公司,我们自己不会随便下赌注,也绝不会拿客户的身家去下自己的赌注。

我们做所有的事情,都是先胜后战,用的是不败兵法。而且华与华开的"药",基本都是自己先吃过,所以大家可以放心吃。

第四个故事,是庖丁解牛。今天我们要讲品牌理论,那就要像庖丁解牛一样,是经过自己反复实践后,掌握的技巧和理论。而且这个理论要能完全穷尽品牌的所有事,并且条理之间能相互独立,了了分明,机关算尽。只有这样,才能称得上是理论。

3. 华与华品牌三大原理

在发布华与华品牌理论之前,我先给大家科普下品牌的基础知识,也就是《华与华方法》里的品牌三大原理。

3.1 品牌第一原理:社会监督原理

华与华的品牌第一原理,是社会监督原理。品牌为什么会存在?经济学中用博弈论来说品牌:品牌是企业为了给顾客提供惩罚自己的机会,而创造的一种重复博弈机制,目的是给顾客惩罚自己的机会。所以我说,品牌就是一个承诺,如果我违背了承诺,如果我的产品质量出现问题,你就可以惩罚我,最低的惩罚就是顾客下次不买了。那么在这个理念下的企业，往往还可以通过主动加大对自己的惩罚，来赢得顾客的信任。我们要诚意正心，要有随时自罚三杯，而且是拎壶干的态度。西贝承诺"闭着眼睛点，道道都好吃"，如果你觉得不好吃，就不要钱，这就是在给顾客惩罚自己的机会。

品牌作为一种存在，基础是这个社会的需要；品牌是手段，社会是目的。你只有先满足了社会的需要，才能做出一个品牌。这就是哲学上说的"存在者存在之基础"，你的存在首先要满足别人。做品牌首先要满足社会和顾客，这是品牌存在的基础。

3.2 品牌第二原理：品牌成本原理

华与华品牌的第二原理，是品牌成本原理。前面说了做品牌首先要满足社会的目的，那当我们建立起了品牌之后，我们就能降低三个成本：社会监督成本，顾客选择成本，企业营销成本。

▲ 品牌成本原理

厨邦酱油的绿格子，建立了品牌超级符号和顾客对产品的信任。当我们把厨邦绿格子印到其他产品上后，就能大大降低顾客的选择成本和企业的营销成本。

3.3 品牌第三原理：品牌资产原理

华与华品牌的第三原理，是品牌资产原理。华与华说品牌资产是给企业带来效益的消费者品牌认知，是大众的口语报道。一切品牌营销活动都以是否形成资产、保护资产、增值资产为标准。消费者对我的认知，有些是能给我带来效益的，有些是不能给我带来效益的。不能给我带来效益我就不管它，能给我带来效益的，我就去投资它。投资的，就要形成品牌资产。只有形成品牌资产，才能降低总成本，发挥边际效益。

4. 华与华目的哲学和问题哲学及品牌的目的

说到这里，我需要讲讲华与华的两大哲学——目的哲学和问题哲学，因为做事情只有先搞清楚目的，我们才能知道应该怎么去做。

4.1 目的哲学和问题哲学

目的哲学和问题哲学，主要来源于亚里士多德和苏格拉底。简单来说，目的哲学就是要我们做每一件事，都要始终服务于最终目的。做事之前你要知道做这件事的目的是什么，有目的才知道怎么出牌。为什么华与华的设计一上去就好使？因为我们做事有目的，而且懂得如何达到目的，每一步都服务于最终目的。

问题哲学就是问题即答案，我们对答案孜孜以求，但往往是没找对问题。一旦找对问题，答案就在问题背面。提问即思考，那些没有经过思考的提问，就好比没有耕耘却想要收获。为什么华与华那些看似平淡无奇的创意，总能大获成功？因为我们已经定义了成功，才会去做事。

4.2 什么是品牌？品牌的目的性概念

哲学上讲存在是一种目的性的概念，那品牌存在的目的是什么？如果用尼采的权力意志论来说，那品牌的权利意志是什么？其实答案也很简单，可以总结成以下这些：

① 让人买我们的商品。
② 买的人很多，就要知道的人多。
③ 一次买更多。
④ 重复购买。
⑤ 重复买的频次更高。
⑥ 愿意多花一点钱买。
⑦ 不仅自己买，还推荐别人买。
⑧ 不管我出什么，他都买。
⑨ 一直买，终身买。
⑩ 临终前留下遗嘱，嘱咐儿女们接着买。
⑪ 品牌偶尔出了点差错，也能原谅，照买不误。

这些就是我们做品牌的目的。那到底什么是品牌？要找一个词的定义，最直接的办法就是去查字典。

《现代汉语词典》里说：品牌是产品的牌子，特指著名产品的牌子。品牌就是产品的牌子，当一个产品出名了，它就成了品牌。华与华在这个定义的基础上，发展出了华与华品牌三角形理论。

5. 华与华品牌三角形理论

华与华品牌三角形，由产品结构、话语体系和符号系统三条边组成。

▲ 华与华品牌三角形

产品结构：不管你要做一个什么样的品牌，首先得有产品，产品是品牌的本源。不管你是物理意义上的产品还是服务产品，甚至观念上的产品，总之一定是有产品才会去建立品牌。

话语体系：有产品就一定会有产品命名、有产品定义。命名、定义和文案等，就是品牌的话语体系，是品牌的文本传达。

符号系统：每个产品或品牌，都有一个感官上的体验。看着像什么样子、听上去是什么声音、摸起来是什么触感、闻起来是什么气味、吃进去是什么味道……这些品牌的感官信号就是它的符号系统。

然后，我们从哲学上面来讲，产品是物质，话语体系是意识，而符号系统则是潜意识。物质决定意识，意识对物质有能动作用，在传播上，超级符号利用的就是人的集体潜意识。

为什么我把华与华品牌三角形称为理论？因为它做到了完全穷尽和相互独立。如果我们要解决某个品牌的问题，要么就要解决产品问题，比如产品的开发、产品推出的次序；要么就是调整话语体系，调整我们对外说出来的内容，比如产品文案、广告话语等；要么就是重新设计符号系统，比如包装设计、品牌角色等。

西贝开发了儿童餐这个产品，产品叫作西贝儿童餐，话语体系就是"家有宝贝，就吃西贝"，符号系统是宝贝围兜。今年我们又开发了一个产品，叫西贝儿童美食节，这既是活动也是产品，同时这还是一套话语体系。我希望大家能深刻地理解这个品牌三角形。

我们还可以进一步从哲学上来理解，大家觉得品牌是唯物主义的还是唯心主义的？不同的理解就有不同的逻辑和道路。如果从物质层面看意识，你就是唯物的；如果从意识层面看物质，你就是唯心的。

在我看来，品牌一定是唯心主义的，因为是先有企业家的思想，然后才有的企业。当年我和华楠在广州到珠海的大巴上商量，我们要不要创办一个广告公司。是先有华杉和华杉的弟在车上商量"我们创办一个广告公司，叫华与华吧"，于是才有了华与华。海德格尔说："词语不仅说事，而且做事！"因为西贝说要做儿童餐，然后才有了西贝儿童餐。

我们要知道在华与华品牌三角形的三条边里面哪条边是第一位的。这个很重要，这就叫第一性原理。事实上，这三条边并不是平等的。有人说皮之不存毛将焉附，产品结构是第一位。产品并不是第一位。

刚刚我已经说了，是先有思想，才有的行动。话语体系是思想，产品是行动的概念。话语体系这条边是企业家的思想，产品结构这条边是企业的行动，而符号系统这条边就是消费者和大众的感知，消费者和大众是通过符号系统来感知你的产品。所以，企业家是"造物主"，企业家用词语造物，用符号吸引顾客。这样一讲，我们就从哲学的层面把品牌这个问题搞清楚了。

我很喜欢德鲁克，他还说过一句话："成果或资源不是来源于企业内部，它们来源于企业外部。企业内部没有利润中心，只有成本中心。"

我再加一句，就是企业内部是经营活动，企业外部全是品牌，企业为大众所知的所有信息都是品牌。

▲ 华与华500万品牌5年管理大奖赛现场

由于所有信息都是品牌，那么所有信息都必须交给华与华来管，企业不需要有那么多部门，有部门就有部门墙，企业可以把所有部门都纳入品牌管理当中。

这也就是为什么我们在话语体系部分是从事业理论开始的，然后包括产品科学、品牌文化和企业文化。只要是为外界所知的所有信息，都归品牌来管。在华与华品牌三角形的两边，我们分别拉出了两条"翅膀"：在话语体系这边的翅膀，就是品牌谚语；在符号系统这边的翅膀，就是超级符号。

▲ 华与华品牌三角形

华与华品牌三角形就是一个品牌的格局，是一个品牌的完整架构。

我们服务的所有客户，不管是什么行业，不管服务这个客户多久，其实每年都是在不断地回到这个品牌三角形的两翼中。我们在不断地持续改善它的产品结构、话语体系和符号系统，直到这个体系完整了。

6. 华与华品牌资产理论

华与华从2020年开始和浙江传媒学院合作，成立了超级符号研究所。目前，我们的研究成果《超级符号理论与实例》教材已经出版了。

研究过程中，老师们研究了关于品牌资产的说法，全球有600多种定义。下图中的这三种，是其中比较有影响力的说法。

▲ 品牌资产权威理论

大家看完有没有发现它们有什么共同点？这里我引用一句华与华的老客户庚叔（康必得的老板）的话，他说："有些东西，你要说它没用，你也不敢说，因为看上去很厉害。但是你要说它有用，反正放哪儿也用不上。"这些品牌资产的说法是不是就是这样？

品牌的必然性概念：华与华品牌资产理论。

什么是品牌资产？华与华认为，所谓品牌资产就是能给企业带来效益的消费者的品牌认知，是大众的口语报道。

既然是资产，它必须带来效益；如果不能带来效益，那就是不良资产，是负资产。对品牌来说，都需要找顾客要两个效益：一是买我产品，二是传我美名。

西贝找顾客要两个效益：一是来我这儿吃饭，买我产品；二是跟朋友说西贝好吃，介绍朋友来我这儿吃饭。华与华找所有客户要两个效益：第一，持续跟华与华签单，购买华与华的服务；第二，逮谁就跟谁说，华与华真的好，你一定要找华与华做策划。

那么，要让消费者买我东西，就要有购买理由；要让消费者把我们介绍给别人，那就需要有推荐的话。这就要求我们有可以供他人识别、记忆、谈说的词语、符号或故事。

就好像我们今天举办首届华与华500万品牌5年管理大奖赛，线上2万多人看完后，大家都会有一个认知：华与华颁出500万，奖励给和客户持续合作超过5年的项目组。

这句话虽然很长，但是你至少会记住几个关键词，比如"华与华发了500万""华与华500万大奖赛""奖励持续合作5年"等。这些就会成为我们这次500万大奖赛的品牌资产。

而这些品牌资产，就会指向我们最新封装的产品——华与华品牌五年计划。华与华品牌五年计划，就指向一张5年合同，这就是我们要的效益。

华与华品牌五年计划

重心	第1年 超级符号，持续改善	第2～3年 营销日历，品牌生物钟	第4～5年 企业社会责任，品牌积德
产品	模块1：超级符号品牌三角形 模块3：持续改善	模块5：营销日历 模块7：企业战略洞察	模块8：产品结构 新产品开发 模块9：公关 公益战略
	模块2：元媒体开发品牌接触点管理 模块4：年度传播策略 广告创意	模块6：内部路演 营销教练	
目的	1. 创意超级符号与品牌谚语，传达品牌核心价值，建立品牌资产。 2. 开发元媒体系统，降低传播成本，加速购买决策，提升销售效率。 3. 通过持续改善，提升流量转化，获得用户增长和销售额增加。	1. 建立营销日历，对内、外形成品牌生物钟，积累可固定的营销节拍，实现生产力和品牌文化领先。 2. 通过内部路演及营销教练，打通战略设计到落地执行，降低内部沟通成本。 3. 重新想象企业战略蓝图，绘制企业战略路线图。	1. 提出可行性新产品开发方案，提升产品开发成功率。 2. 梳理产品结构，每一支产品的角色任务和推出次序，提升企业资源配置和营销投资的效率。 3. 成为行业首席知识官，成为社会公器，为品牌积德，为企业定心。

▲ 华与华品牌五年计划

这样一来，我们就自然而然形成了品牌资产的定义——品牌资产，就是品牌言说，品牌就是大众的口语报道。能对外言说的，就是品牌资产；不能言说的，就不是品牌资产，说不出来就不能带来效益。

这是最深刻的语言哲学，世界是说出来的，能说出来的就存在，说不出来的就不存在。这样一来，我们所有的动作，也就有了一个判断标准：一切以是否形成资产、保护资产、增值资产为标准。能形成资产的我就做，不能形成资产的就不做。

一定要记住，品牌不是只活在目标消费者的心里，而是要活在大众的嘴上，是活在大众的言说和口语报道里。品牌资产不是消费者心智，而是大众口语报道。言说是存在的基础，只有说得出来的才是存在的。所以，我们一切品牌工作，都是为了生产大众的口语报道。

要想成为大众的口语报道，你的广告语必须是口语的，你的品牌形象必须是具象的，而且都必须和消费者基于共同的文化契约。必须是口语的，这句非常重要。

▲ 华与华品牌资产理论

怀特海在《思维方式》中说道："我们必须努力回到心理学，因为心理学造就了语言的文明……书写语的历史不过一万年，作为一种具有广泛影响的思维的有效工具，顶多五六千年，而口语的历史和人性本身一样悠久，是构成人性的基本因素之一……在语言越来越精准的发展中，口语保留了这三个特征，即情感表达、信号及二者之间的相互结合。"

口语包含情感表达并包含信号。有刺激信号，才能带来行动反射；如果没有信号就没有行动。比如厨邦以前的广告语，叫作"金品质，味生活"。这句话不是口语，也不是书面语，你在报纸上、书本上，肯定读不到这样的话。

那为什么这种语言特别容易出现在广告中呢？这也是个心理学问题。这在管理心理学中，被称为对自我的印象管理。人们用书面语是为了显示自己是知识分子，但是对广告人来说，显示自己是一个知识分子还不够，还要显示出我是一个专业人士。

为了区别其他知识分子，广告人就创造了一种新的"语言"，我把它称为广告新话。"新话"这个词我是从小说《1984》里借用来的。这些广告新话，由于既不是书面语，也不是口语，所以它既不具备口语的沟通能力，也不具备书面的沟通能力，它就完全没有沟通力，很多广告人的创作标准就是消灭沟通能力。

大家一定要警惕这种语言，广告语一定要用口语，要具备沟通能力，说出来的就存在，说不出来的就不存在。

这本《超级符号理论与实例》就是华与华和浙江传媒学院合作的第一个学术成果。这本书由浙江传媒学院的徐卫华老师、刘佳佳老师等6位老师，加上华与华的3位同事，花费一年多的时间，对整个传播学的理论脉络进行了梳理，对超级符号进行了完整的理论研究，所以它是超级符号学术的最新发展成果和全新解读。

▲《超级符号理论与实例》

在这本书里面，我们重新定义了品牌资产，品牌资产就是大众的口语报道。我们可以从寻找大众的口语报道，到规划大众的口语报道这样的方式来操作和规划我们的品牌，并完成品牌资产的积累。华与华方法是消费者行为学，是大众传播学。

比如，大家是怎么说华与华的？一说到华与华，首先，大家都知道是哥俩，所以我们兄弟一生只玩一个梗，这就是华楠为什么从"华楠"变成了"华杉的弟"，别的兄弟会翻脸，我们两个就不会翻脸，因为我们哥俩跟我们的资产是紧紧相连的。

其次，大家能想到的就是我们在飞机上和在机场的广告，所以我们的广告也是不能停的。之后大家想到的就是我们的超级符号方法，或者是那些成功的案例，"拍照大声喊'田七'""小葵花妈妈课堂开课啦""西贝，I ❤ 莜""厨邦酱油美味鲜，晒足180天""爱干净，住汉庭""你爱我，我爱你，蜜雪冰城甜蜜蜜"等。

找我合作的客户，还有一些是拿到了超级符号就跑了，以为拿到超级符号就可以自己干了，但其实他并没有理解这背后的理论和意义。对于这种情况，我们就全新封装了一个产品，叫华与华品牌五年计划。我们希望用这5年来帮助客户真正建立起一个强大的品牌。为了表示我们对华与华品牌五年计划的重视，我们也会每5年就举办一次华与华500万品牌5年管理大奖赛。

7. 华与华品牌文化理论

第三个理论是华与华的品牌文化理论。什么叫文化？《现代汉语词典》中解释说：文化是人类在社会历史发展过程中所创造的物质财富和精神财富的总和，有时特指精神财富。

借助这个说法，我把品牌定义为一套物质财富和精神财富的集合，品牌文化特指品牌创造的精神财富。这就把品牌分成了有文化的品牌和没有文化的品牌。

那么对于品牌创造的精神财富，我把它分为三类：情绪财富、人生财富和知识财富。

首先，情绪财富就是创造愉悦，愉悦是说服的捷径。我们要努力为顾客创造愉悦的情绪。华与华的案例"西贝，I ❤ 莜""我爱北京天安门正南50公里""新东方，老师好""爱干净，住汉庭""你爱我，我爱你，蜜雪冰城甜蜜蜜"等，都为顾客创造了愉悦的情绪财富，传播就是要愉悦至上。

其次，人生财富。人生财富，是要融入人们的生活，成为他生活中的一部分，甚至是人生的一部分。西贝亲嘴打折节、足力健重阳节活动、蜜雪冰城520活动，还包括华与华的百万创意大奖赛，都为大家创造了人生财富。

▲ 人生财富

蜜雪冰城"5·20"领情侣证的活动视频中，有两个人说每年都要来领情侣证，这是不是就成了他的人生财富？

最后，知识财富。我强调所有行业的企业都是咨询业，企业是经营知识的机构，是为人类创造新知识的前沿，每个企业都要成为这个领域的首席知识官、首席发言人和首席答疑人。

为什么华与华投入那么大精力和财力去做学术研究？因为我们经营的就是知识。

谁掌握知识，谁就掌握市场。说一流的企业掌握标准，这并不准确，一流的企业应该掌握知识。亚里士多德在讲目的哲学的时候说："知识是一切的根本。"

2022年7月初，我们刚刚启动了《华与华方法汉英词典》的项目。我们要把华与华所有的词条，比如"超级符号""文化母体""货架思维""品牌三角形"等，全部翻译成英文。因为如果要实现全球化，我们首先要在知识上做到全球化。

每个企业都应该真正去理解自己到底为这个世界创造了多少知识，这个才是我们最终的事业。只有当我们的思想里有这些，我们才能够真正视钱财如粪土。我希望我们能达到这样的状态。

▲ 华与华的知识财富

所以，什么是品牌文化？情绪财富是感化，人生财富是融化，知识财富是教化。《孟子》里有一句话说："大而化之之谓圣。"就是说博大而且能教化天下人的就是圣人。

我希望我们的华与华方法、超级符号理论、品牌三角形理论、品牌资产理论、品牌文化理论，最后能教化全世界，做品牌就按我们这个体系来。那个时候，我们就能参赞天地之化育。

那么，接下来这20年，我们要化育什么呢？

今天的最后，我再宣布一个消息，就是海南华与华产业私募基金管理有限公司正式开业。这是华与华未来20年成长的第二曲线。我们这个基金管理公司，是依托在华与华品牌之后的，所以我们只投华与华的咨询客户。

这家基金管理公司，我虽然是老板之一，但董事长不是我，是我的好朋友董志建，因为我不能一边给人做咨询，又一边跟人谈投资。具体的，就等我们做出成绩了再跟大家汇报。

▲ 华与华产业私募基金管理公司正式开业

以上就是我这次演讲的全部内容，谢谢大家！

二

超级符号与生活
——华与华20周年"华杉的弟"演讲实录

▲ 华与华20周年"华杉的弟"发表演讲

大家下午好,我是华杉的弟。今天我演讲的标题,叫"超级符号与生活"。实际上,从2006年创立读客算起,我自己离开华与华公司的日常运营,已经有16年了。

这16年，华与华在华杉的带领下一路高歌猛进。这给我赢得了感受生活的时间。所以，我今天来给大家讲讲超级符号与生活。

1. 符号与意义的结构是人类世界的基础结构

讲超级符号与生活，首先要讲符号与意义的结构。可以说，符号与意义的结构是人类世界的基础结构，而且符号与意义是一对孪生兄弟。那它们是在什么时候出生的呢？目前我们能够找到的证据，大概是在300万年前的一个山洞里。

这个山洞不是智人遗址，而是某个时期的直立猿遗址。在那个山洞里面，发现了一块石头，且是一个人头的形状，像一个两三岁孩子画的人脸那样，椭圆形的，中间有三个洞，像眼睛和嘴巴。

▲ 人头形状的石头

这可能是目前发现的最早的符号，是世界上已知的最古老的艺术品。但实际上它不是人类加工而成的，而是自然形成的。它可能存在了很久，直到有一天一个直立人在几十千米之外的河滩上发现它，产生反应并把它带回了山洞。

大家知道这意味着什么吗？这可以说明，在300万年前，最晚在这块石头出现的时候，人开始有了识别符号的能力。

我们知道，当狗看到符号的时候，它不会有反应。但我把这个图片拿给任何人看，问这是什么，他不会说这是一个石头，而会说这是一个人脸。

也就是说，当人看到符号的时候，符号已经脱离了视觉的基本刺激而产生了意义。符号与意义的结构，就是人类世界的基础结构，是人类世界一切的基础。人在看到符号、接触到符号的时候，脑袋里会自然浮现出意义。而且人也会创造符号，并赋予它意义。

那符号本身是什么？我们怎么定义符号？符号就是稳定的重复性刺激，稳定的重复性刺激就会变成符号。如果你被一个东西刺激一下，那你可能不明白它是什么，也不会产生固定的意义。但如果你重复性地被一个东西刺激，就会马上产生意义，而且这个意义会稳定下来。

比如外国人第一次看到金元宝符号，他不知道这个符号代表着什么意义，但如果这个符号重复地、稳定地出现在他的生活里，你不用跟他解释，他就会在这重复性的刺激中明白金元宝所代表的意义。

这就像一个小孩子学说话，父母发出的语音对他就是刺激。这个刺激必须稳定，当稳定的刺激重复刺激他的时候，语音就变成了符号。而且一旦变成符号，符号就有了意义。

2. 方法在生活中，生活在方法中

为什么我要在开场讲这一段呢？因为方法来源于生活，生活在方法中。超级符号就是来源于生活，来源于人类最基本的生命方式。

经常有人问我："哎呀，你们超级符号方法有没有不适用的行业？"我的回答都是："没有！"因为没有哪一个行业不是按照这个道理解释的，任何一个行业的底层逻辑都是由符号与意义定义的。符号来源于人类最基本的生命方式。任何一个人每天做的事情，都是依据符号与意义的定义。

所以，方法在生活中，生活在方法中。方法与生活，只是我们为了命名事情而有意地把它们割裂了，实际上它们不仅没有割裂，而且本质上还是同一个东西。

也经常听到有人说他要学习华与华，学习超级符号方法。但我觉得超级符号方法是学不到的，不管一个人多用心、多努力，是学不会超级符号方法的。

只有当你按照超级符号去生活，你才能真正掌握超级符号方法。小孩子学说话，他并不是觉得自己该学说话了才去学说话，他是生活在一个说话的环境中，自然而然地学会了说话。

▲ 方法在生活中，生活在方法中

所以，方法在生活中的后半句是生活在方法中。当你看到这个方法很高效、很有用，你不要想着去学它，而就是按照它去生活。

如果你想体会超级符号方法，我教大家一个窍门，就是每次来到十字路口，就要像回到家乡一样去感受。因为十字路口这个地方，是符号信号最强烈的地方。红绿灯是最简单、最朴实的符号，但是它同时又是最性命攸关的符号，你要反复体会这句话。

不要想着去学超级符号方法，要身体力行地去感受，要按照超级符号方法去生活。一旦你把它当成生活本身，你无时无刻不能看到世界在印证这套方法。世界在不断地印证符号和意义的二元结构，只要你发出信号，就能改变人的行为。

"生活在方法中"这句话的主体是我。当我生活在方法中，浸泡在方法中，我的人生就是方法的人生。

3. 工作与生活本来没有界限，方法与生活也没有界限

当下，很多人会问："工作与生活要怎么平衡？"当问这个问题的时候，你就注定是疲惫不堪的，因为你试图要平衡两个不存在对立关系的东西。

工作与生活不存在对立，事实上它们是被人为割裂的，严格来讲，是从工业革命以后，被人为割裂的。工业革命以后，工作地点和生活地点被分离了。

以前的生产都是小作坊，是男耕女织。人们耕种的地，围绕在他们房子附近，纺织的工具也摆在他们的厅堂里，那时的工作和生活是在同一个地点。工业革命以后，工作地点和生活地点就被割裂了，人感受到被异化了。

有两个天才指出了这种异化，一个是卡夫卡写了《变形记》，他说："我不是我，我是工具人。"还有一个是卓别林拍了《摩登时代》，看到人被夹在机器的齿轮之间。但是，这是不是真实的现象呢？这也不是真实的现象，只是在工作地点和生活地点被割裂的早期，这种割裂感会特别强烈。

我们今天再来看，还能找到工作与生活的界限吗？你找不到工作与生活的界限。不是说我一脚跨进办公室，就变成了工作人，再一脚跨出去，就变成了生活人。

作为广告人，我们自己的工作是在研究消费者行为，这实际上研究的就是别人的生活，我们的工作就是进入他们的生活。同样，我们的生活里又全部都是别人的工作，我们随意穿上的衣服，会有一帮子人在绞尽脑汁地研究它的版型、面料、工艺等。

我们的工作是研究别人的生活，我们的生活也有别人在研究，我的工作就是别人的生活，别人的工作就是我的生活，自然我的工作就是我的生活，我的生活就是我的工作。

所以我说，从方法到生活之间没有界限，是浑然一体的；工作到生活之间也没有界限，是浑然一体的。一切都是浑然一体的。

但在这当中，我永远有一个主心骨，不管工作、方法、生活还是其他的一切，我都有一个主心骨，就是我知道这个世界的基础结构是符号与意义的结构。

有符号就有意义，有意义就有符号，而且所有的东西都被拆成两面，一面是符号，一面是意义，符号可以传播，意义是接收方对它的解读，一切事情都是这样的。

工作与生活本来没有界限，是我们人为划了界限，划了界限以后，就把我们自己搞糊涂了。方法与生活也没有界限，一旦划了界限就掌握不了方法，不划界限你就可以马上掌握方法。

练习方法有一个很好的方式，就是用方法解释一切。所有你听到的、看到的，都用这个方法去解释，每解释一次，功力就增加一成。如果你只是回到办公室在电脑桌前才用方法，那你永远掌握不了方法。

4. 浑然一体地活着，用超级符号写诗

什么叫浑然一体？就是我如果相信一个理论，那我的工作是按照这个理论工作，我的生活也按照这个理论生活。从超级符号方法产生以来，至少在我生活的这20年时间里，没有出过差错，每一次都验证了这套方法。

所以从去年开始，我经常说一句话，叫作浑然一体地活着。我到哪儿都是这个样子，这使我越活越开心，越活越自在，越活越成功！当然，这成功背后的关键，也在于华杉领导着华与华全体同人付出的努力，让我可以衣食无忧地想这些。

不过，作为华杉的弟，我也是干了一点事的，我创办了一家公司，并且在去年上市了（读客文化，股票代码：301025）。

虽然我是上市公司的董事长，但是我在任何场合介绍自己的时候，只说我是"华杉的弟"，因为目前中国有4000多家上市公司，我只是其中之一，但是全世界只有一个华与华！

我不仅用超级符号方法工作，用超级符号方法生活，甚至还用超级符号方法写诗，而且还出了一本诗集。为什么呢？

因为我写作的过程，对某个事情的描述，就是在指认符号与意义的结构。指认符号与意义的结构，在我看来就是写诗；写诗并不是抒发感情，指认符号与意义的结构才是写诗。

看过《超级符号就是超级创意》的应该都知道，超级符号方法能让一个陌生品牌，在一夜之间成为亿万消费者的老朋友。这里最后一个词是"老朋友"，它表示的是用超级符号解决了从陌生到熟悉的过程。

▲ 读客文化上市1周年

原来消费者不认识你，你也没有在他眼前出现过，但只要你用了超级符号方法，你一出现，消费者就会感觉认识了好多年，这种感觉是由符号传达了意义给他。

蜜雪冰城以前的logo无法被描述出来，我们用超级符号方法，把它变成"雪王"以后，一夜之间就成了亿万消费者的"老朋友"。我们用超级符号方法干了无数这样的事情。

我们用超级符号传达意义，用超级符号传达情绪，用超级符号表达信任，用超级符号表达价值，把我们想表达的一切通过超级符号表达出来。

但是，用超级符号写诗，是逆向而动的，是让熟悉的东西变得陌生，是驱除视觉现象之上的符号的遮蔽。怎么解释呢？

如果你走进一个房间，这个房间里面有一个凳子，你会觉得有问题吗？一般来讲，房间里有个凳子是再正常不过的事。而且，看到凳子，你可能还会选择坐下来。

那你为什么会知道它是一个凳子？因为它符合凳子的所有符号要素，它至少有1个面，还有3条或者4条腿，它的整个造型就是一个符号性的器具。人看到凳子会坐下，但是你有听到过凳子说"请坐"了吗？并没有。是凳子这个符号的意义让我们坐下了，这就是熟悉，是我们所熟悉的世界。

你不要觉得"看到凳子，走过去，坐下来"是一件天经地义的事，这其实是一件无比诗意的事情，是人类最高的美，是人类几百万年演化出来的伟大成就。

用超级符号写诗，就是把熟悉的世界变得陌生，让你看到真相。这其实也是对我自己所建立起来的一切的信任。我既用它生活，也用它工作，还用它写诗，对我来说它是浑然一体的，不是割裂的。

举凳子的例子，是因为接下来我要给大家看一首我用超级符号写的诗，叫作《今天买了一张桌子诗》。我给诗取名的习惯，是把第一句话加一个"诗"字，就成为这个诗的名字。

《今天买了一张桌子诗》

今天买了一张桌子

一张桌子

一张桌子啊

它有四条腿和一个平平的桌面

它是一张真正的桌子

美妙的桌子

它中午开始站在客厅

一动不动

直到晚上的时候我看到它

上面已经放了水杯

帽子

钥匙

和一盒纸巾

它使它们停在

顺手可以够到的半空

▲《今天买了一张桌子诗》

"今天买了一张桌子，一张桌子，一张桌子啊。"我一直强调这个事情，是因为这件事很奇怪，是不可思议的。你手里握着圆珠笔，就是不可思议的事情；

你早上起来就穿衣服，也是不可思议的事情。你不要觉得这些都是天经地义的事，你做的所有事情都是人类文明发展到现在最璀璨的事情。

"它有四条腿和一个平平的桌面"，它为什么是四条腿呢？为什么是平平的桌面呢？"它是一张真正的桌子，美妙的桌子。它中午开始站在客厅，一动不动，直到晚上的时候我看到它，上面已经放了水杯、帽子、钥匙和一盒纸巾，它使它们停在顺手可以够到的半空。"桌子的意义就是最后一句"它使它们停在顺手可以够到的半空"。帽子、钥匙、纸巾放地上也行，桌子的意义就是把东西放在可以够到的半空，桌子的本质是改造空间。

接机口有人举着人名的牌子，公司门口写着欢迎某某的水牌，这都是来自空间的改造，桌子的本质是人类改造空间。

用超级符号方法做品牌，是嫁接人们的熟悉感，不需要指认符号与意义的结构。而用超级符号方法写诗，就是指认符号与意义的结构，通过指认符号与意义的结构来理解背后的本质与意义。

通过这首诗，你以后再看见桌子的时候，对它的理解就更深刻了。当再放一杯水在桌子上的时候，你就知道这是人类文明创造的美妙现象，是多么美妙的世界，你可以体会其中的诗。

诗就是无时无刻不在，它存在于任何一个大的、小的、看见的东西、看不见的东西、摸得到的东西、摸不到的东西里，但是你想把它写出来是很难的。

我的诗集叫作《有人写诗》，收录了我用超级符号方法写的238首诗。算起来我平均一年写了十来首，但不是一个月一首，我有时候写得比较集中，有的时候半年也写不出一首。

最后，希望大家在平凡忙碌的生活中，也能诗意地活着！如果对我的诗集感兴趣，欢迎大家购买，沿着生活的鸡毛蒜皮，走进纯粹诗意的世界。谢谢大家！

第六章 华杉及华杉的弟500万品牌管理大赛演讲实录

华与华颁出500万奖金奖励持续合作5年以上的品牌案例

厨邦项目组斩获500万品牌5年管理大奖

2022年7月8日,首届华与华500万品牌5年管理大奖赛在上海华与华知胜厅圆满落幕。厨邦项目组斩获500万元现金大奖;奇安信项目组获得第二名,奖金150万元;西贝项目组和莆田餐厅项目组并列第三名,奖金各112.5万元。赛事在全网直播累计观看人数高达30.5万人,其中视频号平均观看时长44分14秒,很多观众从头到尾看完了长达6小时的比赛全程。

华与华每年都举办一次百万创意大奖赛,奖励公司当年的最佳案例,第一名奖金100万元。华与华每5年还会举办一次500万大奖赛,奖励和客户合作满5年的项目组,所以500万大奖赛的参赛资格是必须和客户**持续不间断合作**满5年。

华与华在过去20年一共合作过237个客户,现在留存60个,20年的留存率是25%,我们希望把客户留存率提升到50%,在这个理念下,我们就创办了华与华500万品牌5年管理大奖赛。

华与华500万品牌5年管理大奖的参赛资格非常严格,**必须和客户持续不间断合作**满5年的案例才能参加。虽然过去20年,和华与华合作累计满5年的客户有15个,但有几个客户是在中间中断过合作,后来又回来继续合作的。所以第一届华与华500万品牌5年管理大奖即使有8个名额,但只有4个案例符合参赛标准。

第一届华与华500万品牌5年管理大奖,最后评选出的结果很有戏剧性,是跟合作年限一致:厨邦项目**持续不间断合作**12年,获得了第一名;奇安信项目**持续不间断合作**10年,获得了第二名;西贝莜面村项目和莆田餐厅项目并列第三名,西贝莜面村项目**持续不间断合作**9年,莆田餐厅项目**持续不间断合作**7年。

△ 第一名,厨邦项目组,奖金500万元

△ 第二名,奇安信项目组,奖金150万元

△ 并列第三名,西贝项目组、莆田餐厅项目组,奖金各112.5万元

△ 华与华董事长华杉现场点评

△ 500万品牌5年管理大奖第一名奖杯

厨邦(2010年至今) 12年
奇安信(2012年至今) 10年
西贝莜面村(2013年至今) 9年
莆田餐厅(2015年至今) 7年

详情请看57—58页

559

| 华与华品牌五年计划

7月的华与华 喜事连连

华与华成立于2002年7月8日,今年是华与华成立20周年,在华与华20岁生日之际,我们也迎来一系列喜事!

华与华颁出500万奖金
奖励持续合作5年以上的品牌案例!

2022年7月8日,第一届华与华500万品牌5年管理大奖赛,圆满落幕!厨邦项目组获得了第一名,奖金500万元;奇安信项目组获得了第二名,奖金150万元;西贝莜面村项目组和莆田餐厅项目组并列第三名,奖金112.5万元。

华与华产业私募基金管理
有限公司正式开业!

2022年7月8日,华与华在500万大奖赛现场正式宣布,海南华与华产业私募基金管理有限公司正式开业,该基金只投华与华的咨询客户,这是华与华未来20年成长的第二曲线。

华与华10亿产能咨询大厂
正式投产!

2022年7月4日,华与华在环球港举行了10亿产能咨询大厂投产仪式,宣布华与华正式朝着10亿产能进发。

华与华超级符号品牌设计展,正式上线!

2022年7月9日,华与华超级符号品牌设计展线上展正式上线。通过VR云展厅技术,还原线下展览,扫码即可免费在线观看!

《华与华超级符号案例全史》新书发布!

扫描二维码立即购买本书

此书全面客观地记载了华与华自2002年至2021年,20年的所有案例成果,这既是华与华历史发展的总数据库,也是中国本土咨询公司的发展简史。

《超级符号理论与实例》新书发布!

扫描二维码立即购买本书

此书为华与华和浙江传媒学院合作学术成果,完整梳理超级符号学术脉络,彻底读懂超级符号方法。

附 录

附录一

华与华首届500万品牌管理大赛现场回顾

华与华颁出500万奖金，奖励持续合作5年以上的品牌案例

2022年第一届"华与华500万品牌5年管理大奖赛"，于7月8日下午1点在华与华知胜厅正式开赛。

西贝项目组代表黄慧婷、莆田餐厅项目组代表于戈、奇安信项目组代表杨传涛和厨邦项目组代表周庆一，相继登台竞演，最终决出了第八届华与华百万创意大奖赛一、二、三名。

▲ 西贝项目负责人黄慧婷演讲

▲ 莆田餐厅项目负责人于戈演讲

▲ 奇安信项目负责人杨传涛演讲

▲ 厨邦项目负责人周庆一演讲

第一名：厨邦项目组，奖金500万元

▲ 厨邦项目组获得第一名

华杉点评获奖理由：

首先，这是品牌5年管理大奖赛，但是厨邦已经不间断地和华与华合作了12年。这点我非常感谢厨邦的张总和李总，对我们不离不弃，从没有动摇过。厨邦持续合作12年，晒足4300天，勿忘勿助，滴水穿石，这是决策的典范，更是坚持的典范。

其次，厨邦这个项目我们真的是一个产品一个产品做出来的。从超级符号到广告创意，从围棋模型到产品整理，从营销日历到品牌文化，打造出50亿厨邦绿格子食品王国，厨邦项目组交出了完整的答卷。

第二名：奇安信项目组，奖金150万元

▲ 奇安信项目组获得第二名

华杉点评获奖理由：

奇安信案例，首先是一个战略案例。过去20年，华与华影响力很大的战略案例有两个，一个是小葵花儿童药战略，另一个就是奇安信网络安全战略。

从2012年开始，华与华和奇安信团队合作至今，华与华为奇安信提供品牌管理、营销传播咨询服务，以及企业发展战略的咨询建议。华与华常讲的战略重心、决胜点和关键动作，在这个案例里体现非常突出。

其次，在这个案例演讲的过程中，大家也能很好地看到华与华价值之轮模型和五个市场模型的具体应用。B2B企业的产品和业务是一个复杂体系，加上网络安全又有很高的专业性和技术性，受众理解门槛高。华与华的奇安信项目组就是通过词语和符号的技术，在每个传播点上不断地降低传播成本，让大家更好地理解了网络安全、理解了奇安信。

并列第三名：西贝项目组、莆田餐厅项目组，奖金各112.5万元

▲ 西贝项目组、莆田餐厅项目组获得并列第三名

华杉点评获奖理由：

原本我们说的是第三名奖金100万元，第四名奖金25万元。刚刚我们临时决定取消第四名，并且把第三名奖金提高到112.5万元，恭喜西贝项目组和莆田餐厅项目组并列获得第三名。

西贝和莆田餐厅都是华与华餐饮客户中的代表案例。这两个案例，真正体现了华与华拼尽全力，全心全意为客户服务的精神。"I ❤ 莜"和"莆田水波纹"的创意都非常精彩，我们没有为了创意去做创意，而是始终服务于客户的生意。

西贝和华与华持续合作了9年，华与华基于品牌五年计划，助力西贝完成了超级符号、持续改善、营销日历和品牌公民等持续9年的品牌管理工作。

| 华与华品牌五年计划

莆田餐厅是华与华从事业理论、产品科学、品牌文化到营销日历都整合到位的非常完整的品牌管理代表案例。可以说，华与华的核心能力，是创造长期价值的能力和长期创造价值的能力。恭喜西贝项目组和莆田餐厅项目组！

华与华20周年生日蛋糕，金色的折耳根盘绕在红色的蛋糕上，代表贵州的华与华兄弟红红火火。

▲ 华与华20周年庆

首届华与华500万品牌5年管理大奖赛直播数据：

累计观看人数：47.5万

累计点赞：20.2万

累计评论：1.05万次

累计分享：5470次

视频号平均观看时长：44分14秒

▲ 华与华500万品牌5年管理大奖赛直播数据

附录二
从超级符号到品牌管理，华与华让企业少走弯路

华与华董事长对话《第一声音》

成立于2002年的上海华与华营销咨询有限公司是中国独树一帜的战略品牌营销咨询公司。目前，包括消费业、餐饮业、安全行业等不同领域，皆有共识：华与华＝战略咨询公司＋产品开发公司＋广告公司。一直以来，华与华以"所有的事都是一件事"的华与华方法，为客户提供企业战略、营销战略、品牌战略、超级符号等全案服务。

典型企业如葵花药业、360、奇安信、西贝莜面村、海底捞、绝味鸭脖、汉庭酒店、新东方、莆田餐厅、蜜雪冰城、东鹏特饮等，背后皆有华与华的身影。它们那些熟悉的广告语——"爱干净，住汉庭""你爱我，我爱你，蜜雪冰城甜蜜蜜"，分分钟让消费者想起背后的企业方。

通过降低成本、形成投资的风格，华与华为客户做的每一个动作都是从成本和投资出发，品牌管理始终都围绕在帮助企业建立品牌资产、管理品牌资产、增值品牌资产，让企业少走弯路、不返工、不退步。同时，华与华坚持分析服务过程中的失败，看到华与华如何从失败中复盘，如何通过持续改善，不断地磨炼和总结经验，最终用成功消化失败，为企业创造价值。

▲ 华与华董事长对话《第一声音》

主持人：华与华自创办以来经历了20年的时间，我们可不可以把它分为不同的阶段？不同的阶段经历了什么？

华杉：我把它分为4个阶段，第一个阶段叫不死就行，第二个阶段叫贵人相助，第三个阶段叫投资拉动，第四个阶段叫滴水穿石。

第一个阶段就是在2002年成立的时候，初创的公司最重要的是不能死。

第二个阶段就是贵人相助。在2003年的时候，我之前的一个朋友，是一个媒介投放的大腕，后来在知道我创业之后，他就要他所有的客户全部来跟我合作。那么这对我早期的发展，就一下把我像一个火箭一样推上去了。这就在2003年到2007年的4年时间。

2008年进入第三个阶段，就叫投资拉动。就是那年我开始有一点钱了，然后我就开始在国航、南航、东航的航机杂志上打广告。后来我就在机场打广告，在机场高速上打广告。

第四个阶段应该从2014年开始到现在，我们完善了合伙人的机制，所以我说我们就进入了一个按部就班、滴水穿石的状态。那么这个滴水穿石要穿什么石呢？要滴穿中国市场这块石头，这样让我们能够发展成为一个世界性的咨询集团。

主持人：在华与华创办的20年的时间过程当中，哪些品牌是你们最值得骄傲的？

华杉：过去20年我们一共服务了237个品牌，我们的客户量是比较少的，别人20年可能服务合作过一两千个客户，我就是一点一点的，因为我也不投标、不比稿，就来一个是一个，一共打过交道、付过钱的就237个品牌，237个企业，那么今天留下来的是60个。也就是说，我们20年的客户留存率应该是达到了20%多，我们的客户是很稳定的。

那些让我骄傲的客户，我觉得大致分为三个阶段：第一阶段是在电视广告时代，"康必得治感冒，中西药结合疗效好"、"拍照的时候喊'田七'"、"三精蓝瓶钙"以及"送长辈黄金酒，黄金搭档"。这些都是我们在电视广告的极盛时期，实际上都是我们的客户。

第二阶段，应该就是从晨光文具、葵花药业"小葵花妈妈课堂开课啦"、厨邦酱油"晒足180天"，然后到360。这些是我们大概在第二阶段的客户。

第三阶段就是这几年从西贝开始，"I LOVE 莜，西贝莜面村"、"爱干净，住汉庭"、"洽洽掌握关键保鲜技术"、"专业老人鞋，认准足力健"以及海底捞火锅。还有最火的，也是最自豪的，那就是最新的"你爱我，我爱你，蜜雪冰城甜蜜蜜"。

主持人：华总，2022年华与华宣布启动"首届华与华500万品牌管理5年大奖赛"，这个活动的意义在您看来体现在哪里？

华杉：每年我们有一个大奖叫作百万创意大奖，用于评选最佳案例，第一名奖励100万，第二名奖励30万，第三名奖励20万，然后还有5个入围的各奖励5万。这是每年12月的"华与华百万创意大奖赛"。"500万品牌5年管理大奖赛"是每5年举办一次，我设这个奖是激励华与华的同事，因为它叫品牌5年管理大奖，就是意味着参赛的资格，必须持续服务这个客户5年以上，才有资格来参加这个比赛。那就激励大家，要能够把客户留住。

同时这也是给我的客户传递一个强烈的信号，就是一定在这里留满5年，不要觉得超级符号就是超级品牌，拿到一个超级符号就走了，这是我设这个奖的初衷。

主持人：刚才我们讲的是500万品牌5年管理大奖赛，同时你们还有一个五年品牌计划，这是一个什么样的计划？

华杉：华与华品牌五年计划，我们又把它分为三个阶段，第一个阶段叫作超级符号持续改善,就是完成一次超级符号的革命,播下一粒持续改善的种子。

第二个阶段就是第二、三、四、五年,以及以后的若干年,不断形成一个营销日历。什么叫营销日历?就像品牌节日一样,每年固定的时间做固定的事,有固定的节奏。

第三个阶段,我们把它称为品牌公民和品牌文化。品牌公民就是这个品牌要尽企业社会责任,每一个企业、每一个品牌都是经营知识的机构,特别像华与华这样的咨询公司,更是要为社会创造知识财富,只有不断地这样创造财富,并且去管理这些财富,才能够长线地去管理一个百年品牌。这就是我通过华与华品牌五年计划希望传递给我的客户的。

主持人:这20年应该说华与华成了中国广告界中的一个具有里程碑式的企业。那么接下来的5年、10年和20年,您会有一些什么样的规划?

华杉:在未来20年,华与华的目标非常清晰,就是国际化、全球化。那么全球化首先要让我们的理论全球化,一定是华与华方法全球化,全世界都认华与华的超级符号方法,以及认华与华的品牌理论、品牌五年计划。不能只有中国市场认,要全世界市场都认。所以我一直在做基础理论的教材编写,以及英文版的出版,这是我一直在做的。

其次,理论全球化相配套的就是市场的全球化。华与华已经在新加坡设立了全球总部。在新加坡也好,或者未来在纽约、在伦敦也好,要建立起在当地服务当地品牌的能力。

我们未来20年的一个目标就是希望能够发展成为咨询业的丰田汽车,这是华与华的愿景。

华与华坚持以品质制胜,在20年里总共服务过237个品牌。通过聚焦"超级符号,持续改善;营销日历管理;社会企业,公民品牌"三大重心,帮助客户构建一个完整的品牌,建立长效品牌机制,终身积累品牌资产。

伴随传播形式代代革新,上海华与华营销咨询有限公司走到今天,就是要滴穿中国市场这块石头,积聚势能,从而助力华与华今后发展成为一个世界性的咨询公司。

附录三

华与华文库新书发布

1.《华与华超级符号案例全史》新书发布

▲《华与华超级符号案例全史》新书发布

《华与华超级符号案例全史》是华与华20周年呈献的一部馆藏级别的品牌营销理论和实战历史画卷,专为收藏而生。

此书全面、客观地记载了华与华自2002年成立至2021年20年间所有案例成果，既是华与华历史发展的总数据库，也是中国本土咨询公司的发展简史。华与华全盘托出华与华方法，并将全部案例成果凝结在《华与华超级符号案例全史》这本书中，无遗漏、无隐藏、无秘密地讲透如何用超级符号打造超级创意。

2.《超级符号理论与实例》新书发布

▲《超级符号理论与实例》新书发布

《超级符号理论与实例》是华与华和浙江传媒学院合作的第一个学术成果。它完整梳理超级符号学术脉络，彻底讲解超级符号方法。

此书由浙江传媒学院与华与华双方耗时一年多，对整个传播学的理论脉络进行完整梳理，对超级符号进行的完整理论研究，是超级符号学术的最新发展成果和全新解读。

附录四

华与华产业私募基金管理有限公司正式开业

华与华产业私募基金管理有限公司董事长董志建发表讲话

▲ 华与华产业私募基金管理有限公司正式开业

附 录

▲ 董事长董志建发表讲话

厨邦项目负责人周庆一说："他获奖是坚持带来的运气。"其实在我看来，华与华这20年以来，和厨邦项目一样，都是一种积淀。也就是说，如果积淀到一定程度，今天这个奖你拿也得拿，不拿也得拿。

那这跟基金有什么关系呢？华与华产业私募基金管理有限公司，只投华与华的客户。为什么只投华与华的客户？因为华与华是用20年的时间，见证了很多企业从行业的小而美到大而全，甚至是成为龙头企业。

在这个过程当中，有些企业除了凭借本身的产品能力，还依靠自身的组织管理能力、品牌持续力，当然更多的还是资金和资本市场。

华与华这20年一直在滴水穿石，日日不断。说实话，我从来没有见过哪一个企业像华与华这样，特别是在咨询业，咨询公司其实在中国是最难干的，但华与华干成功了。

所以，我一直在研究和关注华与华，包括在我和华板这7年的朋友关系中，我也是在研究他。最后，终于在去年，我们共同做出了一个重大的决定，成立华与华产业私募基金管理有限公司。可以说因为华与华，我又开始了第二次创业。

我们这个基金只投华与华的客户，也是因为华与华的品牌影响力，已经把客户市场筛选了一遍，筛选完之后，实际上我们基金公司就不需要再去做那么多的尽调了。

在资本市场，如果你不了解客户，你怎么敢投他？所以说，规避风险的不二选择就是了解客户。华与华这20年来，已经把这事给做了，所以我们只投华与华的客户。

在年初时，华总讲股权投资会是华与华未来10年的第二增长曲线，第一曲线当然还是我们本身的咨询业务。华与华的基金，是依托在华与华品牌之后的。未来我们在做股权投资，或者帮助企业做IPO时，也会按照华与华的做事标准，每一次都全心全意为客户做到力竭。

华与华基金公司才刚刚开始，到目前为止，只有我一个人。在以后的工作当中，免不了和大家打交道，因为是你们在带着产业基金来做着。所以，我非常感谢华与华的两位创始人和华与华的全体伙伴们。

当然，我也承诺希望在下一个500万大奖赛上，我们的奖金会变成双份，因为我们是一家人，那华与华基金公司也同样会给大家提供一份奖金！谢谢大家！

附　录

附录五

华与华10亿产能咨询大厂投产仪式
——华杉讲话实录

2018年2月23日，华与华入驻环球港。经过三年多的发展，华与华已从环球港27楼搬至31、32楼。2022年7月4日，华与华全体员工在环球港举行了新办公室投产仪式。

▲ 华与华10亿产能咨询大厂投产仪式舞狮表演

▲ 华与华10亿产能咨询大厂投产仪式剪彩仪式

在剪彩仪式后,华板也做了投产仪式讲话。

各位同事，大家早上好！今天非常开心，办了这个投产仪式，正式宣布我们要朝着10亿产能进发。今天为什么要办投产仪式呢？这背后是一个哲学问题。

华与华老讲任何事情要有"哲学级的洞察，原理级的解决方案"。那么，哲学最根本的问题是什么？哲学最根本的问题是存在的问题。但其实在存在之前还有个问题，就是它存在在什么之上，它存在的基础是什么？

做品牌，华与华提出了品牌资产理论，叫"品牌即言说"——品牌是大众的口语报道。这里要注意的是，品牌不是只活在目标消费者的心里，而是要活在大众的嘴上，是活在大众的言说和口语报道里。品牌资产不是消费者心智，而是大众口语报道。

言说是存在的基础，只有说得出来的才是存在的。所以，我们一切品牌的工作，都是为了生产大众的口语报道。这些大众的口语报道，可以给我们带来两个效益："买我产品"和"传我美名"。

这也就涉及今天投产仪式的第二个哲学问题：我们拥有的到底是什么？

我听到有同事回答说有财富、有时间……这些都不是最根本的，我们拥有的最根本的东西是记忆。

我是华与华的创始人，我有我的财富、知识、朋友、同事、家人等，我拥有这一切，都是因为我记得。如果这一刻我失忆了，也就等于我什么都没有了。如果一个亿万富翁和一个乞丐同在沙滩上晒太阳，如果那一刻他俩都突然失忆了，那他们就没有什么区别了。

所以，在我们的人生当中，其实我们是在不断地生产我们的记忆。有些人喜欢花钱享受，吃一顿美食，喝一瓶好酒，留下美好的记忆。而有些人什么都舍不得吃，但却愿意节衣缩食去买房子，因为买来的房子就在那里，看得见摸得着，他才能够心安，他无法去享受自己的记忆，他无法看到人生价值的本质。

在形势不好的时候，为什么我还要准时举办我们的500万品牌管理大奖赛？形势好不好不是我们能控制的，越是形势不好我们越是要赶紧把它办了。因为办了，我们就拥有了记忆，这是我们这200多人共同的记忆和精神财富。人最根本的财富就是他的记忆。

今天投产仪式的第三个哲学问题，叫作成果物思维。我们做任何事情，都是为了有一个成果。要有成果，我们就要先定义成果物，先搞清楚最后这个成果物到底是什么。比如我们办这个仪式，同时在网上直播，有很多朋友在看，这就会生产大众的口语报道。有大众口语报道，是不是就形成了我们的品牌资产？

那么，这个仪式形成的大众口语报道，就是我们做这件事的成果物。这个仪式最后形成的大众口语报道，形成的成果物就是一句话——华与华10亿产能咨询大厂投产仪式。

而且，"咨询大厂投产仪式"这句话也包含了华与华的文化母体理论。现在阿里巴巴、腾讯等企业被称作"互联网大厂"，既然有互联网大厂，那我们也可以成为"咨询大厂"。"大厂"这个词已经成了一种文化母体，它源于制造业，互联网企业对它进行了二次编码。现在我们对它三次编码，叫作咨询大厂，用来传达我们10亿产能的决心。

在成果物的背后，我要告诉大家第四个哲学问题：我们为什么把华与华定义为一个制造业的工厂？这实际上是我在1998年的思想，我在那时写了三句话：

（1）所有行业都是咨询业。

（2）所有行业都是制造业。

（3）所有行业都是梦工厂。

也是因为这三句话，在2002年的时候，才有了我们价值之轮的模型。

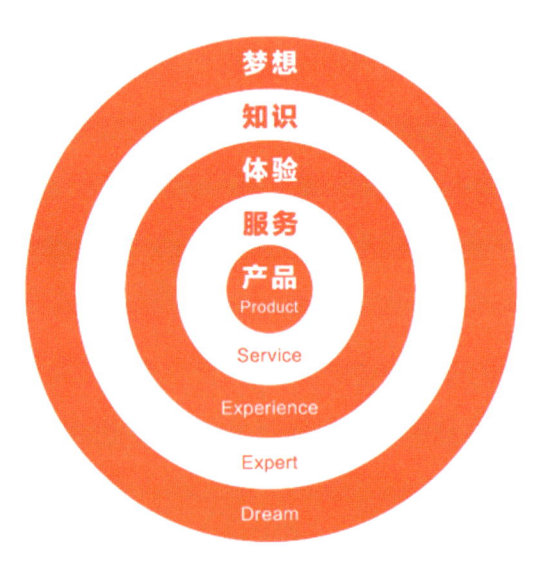

▲ 企业价值之轮模型（2002）

制造业实际上就是咨询业，牙膏公司不就是口腔健康的咨询公司吗？它销售的是口腔健康知识，经营的也是口腔健康知识，致力的也是为人类创造口腔健康知识财富。

我们一定要帮助我们的制造业客户，建立起咨询业的意识和责任。反过来，像我们这样的咨询公司就要特别重视制造业的思想，而且要建立起制造业的能力。

我一直在给大家推荐《漫画丰田生产方式》。我差不多是在15年前读到的这本书，就是这本书让我意识到，让一个公司强大的不光是或者说远远不是它的核心技术，而是它独特的生产方式。

华与华要做到10亿，不是只靠超级符号理论和华与华方法就能做到的，也不是说靠合伙人机制就能做到的，而是要靠一套制造业的管理方式，靠一个独特的生产方式。在读完《漫画丰田生产方式》的那一刻，我就立下了要成为咨询业的丰田汽车这样的梦想。

在丰田的生产方式里，我们所用到的是人机料法、转动PDCA的循环以及排除浪费、排除废动作。所以，一直以来华与华都坚持一次做对、一次做全，坚持最高的效率是不返工，最快的进步是不退步，确保我们的每一个动作都做到正确，而且都做到准确。这样一来，我们才能在2026年实现做到10亿咨询费收入的目标。

我们兄弟俩有两个公司，一个华与华，一个读客文化。这两个公司都致力于实现创意的工业化生产。一说创意工业化生产，大家就感觉好像没那么高级了，是不是？其实恰恰相反，工业化生产才是最高级的，它的高级不仅在于效率，而且在于品质、在于良品率。

制造业讲六西格玛，六西格玛就是零缺陷，要求出错率不能超过百万分之三点四，也就是良品率为百万分之九十九万九千九百九十六点六。

那么，咨询业、广告业的良品率是多少呢？对于咨询业来说，方案通过了、实施了，并且在市场上取得了成功，才算是良品。在华与华我们退了一步，只要方案被客户通过就算良品；如果提案两次才通过，那良品率就是50%。

管理良品率是我们不投标、不比稿的原因之一。如果去参加投标，参加5次可能才中1次，那接到客户的概率才20%，这时良品率还没开始算就要先乘以0.2，再加上提案前内部的反复修改，最后综合良品率可能只有千分之一、万分之一。按照这样分解，如果华与华的综合良品率能达到10%，我们的人均绩效就能远远超过1000万。

所以，要知道咨询业是所有行业里生产方式最落后的产业，同时这也是我们最大的幸运，我们处在一个最落后的产业赛道，所以我们也是最容易成功的。

创意这东西，很多人老说只可意会不可言传，如果不可言传就不是真正的知识。这又回到品牌资产，品牌即言说，言说是一切存在的基础。

海德格尔说："语言是存在之家。"然后华与华说："大众口语报道是品牌存在之家。"那么，只有当我们把形成良品标准流程中的一切变成可言说、可管理、可判断时，这才是一个真正成熟的行业。

我希望借今天这个讲话，让大家再回去好好读一读《漫画丰田生产方式》，进一步加深对我们丰田生产方式的理解，把这本书真正读懂，全力以赴地投入在5S里面。

华与华做5S，是从2015年开始的。虽然我们每周一都在大扫除，但是很多同事还是没有真正理解做这件事的意义。

我希望今天之后大家能够打扫得再干净一点，通过清扫点检，发现问题，然后持续改善，每一次都能比上一次做得更好，并且自己能说得出来好在哪里，一定要可以言说。这样，2026年我们实现10亿产能，就完全不是问题。谢谢大家。

华与华文库

○ 超级符号序列

《超级符号就是超级创意》
席卷中国市场20年的华与华战略营销创意方法

《超级符号原理》
只要人类还有眼睛和耳朵，还使用语言，
《超级符号原理》就能教你如何影响人的购买行为

《华与华使用说明书》
不投标！不比稿！
100%精力服务现有客户，长期坚持就会客如云来

《华与华正道》
走正道，很轻松，一生坚持必成功

《华与华方法》
企业经营少走弯路、少犯错误的九大原理

《华与华百万大奖赛案例集》
翻开本书，看华与华用14个传奇案例讲透好创意的标准，
手把手教你做出好创意！

《华与华超级符号案例集》（已出1—3册）
同一个创意套路诞生上百个经典案例，
20年来不断颠覆中国各个行业

《华与华超级符号案例全史》
全面收录华与华20年来155个案例，无遗漏、无隐藏、无秘密
讲透如何用超级符号打造超级品牌！

《华与华文库之设计的目的》
品牌设计、门头设计、包装设计、广告设计、海报设计
都服务于同一目的，就是卖货！立刻卖！持续卖！一直卖！
这需要目标明确的系统性设计解决方案！

○ 国学智慧序列

《华杉讲透〈孙子兵法〉》
通俗通透解读经典战例,
逐字逐句讲透兵法原意!

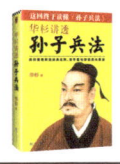

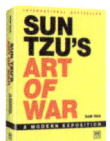

《华杉讲透〈论语〉（全2册）》
逐字逐句讲透《论语》原意,带你重返孔子讲学现场!

《华杉讲透〈孟子〉》
逐字逐句讲透《孟子》原意,无需半点古文基础,
直抵2500年儒学源头!

《华杉讲透〈大学〉〈中庸〉》
不读《大学》,就摸不到儒学的大门;
不读《中庸》,就到不了儒学的高峰!
逐字逐句讲透《大学》《中庸》,由浅入深领悟儒家智慧!

《华杉讲透王阳明〈传习录〉》
逐字逐句讲透《传习录》,无需半点古文基础,
从源头读懂阳明心学。

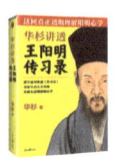

《华杉讲透〈资治通鉴〉》（已出19册）
通篇大白话,拿起来你就放不下;
古人真智慧,说不定你一看就会。

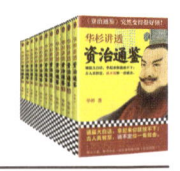

《牢记〈孙子兵法〉口诀》
牢记99句《孙子兵法》口诀,你就能立人生于不败之地!